তন্ত্রকে যোগ-ধর্মের কল্পভাণ্ডার বললে অত্যুক্তি হয় না। এতে মানসিক ও বাহ্যিক পূজার এবং প্রাণায়াম প্রভৃতির ব্যবস্থা অতি সুন্দররূপে সন্নিবেশিত হয়েছে। বেদ যেমন জ্ঞান ও কর্মকাণ্ড এই দুই ভাগে বিভক্ত, যোগশাস্ত্রও দুই ভাগে বিভক্ত। তন্ত্রোক্ত ক্রিয়াকলাপই এর কর্মকাণ্ড।

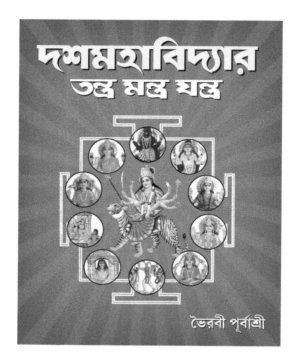

ডায়মন্ড বুকস

দশমহাবিদ্যার
তন্ত্র মন্ত্র যন্ত্র

ভৈরবী পূর্বাশ্রী

ভৈরবী পূর্বাশ্রী জ্যোতিষ ও তন্ত্র জগতে দীর্ঘদিন স্বপ্রতিষ্ঠিত। এই বইটিতে তিনি তাঁর অভিজ্ঞতালব্ধ জ্ঞান ও অনুভূতির মাধ্যমে অর্জিত উপলব্ধির প্রকাশের প্রয়াস রেখেছেন। উদ্দেশ্য সর্বসাধারণের বোধগম্য যাতে বিভিন্ন গূঢ়তত্ত্ব সহজ ব্যাখ্যা হয়ে ওঠে। পূর্বকাল থেকে আগামীকাল দশমহাবিদ্যার পর্যালোচনা বিভিন্ন গুণীজন করেছেন ও করবেন, সেই আধ্যাত্মিক প্রেক্ষায় এই বইটি একটি সংযোজনমাত্র।

যন্ত্র মন্ত্র তন্ত্র ও টোট্‌কা

কম্বীাখ্যাতত্বন্ত্র এবং বাংক্ষ্মবড্ড যাদু (তত্বন্ত্র) বিদ্যা

ডায়মন্ড বুকস

© **Publisher**

প্রকাশক ঃ **ডায়মন্ড প্যাকেট বুকস্ (প্রা.লি.)**
 X-30, ওখালা ইন্ডাস্ট্রিয়াল এরিয়া
 ফেস – II, নিউ দিল্লী - 110 020

ফোন ঃ **011-40712200**
ইমেল ঃ **sales@dpb.in**
ওয়েবসাইট ঃ **www.diamondbook.in**

ভূমিকা

তন্ত্রশাস্ত্র - আজকাল নব্য শিক্ষিত অনেকেই তন্ত্রশাস্ত্রকে নিয়ে বিভিন্নভাবে বিভিন্ন উপায় কাজ করছে কিন্তু শাস্ত্র না মেনে শাস্ত্র ছাড়া তার প্রতি শ্রদ্ধা ভক্তি করছে না ফলে এই শাস্ত্র কালক্রমে অনেকটা অপচয়ে মাধ্যমে পিছিয়ে পড়েছে। সর্বশ্রেষ্ঠ তন্ত্রশাস্ত্রের মূল উদ্দেশ্য হল গুরুমুখী বিদ্যা এই তন্ত্রশাস্ত্র বেদ থেকে প্রকাশিত হয়েছিল। দর্শনের **শ্রষ্টা** অর্থাৎ ঈশ্বর প্রতিপাদন ও তারই উপাসনাই বেদের বিষয়।

হিন্দু জাতি বুদ্ধির সাহায্যে অবলম্বন করে বিচার বিবেচনা করে কালক্রমে উপনিষদ, দর্শন ও বেদ তন্ত্রশাস্ত্র সমুদয় প্রকাশিত হয়েছে। বেদের রূপান্তর হল উপনিষদের সারমর্ম। মুসলমানদের রাজত্বের সময়ে হিন্দুদের কোনো গ্রন্থ প্রায় অবশিষ্ট ছিল না। ঐ সময়ে তন্ত্রশাস্ত্র দুর্দশার উপস্থিত হয়েছিল। একদিকে ওদের অত্যাচার হিন্দুসমাজের সদগুরুর অভাব, শিক্ষার অভাব হয়েছিল। মানুষেরা স্বেচ্ছাচারিতা জীবন-যাপন করেছিল সেই সময়ে তন্ত্রশাস্ত্র বলতে গেলে অনেকটা ধামাচাপা পরে গিয়েছিল। পুরানো তথ্যগুলি বহু রচিত ছিল সুন্দর ভাবে কিন্তু এইগুলো কোনো চিহ্ন পাওয়া যায় নি। বেদ ও উপনিষদ থেকে যা পেয়েছি তা দিয়ে তন্ত্রকে উপলব্ধি করতে পারি। সত্য, রজ, তম এই তিনগুণ দ্বারা তন্ত্রশাস্ত্র রচিত হয়। অধিকার ও প্রকার ভেদেও সুতারাং যারা না ভুজে এই শাস্ত্রকে নিন্দা করা হয়েছে তা অবাঞ্ছনীয় কারণ এই শাস্ত্র কথিত আছে তন্ত্রের অনেক জায়গায় মহাদেব ও পার্বতী কাহিনী নিয়ে শাস্ত্র আলোচনা করা হয়েছে আত্মা ও পরমাত্মা মিলনকে উপলব্ধি করে তন্ত্রশাস্ত্র রচিত হয়, এই শাস্ত্র জানতে গেলে বীজমন্ত্র এবং যন্ত্র উপনিষদ ও তন্ত্র উভয়ে শাস্ত্র জানা দরকার। ধর্মশাস্ত্রের মধ্যে নিজেকে উপলব্ধি করতে হবে তাহলে জানা যাবে পুরাণ কি জিনিস? পুরাণে লেখা আছে যেমন -

শ্রুতিস্মৃতিবিরুদ্ধানি আগমাদীনি যানি চ।
করালভৈরবঞ্চাপি যামলঞ্চাপি যৎ কৃতম্।
এবংবিধানি চান্যানি মোহনার্থানি তানি বৈ।।

লোকসকলকে মোহাভিভূত করার জন্য শ্রুতি-স্মৃতি-বিরুদ্ধ ধর্মশাস্ত্র মহাদেবের বলবার কি কারণ ছিল? তান্ত্রিক-রহস্যেব পর্পগ্রন্থি এইখানেই ভেদ করতে হয়।

তবে এখানে মাত্র তন্ত্রশাস্ত্রের মূলভিত্তি আলোচনাদ্বারা মাধ্যমে নির্ধারণ করা দরকার। প্রতিপাদন করাই গ্রন্থকারের লক্ষ্য।

প্রকৃত তন্ত্রশাস্ত্রমধ্যে বেদবিরুদ্ধ ব্যবস্থা অতি স্পষ্টরূপে নিষিদ্ধ হয়েছে।

দেবীথাঞ্চ যথা দুর্গা বর্ণানাং ব্রাহ্মণ্যে যথা।
তথা সমস্তশাস্ত্রাণাং তন্ত্রশাস্ত্রানুত্তমম্।
সর্বকামপ্রদং পুণ্যং তন্ত্র বৈ বেদসম্মতম্।।

তন্ত্রশাস্ত্র বিবেচনা করে দেখা যায় উপনিষদের উপর ভিত্তি করে তন্ত্রশাস্ত্র নির্ধারিত হয়েছে। হিন্দু সমাজের কালধর্মে পবিত্র তন্ত্রশাস্ত্রের সাত্ত্বিক সাধন তিরোহিত হয়েছে। কেবল রাজসিক ও তামসিক সাধনের প্রক্রিয়া- প্রণালীই প্রায়শঃ প্রচলিত হয়েছে। তার অধিকার-তত্ত্ববোধাভাবে তন্ত্রশাস্ত্রের অনাদরের কারণ। বস্তুতঃ তন্ত্রকে যোগ-ধর্মের কল্পভাণ্ডার বললে অত্যুক্তি হয় না। এতে মানসিক ও বাহ্যিক পূজার এবং প্রাণায়াম প্রভৃতির ব্যবস্থা অতি সুন্দররূপে সন্নিবেশিত হয়েছে। বেদ যেমন জ্ঞান ও কর্মকাণ্ড এই দুই ভাগে বিভক্ত, যোগাশাস্ত্রও তদ্রূপ দুই ভাগে বিভক্ত। তন্ত্রোক্ত ক্রিয়াকলাপই এর কর্মকাণ্ড। তন্ত্রের উপাসনার প্রণালী অতি পবিত্র, এতে প্রাণায়াম এবং সাধন-পথ অতি উৎকৃষ্টরূপে সন্নিবেশিত হয়েছে।

যোগ ও তন্ত্রোক্ত উপাসনা-প্রণালীর উদ্ভব এক উপকরণ করা হয়েছে; ঐ সকল বিষয় পুরাণে অতি সহজে বুঝান যায় যে তন্ত্রপ্রতিপাদ্য সাধনার অন্তর্গত মাহাত্ম্য হল প্রমাণিত আছে। একথা সত্য যে কপিলদেব বর্তমান সময়ে ন্যায় মূর্তি উপাসনার প্রণালী করা হয়নি; কিন্তু তিনি শাঙ্খ্যে যে প্রকৃতি-পুরুষের তত্ত্ব প্রকাশ করেছেন, তন্ত্রেও দেব-দেবীর উপাসনার প্রণালী বিধিবদ্ধ রয়েছে। কপিলমুনির পুরুষই পরিশেষে হিন্দু-উপাসনাতে নানারূপে বিকশিত হয়েছে, রুচি ও অধিকার - অনুসারে নানা মূর্তিতে সাধন হয়েছেন। প্রকৃতিই ভগবতী দেবীর প্রথম আবির্ভাব - তিনিই কালীদেবী।

তস্যাঃ বিনির্গতায়ান্তু কৃষ্ণাভূৎ সাপি পার্বতী।
কালিকেতি সমাখ্যাতা হিমাচলকৃতাশ্রয়া।।

মার্কণ্ডেয়পুরাণ

'তন্ত্র' এমন এক কল্পতরু যার মাধ্যমে ছোট বড়, ক্ষুদ্র - বৃহৎ সবরকম আশা পূরণ সহজেই সম্ভব। সুনির্দিষ্ট লক্ষ্যের দিকে এগিয়ে চলা তন্ত্রসাধক শ্রদ্ধা ও বিশ্বাস অবলম্বন করে অতি শীঘ্র ফললাভ করা যায়।

মানবজীবনের প্রয়োজনীয়তাও আকাঙ্ক্ষাসমূহ পূর্ণ করার ক্ষেত্রে অনেক সময়ে বিভ্রাট হয়। তার মধ্যে 'তন্ত্র' সরল ও সহজ সাধনা। 'তন্ত্রের' বিশাল প্রাচীন সাহিত্য এর বৈজ্ঞানিক সত্যতা সম্পর্কে সুনিশ্চিত প্রমাণ উপস্থাপিত হয়েছে। আধুনিক বিজ্ঞান ও তন্ত্রের মধ্যে বহুল পরিমাণে সাদৃশ্য দেখা গেলেও তন্ত্রে অতিরিক্ত যা আছে তা হল স্থায়িত্ব, সত্য ও কল্যাণ। 'তন্ত্র' সম্পর্কে শাস্ত্রীয় জ্ঞানের পাশাপাশি এর সাধন প্রক্রিয়া করায়ত্ত হলে 'সাধনা' সফল হয় এবং সাধককে সিদ্ধিলাভের পথে পৌঁছে দেয়। যে সকল কর্ম ইহকাল এবং পরকাল - এই দুই ক্ষেত্রেই সুফলপ্রদ। নিত্যকর্ম, সংক্ষিপ্ত যজ্ঞবিধি, শাস্ত্রীয় গণেশ এবং গায়ত্রীমন্ত্রের অভিনব প্রয়োগ মানুষের দুর্দশাময় পরিস্থিতির ঊর্ধ্বে ওঠার সহায়ক।

যে ক্রিয়া মানুষের সামান্য শক্তি উদ্দীপ্ত করে তার মধ্যে গভীর শক্তি সঞ্চারিত করে তার গূঢ় রহস্যকেই 'মন্ত্র' নামে অভিহিত করা হয়। 'মন্ত্র-জপ' মানুষের সামান্য শক্তিকে বাড়িয়ে তোলার এক শ্রেষ্ঠ প্রক্রিয়া। সৃষ্টি রহস্যের আদিকালে প্রথমে 'নাদ' - এর উৎপত্তি হয়। 'নাদ' - ই শব্দ। তারপর শব্দ থেকে সৃষ্টি চরাচরের উৎপত্তি হয়। প্রতিটি শব্দের এক অন্তর্নিহিত শক্তি আছে যা উচ্চারণে স্পষ্ট হয়। এই জন্য 'বীণা' কে 'অমরবাক্' তথা 'বাক্‌বজ্র' বলা হত। শব্দের উচ্চরণে বাতাস কম্পিত হয় এবং সেই তরঙ্গ শ্রোতার মনে প্রভাব বিস্তার করে। শব্দের শক্তি যিনি উচ্চারণকর্তা তাঁর শক্তির ওপর নির্ভরশীল। এক নৃপতির শব্দ উচ্চারণের মধ্যে আদেশকর্তার শক্তি থাকে। শ্রেষ্ঠ বক্তা শ্রোতার সামনে তাঁর শব্দভাণ্ডার উজাড় করে দেন - তা শ্রোতার চিন্তাকে প্রভাবিত করে বিপ্লবের পথে অগ্রসর হতে হয়, তাহলে জানা যায় তন্ত্রশাস্ত্র কি?

সূচীপত্র

মন্ত্র ও বিজ্ঞানে দৃষ্টিকোণ........ ১৩
মন্ত্রের সম্যক অর্থ ১৯
শাস্ত্র ও মন্ত্র ২৩
হোম যজ্ঞক্রিয়া ও তর্পণ ৩০
বীজমন্ত্রের সারাংসার........ ৩৫
মন্ত্র সাধন ক্রিয়া........ ৪২
মন্ত্রদীক্ষা........ ৪৯
মন্ত্রশোধন তন্ত্র ৫৫
মন্ত্রশোধনের নিয়ম........ ৬৩
অরি মন্ত্র নিয়ম........ ৬৬
যন্ত্রের পূজাবিধি ৭২
ষট্—কর্ম ৭৯
যন্ত্র—সাধনের প্রক্রিয়া এবং ষট্ কর্মাদির যন্ত্র........ ৮৯
যন্ত্র পূজা ও প্রাণপ্রতিষ্ঠা........ ৯৪
শান্তি পৌষ্টিক যন্ত্র ৯৫
বন্ধন মোক্ষণ যন্ত্র........ ৯৬
আকর্ষণ ও বশীকরণ যন্ত্র ৯৭
শ্রী কামরাজাখ্য যন্ত্র ১০১
বশকারক মদনমর্দন যন্ত্র........ ১০২
বশকারক কামাক্ষা যন্ত্র ১০৪
সৌভাগ্যকারক যন্ত্র........ ১০৭
বালক দোষ নাশক ত্রিপুর ভৈরব যন্ত্র........ ১১২
ভূত—শাসন যন্ত্র ১১৩
দুষ্ট আত্মা মোচনকারক যন্ত্র ১১৩
সর্প—ব্যাঘ , তস্করাদি ভয়নাশক যন্ত্র........ ১১৪
বন্ধ্যা গর্ভ ধারণ যন্ত্র........ ১১৪
গর্ভ রক্ষাকারক যন্ত্র........ ১১৫
বন্ধন—মোচন যন্ত্র........ ১১৭
তন্ত্রের ভূমিকা........ ১১৮
যোগিনী সাধনা ১২৩
যোনিমুদ্রাযোগে কুণ্ডলিনীশক্তি........ ১২৪
তন্ত্রোক্ত সাধনা........ ১৩০
ম—কার তত্ত্ব ১৩১
তন্ত্রের ব ক্ষ সাধনা ১৪০
ধ্যান ও মন্ত্র ১৪৩
টোট্‌কা ও মন্ত্র ১৭১
শত্রু দমন ১৭৫
পিশাচী সাধনা ১৭৯
সুন্দরী পরী সাধনা ১৭৯
শ্মশানবাসিনী সাধনা ১৭৯
বিশালাক্ষী সাধনা ১৮১
বিদ্যার্থীর বিষয় নির্বাচনের উপায়........ ১৮১
প্রকাশকের প্রতি শ্রদ্ধাজ্ঞাপন ২৭০

মন্ত্র ও বিজ্ঞানে দৃষ্টিকোণ

'মন্ত্র-বিদ্যা' একটি মনোবৈজ্ঞানিক পদ্ধতি। এর মধ্যে এমন তিন ধরণের শব্দ আবিষ্কার করা হয়েছে যাদের বলা হয় - বীজ মন্ত্র, হৃদয় মন্ত্র, মালা মন্ত্র। প্রত্যেক ক্রিয়ার জন্য পৃথক পৃথক 'মন্ত্র' উদ্ভাবন করা হয়েছিল এবং উদ্ভাবকগণ কোন মন্ত্র কত সংখ্যায় জপ করলে তার শক্তি বৃদ্ধি হয় তাও নিশ্চিতভাবে অনুভব করেছিলেন। প্রথমে বৃহৎ সূত্রাবলীর ভাববস্তু দু-তিন পংক্তিতে সংক্ষেপে করা হত। তারপর সেই পংক্তিগুলি আরো করলে তা ফলপ্রদায়ী হবেনা। মন্ত্রের সিদ্ধির জন্য দিব্যভাব এবং একাগ্রতা অত্যন্ত প্রয়োজনীয়।

বীজঅক্ষর ঃ - মন্ত্র বিজ্ঞানীগণ শব্দ শক্তির অভ্যন্তরে প্রবেশ করে 'বীজমন্ত্র' বা বীজ অক্ষর' আবিষ্কার করেন। তাঁরা বর্ণমালায় স্বরবর্ণ এবং ব্যঞ্জনবর্ণের শক্তি নিরূপণ করেছিলেন। এই প্রাজ্ঞ ব্যক্তিগণ এমন কিছু 'শব্দ' স্থির করেন যাদের বাক্যের শেষে উচ্চারণ করলে মন্ত্রের শক্তি সুদৃঢ় হয়। যেমন — নমঃ, স্বাহা, বষট্, বৌষট্, হুম্, ফট্ ইত্যাদি। 'নমঃ' শব্দ বিনয়ের সূচক যা বিজয় প্রাপ্ত করায়। 'স্বাহা' শব্দ আত্ম-বলিদান, ত্যাগ ও পরোপকার - সূচক যা বিরুদ্ধভাবনাকে পরাজিত করে। 'বষট্' অনিষ্টকারক শব্দ যা শত্রুর প্রাণ হরণের চেষ্টা করে। 'বোষট্' শব্দও অনিষ্টকারক — যা শত্রুদের মধ্যে পারস্পরিক বিরুদ্ধ ভাবের সৃষ্টি করে। 'হুম' শব্দ গুপ্ত শক্তির প্রকাশক, যা আপন গুপ্ত শক্তির প্রভাবে শত্রুকে স্থানচ্যুত করে দেয়। 'ফট্' শব্দ ঘাতক শত্রুর প্রতি অস্ত্র-প্রয়োগ - মন্ত্র রূপে উচ্চারিত হয়। 'তন্ত্রের' ছয়টি শক্তির কথা বলা হয়েছে। জ্ঞান শক্তি, ইচ্ছা শক্তি, ক্রিয়াশক্তি, কুন্ডলিনী শক্তি, মাতৃকা শক্তি এবং অপরা শক্তি।

'মন্ত্রশক্তি' সেই সব শক্তির উৎস — যা সিদ্ধ হবার পর সাধককে তাঁর মাতার ন্যায় উপকার সাধন করে — এই কারণে একে 'মাতৃকা শক্তি' বলা হয়। 'পরাবিদ্যা' কে সকল শক্তির কেন্দ্রস্থল হিসাবে স্বীকার করা হয়। 'তন্ত্র এর ব্যুৎপত্তিগত অর্থ হল তন্তু বা সূত্র বা মালা। এ এমনই এক সূত্র যার মধ্যে সকল ভাব মুক্তোর মতো গাঁথা হয়ে থাকে। এই কারণে 'তন্ত্রশাস্ত্র' কে সমগ্র সাধনার ভাণ্ডার বলা হয় এবং এর মধ্যেই সকল ধর্ম ও সাধনার গূঢ় রহস্য লুকিয়ে আছে একথা স্বীকৃত। 'তন্ত্র শাস্ত্র'র মূল উদ্দেশ্য মানুষকে পশুভাব থেকে দিব্যভাব উন্নীত করা। নশ্বর মনুষ্য দেহ বিশ্ব ব্রহ্মাণ্ডের ক্ষুদ্র সংস্করণ। মানসিক শক্তির বিকাশের ফলে জীবাত্মা এবং পরমাত্মার দূরত্ব ক্রমশ কমে আসে। অবশেষে 'এক' বহু'র মধ্যে বিলীন হয়ে যায়। বৌদ্ধ তন্ত্রে এই 'পরাশক্তি' কে 'শূন্যতা' নামে অভিহিত করা হয়। এই শূন্যতাই পরম সুখের অনুভব।

কোনো কোনো প্রাজ্ঞ ব্যক্তির মতে তন্ত্র - বিদ্যা একটি সমণ্বয়াত্মক পদ্ধতি। অভিজ্ঞ, তান্ত্রিক নিজের বিচার ও সিদ্ধান্তসমূহে উপনীত হয়ে, সব ক্রিয়াপদ্ধতি যথাস্থানে স্থাপন করে শক্তির উপাসনা করতে থাকেন। হিন্দু তান্ত্রিকগণের মতে — শক্তির জ্ঞান না হওয়া পর্যন্ত মুক্তির আশা বৃথা।

'শক্তি'-ই সৃষ্টির অণু পরমাণুতে পরিব্যপ্ত হয়ে আছে। আধিভৌতিক সাধনার দ্বারা যে কার্য সম্ভব এক তান্ত্রিক যোগী নিজের মানসিক শক্তির বিকাশের মাধ্যমে সে সবই করতে সক্ষম। এক কথায়, সিদ্ধ তান্ত্রিক সম্পূর্ণ প্রকৃতিকে জয় করার ক্ষমতা রাখেন। মানুষ থেকে শুরু করে পশু-পাখি-বৃক্ষ জগত ও তাঁর বশীভূত হয়। শুধু তাই নয়, তিনি ইচ্ছানুসারে পুনর্যৌবন প্রাপ্ত হয়ে নিজের আয়ু বাড়িয়ে নিতে পারেন।

ঠিক কোন সময়ে মন্ত্রবিদ্যার সূচনা ঘটে সে সম্বন্ধে নিশ্চিত করে কিছু বলা যায় না। 'চতুর্বেদ'-কে অপৌরুষে এবং সৃষ্টিকর্তা ব্রহ্মার মুখ নিঃসৃত বলা হয়। 'বেদ' সংসারের সমস্ত বিদ্যার মূল। 'মূলশাস্ত্র' বেদের প্রাণ এবং মন্ত্রের মধ্যে বেদের সারতত্ত্ব নিহিত আছে। যদিও বেদের সমস্ত বক্তব্য মন্ত্র রূপে প্রকাশিত, তবু 'মন্ত্র' অথবা 'তন্ত্র শাস্ত্র' রূপে যে বিদ্যা প্রসিদ্ধ তার সঙ্গে বেদমন্ত্রের অনেক পার্থক্য আছে। কালের অগ্রগতির সঙ্গে তন্ত্রশাস্ত্র বৃদ্ধি প্রাপ্ত হয়েছে।

যে শাস্ত্রে 'মন্ত্র', 'যন্ত্র' এবং 'তন্ত্র' — এই তিনটি বিষয় বর্ণিত হয়েছে তাকে

তন্ত্রশাস্ত্র বলে। তত্ত্বগতভাবে (প্রক্রিয়াগতভাবে) দেখা যায় 'মন্ত্র', 'যন্ত্র' এবং 'তন্ত্র' এক অভিন্ন সত্যরূপের তিনটি প্রকার। মন্ত্রেরই চিত্রগত রূপ হল 'যন্ত্র এবং প্রক্রিয়াগত রূপ হল তন্ত্র'। এই বিবিধ রূপের ক্রিয়াত্মক বিজ্ঞানকে 'মন্ত্র সাধনা' নামে অভিহিত করা হয়েছে।

ব্রাহ্মণ এবং বৌদ্ধ — এঁদের মধ্যে প্রধান কে — সে বিষয়ে পণ্ডিতগণের মধ্যে মতৈক্য হয়নি। অতি সুপ্রাচীন কাল থেকে ব্রাহ্মণমতে ভারতে এবং বৌদ্ধমতে তিব্বতে 'তন্ত্রবিদ্যার' প্রচলন হয়ে আসছে। এই দুই দেশে আজও তন্ত্রবিদ্যা এবং এর অধিকারীগণ সক্রিয়। ব্রাহ্মণ্য বা হিন্দু ধর্মমতে দেবাদিদেব শিব মন্ত্রবিদ্যার আদি প্রবর্তক। 'শিব' শব্দ 'কল্যাণ', 'মঙ্গল', 'ক্ষেম' ইত্যাদি অর্থবোধক। 'আত্মা' কেও 'শিব' নামে অভিহিত করা হয়। সাংসারিক বন্ধনযুক্তকে 'জীব' এবং সাংসারিক বন্ধনমুক্তকে 'শিব' বলা হয়। 'সদাশিব' এর অর্থ হল চিরকালের যোগীশিব অথবা সর্বকালের কল্যাণ স্বরূপ। মহান্ যোগীগণের সর্বোচ্চ অবস্থার নাম 'সদাশিব'।

বৌদ্ধ ধর্মে এই 'সদাশিব' অবস্থাকে 'সম্যক্‌বুদ্ধত্ব' অবস্থা বলা হয়। জৈন ধর্মের 'অর্হৎ' বা 'তীর্থংকর' রূপও 'শিব' অথবা 'বুদ্ধ' রূপের সমান। এই ত্রিবিধ রূপেরই যে প্রতিচ্ছবি আমরা দেখি তা হল - প্রত্যেকেই গৌরবর্ণ, ধ্যানীমূর্তি, পদ্মাসনে উপবিষ্ট, অর্ধ্বনিমীলিত নেত্র, ত্যাগী, তপোনিরত, মহাযোগী এবং দৈবজ্ঞানী পুরুষ।

'বায়ুপুরাণে' সদাশিবের ২৮ জন অবতারের কথা বর্ণিত আছে ২৮টি কল্পে যাঁদের জন্ম। এর অর্থ সৃষ্টির আদিকালেই ২৮ জন সদাশিবের অস্তিত্ব ছিল। বৌদ্ধ ধর্মশাস্ত্রে ২৮ জন বুদ্ধ এবং জৈন ধর্মশাস্ত্রে ২৪ জন তীথংকর এর বর্ণনা মেলে। জৈন গ্রন্থে লিখিত আছে যে প্রথম তীথংকর ভগবান 'ঋষভ্‌দেব' (শিব) অন্তিমকালে দশ হাজার যোগীসহ কৈলাস পর্বতে চলে যান। তিব্বতের কৈলাশ পর্বত সর্বশেষে সদাশিব শুযাগীশ্বর'-এর সিদ্ধপীঠ। হিন্দুধর্মাবলম্বীগণ আজও কৈলাস পর্বতকে পরম তীর্থক্ষেএ মনে করেন।

শিবকে 'ভূতনাথ'ও বলা হয়—কারন ইনি 'ভোট দেশে' (তিব্বত) বাস করেন এবং অনেক 'ভোট' (যার শুদ্ধরূপ সম্ভবত'ভূত') যাঁর ভক্ত। কৈলাস হিমালয় পর্বতের একটি অংশবিশেষ। শিবের নিবাসস্থল হওয়ার কারণে কৈলাস পর্বতচূড়া গঙ্গানদীর উৎস রূপে কল্পিত হয়েছে। পূর্বদিকের শেষে আছে 'নাগ' এবং পশ্চিম দিকের শেষে আছে 'সর্প'; যা শিবের ভূষণ। হিমালয়ের পাদদেশের তরাই অঞ্চলে

প্রচুর বৃষ বা ষাঁড় দেখতে পাওয়া যায় । এই জন্য 'বৃষ' বা 'ষাঁড়'কে শিবের বাহন বলা হয়েছে। পর্বতে বাস করেন বলে শিবের অপর নাম 'গিরীশ'। পর্বতের যাবতীয় সৌন্দর্যের প্রভু বলে শিবকে 'পার্বতীপতি 'ও বলা হয়।

বায়ুপুরাণে 'শিবযোগ' নামে 'পাশুপত যোগে'র কথা পাওয়া যায়। 'শিবযোগে' লেখা আছে—পদ্মাসনে উপবিষ্ট, মস্তকে ছত্র, উন্নত মেরুদন্ড, গ্রীবা ও ললাট,অর্ধ্ব নিমীলিত নেত্র, দৃষ্টি নাসাগ্রে স্থাপিত— মহাদেবের এই প্রকার রূপই তাঁর প্রকৃত স্বরূপ।

বিভিন্ন বক্তব্য বিবেচনা করে এই সিদ্ধান্তে উপনীত হওয়া যায় যে — ব্রাহ্মণ্য ধর্ম মতে (হিন্দু মত) দেবাদিদেব শিব এবং বৌদ্ধ ধর্মমতে ভগবান বুদ্ধ মন্ত্রশাস্ত্রের আদি প্রবর্তক। এ বিষয়ে কোনো সন্দেহ নেই - মন্ত্রশাস্ত্রের আবিষ্কার ও প্রচলনে হিন্দু ও বৌদ্ধ উভয়েরই অবদান আছে এবং উভয় শাস্ত্রেই মন্ত্র বিষয়ক প্রচুর গ্রন্থ পাওয়া যায়।

হিন্দু ও বৌদ্ধ মনীষী ব্যতীত জৈন ও ইসলাম ধর্মাবলম্বী মানুষের মধ্যেও এই বিদ্যার প্রভূত প্রচলন দেখা যায়। মন্ত্র বিষয়ক জৈন গ্রন্থসমূহ প্রকৃত ও সংস্কৃতে রচিত। ইসলাম ধর্মে তন্ত্র - মন্ত্র বিষয়ক গ্রন্থ আরবী, ফার্সী ও বর্তমান উর্দূ ভাষায় পাওয়া যায়। এছাড়াও বিভিন্ন লোকভাষায় এই মন্ত্র (যাকে 'শাবর মন্ত্র' বলে) প্রচুর পরিমাণে দেখা যায় যার প্রভাব কম নয়। 'নাথ' সম্প্রদায়ের যোগী, প্রধানতঃ গুরু গোরখনাথের সময় থেকেই শাবর মন্ত্রের সূচনাকাল গণ্য করা হয়। এই সমস্ত ধর্ম ও সম্প্রদায়ের সঙ্গে জড়িত সংস্কৃত, প্রাকৃত, আরবী, ফার্সী, উর্দূ ও লোকভাষায় প্রাপ্ত মন্ত্রাদির সংখ্যা লক্ষ লক্ষ। সামান্য সংখ্যক মন্ত্র গ্রন্থরূপে প্রকাশিত হয়েছে এবং অধিকাংশই হস্তলিখিতরূপে বিভিন্ন স্থানে বিক্ষিপ্ত ভাবে পাওয়া গেছে। তন্ত্র - বিষয়ক সাধনা অত্যন্ত জটিল। সংযম, নিয়ম, ইন্দ্রিয় নিগ্রহ অথবা সাধন ক্রিয়ার সামান্যতম ত্রুটি সাধকের উপকারের পরিবর্তে ভয়ংকর ক্ষতিসাধন করতে পারে। সম্যক জ্ঞান লাভ না করে তন্ত্রবিধির প্রয়োগ কখনও কখনও সাধকের প্রাণহানি পর্যন্ত ঘটায়। এইজন্য তন্ত্রসাধনার পথে সুযোগ্য গুরুর আবশ্যকতার বিষয়ে প্রতিটি ক্ষেত্রেই এত গুরুত্ব দেওয়া হয়েছে। সাধন সময়ে যেসব বাধাবিঘ্নের উৎপত্তি হয় একমাত্র সুযোগ্য গুরুই তা নাশ করতে পারেন। গ্রন্থ শব্দসমষ্টি মাত্র। শাস্ত্র পাঠে তাত্ত্বিক জ্ঞান লাভ সম্ভব। কিন্তু শাস্ত্রবিধির ব্যবহারিক প্রয়োগ গুরু নির্দেশিত পথেই

একমাত্র সম্ভব। অর্থাৎ, তান্ত্রিক সাধনা আরম্ভ করার পূর্বে সুযোগ্য গুরুলাভ অত্যন্ত প্রয়োজনীয়। ঐকান্তিক আগ্রহ সহকারে সন্ধান করলে সবকিছু পাওয়া সম্ভব। তন্ত্রসাধনায় আন্তরিক আগ্রহী ব্যক্তি চেষ্টা করলে অবশ্যই সদ্‌গুরুর সন্ধান পাবেন। আধুনিক ভারতেও তন্ত্রবেত্তা সদ্‌গুরুর অভাব নেই। প্রয়োজন হল তাঁদের খুঁজে বার করা এবং আন্তরিকতার সঙ্গে তাঁদের শিষ্যত্ব গ্রহণ করা। অবশ্য, সদ্‌গুরুর পরিবর্তে কোনো ভন্ড ব্যক্তির ফাঁদে আটকে পড়ার বিষয়ে নিরন্তর সতর্ক থাকা দরকার।

তন্ত্র মন্ত্র সম্পর্কিত অধিকাংশ সাহিত্য সংস্কৃত এবং প্রাকৃত ভাষায় রচিত। শুধুমাত্র হিন্দী/বাংলা ভাষা জানা মানুষের পক্ষে এই সাহিত্যের পাঠোদ্ধার দুরূহ।

মন্ত্রের সম্যক অর্থ

'মন্ত্র' শব্দের অর্থ হল - মনন, বিজ্ঞান, বিদ্যা এবং জ্ঞান। মন্ত্র 'গুপ্ত ভাষা' অথবা 'গুপ্ত-বিদ্যা' যা আত্মস্থ করলে সাধক দুঃখ - দুর্দশার ঘাত প্রতিঘাত থেকে নিজেকে সুরক্ষিত রাখতে পারে। 'মন্ত্র' শব্দের অনেক পরিভাষা আছে। যথা

বিভিন্ন ধ্বনিসমষ্টিকে মন্ত্র বলে।

চিন্তন প্রক্রিয়ার ধ্বন্যাত্মক রূপই মন্ত্র।

যে সকল শব্দ বা শব্দ সমষ্টি উচ্চারণ করার ফলে দৈবী শক্তির অনুগ্রহ লাভ হয় তাকে মন্ত্র বলে।

শিব, শক্তি ও আত্মার ঐক্য রূপকে 'মন্ত্র' নামে অভিহিত করা হয়।

যে সকল শব্দ শক্তির সাহায্যে ধর্ম, অর্থ, কাম ও মোক্ষলাভ সম্ভব হয় তাদের 'মন্ত্র' বলে।

সংক্ষেপে — মন্ত্র শব্দ বা শব্দসমষ্টির ধ্বনিগত রূপ যা উচ্চারণ - কর্তার মনে এমন শক্তি উৎপন্ন করে যার প্রভাবে সে যে কোনে ইচ্ছাপূরণে সমর্থ হয়। মানুষের জীবনীশক্তি 'প্রাণ'। মন্ত্রের প্রয়োগে এই 'প্রাণ' নিজ অধিকারে আসে। প্রাণশক্তির অধিকারী মন্ত্র - সাধক শক্তিপুঞ্জেপরিণত হয়। সেই সাধক তখন অলৌকিক তথা অসাধারণ কার্য প্রদর্শনেও সাফল্য লাভ করে। মন্ত্রের শক্তি উচ্চারিত বিশিষ্ট ধ্বনিসমষ্টির মাধ্যমে প্রকটিত হয়। এছাড়া, মন্ত্রশক্তির সাহায্যে ঈপ্সিত ফললাভে নির্দিষ্ট কিছু ক্রিয়াকর্ম - যথা - পূজা, যজ্ঞ, আসন, প্রাণায়াম ইত্যাদি আবশ্যক। সমুচিত ক্রিয়াপদ্ধতির সংযোগে মন্ত্র যখন সিদ্ধ হয় তখন সাধক তার প্রয়োগে বাঞ্ছিত ফললাভে সমর্থ হয়।

মন্ত্র নানা প্রকারের। সংখ্যায় মন্ত্র কোটি কোটি। কিছু মন্ত্র পরলোক সাধনের, আবার কিছু জাগতিক সাধনের উপযোগী। কোনো কোনো মন্ত্র দেবদেবীকে প্রসন্ন করে অভীষ্ট সিদ্ধ করে। আবার কোনো কোনো মন্ত্র ভূত - প্রেত, পিশাচ, যক্ষিণী এদের সাধকের বশবতী করে। কিছু মন্ত্র রোগ - নাশক, কিছু সুখদায়ক। এর তাৎপর্য এই যে মোক্ষ-সহ এমন কোনো কার্যই নেই যা উপযুক্ত মন্ত্র প্রয়োগে সিদ্ধ হবে না। মারণ, সম্মোহন, উচ্চাটন, বশীকরণ, শান্তিকর্ম, রোগ-বিনাশ সমস্ত ক্রিয়াতেই মন্ত্রের প্রয়োগ দেখা যায়। বিশ্বের প্রাচীনতম গ্রন্থ 'ঋক্‌বেদ' মন্ত্রের আকার। অন্য বেদ, উপনিষদ্ ও পুরান সমূহ সংস্কৃত ভাষায় রচিত সেই জন্য অধিকাংশ মন্ত্রের ভাষাই সংস্কৃত, তবুও প্রাকৃত, অপভ্রংশ, পালি ও বিভিন্ন লোকভাষায় বিভিন্ন মন্ত্র পাওয়া গেছে।

প্রাচীন যুগে তিব্বত, নেপাল, ভূটান থেকে শুরু করে আফগানিস্তান, ইরান, ইরাক ইত্যাদি দেশ আর্যাবর্তের অঙ্গীভূত ছিল, সেইজন্য এইসব দেশেও মন্ত্রবিদ্যার প্রচলন ছিল। যুগের পরিবর্তনের যখন আমাদের মাতৃভূমি অনেক ক্ষুদ্র ক্ষুদ্র রাষ্ট্রে বিভক্ত হয়ে গেল এবং রাষ্ট্রীয় ভাষার উদ্ভব হল তখন মন্ত্র বিদ্যাও সংস্কৃত ভাষার গন্ডি ছাড়িয়ে অন্য ভাষার মধ্যে আপন স্থান করে নিতে সক্ষম হল। আমাদের দেশে মন্ত্র - বিদ্যার প্রবর্তক রূপে ভূত - ভাবন শিব-শঙ্করকে গণ্য করা হয়। শিবের অর্ধাঙ্গিণী ভগবতী উমাই এইসকল মন্ত্রের শক্তিস্বরূপা। সেইজন্য আমাদের সকল শাস্ত্রীয় মন্ত্র শিব ও শক্তি, অর্থাৎ শিব গু কল্যাণ, শক্তি গু সামর্থ্য এর প্রতীক।

প্রাচীন কালে বিভিন্ন মহর্ষিগণ দেবাদিদেব মহাদেবের নিকট ভিন্ন ভিন্ন মন্ত্রের দীক্ষা গ্রহণ করেন — সেই অনুসারে তাঁদের নির্দিষ্ট মন্ত্রের 'দ্রষ্টাঋষি' বলা হয়। কিছু মন্ত্রের উপদেষ্টা রূপে ব্রহ্মা, বিষ্ণু ও আরো কয়েকজন দেবতাকে স্বীকার করা হয়। এই সব মন্ত্রের দ্রষ্টাঋষিও বিভিন্ন। শাস্ত্রীয় মন্ত্রের প্রয়োগকালে প্রত্যেক মন্ত্রের উপদেষ্টা দেবতা ও দ্রষ্টাঋষির নামোল্লেখ করা হয়। বৈদিক সংস্কৃত যুগের অবস্থানে যখন অন্য সম্প্রদায় তথা ভাষার উদ্ভব হল তখন সেই সব সম্প্রদায়ের মন্ত্র - বিদ্যাপ্রেমী মনীষীরাও বিভিন্ন শব্দের শক্তি রহস্য স্বকীয় পদ্ধতিতে অন্বেষণ করে নিজ সম্প্রদায়ের অনুকূল ভাষায় নানাপ্রকার মন্ত্র রচনা করেন। এরই পরিণামে বৌদ্ধ, জৈন ইত্যাদি সম্প্রদায়ের মন্ত্র পালি, প্রাকৃত ও অপভ্রংশে রচিত হয়েছিল। আর্যাবর্ত থেকে বিচ্ছিন্ন হয়ে যাবার পর ইরান, ইরাক ইত্যাদি স্বতন্ত্র রাষ্ট্রে যখন আরবী, ফার্সী ইত্যাদি ভাষার বিকাশ হল তখন সেই দেশের বিদ্বান ব্যক্তিগণ আক্ষ্ম

পন ভাষায় বিভিন্ন প্রকার মন্ত্র সৃষ্টি করেন। শুধু তাই নয়, এছাড়াও ভারতের গ্রাম গ্রামান্তরে বসবাসকারী এবং কেবল প্রাদেশিক ভাষায় বিভিন্ন মন্ত্রের রচয়িতা। লোকভাষায় রচিত মন্ত্রের সংখ্যা হাজারের উপর এবং এদের 'শাবর শ্রেণী'র মন্ত্রের অন্তর্ভুক্ত করা হয়েছে। আশ্চর্যের বিষয় এই যে, এই প্রাদেশিক ভাষার মন্ত্র প্রণেতাগণ নিজ - নামের উল্লেখের পরিবর্তে দেবাদিদেব শিব, গুরু মহিন্দরনাথ, অথবা গুরু গোরখনাথ প্রমুখের উল্লেখ করেছেন। এসব মন্ত্রের কোনো স্বতন্ত্র সংকলন আবিষ্কৃত হয়নি। কথিত আছে, গ্রামের ওঝা, পান্ডা-পুরোহিতদের মধ্যে বংশ বা গুরুপরম্পরায় এসব মন্ত্রের ব্যবহার চলে আসছে। বর্তমানে, এইরকমই কিছু মন্ত্রের সংকলিত আকার দানের চেষ্টা করা হচ্ছে এবং কিছু মন্ত্র বিভিন্ন গ্রন্থে স্থান পেয়েছে, তবুও মন্ত্রগুলির বাস্তবিক সংখ্যাও কোনো কোনো ভাষায় প্রকৃতপক্ষে রচিত হয়েছিল তা অনুমান করা দুঃসাধ্য। আসাম থেকে কচ্ছ, কাশ্মীর থেকে কন্যাকুমারী পর্যন্ত বিস্তীর্ণ অঞ্চলে এরকম লক্ষ লক্ষ গ্রামে হাজার রকম ভাষাভাষী মানুষের মধ্যে এই প্রাদেশিক ভাষায় মন্ত্রসমূহ, তার সাধক এবং প্রবক্তা বিপুল সংখ্যায় বিরাজিত। এদের চমৎকারিত্ব প্রদর্শনের ক্ষমতাও কম নয়।

শাস্ত্র ও মন্ত্র

যে গ্রন্থে মন্ত্র এবং তার প্রয়োগবিধি লেখা আছে তাক 'মন্ত্রশাস্ত্র' বলা হয়। পূর্বেই উল্লেখ করা হয়েছে যে, বেদ, উপনিষদ্, পুরাণাদি সকল 'মন্ত্র'র আকরগন্ত্র; কিন্তু মনস্কামনা পূরণকারক মন্ত্রের বিস্তারিত বর্ণনা এইসব গ্রন্থে পাওয়া যায়নি। এই ত্রুটি শোধনের উদ্দেশ্যে মুনিঋষিগণ মন্ত্রবিদ্যা সম্বন্ধে পৃথক গ্রন্থ প্রণয়ন করেন। এর মধ্যে কিছু গ্রন্থ 'মন্ত্র শাস্ত্র' এবং অধিকাংশ গ্রন্থ 'তন্ত্র শাস্ত্র' নামে প্রসিদ্ধ। প্রকৃতপক্ষে মন্ত্র, যন্ত্র এবং তন্ত্রের মধ্যে কোনো পার্থক্য নেই। এর শাস্ত্র একই সত্যের তিনটি প্রকার অথবা একই শক্তি ত্রিবিধ রূপ। যে বর্ণ বা বর্ণসমষ্টি সাধকের শক্তি উদ্দীপ্ত করে গভীরতর শক্তির সঞ্চার করে তাকে 'মন্ত্র' বলে। 'যন্ত্র' মন্ত্রের চিত্ররূপ এবং 'তন্ত্র' প্রয়োগরূপ। মন্ত্রের এই ত্রিবিধ রূপের যে ব্যবহারিক বিজ্ঞান তাকেই 'মন্ত্র-সাধন' বলে। 'মন্ত্র শাস্ত্র' অথবা 'তন্ত্র শাস্ত্র' - নাম যাই হোক না কেন এর বিষয়বস্তু একই বুঝতে হবে। ভারতীয় ভাষায়, বিশেষতঃ সংস্কৃতে, মন্ত্রবিষয়ক অনেক গ্রন্থের নাম পাওয়া যায়, কিন্তু তার অধিকাংশই পাওয়া যায় নি। কিছু গ্রন্থ এমন যাদের কেবলমাত্র 'মন্ত্র শাস্ত্র' অথবা 'তন্ত্র শাস্ত্র' সংজ্ঞায় অভিহিত করা যেতে পারে।

মন্ত্র যোগ

সকল প্রকার তান্ত্রিক - সাধনা, যন্ত্র পূজা ইত্যাদি মন্ত্র - যোগের মাধ্যমে সাধিত হয়। মন্ত্র - যোগের ১৬টি অঙ্গ। যথা - ভক্তি, শুদ্ধি, আসন, পঞ্চাঙ্গ, আচার, ধারণা, দিব্য - দেশ সেবন, প্রাণক্রিয়া, মুদ্রা, তর্পণ, হবন (যজ্ঞ), বলি, যাগ, জপ, ধ্যান এবং সমাধি।

ভক্তি

ভক্তি তিন প্রকার। বৈধী, রাগাত্মিকা, পরা। ধীর সাধক বিভিন্ন বিধি নিষেধের মাধ্যমে যে ভক্তি লাভ করেন তা 'বৈধী' ভক্তি। যে ভক্তিরসে আপ্লুত হয়ে সাধক ভব - সাগরে অবগাহন করেন তা 'রাগাত্মিকা' ভক্তি। পরমানন্দ - প্রদায়িনী ভক্তিকে 'পরাভক্তি' বলে। রাগাত্মিকা ভক্তি থেকে রাগানুগা ভক্তির উদ্ভব। এতে স্মরণ অঙ্গের প্রাধান্য দেখা যায়। এই ভক্তি যখন পরম প্রেমের রূপ পরিগ্রহ করে তখন তা পরাভক্তি রূপে দেখা দেয়।

শুদ্ধি

মন্ত্র সাধনায় চার প্রকার শুদ্ধির কথা বলা হয়েছে। কাম, চিত্ত, দিক এবং স্থান। কামশুদ্ধির দ্বারা দেহ শুদ্ধ হয়। 'স্নান' কামশুদ্ধির উপায়। 'স্নান' সাত প্রকার। মান্ত্র, ভৌম, অগ্নি, বায়ব্য, দিব্য, বারুণ, এবং মানস।

'মন্ত্র'র সাহায্যে মার্জনাকে (স্নান) 'মান্ত্রস্নান', ক্ষার খৈল দ্বারা গাত্রমার্জন পূর্বক স্নানকে 'ভৌমস্নান', 'ভস্ম'র সাহায্যে স্নানকে 'আগেয়স্নান', গোরুর খুরের দ্বারা উৎপন্ন ধূলির সাহায্যে স্নানকে 'বায়ব্যস্নান', রোদ বা বৃষ্টির সাহায্যে স্নানকে 'দিব্য স্নান', নদীর জলে অবগাহন পূর্বক স্নানকে 'বারুণ স্নান' এবং ভগবান বিষ্ণুর স্মরণকে 'মানস স্নান' বলা হয়। এই সব স্নানের ফলে শরীর শুদ্ধ হয়।

অভয়, লোভহীনতা, জ্ঞানযোগ, দম, দান, যজ্ঞ, বেদ-শাস্ত্রে স্বাধ্যায়, তপস্যা, নম্রতা, অহিংসা, সত্য, আক্রোধ, ত্যাগ, শান্তি, অপিশুনত্ব, দয়া, সকলের প্রতি অনুগ্রহ মুদৃতা, অচাপল্য, তেজ, ক্ষমা, ধৃতি, শৌচ, আদ্রহ (শত্রুতার অভাব), এবং নিরহংকারিতা - এই সবই 'চিত্তশুদ্ধি'র উপায়।

দিবসে পূর্বাভিমুখ এবং রাত্রিকালে উত্তরাভিমুখ হয়ে বিধিপূর্বক জপ এবং দেবতার আরাধনাকে 'দিক্‌শুদ্ধি' বলে। ঈপ্সিত ফল পেতে গেলে যে দিকে উপবৃষ্টি হয়ে পূজাবিধি পালনের নির্দেশ দেওয়া হয়েছে তা মেনে চলা কর্তব্য। দিক শুদ্ধির দ্বারা সাধকের মন একাগ্র হয় এবং সাধনা হয়। নির্দেশিতবিধি (মন্ত্রোচ্চারণ, জলসিঞ্চন, গোময়লেপন ইত্যাদি মতো সাধন- স্থল পরিষ্কার করার নাম 'স্থানশুদ্ধি'।

আসন

সকাম ও নিষ্কাম কর্মভেদে বিভিন্ন সাধনার জন্য উপবেশনের বিশেষ ভঙ্গি ও যার উপর বসা হয় — এই উভয়কেই 'আসন' বলে। আসন দুইপ্রকার।

বসার ভঙ্গি (বৈঠক) — পদ্মাসন, স্বস্তিকাসন ইত্যাদি।

পদ্মাসন

স্বস্তিকাসন

যার উপর বসা হয় — ব্যাঘ্রচর্ম, মৃগচর্ম, মহিষচর্ম, কুশাসন, রেশম বা কম্বল ইত্যাদি দ্বারা নির্মিত আসন।

শান্তি, বশীকরণ, স্তম্ভন, বিদ্বেষণ, উচ্চাটন, মারণ ক্রিয়ার জন্য ক্রমান্বয়ে পদ্মাসন, স্বস্তিকাসন, বিকটাসন, কুক্কুটাসন, বজ্রআসন এবং ভদ্রাসনে উপবিষ্ট হয়ে জপ — পূজা করা হিতকর। মন্ত্রসিদ্ধির জন্য কম্বল, রেশম এবং কুশের আসন প্রশস্ত।

কামনা পূরণের জন্য কম্বল, বিশেষতঃ লাল কম্বলের আসন, জ্ঞান প্রাপ্তির জন্য কৃষ্ণবর্ণ মৃগচর্ম, মোক্ষলাভের জন্য ব্যাঘ্রচর্ম, দীর্ঘয়ুলাভে কুশাসন এবং ব্যাধিনাশের রেশম নির্মিত আসন ব্যবহার করা উচিত।

পঞ্চাঙ্গ সেবন

বিষ্ণু, গণেশ, দুর্গা, শিব এবং সূর্য — এই পাঁচজন প্রধান দেবদেবী। এদের পৃথক পৃথক গীতা, সহস্র নাম, স্তোত্র, কবজ এবং হৃদয় আছে। পঞ্চদেবতার পূজায় বিষ্ণুর জন্য ভগবদ্‌গীতা ও বিষ্ণু সহস্রনাম, গণেশের জন্য গণেশগীতা

ও গণেশ সহস্র নাম, দুর্গার জন্য ভগবতগীতা ও দুর্গা ও সহস্র নাম, শিবের জন্য শিবগীতা ও শিব সহস্র নামএবং সূর্যের জন্য সূর্যগীতা ও সূর্য সহস্র নাম বর্তমান। উপরিউক্ত দেবদেবীর অনেক স্তোত্র, কবজ এবং হৃদয় পাওয়া যায়, সুতারাং যে স্তোত্র, কবজ, এবং হৃদয়ের পাঠ সাধকের সম্প্রদায়ে প্রচলিত আছে অথবা গুরু নির্দেশিত তাই পাঠ করা উচিত।

গীতা, সহস্রনাম, স্তোত্র, কবজ এবং হৃদয় - এই পঞ্চ বিষয়ের পাঠকে 'পঞ্চাঙ্গ সেবন' বলা হয়।

আচার

মন্ত্র সাধনায় তিন প্রকার আচার প্রচলিত। বাম, দক্ষিণ এবং দিব্য। বামাচার প্রবৃত্তিমূলক ও দক্ষিণাচার নিবৃত্তিমূলক। যদিও এদের মুখ্য লক্ষ্য অভিন্ন - দুইই সাংসারিক প্রবৃত্তির বৃদ্ধি ঘটায়।

এই দুই আচারের বিপরীত 'দিব্যাচার' যা সাধককে প্রবৃত্তি থেকে নিবৃত্তির পথে নিয়ে চলে, অবশেষে নিবৃত্তিমার্গ অতিক্রম করে সাধকের মোক্ষলাভ ঘটে। প্রবৃত্তিমার্গ সাধককে জন্ম - জন্মান্তর ধরে সংসারচক্রে আবদ্ধ করে রাখে।

ধারণা

'ধারণা' মন্ত্র সাধনার ক্ষেত্রে সর্বাপেক্ষা সহায়ক। শ্রদ্ধা ও যোগের বিধিবদ্ধ অভ্যাসের মাধ্যমে 'ধারণা'য় সিদ্ধিলাভ ঘটে। ধারণা দু প্রকার। বাহ্য, আভ্যন্তরীণ। বাহ্যবস্তুর প্রতি সাধ্য মনোযোগ বাহ্য ধারণা এবং অর্ন্তজগতের সুক্ষ্ম বস্তুর প্রতি মনসংযোগে আভ্যন্তরীণ ধারণা গড়ে ওঠে। ধারণায় সফল হলে মন্ত্রসিদ্ধি ঘটে। অভিজ্ঞ গুরুর মাধ্যমে এই পদ্ধতি সম্পর্কে শিক্ষালাভ করা প্রয়োজন।

দিব্য-দেশ সেবন

বহ্নি, অম্বু, লিঙ্গ, স্থন্ডিল, কুন্ড, পট, মন্ডল, বিশিখা, নিত্যমন্ত্র, ভাবমন্ত্র, পীঠ, বিগ্রহ, বিভূতি, নাভি, হৃদয়, এবং বৃক্ক।

উপরোক্ত ষোলোটি বিষয়কে 'দিব্যদেশ' বলে। 'দিব্যদেশ' মন্ত্র সাধনায়

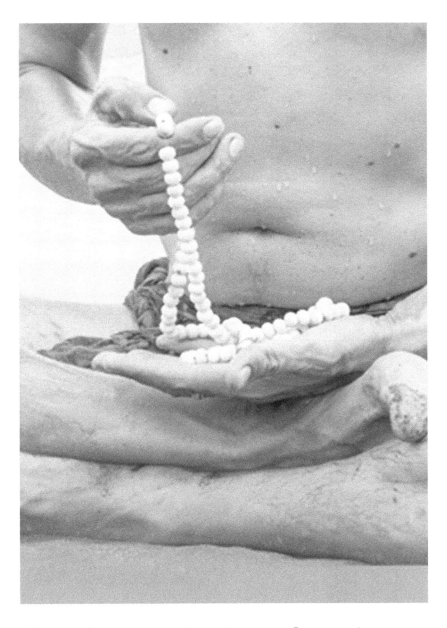

সিদ্ধিদায়ক। দিব্যদেশের ওপর নিজ অধিকার অনুযায়ী সাধকের উপাসনা করা উচিত।

প্রাণক্রিয়া

'প্রাণায়াম' মন্ত্র - সাধনার ক্ষেত্রে অত্যন্ত উপযোগী বলে প্রমাণিত। বিভিন্ন পদ্ধতির প্রাণায়াম প্রচলিত আছে। সাধক নিজ সম্প্রদায় বা গুরু নির্দেশিত পদ্ধতিতে প্রাণায়াম করবেন। 'ন্যাস' অনেক প্রকার, তার মধ্যে সাতটি প্রধান। গুরু নির্দেশিত পদ্ধতিতে 'ন্যাস' করা প্রয়োজন। প্রাণায়াম বা ন্যাস-কেই 'প্রাণক্রিয়া' বলে।

মুদ্রা

মুদ্রা প্রদর্শনে দেবতা প্রসন্ন হন এবং সাধক হন নিষ্পাপ। আবাহন, পূজন, ষড়ঙ্গন্যাসে বিভিন্ন প্রকার মুদ্রার প্রয়োগ দেখা যায়। কোনো কোনো দেবতাদের মুদ্রা সবিশেষ প্রিয়। সুতারাং জপ-ক্রিয়া পালনের সময় এইসব মুদ্রার প্রদর্শন বলে মনে করা হয়।

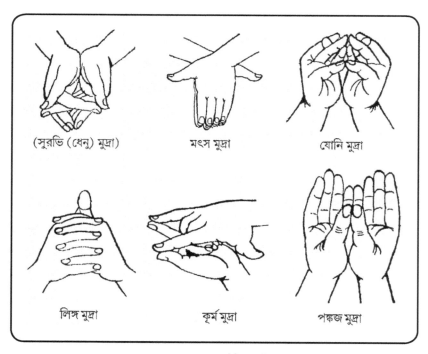

(সুরভি (ধেনু) মুদ্রা) মৎস মুদ্রা যোনি মুদ্রা

লিঙ্গ মুদ্রা কূর্ম মুদ্রা পঙ্কজ মুদ্রা

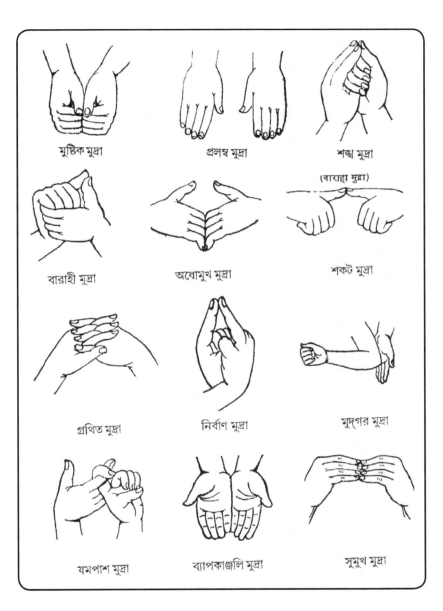

মুষ্টিক মুদ্রা
প্রলম্ব মুদ্রা
শঙ্খ মুদ্রা
(বারাহী মুদ্রা)
বারাহী মুদ্রা
অধোমুখ মুদ্রা
শকট মুদ্রা
গ্রথিত মুদ্রা
নির্বাণ মুদ্রা
মুদ্গর মুদ্রা
যমপাশ মুদ্রা
ব্যাপকাঞ্জলি মুদ্রা
সুমুখ মুদ্রা

মুদ্রার মধ্যে আসন, প্রাণায়াম, ধারণা ও ধ্যান - ইত্যাদি সব ক্রিয়াই সম্মিলিত আছে। তন্ত্রশাস্ত্রে এমন কিছু 'মুদ্রা' বর্ণিত আছে যার সাহায্যে জীব সর্বশক্তিমান শিব- পদ লাভ করতে সক্ষম।

হোম যজ্ঞক্রিয়া ও তর্পণ

পিতৃপুরুষকে তর্পণের মাধ্যমে জলদান করতে হয়। জপের ফলে মন্ত্র সিদ্ধ হয় এবং যজ্ঞের ফলে ফলদায়ক হয়। সুতারাং অভীষ্ট ফল লাভ করতে হলে যজ্ঞ করা আবশ্যক। পূজা এবং বলির পরে যজ্ঞকর্মাদি শুরু হয়। যজ্ঞ সম্পাদনের জন্য হোম দ্রব্য, সমিধ কুন্ড এবং দিক সর্ম্পকে সম্যক জ্ঞান থাকা আবশ্যক; অন্যথায় বিপরীত ফল হবে। মন্ত্রসাধনার জন্য কোন প্রকারের কুন্ড, হোম-উপচার এবং যজ্ঞকাঠ আবশ্যক ওই নির্দিষ্ট ধরনের মন্ত্রের সাধনবিধির সঙ্গেই তা লেখা থাকে। যজ্ঞের জন্য আগুন জ্বালানোর প্রক্রিয়াও বিভিন্ন প্রকার। শান্তি এবং বশীকরণ ক্রিয়ার লৌকিক আগুন, স্তম্ভন ক্রিয়ার বটগাছের কাঠ সহযোগে উৎপন্ন আগুন এবং মারণ উচ্চাটন ক্রিয়ার শ্মশান আগুন ব্যবহার করা হয়। এই প্রকার শুভ কার্যে আম, বেল এবং দুধ দানকারী গাছের কাঠ এবং অশুভকার্যে বহেড়া, ধুতুরা, কুচিলা ইত্যাদি গাছের কাঠ থেকে আগুন জ্বালানো হয়। অগ্নির অনেক প্রকার জিহ্বা আছে। এদেরও পূজা পদ্ধতি দেখা যায়।

হোমের জন্য পৃথক পৃথক মন্ত্র

গ্রহগণের পীড়ার জন্য পূর্ণ সাধনার অন্তগর্ত সমস্ত গ্রহগুলিকে শান্ত করার মন্ত্র এবং হোমের সম্পূর্ণ বিধান দেওয়া হয়েছে। কোন একটি গ্রহ কুপিত হলেও এই প্রকার হোম করা যায়। কিন্তু এর মধ্যে দুটি প্রভেদ আছে। গ্রহ বিশেষের জন্য হোম করার সময়, সেই গ্রহের প্রিয় বৃক্ষের কাঠের প্রয়োগ করা হয়। এর সঙ্গেই সেই গ্রহের সম্পর্কিত মন্ত্রটি বলা হয়ে থাকে। নিচে প্রথমে এই গ্রন্থগুলির সম্পর্কিত কাঠগুলি এবং তার মন্ত্রগুলি দেওয়া হচ্ছে।

গ্রহ	**যজ্ঞকাষ্ঠ**	**গ্রহ**	**যজ্ঞকাষ্ঠ**
সূর্য (রবি)	আকন্দ	বুধ	অপামার্গ
চন্দ্র	পলাশ	বৃহস্পতি	অশ্বত্থ
মঙ্গল	খদির	শুক্র	যজ্ঞডুমুর
শনি	শমী	রাহু	দূর্বা
	(সাঁই বাবলা)	কেতু	কুশ

গ্রহ		**মন্ত্র**
সূর্য (রবি)	-	**ওঁ হ্রীং হ্রীং সঃ সূর্য্যায় স্বাহা।**
চন্দ্র	-	**ওঁ শ্রৌং শ্রীং শ্রৌং সঃ সোমায় স্বাহা।**
মঙ্গল	-	**ওঁ ক্রৌং ক্রীং ক্রৌং সঃ ভোমায় স্বাহা।**
বুধ	-	**ওঁ হৌ হ্রীং হ্রৌং সঃ বুধায় স্বাহা।**
বৃহস্পতি	-	**ওঁ জ্রৌং জ্রীং জ্রৌং সঃ বৃহস্পতিয়ে স্বাহা।**
শুক্র	-	**ওঁ হ্রৌং হ্রীং হ্রৌং সঃ শুক্রায় স্বাহা।**
শনি	-	**ওঁ ষৌং ষীং ষৌং সঃ শনৈশ্চরায় স্বাহা।**
রাহু	-	**ওঁ ছৌং ছীং ছৌং সঃ রাহবে স্বাহা।**
কেতু	-	**ওঁ ফৌং ফীং ফৌং সঃ কেতবে স্বাহা।**

মতান্তরে নবগ্রহের মন্ত্র – (বৈদিক বা গ্রহফসল মতে)

গ্রহ		**মন্ত্র**
সূর্য (রবি)	-	**ওঁ হ্রীং হ্রীং সূর্য্যায়।**
সোম	-	**ওঁ ঐং ক্লীং সোমায়।**
মঙ্গল	-	**ওঁ হূং শ্রীং মঙ্গলায়।**
বুধ	-	**ওঁ ঐং স্ত্রীং শ্রীং বুধায়।**
বৃহস্পতি	-	**ওঁ হ্রীং ক্লীং হূং বৃহস্পতয়ে ।**
শুক্র	-	**ওঁ হ্রীং শ্রীং শুক্রায়।**
শনি	-	**ওঁ ঐং হ্রীং শ্রীং শনৈশ্চরায়।**
রাহু	-	**ওঁ ঐং হ্রীং রাহবে।**
কেতু	-	**ওঁ হ্রীং ঐং কেতবে।**

নমস্কারের মন্ত্র

যে কোনো গ্রহের পূজা - আরাধনা, গ্রহগণের মন্ত্র জপ অথবা হোম শেষ করার পর সেই গ্রহকে প্রণাম মন্ত্র দ্বারা প্রণাম করার পরই পূজা সমাপ্ত করবেন।

গ্রহ	-	**প্রণাম মন্ত্র**
সূর্য (রবি)	-	**ওঁ ঘৃণিঃ সূর্য্যায় নমঃ।**
চন্দ্র (সোম)	-	**ওঁ সৌং সোমায় নমঃ।**
মঙ্গল	-	**ওঁ অং অঙ্গারকায় নমঃ।**
বুধ	-	**ওঁ বুং বুধায় নমঃ।**
বৃহস্পতি	-	**ওঁ বৃং বৃহস্পতে নমঃ।**
শুক্র	-	**ওঁ শুং শুক্রায় নমঃ।**
শনি	-	**ওঁ শং শনৈশ্চরায় নমঃ।**
রাহু	-	**ওঁ রাং রাহবে নমঃ।**
কেতু	-	**ওঁ কং কেতবে নমঃ।**

নবগ্রহকে প্রসন্ন করার জন্য অর্থাৎ নবগ্রহজনিত পীড়া দূর করার জন্যে অর্থাৎ নবগ্রহের অশুভত্ব দূর করার জন্যে নবগ্রহ স্তোত্র পাঠ খুবই উত্তম ফলদায়ক। তাছাড়া সম্ভব হনলে নবগ্রহ কবচটিও পাঠ করবেন। মহর্ষি বেদব্যাস বিরচিত নবগ্রহ স্তোত্রম্ এবং গ্রহফসল তন্ত্রের উত্তরখণ্ডোক্ত নবগ্রহ কবচটিও এখানে দেওয়া হল।

পৃথক পৃথক গ্রহ শান্তির জন্য হোমের বৈদিক মন্ত্রও এখানে দেওয়া হল —

সূর্য্য ওঁ আকৃষ্ণেন রজসা বর্তমানোনিবেশয়ন্ন মৃতং মৃত্যঞ্চ হিরণ্যয়েন সবিতা রথে না দেবো যাতি ভুবনানি পশ্যন্ স্বাহা।।

চন্দ্র ওঁ ইমং দেবাহসপাত্নং ওঁ সুবদ্ধ্বং মহতে ক্ষত্রায় মহতে জ্যেষ্ঠায় মহতে জান রাজ্যায়েন্দ্র সেন্দ্রিয়ায় ইমমমুষ্য পুত্রমস্যৈ ব্বিশহএষ বোহমী রাজা সোমোহস্মাকং ব্রাহ্মণানাং রাজা স্বাহা।।

মঙ্গল ওঁ অগ্নিমুর্দ্ধা দিবঃ ককুৎপতিঃ পৃথিব্যাহয়ম্। অপাং রেতাংসি সিজিন্বতি স্বাহা।।

বুধ ওঁ উদ্‌বুধ্যস্বাগ্নে প্রতি জাগৃহি ত্বমিষ্টাপূর্তেসংসৃজেথাময়ং চ। অস্মিন্তস ধস্থে অধ্যুত্তরাশ্মিন্ বিশ্বেদেবা যজমানশ্চয় সীদত স্বাহা।।

বৃহস্পতি ওঁ বৃহস্পতেহঅতি যদর্য্যোহঅর্থাদ্যুমদ্ধি ভাতি ক্রতুমজ্জনেষু সদীদয়চ্ছবসহশ্বৃত প্রজাতদস্মাসু-দ্রবিনং ধেহি চিত্রম্ স্বাহা।।

শুক্র ওঁ অন্নাৎ পরিস্র্রুতো রসং ব্রাহ্মণা ব্যপিবৎক্ষত্রং পয়ঃ সোমং প্রজপতিং। কৃতেন সত্যমিন্দ্রিয়ং ব্বিপলং শুক্র মন্ধস ইন্দ্রস্যোন্দ্রিয় মিদং পয়োহমৃতং মধু স্বাহা।।

শনি ওঁ শং নো দেবীর ভিষ্টয়ৎআপো ভবন্তু পীতয়োশংয্যোরাভিস্রবন্তু নঃ স্বাহা ।।

রাহু ওঁ কয়া নশ্চিত্রহআভুবদূতী সদা বৃধঃ সখা। কয়া শচিষ্ঠায়াবৃতা স্বাহা।

কেতু ওঁ কেতুং কৃন্নন কেতাবে পোশোমর্যাহঅপেশসো সমুরদ্ভিরজায়থাঃ স্বাহা।।

বীজমন্ত্রের সারাৎসার

এর আগে দু'রকম বীজমন্ত্র দেওয়া হয়েছে। এখানে কিছু বৈদিক দুষ্প্রাপ্য মন্ত্র দেওয়া হলো, এই মন্ত্রগুলি খুব বড় এবঃ ক্লিষ্ট। এগুলির স্বর এবং উচ্চারণ সামর্থ্য পরম্পরায় জ্ঞান ভিন্ন সম্ভব নয়। অতএব এই সকল বীজমন্ত্র জনসাধারণের জন্য অদ্ভুত উপযোগী। কারণ আপনি এর শুদ্ধরূপে জপ করতে পারেন।

গ্রহ		**মন্ত্র**
সূর্য (রবি)	-	**ওঁ হ্রীং হ্রীং সূর্যায় নমঃ।**
সোম (চন্দ্র)	-	**ওঁ ঐং ক্লীং সোমায় নমঃ।**
বুধ	-	**ওঁ ঐং শ্রীং শ্রীং বুধায় নমঃ।**
বৃহস্পতি	-	**ওঁ হ্রীং ক্লীং হূং বৃহস্পতয়ে নমঃ।**
শুক্র	-	**ওঁ হ্রীং শ্রীং শুক্রায় নমঃ।**
শনি	-	**ওঁ শং শনৈশ্চরায় নমঃ।**
রাহু	-	**ওঁ ঐং হ্রীং রাহবে নমঃ।**
কেতু	-	**ওঁ হ্রীং ঐং কেতবে নমঃ।**

বলি

দেবতার উদ্দেশ্যে দ্রব্য সমর্পণকে 'বলি' বলে। বলিদানের ফলে বাধাবিঘ্নর উপশম ঘটে এবং সাধক নিরাপদে সিদ্ধিপ্রাপ্ত হন। প্রত্যেক দেবতার পৃথক পৃথক বলি দ্রব্য নির্দিষ্ট আছে। দেবতার স্বভাব এবং মনস্কামনা অনুযায়ী বলি - দ্রব্য নির্ণীত

হয়। বামাচার পদ্ধতিতে 'পশুবলি'-র নিয়ম আছে; কিন্তু দক্ষিণাচার পদ্ধতিতে 'পশুবলি' নিষিদ্ধ।

যাগ

ইষ্টদেবের পূজাই হলো 'যাগ'। যাগ - অন্তর্যাগ ও বহির্যাগ, এই দুই প্রকার। অন্তর্যাগ পদ্ধতিতে আপন দেহপীঠের ওপর দেবপীঠ, শক্তি পীঠ এবং আবরণ দেবতা সহ মানস - উপচার দ্বারা ইষ্টদেবের পূজা করা হয়, তারপরে 'আধার চক্রে' শায়িত কুন্ডলিনী শক্তিকে জাগ্রত করে ব্রহ্মরন্ধ্রে বিদ্যমান পরমশিবের সমীপে নিয়ে আসা হয়। উভয়ের মিলনে উদ্ভূত অমৃত ধারায় ইষ্টদেবতাকে তৃপ্ত করে মন্ত্রের অর্থ অনুধাবন সহকারে জপ করতে হয়। সকল পূজার মধ্যে 'অন্তর্যাগ' - সর্বশ্রেষ্ঠ পদ্ধতি।

আমাদের শরীরের বিভিন্ন স্থানে সাতটি চক্র কল্পনা করা হয়েছে। আধার চক্র, স্বাধিষ্ঠান চক্র, মণিপূর চক্র, অনাহত চক্র, বিশুদ্ধচক্র, আজ্ঞাচক্র, এবং সহস্রারচক্র বা ব্রহ্মরন্ধ্র।

আধারচক্রের অবস্থান গুহ্যদ্বারের ওপর। এই চক্র পৃথিবীতত্ত্ব প্রধান। একে 'মূলাধার' চক্র'ও বলা হয়।

মূলাধার চক্রের প্রায় চার আঙুল উপরে মূত্রাশয় বা গর্ভাশয়ের মধ্যে 'স্বাধিষ্ঠান চক্র' অবস্থিত। স্বাধিষ্ঠান চক্রের উপরে মেরুদন্ডের সম্মুখস্থ নাভিপ্রদেশে 'মণিপূর চক্র' অবস্থিত। মণিপূর চক্রের উপরে ফুসফুসদ্বয়ের নিকট 'অনাহত চক্রের' স্থান। 'অনাহত চক্রে'র ঊর্ধ্বে কণ্ঠ প্রদেশে 'বিশুদ্ধ চক্র' অবস্থিত। 'বিশুদ্ধ চক্রে'র উপরে ভ্রূ-দ্বয়ের মধ্যভাগে 'আজ্ঞাচক্রে'র স্থান।

দুই ভুরুর মোটামুটি তিন ইঞ্চি ওপরে কপালের মধ্যভাগে 'সহস্রার চক্র' অবস্থিত। একে 'ব্রহ্মরন্ধ্র'ও বলা হয়।

শরীর মধ্যস্থ সুযুম্নানাড়ী সর্পের ন্যায় কুন্ডলী পাকিয়ে মূলাধার চক্রে শায়িতা। যোগাভ্যাস দ্বারা একে জাগ্রত করা যায়; তারপর প্রাণবায়ুকে এই নাড়ীর মধ্য দিয়ে বিভিন্ন চক্রভেদপূর্বক 'সহস্রার' পর্যন্ত পরিচালনা করা যায়। 'সহস্রারকে' 'ব্রহ্মরন্ধ্র', 'সহস্রদল কমল' অথবা 'শূন্য চক্র' বলা হয়ে থাকে।

মূলাধার চক্র

স্বাধিষ্ঠান চক্র

মণিপূরক চক্র

আনাহত চক্র

বিশুদ্ধারখ্য চক্র

আজ্ঞা চক্র

সহস্রার চক্র

কোনো অভিজ্ঞ গুরু নির্দেশিত পথেই কুন্ডলিনীকে জাগরিত করার পদ্ধতি অভ্যাস করা উচিত; তাহলেই সফলকাম হবার সম্ভাবনা, অন্যথায়

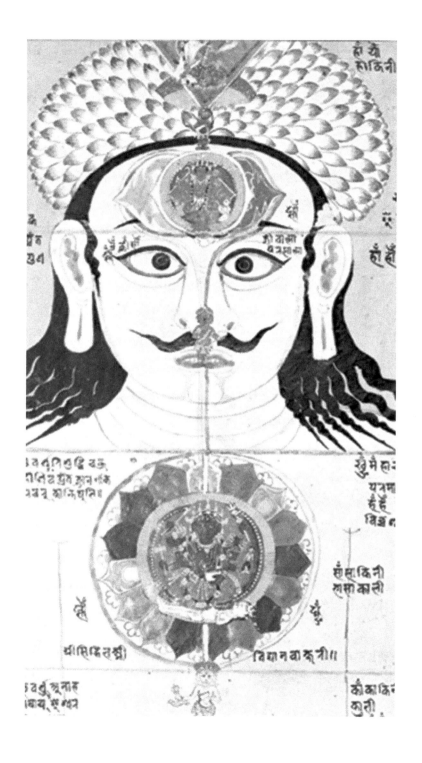

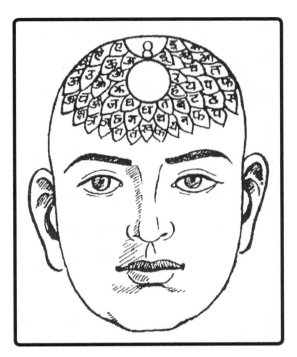

লাভের স্থলে ক্ষতির সম্ভাবনাই অধিক। কুন্ডলিনী - জাগরণ ক্রিয়া সম্বন্ধে অনেক গ্রন্থে লেখা আছে যার দ্বারা তাত্ত্বিক জ্ঞান পাওয়া যায়, কিন্তু একমাত্র যোগ্য গুরুই এর ব্যবহারিক প্রয়োগ শেখাতে পারেন। সুতরাং এখানেও এই বিষয়ে এক সংক্ষিপ্ত ধারণা দেওয়া হল। কোনো মহানুভব যদি কুন্ডলিনীশক্তি জাগ্রত করার অভ্যাস করতে চান, তিনি অবশ্যই এই বিষয়ে অভিজ্ঞ কোনো ব্যক্তির নির্দেশ গ্রহণ করবেন। শুধুমাত্র পুঁথিগত বিদ্যা অবলম্বন করে এই সুকঠিন প্রণালী অভ্যাস না করাই শ্রেয়।

'বহির্যাগ' এর উপকরণ ৫টি। অভিগমন, উপাদান, ইজ্যা, স্বাধ্যায়, এবং যোগ।

দেবস্থানের পরিচ্ছন্নতাকে 'অভিগমন', পূজার উপাচারের সংকলনকে 'উপাদান', বিবিধ উপচার দ্বারা ইষ্টদেবের পূজাকে 'ইজ্যা', নাম গুণকীর্তনকে 'স্বাধ্যায়' এবং সাধক - সাধন ও সাধ্য - এই তিনে অভেদ - বোধকে 'যোগ' বলা হয়।

ব্রহ্মচারী, বাণপ্রস্থ ও ঘতিকে শুধুমাত্র অন্তর্যাগ এবং গৃহস্থ-সাধককে অন্তর্যাগ ও বহির্যাগ — দুইই পালনের নির্দেশ দেওয়া হয়। কামনা পূরণের জন্য দু'ধরণের

যজ্ঞই অনিবার্য; নিষ্কাম প্রয়োগে দুয়ের যে কোনো একটিই যথেষ্ট বলা হয়।

জপ

'মন্ত্রে'র পুনঃপুনঃ আবৃত্তিকে 'জপ' বলে। 'জপ' তিন প্রকার। মানসিক, উপাংশু এবং বাচিক। মনে মনে মন্ত্রজপকে 'মানসিক', কেবলমাত্র জপকর্তার শ্রবণের যোগ্য ধ্বনিতে মন্ত্রজপকে 'উপাংশু' এবং উচ্চস্তরে মন্ত্রজপকে 'বাচিক' জপ বলা হয়। কাম্য — প্রয়োগের মধ্যে কেবল মারণ - ক্রিয়ার 'বাচিক' জপ করা হয়, শেষে মানসিক অথবা উপাংশু জপ করারও নিয়ম আছে।

বাচিক জপের ফল যজ্ঞফলের সমান, উপাংশু জপের ফল এর শত গুণ অধিক এবং মানসিক জপের ফল সহস্রগুণ অধিক বলে বিশ্বাস করা হয়। কোন মন্ত্র কোন পদ্ধতিতে জপ করা উচিত, তার নির্দেশ প্রায়শই ওই মন্ত্রের সঙ্গে দেওয়া থাকে।

দেব, গুরু ও মন্ত্রের মধ্যে ঐক্যভাবে রেখে এবং মন্ত্রের অর্থ ও দেবতার ধ্যান সহযোগে দৈনিক প্রাতঃকাল থেকে মধ্যাহ্ন পর্যন্ত নির্দিষ্ট সংখ্যায় মন্ত্র জপ করা উচিত। কোনো দিন কম সংখ্যায় বা কোনো দিন বেশি সংখ্যায় জপ করলে অনুষ্ঠান ও পুরশ্চরণে বিঘ্ন ঘটে। একাগ্র ও শান্তচিত্তে জপ করা উচিত। অশান্ত মনে জপ করলে তা নিস্ফল হয়।

ধ্যান

নিরাকার এবং সাকার উভয় উপাসনাতেই ধ্যানের সবিশেষ গুরুত্ব বর্তমান। একাগ্রমনে শ্রদ্ধা এবং ভক্তি সহযোগে ধ্যান করলে বাঞ্ছিত ফল লাভ ঘটে। মনসংযোগ দ্বারা ইষ্টদেবের স্বরূপ অনুভবই 'ধ্যান' ।

সমাধি

মনকে মন্ত্রের মধ্যে এবং মন্ত্রকে ভগবানের মধ্যে একীভূত করার ফলে সাধক যে অবস্থা প্রাপ্ত হয় তার নাম 'সমাধি'। 'মন্ত্রযোগে'র সমাধিকে 'মহাভাব' বলা হয়। মন,মন্ত্র ও ভগবান- এই তিন ভাব একটি ভাবে মিলিত হওয়া মাত্র সমাধি আরম্ভ হয়ে মহাভাবের উৎপত্তি হয়। এই প্রক্রিয়ায় আপন অস্তিত্ব ভুলে স্বয়ং ইষ্টময় হয়ে যায়।

'মন্ত্রযোগে'র উপরিউক্ত ষোলোটি অঙ্গের প্রয়োগ প্রধানতঃ নিষ্কাম কর্মে প্রয়োগ করা হয়।দেবদেবীর সাত্ত্বিক আরাধনায় (সকাম অথবা নিষ্কাম যাই হোক না কেন) এদের প্রয়োগ আবশ্যক। ষট্‌কর্মের তান্ত্রিক আরাধনায় এই অঙ্গ সকলের প্রয়োগ আবশ্যক নয়।

মন্ত্র সাধন ক্রিয়া

মন্ত্র - সাধনের জন্য নিম্নলিখিত বিষয়গুলি প্রতি মনোযোগ দেওয়া আবশ্যক।

সিদ্ধাদি শোধন, মন্ত্রার্থ, মন্ত্র-চৈতন্য, মন্ত্রের কুল্লুকা, মন্ত্র-সেতু, মহাসেতু, নির্বাণ, মুখ-শোধন, প্রাণযোগ, দীপনী, মন্ত্র-সূতক, এবং মন্ত্র দোষ এবং তার নিবৃত্তির উপায়।

এই বিষয়সমূহের সংক্ষিপ্ত বিবরণ দেওয়া হল ঃ-

সিদ্ধাদি শোধন - কোন মন্ত্রের প্রয়োগে সাধকের সিদ্ধিলাভ ঘটবে এবং কোন মন্ত্রে ঘটবেনা ইত্যাদি বিচারের জন্য আচার্যগণ 'সিদ্ধাদি শোধন' বিধির উল্লেখ করেছেন। এই বিধির দ্বারা কুলাকুল বিচার, সিদ্ধি, সাধ্য, সুসিদ্ধ ও শত্রু ইত্যাদি বিচার এবং ঋণী ধনীর বিচার সম্ভব হয়। এই বিচার প্রক্রিয়াকে 'সিদ্ধাদি শোধন' বলা হয়।

মন্ত্রার্থ - যে সাধক মন্ত্রের অর্থ জানেন তিনি লক্ষ্যভ্রষ্ট হননা। মন্ত্রার্থ চিন্তা করার নামই 'জপ' এবং জপই 'সিদ্ধি' দান করে। সুতরাং প্রত্যেক সাধকের মন্ত্রের অর্থ সম্পর্কে জ্ঞান থাকা আবশ্যক।

মন্ত্রে প্রযুক্ত কয়েকটি বীজাক্ষর অর্থ এখানে দেওয়া হল। এই কটি অর্থ সম্পর্কে সাধকের সচেতন থাকা প্রয়োজন।

- **'হ্রীঁ' - 'শক্তিবীজ' অথবা 'মায়াবীজ'। এর অর্থ - শিবের সঙ্গে বিশ্বজননী শক্তি আমার দুঃখ নাশ করুন।**
- **'ঐং' - বাগ্ভব বীজ'। এর অর্থ - ভগবতী সরস্বতী আমার দুঃখ দূর করুন।**

- **'ক্লীং' - 'কৃষ্ণবীজ' বা 'কামবীজ'। এর অর্থ - ভগবান কৃষ্ণ আমাকে সুখ শান্তি দিন, অথবা ভগবতী মহাকালী আমাকে সুখ শান্তি দিন।**
- **'শ্রীং'-'শ্রী বীজ' অথবা 'লক্ষ্মীবীজ'। এর অর্থ-ভগবতী মহালক্ষ্মী আমার দুঃখ দূর করুন।**
- **'দূঁ'- 'দুর্গাবীজ'। এর অর্থ - মা দুর্গা আমাকে রক্ষা করুন এবং আমার দুঃখ দূর করুন।**
- **'স্ত্রীং' - 'বধূবীজ'। এর অর্থ - ভগবতী মহামায়া আমার দুঃখ নাশ করুন।**
- **'হ্রৌং' - 'প্রসাদ বীজ'। এর অর্থ - শ্রী শিব তথা সদাশিবের প্রসাদে আমার দুঃখ নাশ হোক।**
- **'হুঁ' - 'বর্মবীজ' বা কূর্চ বীজ'। এর অর্থ - ভীষণ নাদকর্তা শিব আমার দুঃখ দূর করুন।**
- **'ক্রীং' - 'কালীবীজ' বা 'কর্পূরবীজ'। এর অর্থ ব্রহ্মশক্তিস্বরূপা লোকনায়িকা মহাকালী আমার দুঃখ দূর করুন।**
- **'গং' - 'গণেশবীজ'। - এর অর্থ ভগবান গণপতি আমার দুঃখ হরণ করুন।**
- **'গ্লৌং' - 'গণেশবীজ'। এর অর্থ - সর্বব্যাপী, তেজোময় গণপতি আমার দুঃখ দূর করুন।**
- **'ক্ষ্রৌং' - 'নৃসিংহ বীজ'। এর অর্থ - ব্রহ্মস্বরূপ, ঊর্ধ্বদন্ত ভগবান নৃসিংহ আমার দুঃখ দূর করুন।**

এই রকম অন্যান্য বীজ ও মন্ত্রেরও অর্থ আছে। দীক্ষাকালে গুরুর নিকট এইসকল অর্থ জেনে নেওয়া উচিত। প্রত্যেক মন্ত্রের দুই প্রকার অর্থ থাকে - শব্দার্থ ও ভাবার্থ। প্রথমে শব্দার্থ অবগত হয়ে সাধনায় প্রবৃত্ত হওয়া উচিত। সাধনার প্রভাবে দেব - সাক্ষাৎকারের সময় যে স্বরূপ দৃষ্ট হবে তাই মন্ত্রের ভাবার্থ।

যদিও দৃষ্টি, দেবতা এবং শক্তি ভেদে প্রত্যেক মন্ত্রের অনেক অর্থ হতে পারে, তবু মন্ত্রের প্রকৃত অর্থ একটিই।

মন্ত্র চৈতন্য - তন্ত্রশাস্ত্রে মন্ত্র- চৈতন্যের বিভিন্ন রীতির বর্ণনা পাওয়া যায়। তার মধ্যে থেকে কয়েকটি রীতি সংক্ষেপে উল্লেখ করা হল।

সাধকের সর্বদা মনে করা উচিত যে, মন্ত্রের সবকটি বর্ণ হৃদয়স্থিত অনাহতচক্রে

বিদ্যমান। মূলাধারে অবস্থিত কুন্ডলিনীকে জাগ্রত করে তাকে সুষুম্নানাড়ী পথে অনাহতচক্রে এনে, মুখে গ্রহণকৃত মন্ত্রবর্ণাবলীকে কুন্ডলিণীসহ বিশুদ্ধচক্র ভেদ করে সহস্রার চক্রে নিয়ে যেতে হয়। সেখানে সহস্রদল পদ্মের বৃন্তে মন্ত্রবর্ণ 'ন্যাস' করে চৈতন্যরূপ মন্ত্রশক্তির সঙ্গে তার ধ্যান করতে হয়। চৈতন্য - শক্তি দ্বারা নির্মিত এবং গ্রন্থিত মন্ত্রবর্ণকে অনুভব করে নাভি -স্থিত 'মণিপূরক চক্র' স্থানে নিয়ে যেতে হয় এবং সেখানে বাণীর মাধ্যমে আনীত মন্ত্রকে চিদ্‌রূপে জপ করতে হয়।

উক্ত বিধি অত্যন্ত কঠিন এবং গুরুর কৃপা ও নির্দেশ ব্যতীত এর যথাযথ প্রয়োগ সম্ভব নয়। সুতারাং গুরু সান্নিধ্যে এর ব্যবহারিক জ্ঞান লাভ করা উচিত।

মন্ত্রের পূর্বে কাম বীজ, শ্রীবীজ এবং মায়া বীজ, তারপর 'ওঁ'কার থেকে 'ক্ষ'কার পর্যন্ত সকল স্বরবর্ণ, পরে প্রথমে মন্ত্র উচ্চারণ করে ও শেষে তার বীজ এবং অক্ষরসকল বলতে হয়। এই পদ্ধতিতে মূল মন্ত্র ১০৮ বার জপ করলেও 'মন্ত্র চৈতন্য' হয়।

'মন্ত্র-চৈতন্য'র এই নিয়ম পূর্বাপেক্ষা অধিক সরল।

মন্ত্র 'ঈ'তে সম্পুটিত করে জপ করলেও 'মন্ত্র-চৈতন্য' হয়। এই নিয়ম সব থেকে সরল।

মন্ত্রের কুল্লুকা

- 'কুল্লুকা' ব্যতীত মন্ত্র-জপ করলে সাধকের আয়ু, বল এবং কীর্তিনাশ হয়। সুতারাং জপ শুরু করার সময় মন্ত্রের 'কুল্লুকা' সাধক আপনার মস্তকে ন্যাস করবেন। এর ফলে জপ নির্বিঘ্নে সম্পন্ন হবে এবং সাধক সিদ্ধিপ্রাপ্ত হবেন।

বিভিন্ন দেবতার মন্ত্রের 'কুল্লুকা' এইরূপ

এছাড়া অতিরিক্ত দেবতাদের 'স্ব-মন্ত্র'-ই তাঁদের নিজস্ব কুল্লুকা হিসাবে গণ্য করা হয়।

দেবতা	কুল্লুকারমন্ত্র	
শিব	ওঁ	**হৌং**
বিষ্ণু	ওঁ	**নমোনারায়ণায়**

লক্ষ্মী	ওঁ	**শ্রীং**
সরস্বতী	ওঁ	**ঐং**
অন্নপূর্ণা	ওঁ	**ক্লীং**
ষোড়শী	ওঁ	**স্ত্রীং**
ভুবনেশ্বরী	ওঁ	**হ্রীং**
ত্রিপুরসুন্দরী	ওঁ	**ক্লীং হ্রীং ত্রিপুর ভগবতী স্বাহা অথবা ক্লীং**
মঞ্জুঘোষা	ওঁ	**অ র ব চ ল ধীং**
ধূমাবতী	ওঁ	**হ্রীং**
মাতঙ্গী	ওঁ	ওঁ

বিভিন্ন দেবতার মন্ত্রের 'কুল্লুকা'

ভৈরবী	ওঁ	**হস্রৈ**
কালী	ওঁ	**ক্রীং হুং স্ত্রীং হ্রীং ফট্**
তারা	ওঁ	**হ্রীং স্ত্রীং হূঁ**
ছিন্নমস্তা	ওঁ	**হ্রীং হ্রীং ঐং হ্রীং হ্রীং স্বাহা**
বজ্র বৈরোচিনী	ওঁ	**শ্রীং হ্রীং হ্রীং ঐং হ্রীং স্বাহা হূঁ।**

মন্ত্রসেতু - মন্ত্রের সঙ্গে সাধকের সম্বন্ধ রক্ষাকারী বীজকে 'সেতু' বলা হয়। মন্ত্র জপের পূর্বে হৃদয়ে 'সেতু মন্ত্র' জপ আবশ্যক। মন্ত্রের সেতু প্রধানতঃ 'প্রণব' অর্থাৎ ওঁ কার। তন্ত্র শাস্ত্রে ব্রাহ্মণ এবং ক্ষত্রিয়ের জন্য প্রণব (ওঁ); বৈশ্যের জন্য 'ফট্' এর শূদ্রের জন্য 'হ্রীং' কে 'মন্ত্র সেতু' ধার্য করা হয়েছে। 'সেতু মন্ত্র' জপ করার পরই সাধক তান্ত্রিক মন্ত্র জপের অধিকারী হন।

মহাসেতু - মহাসেতুর প্রভাবে সাধক সব সময় এবং সব অবস্থায় মন্ত্র - জপের অধিকার প্রাপ্ত হন। সুতরাং মন্ত্র জপের পূর্বে কণ্ঠস্থিত বিশুদ্ধচক্রে মহাসেতু - মন্ত্র জপ করা হয়।

কালিকা মন্ত্রের মহাসেতু - ক্রীং

তারা মন্ত্রের মহাসেতু - হূঁ

ত্রিপুরসুন্দরী মন্ত্রের মহাসেতু - হ্রীং।

বাকী সব দেবতার মন্ত্রের মহাসেতু - স্ত্রীং

নির্বাণ - সর্বপ্রথম 'প্রণব' অর্থাৎ ওঁকার; তারপর অ-কার থেকে শুরু করে ক্ষ-কার পর্যন্ত সমস্ত স্বরবর্ণ এবং শেষে 'প্রণব'এবং 'মাতৃকা'- হতে সম্পুটিত মূল মন্ত্রের জপ ক্রিয়াকে 'নির্বাণ' বলা হয়। এই প্রক্রিয়ায় 'মন্ত্র'কে 'আত্মস্বরূপ' বোধ হয় এবং স্বরূপ জাগ্রত হয়ে ওঠে।

মুখ শোধন - মন্ত্র-জপের পুর্বে মুখ- শোধন আবশ্যক। অশুদ্ধ জিহ্বা সহযোগে জপ করলে সিদ্ধির পরিবর্তে ক্ষতি হয়।

যে দেবতার মন্ত্র - জপ করতে হবে,সর্বপ্রথম সেই দেবতার মুখ- শোধন মন্ত্র ১০ বার জপ করলে মুখ শুদ্ধ হয়।

বিভিন্ন দেবতার মুখ-শোধন মন্ত্র এইরূপ

দেবতা	**মন্ত্র**
বিষ্ণু	ওঁ **হ্রূং**
গণেশ	ওঁ **গং**
লক্ষ্মী	ওঁ **শ্রীং**
দূর্গা	**ঐং ঐং ঐং**
ত্রিপুরসুন্দরী	**শ্রীং** ওঁ **শ্রীং**ওঁ **শ্রীং**ওঁ
শ্যামা	**ক্রীং ক্রীং ক্রীং** ওঁ ওঁ **ক্রীং ক্রীং ক্রীং**
তারা	**হ্রীং হূং হ্রীং**
বগলামুখী	**ঐং হ্রীং ঐং**
মাতঙ্গী	ওঁ ওঁ
ধূমাবতী	ওঁ **হ্রীং**

বাকী দেবতাদের মুখ - শোধন মন্ত্র 'প্রণব' অর্থাৎ ওঁ।

প্রাণ যোগ - মায়া বীজের সংক্ষিপ্ত মূলমন্ত্র সাতবার জপ করলে তাকে 'প্রাণ-যোগ' বলে। প্রাণ - যোগ যুক্ত মন্ত্রই সিদ্ধ হয়ে অভীষ্ট ফলদান করে।

দীপনী - জপ করার পূর্বে 'মন্ত্র' প্রদীপ্ত করাকে 'দীপনী' বলা হয়। মন্ত্র-জপ আরম্ভ করার পূর্বে মন্ত্র 'প্রণব' (ওঁ) থেকে সম্পুটিত করে সাতবার জপ করলে 'দীপনী' সংস্কার পূর্ণ হয়ে যায়। এই 'দীপনী' ক্রিয়ার ফলে মন্ত্র প্রদীপ হয়, ফলে সাধক সকল শক্তি অনুভব করতে সক্ষম হয়।

মন্ত্র সূতক - মন্ত্রের মধ্যে দুই প্রকার 'সূতক' আছে। জাত-সূতক এবং মৃত সূতক। এই অশৌচান্ত (সূতক) সম্পন্ন না করলে মন্ত্র সিদ্ধ হয় না, সুতরাং অশৌচনিবারণ কল্পে প্রণব। সম্পূটিত মূলমন্ত্র জপের প্রারম্ভ ও সমাপ্তির সময়ে সাতবার অথবা ১০৮ বার জপ করা উচিত।

মন্ত্র দোষ - মন্ত্রের অনেক দোষের কথা বলা হলেও এর মধ্যে আটটি দোষ প্রধান। অভক্তি, অক্ষর-ভ্রান্তি, লুপ্ত, ছিন্ন, হ্রস্ব, দীর্ঘ, কথন এবং স্বপ্ন-কথন। অপর কোনো মন্ত্রকে স্বীয় মন্ত্রের চেয়ে শ্রেষ্ঠ মনে করলে অথবা স্বীয় মন্ত্রকে অক্ষর বর্ণের সমষ্টিমাত্র মনে করলে তাকে 'অভক্তি-দোষ' বলা হয়।

মন্ত্রের অক্ষরসমষ্টি প্রমাদবশতঃ উল্টোপাল্টা হয়ে গেলে তাকে 'অক্ষর-ভ্রান্তি' বলে। মন্ত্রের মধ্যে কোনো বর্ণের ন্যূনতম 'লুপ্ত দোষ' বলা হয়।

মন্ত্রের সংযুক্ত বর্ণের কোনো অংশ বাদ পড়ে গেলে 'ছিন্ন দোষ' ঘটে।

মন্ত্রের মধ্যে দীর্ঘ বর্ণের স্থানে হ্রস্ব উচ্চারণ করলে তাকে 'হ্রস্ব দোষ' এবং হ্রস্ববর্ণের স্থলে দীর্ঘ উচ্চারণ করলে তাকে 'দীর্ঘ দোষ' বলা হয়। জাগ্রত অবস্থায় নিজের মন্ত্র কাউকে বলে দিলে তাকে 'কথন দোষ' এবং স্বপ্নাবস্থায় নিজের মন্ত্র কাউকে বলে দিলে তাকে স্বপ্ন-কথন দোষ' বলা হয়। উক্ত দোষ দূর করার জন্য নিম্নলিখিত উপায় আছে। 'অভক্তি দোষ' দূর করতে হলে মন্ত্রে সর্বশক্তিমান দেবতার স্বরূপ অনুভব করে তা জপ করতে হবে। 'অক্ষরভ্রান্তি', 'লুপ্ত' 'ছিন্ন', 'হ্রস্ব' এবং দীর্ঘ ইত্যাদি দোষের নিবৃত্তির জন্য পুনরায় দীক্ষাগ্রহণ করতে হবে। অন্য দোষের নিবারণ হেতু মন্ত্রের নিম্নলিখিত দশটি সংস্কার কার্য আবশ্যক। যেমন - জনন, দীপন, বোধন, তাড়ন, অভিষেক, বিমলীকরণ, জীবন, তর্পণ, গোপন এবং আপ্যায়ন। এই সংস্কারের ফলে সংস্কৃত মন্ত্র শীঘ্র সিদ্ধি-দান করে।

মন্ত্রদীক্ষা

গুরুর কৃপা এবং শিষ্যের শ্রদ্ধা - এই দুই ভাবনার মিলনকে দীক্ষা' বলা হয়। দীক্ষার মাধ্যমে গুরু শিষ্যের মধ্যে জ্ঞান - সঞ্চার অথবা শক্তিসঞ্চার করেন, যার ফলে শিষ্যের মনের সমস্ত ভ্রান্তি দূর হয়ে, সিদ্ধির পথ মুক্ত হয়।

সাধনার রহস্য এবং যথার্থ জ্ঞান গুরুর মাধ্যমেই পাওয়া যায়। সুতরাং যে সাধক সদ্গুরু দ্বারা দীক্ষালাভের পর মন্ত্র - সাধনায় প্রবৃত্ত হন, শীঘ্র সিদ্ধিলাভ ঘটে।

দীক্ষার তিনটি প্রধান ভেদ আছে। শাক্তী, শাম্ভবী এবং মান্ত্রী অথবা আণবী।

শক্তি - দীক্ষাকালে গুরু শিষ্যের আন্তশরীরে প্রবেশ করে কুন্ডলিনীকে জাগিয়ে তোলেন এবং নিজের শক্তিতে শিষ্যকে পরমশিবের সঙ্গে মিলিয়ে দেন। এই দীক্ষায় শিষ্যের নিজের তরফে কিছু করার থাকে না।

শাম্ভবী - দীক্ষার গুরু নিজের প্রসন্ন দৃষ্টি অথবা স্পর্শ দ্বারা শিষ্যকে এক মুহূর্তে স্ব-স্বরূপে স্থিত করে দিতে পারেন। ফলস্বরূপ, শিষ্য সমাধিস্থ হয়ে ধন্য হয়ে যায়।

মান্ত্রী অথবা আণবী - মান্ত্রী অথবা আণবী দীক্ষায় গুরু শিষ্যকে মন্ত্রোপদেশ মাত্র দান করেন, তারপর শিষ্যকে পুরশ্চরণাদি করে সিদ্ধিলাভ করতে হয়।

'শাক্তী' এবং 'শাম্ভবী' দীক্ষা দান করতে পারেন এমন গুরু কম। অধিকাংশ গুরু 'মান্ত্রী' দীক্ষা দান করেন।

গুরু নির্দেশিত পথে যে সাধনা প্রক্রিয়ার মাধ্যমে মন্ত্র সিদ্ধিলাভ করে তাকে

'পুরশ্চরণ' বলে। গুরুর থেকে মন্ত্র লাভ করার পর তার পুরশ্চরণ করা প্রয়োজন। পুরশ্চরণ ব্যতীত মন্ত্র সিদ্ধ হয় না।

স্থান - পুরশ্চরণের জন্য সিদ্ধপীঠ, পুণ্যক্ষেত্র, নদী-তট, পর্বত শিখর, পর্বতের পাদদেশ, গুহা, তীর্থ, সংগম, পবিত্র বন, নির্জন উদ্যান, সরোবর তট, তুলসীবন, গোশালা, দেবালয়, পীপুল অথবা আমলকী বৃক্ষ এবং আপন-ঘর - এইসব স্থান উপযুক্ত।

'ব্রহ্মায়ামল' অনুসারে ঘরের তুলনায় গোশালায় 'পুরশ্চরণ' করলে দশগুণ, বনে শতগুণ, সরোবরে সহস্রগুণ, নদী-তটে লক্ষ গুণ, পর্বতে কোটি গুণ, শিবালয়ে শতকোটি গুণ এবং গুরু সান্নিধ্যে অনন্ত ফললাভ হয়।

নদী - তট, সমুদ্র তট, তপোবন অথবা পর্বত ইত্যাদি স্থানে পুরশ্চরণ' করার সময় 'দীপ স্থান' - এর নির্ণয় 'কূর্মচক্রে'র আধারে করা উচিত।

কূর্মচক্র - 'দীপস্থান' এর অর্থ 'মন্ত্র সাধনা' প্রকাশিত করার স্থান। এটা নির্ণয়ের নিয়ম হল যে নগর, গ্রাম, ক্ষেত্র অথবা ঘরে 'পুরশ্চরণ' করা হবে তাকে এক কূর্মচক্রের আকার দিতে হবে এবং ওই চক্রকে নয়টি সমান ভাগে বিভক্ত করে, তার মধ্যভাগ সব স্বরবর্ণ লিখতে হবে এবং পূর্বদিকে থেকে উত্তর পর্যন্ত 'ক' ইত্যাদি সাতটি বর্গ এবং ঈশান কোণে ল, য বর্ণদ্বয় লেখা দরকার।

এই প্রকারে নির্মিত 'কূর্মচক্রে'র স্বরূপ ছবিতে বোঝানো হল।

যে স্থান অথবা নগরে সাধনা করা হবে, তার নামের প্রথম অক্ষর উক্ত কূর্মচক্রে যেখানে পড়বে সেই স্থানকে কূর্মর মুখ মনে করতে হবে। তার দুই প্রান্তের কোষ্ঠকে দু-বাহু, তার নিচের দুই কোষ্ঠকে পেট, তার নিচের দুই ঘরকে দুই পা এবং শেষ ভাগকে পশ্চাদ্দেশে মনে করতে হবে।

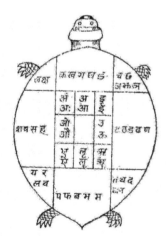

মুখ - অংশে উপবিষ্ট হয়ে সাধক মন্ত্র-সাধনা করবেন। কূর্মচক্রের 'মুখ' নির্মিত স্থানই 'দীপস্থান'। এই দীপস্থানে বসে সাধনা

করলে সিদ্ধিলাভ ঘটে। বাহু-স্থানে বসে সাধনা করলে অল্পায়ু, কুক্ষি-স্থানে অসফলতা, পদ-স্থানে কষ্ট এবং পুচ্ছ - স্থানে বসে সাধনা করলে মৃত্যু প্রাপ্তি হয়।

কর্তব্যাকর্তব্য - পুরশ্চরণকালে ক্ষৌরকর্ম, গাত্রমর্দন, ভোগ নিবেদন বিনা ভোজন, সংকল্প বিনা কর্ম, কুটিলতা এবং স্ত্রী - সংসর্গ নিষিদ্ধ। স্ত্রী (মহিলা) যেখানে বাস করে সেই স্থান ত্যাগ করতে হবে এবং স্ত্রী-সম্পর্কিত কোনোরকম চর্চা করা চলবে না। ঋতুকালের অতিরিক্ত সময়ে স্বীয় বিবাহিতা পত্নীর সংসর্গ কর নিষেধ। স্ত্রী সাধিকাদেরও এই নিয়ম স্বীয় পতি সম্পর্কে বুঝতে হবে। কিন্তু যে স্ত্রী - সাধিকা আপন সিদ্ধপতি দ্বারা দীক্ষা - প্রাপ্ত হয়েছেন তার ক্ষেত্রে আপন পতির সঙ্গে যৌন - সম্পর্কের অতিরিক্ত অন্য কোনো সম্পর্ক নিষিদ্ধ নয়।

পুরশ্চরণ কালে ভূমি - শয়ন, ব্রহ্মচর্য-পালন, মৌন, গুরু-সেবন, ত্রিকাল স্নান, পাপকর্মের পরিত্যাগ, নিত্য- পূজা, দেবস্তুতি এবং কীর্তন, নৈমিত্তিক পূজা, নিত্যদান, ইষ্টদেবতা গুরুতে বিশ্বাস এবং জপ-নিষ্ঠা এই দ্বাদশ - নিয়মের পালন আবশ্যক। এর ফলে শীঘ্র সিদ্ধিলাভ ঘটে।

ভোজন - পুরশ্চরণ কালে সাধকের এমন পবিত্র ভোজন করতে হবে যা জাতি-দোষ, আশ্রয়- দোষ এবং নিমিত্ত - দোষ থেকে মুক্ত। ভোজ্য - পদার্থের স্বাভাবিক দোষকে 'জাতি-দোষ' বলে। মাংস, মাছ, ডিম, পেঁয়াজ, রসুন ইত্যাদি পদার্থ 'জাতি-দোষ' যুক্ত। পবিত্র বস্তু যদি নিকৃষ্ট - স্থান বা ব্যক্তির স্পর্শ পায় তাহলে তার ওপর ওই সব বস্তুর 'আশ্রয় - দোষ' লাগে এবং পবিত্র স্থানে রক্ষিত পবিত্র বস্তু যদি কোনো অপবিত্রতায় সঙ্গে সম্পর্কিত হয় তাহলে তাকে 'নিমিত্ত- দোষ' বলে। যেমন - দেবালয়ে রক্ষিত দুধ বা ফলে যদি ইতর প্রাণী (কুকুর ইত্যাদি) মুখ দেয়।

গরুর দুধ, দৈ, ঘি ও মুগ, কন্দ, কলা, নারকোল, আম, আমলকী, কমলালেবু, সাদা তিল, গোধান, যব, এবং জীরা - এই বস্তুসকল হবিষ্যান্ন। দুগ্ধজাত দ্রব্য, ফল, সৈন্ধব লবণ ও হৈমন্তিক ধান এবং যে সব বস্তু তেল থেকে তোলা হয়নি তাদেরও এই শ্রেণীভুক্ত করা হয়। সাধনা কালে এই হবিষ্যান্ন বস্তুর আহারই শ্রেষ্ঠ। ক্ষারীর নুন, মধু, পান, গাজর, কলাই, তাকে 'ত্যাজ্য' মনে করতে হবে। 'পুরশ্চরণ' কালে কেবল আমলকী এবং পঞ্চগব্য দ্বারা শাস্ত্রোক্ত নিয়মে স্নান করা উচিত।

মন্ত্র জপ - স্নান এবং তর্পণ না করে, অপবিত্র এবং নগ্নাবস্থায় অথবা মাথার

ওপর বস্ত্র রেখে জপ করা নিষেধ। স্নান, আচমন এবং ভোজন মন্ত্রোচ্চারণের সঙ্গে করা উচিত। নিত্য সন্ধ্যা-তর্পণ, বলি এবং ইষ্টদেবের বিধিবদ্ধ পূজা আবশ্যক।

যদি কখনো জপের সময় একটিও শব্দ বলা আবশ্যক হয় তাহলে প্রত্যেক শব্দের জন্য একবার 'প্রণব' (ওঁকার) উচ্চারণ করতে হবে। কঠিন শব্দ বলার সময় প্রাণায়াম এবং বার্তালাপ করতে হলে বিধিমতো আচমন, প্রাণায়াম এবং ন্যাসক্রিয়া করা উচিত।

মন্ত্র - জপের সময় যদি প্রাকৃতিক ক্রিয়াদির বেগ আসে তবে তা ধারণ করা নিষিদ্ধ। নিদ্রা, আলস্য, হাইতোলা, ঢোঁক গেলা, থুথু ফেলা, গলা খাঁকরানো, ক্ষোভ, ভয়, শোক, ব্যাকুলতা, ক্রোধ, অপবিত্র অঙ্গস্পর্শ, ভ্রান্তি, ক্ষুধাবোধ এবং শারীরিক পীড়া - ইত্যাদি কারণ উপস্থিত হলে জপ বন্ধ করে দেওয়া উচিত এবং পুনরায় নিবৃত্ত, পবিত্র, শুদ্ধ এবং শান্তচিত্ত হয়ে জপ আরম্ভ করা উচিত।

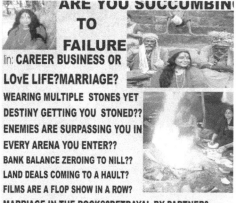

গান গেয়ে, মাথা হেলিয়ে, লেখা দেখে, মন্ত্রার্থ না জেনে অথবা মাঝে মাঝে ভুল করে জপ করলে মন্ত্র নিষ্ফল হয়। ইষ্টদেবতা, গুরু এবং মন্ত্র - এই তিনের মধ্যে ঐক্য স্থাপন করে মন্ত্রার্থের চিন্তাসহ মনোযোগ সহকারে জপ করলে তা সিদ্ধিপ্রদ হয়। শৌচাশৌচ - পুরশ্চরণ কালে জননাশৌচ অথবা মৃতাশৌচ (গৃহে কোনো বালকের জন্মজনিত বা কোনো ব্যক্তির মৃত্যু জনিত কারণে যে অপবিত্রতা) হয় না, সুতরাং পুবশ্চরণ আরম্ভ করার পর যদি গৃহবাসী কারুর জন্ম অথবা মৃত্যু হয় তবুও পুরশ্চরণ করে যাওয়া কর্তব্য। পঞ্চাশ - উপাসনা - পুরশ্চরণ জপ, হোম, তর্পণ, মার্জন এবং ব্রাহ্মণভোজন - এই পঞ্চ অঙ্গের গণনা (উপাসনা) করা হয়। এভাবে, মন্ত্রের জপ সংখ্যা পূর্ণ হয়ে যাবার পর, জপের দশাংশ যজ্ঞ, যজ্ঞের দশাংশ তর্পণ, তর্পণের দশাংশ মার্জন এবং মার্জনের দশাংশ ব্রাহ্মণভোজন বিধেয়।

গুরু - প্রসন্নতা - পুরশ্চরণ শেষ হয়ে যাবার পর গুরু, গুরু-পত্নী, গুরু-পুত্র অথবা তাঁর বংশজকে পূজো করে যথাশক্তি দক্ষিণা দেওয়া উচিত, যাতে তিনি প্রসন্ন হন। পুরশ্চরণের পূর্ণতা গুরুর প্রসন্নতার সঙ্গে যুক্ত।

গ্রহণ কাল - সূর্য অথবা চন্দ্র গ্রহণের দিন সাধক উপবাসী থেকে সমুদ্রগামিনী নদীতে নাভি পর্যন্ত গভীর জলে দাঁড়িয়ে একাগ্রচিত্তে গ্রহণের স্পর্শকালে থেকে মোক্ষকাল পর্যন্ত মূলমন্ত্র জপ করলে তৎক্ষণাৎ সিদ্ধিপ্রাপ্ত হন। যদি নদীতে কুমীর, কামট ইত্যাদি জলজন্তুর আধিক্য থাকে তবে দেবালয়, শিবালয়, তপোবন, উপবন অথবা দেবপ্রতিমার সান্নিধ্যে কোনো পবিত্র স্থানে উপবিষ্ট হয়ে গ্রহণের স্পর্শকাল থেকে মোক্ষলাভ পর্যন্ত মন্ত্রজপ করলেও উক্ত ফলপ্রাপ্তি ঘটে। গ্রহণের সময় অন্তর্যাগপূর্বক মন্ত্রজপ করলেও উক্ত ফল লাভ হয়। এইরকম স্থিতিকালে হোম, তর্পণ, মার্জন এবং ব্রাহ্মণভোজন করানোর আবশ্যকতা নেই।

যদি বিধিমতো পুরশ্চরণ করার পরেও সিদ্ধিলাভ না ঘটে, তবে ওই মন্ত্রের দ্বিতীয়বার পুরশ্চরণ করতে হবে। কিন্তু যদি তিনবার পুরশ্চরণ করার পরও সিদ্ধিলাভ না হয় তবে ভ্রামণ, রোধন, বশীকরণ, পীড়ন, পোষণ, শোষণ এবং দাহন-এই সাত ক্রিয়া ক্রমান্বয়ে পালনের নির্দেশ দেওয়া আছে।

ভ্রামণ - ভূর্জপত্রের ওপর শিলারস, কুঙ্কুম, খস এবং চন্দনের মিশ্রণে এক বায়ুবীজ (সং) এবং এক মন্ত্রাক্ষর - এই পর্যায়ক্রমে সমস্ত মন্ত্রাক্ষর বায়ুবীজে সম্পুটিতে করে লিখতে হবে। তারপর ঐ লিখিত মন্ত্রকে দুধ, ঘি, মধু অথবা জলে ভাসিয়ে রেখে বিধিমতো পূজা, জপ এবং যজ্ঞ করতে হবে। এই ক্রিয়াকে 'ভ্রামণ' বলা হয়। এটা করার পর পুরশ্চরণ করলে মন্ত্র শীঘ্র সিদ্ধ হয়।

রোধন - বাগ্বীজ (ঐং) দ্বারা সম্পুটিত মন্ত্রের জপ ক্রিয়াকে 'রোধন' বলে। যদি 'ভ্রামণ' ক্রিয়ার কার্য সিদ্ধ না হয় তবে 'রোধন' ক্রিয়ার প্রয়োগ করা প্রয়োজন।

বশীকরণ - অলক্ত (আল্‌তা), লাল চন্দন, কূট, ধুতুরাবীজ এবং মনঃশিলা - এই সবের মিশ্রণে ভূর্জপত্রের ওপর মন্ত্র লিখে তা দ্রাবীয় ধারণ করার পর পুনরায় পুরশ্চরণ করা প্রয়োজন। 'রোধন' দ্বারা কার্যসিদ্ধি না ঘটলে এই 'বশীকরণ' ক্রিয়া করা বিধেয়।

পীড়ন - যদি 'বশীকরণ' দ্বারাও কার্য সিদ্ধ না হয় তবে অধরোত্তর যোগে মন্ত্র জপ করলে অধরোত্তর - স্বরূপিণী দেবতার পুজো করতে হবে। তারপর মাদার

গাছের কাঠের দুধের মন্ত্র লিখে, তাকে পা দিয়ে পিষ্ট করে যজ্ঞ করতে হবে। এই প্রক্রিয়াকে 'পীড়ন' বলা হয়। পীড়নের পর 'পুরশ্চরণ' করা উচিত।

পোষণ - যদি 'পীড়ন' - এর পরেও মন্ত্রসিদ্ধি না হয়, তবে বধূবীজে (স্ত্রীং) সম্পুটিত মূল মন্ত্রের জপ করতে হবে এবং গাভীর দুধে ভূর্জপত্রের উপর মন্ত্র লিখে আপন হস্তে ধারন করার পর পুনরায় পুরশ্চরণ করতে হবে। এই প্রক্রিয়াকে 'পোষন' বলা হয়।

শোষণ - যদি পোষণের পরেও মন্ত্র সিদ্ধি না হয় তবে বায়ুবীজে (যং) সম্পুটিত মূল মন্ত্র জপ করতে হবে এবং যজ্ঞের ভস্ম দিয়ে ভূর্জপত্রের উপর মূলমন্ত্র লিখে তাকে কণ্ঠে ধারণ করে পুনরায় পুরশ্চরণ করতে হবে। এই প্রক্রিয়াকে 'শোষণ' বলা হয়।

দাহন - মন্ত্রের প্রতিটি স্বরবর্ণের সঙ্গে অগ্নিবীজ (রং) লাগিয়ে জপ করতে হবে এবং পলাশ বীজের তেল দ্বারা ভূর্জপত্রের ওপর মন্ত্র লিখে তাকে কণ্ঠে ধারণ করতে হবে একে 'দাহন ক্রিয়া' বলা হয়। এরপর 'পুরশ্চরণ' কর্মে প্রবৃত্ত হতে হবে।

উক্ত সাতক্রিয়া একসঙ্গে পালন করার আবশ্যকতা নেই। সর্বপ্রথম প্রথমটিই করতে হবে। যদি তাতে সফলতা না মেলে তবে দ্বিতীয় ; তাতেও সফল না হলে তৃতীয়; তাতে সিদ্ধ না হলে চতুর্থ - এইভাবে ক্রমশ সাতটি ক্রিয়া পালন করতে হবে। এর মধ্যে বিধিপালনের সঙ্গে সঙ্গে মন্ত্র সিদ্ধ হয়ে যাবে তারপরে অন্যকোনো বিধি পালনের আবশ্যকতা নেই। ছয়টি পদ্ধতি অসফল হবার পরেও সপ্তম পদ্ধতি পালনের পর অবশ্যই সাফল্য আসবে।

একাক্ষর, দ্ব্যক্ষর, পঞ্চাক্ষর, যড়ক্ষর, সপ্তাক্ষর, অষ্টাক্ষর, নবাক্ষর, একাদশাক্ষর, প্রণব, হংস মন্ত্র, কূট মন্ত্র, বেদোক্ত মন্ত্র, স্বপ্নলব্ধ মন্ত্র, স্ত্রী দ্বারা প্রাপ্ত মন্ত্র, মালা মন্ত্র, নৃসিংহ মন্ত্র, প্রমাদ (হ্রৌং) মন্ত্র, রবিমন্ত্র, বরাহ মন্ত্র, মাতৃকা মন্ত্র, পরা (হ্রীং) মন্ত্র, ত্রিপুরা মন্ত্র, কাম মন্ত্র, আজ্ঞাসিদ্ধ গরুড়মন্ত্র, বৌদ্ধমন্ত্র এবং জৈন মন্ত্র - এই সব মন্ত্রে সিদ্ধাদি শোধনের আবশ্যকতা নেই। এর অতিরিক্ত অন্য সব মন্ত্রে সিদ্ধাদি শোধন অব্যশই করতে হবে।

মন্ত্রশোধন তন্ত্র

শীঘ্র সিদ্ধিলাভের জন্য 'মন্ত্র শোধন' আবশ্যক। মন্ত্র - দীক্ষার পূর্বে সাধক এবং মন্ত্রের সম্বন্ধ - বিচার করার জন্য সিদ্ধাদি শোধন পালিত হয়। আগম শাস্ত্র মতে - 'মন্ত্রের মতো কোনো দ্বিতীয় শত্রু নেই।' সুতরাং মন্ত্র - গ্রহণের পূর্বে তা সিদ্ধ, সাধ্য নাকি শত্রু - তা পুঙ্খানুপুঙ্খরূপে বিচার করা প্রয়োজন। যদি ভ্রম অথবা প্রমাদ - বশতঃ শত্রু - মন্ত্র দীক্ষার সময় গৃহীত হয় তাহলে তাকে ত্যাগ করা উচিত।

সিদ্ধাদি শোধনের অনেক রীতি আছে, তার মধ্যে কিছু বিধির উল্লেখ করা হল।

অব্যক্ত চক্র - এটা ১৬টি প্রকোষ্ঠের চক্র, যেখানে ১, ৩, ১১, ৯, ২, ৪, ১২, ১০, ৬, ৮, ১৬, ১৪, ৫, ৭, ১৫ এবং ১৩ সংখ্যক প্রকোষ্ঠেক্রমান্বয়ে মাতৃকা বর্ণ লিখতে হয়। এর ঘরগুলির রূপ এখানে প্রদর্শিত চিত্রে দেখানো হল ।

উক্ত চক্রে নামের প্রথম অক্ষর থেকে মন্ত্রের প্রথম অক্ষর পর্যন্ত ক্রমশঃ সিদ্ধ, সাধ্য, সুসিদ্ধ, অরি বুঝতে হবে।

१ अ क थ ह	२ उ ङ प	३ आ ख द	४ ऊ च फ
५ ओ ड ब	६ लृ झ म	७ औ ढ श	८ लॄ ञ य
९ ई घ न	१० ॠ ज भ	११ इ ग ध	१२ ऋ छ व
१३ अः त स	१४ ऐ ठ ल	१५ अं ण ष	१६ ए ट र

যে ৪টি প্রকোষ্ঠে সাধকের নামের প্রথম অক্ষর আছে, সেগুলিকে 'সিদ্ধ-চতুষ্টয়' বলা হয়। প্রদক্ষিণ ক্রমানুসারে পরবর্তী চারটি প্রকোষ্ঠকে 'সাধ্য চতুষ্টয়', এদের পরবর্তী চারটি প্রকোষ্ঠকে 'সুসিদ্ধ চতুষ্টয়' এবং ক্রমের শেষ ৪টি প্রকোষ্ঠকে 'শত্রু চতুষ্টয়' বলা হয়।

যদি সাধক এবং মন্ত্র - এই দুয়ের নামেরই প্রথম অক্ষর একই প্রকোষ্ঠে থাকে তবে মন্ত্র 'সিদ্ধ সিদ্ধ' রূপে পরিগণিত হয়। সাধকের নামের প্রথমাক্ষর যে প্রকোষ্ঠে আছে, যদি মন্ত্রের প্রথম অক্ষর তার দ্বিতীয়ে থাকে তবে 'মন্ত্রকে' সিদ্ধ - সাধ্য', তৃতীয়ে থাকলে 'সিদ্ধ-সুসিদ্ধ' এবং চতুর্থ প্রকোষ্ঠে মন্ত্রাক্ষর থাকলে 'মন্ত্র'-কে 'সিদ্ধারি' বলা হয়। মন্ত্রের প্রথমাক্ষরের ৪টি ঘর যদি নামের প্রথমাক্ষরের ৪টি ঘরের পূর্ববর্তী হয়, তবে মন্ত্রপংক্তির ঘর থেকে শুরু করে পূর্ববৎ গণনা করতে হবে। যদি প্রথম প্রকোষ্ঠে মন্ত্রাক্ষর থাকে তাহলে 'সাধ্যসিদ্ধ', দ্বিতীয় প্রকোষ্ঠে থাকলে 'সাধ্যসাধ্য' তৃতীয়ে থাকলে 'সাধ্য-সুসিদ্ধ' এবং চতুর্থ প্রকোষ্ঠে মন্ত্রাক্ষর থাকলে মন্ত্রকে 'সাধ্য-শত্রু' বুঝতে হবে।

এইভাবে যদি তৃতীয় এবং চতুর্থ ৪-৪ প্রকোষ্ঠে মন্ত্রের প্রথমাক্ষর থাকে তাহলে পূর্বোক্ত পদ্ধতিতে বিচার করতে হবে। তৃতীয় ৪-৪ প্রকোষ্ঠের প্রথম, দ্বিতীয়, তৃতীয় এবং চতুর্থ ঘরে মন্ত্রাক্ষর থাকলে ক্রমান্বয়ে 'সুসিদ্ধ সিদ্ধ', সুসিদ্ধ-সাধ্য 'সুসিদ্ধ-সুসিদ্ধ' এবং 'সুসিদ্ধ-শত্রু' বলা হয় এবং চতুর্থ ৪-৪ প্রকোষ্ঠের প্রথম, দ্বিতীয়, তৃতীয় এবং চতুর্থ ঘরে প্রথম মন্ত্রাক্ষর থাকলে মন্ত্রকে ক্রমশঃ 'অরি-সিদ্ধ' 'অরি-সাধ্য', 'অরি-সুসিদ্ধ' এবং 'অরি-অরি' বলা হয়। এরপরে নিম্নানুসারে মন্ত্রের বিচার করতে হবে।

'সিদ্ধ সিদ্ধ' মন্ত্র - যথোক্তসময়ে অর্থাৎ নির্ধারিত সংখ্যায় জপ করলে সিদ্ধ হয়ে যায়। 'সিদ্ধ সাধ্য' মন্ত্র তার দ্বিগুণ সংখ্যায় এবং 'সিদ্ধ সুসিদ্ধ' মন্ত্র নির্ধারিত সংখ্যার অর্ধেক জপ করলে সিদ্ধ হয়। কিন্তু 'সিদ্ধারি' মন্ত্র বন্ধুনাশক, সুতরাং ত্যাজ্য।

'সাধ্য সিদ্ধ' মন্ত্র দ্বিগুণ সংখ্যায় জপ করলে সিদ্ধ হয়। 'সাধ্য সাধ্য' মন্ত্র নিরর্থক থাকে অর্থাৎ জপ করলেও কোনো ফললাভ ঘটে না। 'সাধ্য-সুসিদ্ধ' মন্ত্র দ্বিগুণ সংখ্যায় জপ করলে সিদ্ধ হয়, কিন্তু 'সাধ্যারি' মন্ত্র আপন গোত্রের মানুষদের হানি ঘটায়, সুতরাং ত্যাজ্য।

'সুসিদ্ধ সিদ্ধ' মন্ত্র অর্ধ সংখ্যায় জপ করলে, 'সুসিদ্ধ সাধ্য' দ্বিগুণ সংখ্যায় জপ করলে এবং 'সুসিদ্ধ সুসিদ্ধ' মন্ত্র দীক্ষা মাত্রই সিদ্ধ হয়। কিন্তু 'সুসিদ্ধারি' মন্ত্র কুটুম্বগণের নাশকারক, সুতরাং ত্যাজ্য।

'অরি - সিদ্ধ' মন্ত্র পুত্রের, 'অরি - সাধ্য' কন্যার, 'অরি - সুসিদ্ধ' পত্নীর এবং 'অরি - অরি' মন্ত্র স্বয়ং সাধকের মৃত্যুর কারণ ঘটায়। সুতরাং এই ধরণের মন্ত্র সর্বদা ত্যাজ্য। উদাহরণ স্বরূপ বলা যায় — 'দেবদত্ত' এমন কোনো মন্ত্র গ্রহণ করলেন, যার প্রারম্ভে 'ঐং' অক্ষর আছে। উক্ত চক্রে 'দেবদত্ত' - র নামের প্রথম অক্ষর 'দ' দ্বিতীয় ঘরে থাকবে এবং মন্ত্রের প্রথমাক্ষর 'এ' চতুর্দশ ঘরে পড়বে। এভাবে দেবদত্ত নামের অক্ষর থেকে মন্ত্রাক্ষর 'সুসিদ্ধ- চতুষ্টয়' - এর চতুর্থ ঘরে পড়বে। সুতরাং 'সুসিদ্ধারি' হবার কারণে এই মন্ত্র দেবদত্তের জন্য ত্যাজ্য।

সাধকের নাম এবং মন্ত্রের বর্ণ লেখার পর, যতক্ষণ পর্যন্ত মন্ত্র সমাপ্ত না হবে, সিদ্ধাদি গণনা করে যেতে হবে। যদি নামের বর্ণ সমাপ্ত হয়ে যায়, তবে পুনরায় নাম লিখে যেতে হবে। এই প্রকার সংশোধন করার পর যদি 'সাধ্য' ও 'শত্রু' বেশি হয় এবং 'সিদ্ধ' ও 'সুসিদ্ধ' কম হয় তবে মন্ত্রকে অশুভ গণ্য করতে হবে। এর বিপরীতে যদি 'সিদ্ধ' ও 'সুসিদ্ধ' বেশি হয় এবং 'সাধ্য' ও 'শত্রু' কম হয় তবে মন্ত্র শুভ হবে। যথা — যিনি মন্ত্র গ্রহণ করবেন তাঁর নাম 'দেবদত্ত' এবং মন্ত্র 'বক্র তুন্ডায় হুঁ।' এদের বর্ণ সকল আলাদা আলাদা লিখে নিম্নরূপ হবে ঃ

দেবদত্ত গু দ,ব,দ,ত,ত।

বক্র তুন্ডায় হুঁ গু চব,ক,র,ত,ন্ড,য়,হ।

এখানে সাধক দেবদত্তের নামের প্রথম অক্ষর 'দ' থেকে মন্ত্রের প্রথম অক্ষর 'ব' দ্বাদশতম হবার কারণে 'অরি' রূপে গণ্য হল। এইভাবে 'ব' থেকে 'ক' 'সিদ্ধ', 'দ' থেকে 'র' 'সাধ্য', 'হ' ও 'সিদ্ধ' হবে। এইপ্রকারে এখানে সাধকের নাম এবং মন্ত্রের বর্ণের 'সিদ্ধাদি' বিচাবে 'সাধ্য' ও 'শত্রু'র সংখ্যা ২ এবং 'সিদ্ধ' ও 'সুসিদ্ধ'র সংখ্যা ৫ হবে। সুতরাং সিদ্ধাদির সংখ্যা অধিক হবার কারণে এই মন্ত্র দেবদত্তের জন্য শুভফলপ্রদ।

অ ক ড ম চক্র — দ্বাদশ দলের চক্রে নপুংসক বর্ণাদি (ঋ, ৠ, ৯, ৯৯) বাদ দিয়ে, অকার থেকে হ-কার পর্যন্ত সব বর্ণ পূর্বোক্ত প্রদক্ষিণ ক্রমানুসারে লিখতে হবে। এই চক্রের স্বরূপ এখানে অঙ্কিত চিত্রের মাধ্যমে প্রদর্শিত হল।

উক্ত চক্রে সাধকের নামের প্রথমাক্ষর থেকে মন্ত্রের প্রথামাক্ষর পর্যন্ত সিদ্ধ, সাধ্য, সু সিদ্ধ এবং অরি — এই ভাবে গণনা করতে হবে।

সাধকের নামের প্রথমাক্ষর - সম্বলিত প্রকোষ্ঠ থেকে ১, ৫, এবং ৯ নং

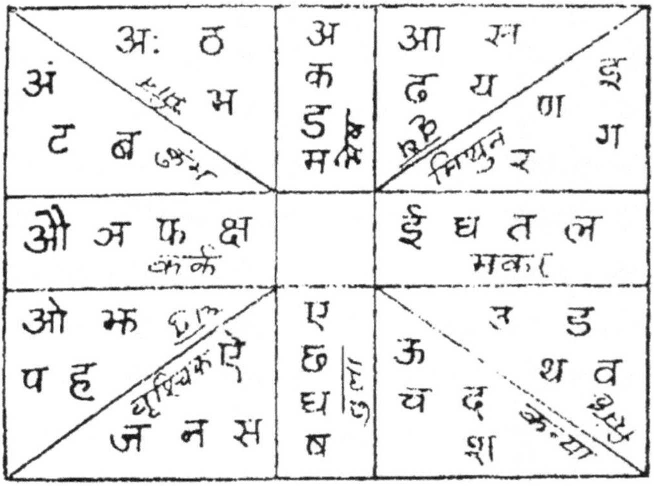

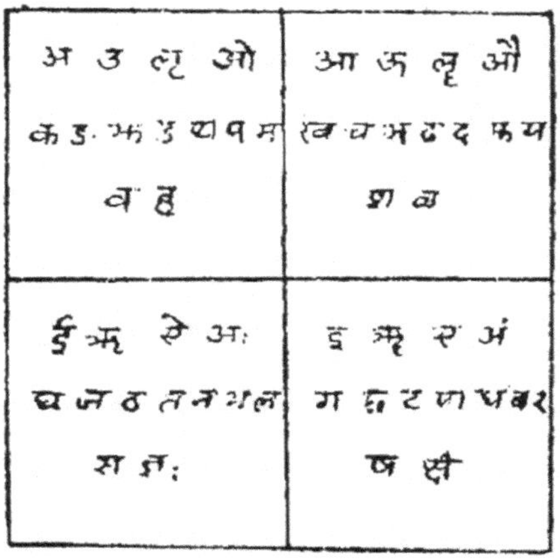

প্রকোষ্ঠে আপতিত মন্ত্রের প্রথমাক্ষর 'সিদ্ধ', ২, ৬, এবং ১০ নং প্রকোষ্ঠে আপতিত মন্ত্রের প্রথমাক্ষর 'সাধ্য', ৩, ৭ এবং ১১ নং প্রকোষ্ঠে আপতিতকে 'সুসিদ্ধ', ৪, ৮, এবং ১২ নং প্রকোষ্ঠে আপতিত মন্ত্রের প্রথমাক্ষরকে 'অরি' রূপে গণ্য করা হয়।

যথা — মন্ত্র গ্রহণকর্তার নাম 'দেবদত্ত' আর যে মন্ত্র গৃহীত হবে তার প্রথমাক্ষর 'ঐং' হলে উক্ত চক্রে দেবদত্তের নামর প্রথমাক্ষর 'দ' থেকে মন্ত্রের প্রথমাক্ষর 'ঐং' তৃতীয় স্থানে পড়বে। সুতরাং এই মন্ত্র 'দেবদত্তে'র জন্য 'সুসিদ্ধ' রূপে গণ্য হবে; ফলস্বরূপ এর উপাসনা শীঘ্র ফলপ্রদ হবে।

সিদ্ধাদি শোধন চক্র — চার প্রকোষ্ঠ বিশিষ্ট এক চক্রে অকারাদি বর্ণ সমূহ বারবার লিখতে হবে, পরে নামের প্রথমাক্ষর থেকে প্রথমাক্ষর পর্যন্ত সিদ্ধ, সাধ্য, সুসিদ্ধ এবং অরি - র গণনা করতে হবে। এর চক্রের চিত্র এখানে প্রদর্শিত হল।

ভাগশেষ হল ৬। সুতরাং নিয়মানুসারে মন্ত্র রাশি 'ঋণী' এবং নাম রাশি 'ধনী' হবে। অর্থাৎ এই মন্ত্র দেবদত্তের ঋণী হবার জন্য গ্রহণযোগ্য।

দ্বিতীয়বিধি — নামের প্রথমাক্ষর থেকে মন্ত্রের প্রথমাক্ষর পর্যন্ত বর্ণমালা ক্রমান্বয়ে গণনা করে ৩ দিয়ে গুণ করে, ৭ দিয়ে ভাগ করার পর যে ভাগশেষ থাকবে তাকে 'নামরাশি' বুঝতে হবে। এভাবে মন্ত্রের প্রথমাক্ষর থেকে নামের প্রথমাক্ষর পর্যন্ত গণনা করে ৩ দিয়ে গুণ করে ৭ দিয়ে ভাগ করার পর যে ভাগশেষ থাকবে তাকে 'মন্ত্র রাশি' বুঝতে হবে।

পূর্বের নিয়মানুসারে অধিক রাশি 'ঋণী' এবং কম রাশি 'ধনী' হবে। সুতরাং ঋণী রাশির মন্ত্র গ্রহণ করা উচিত। এবং ধনী রাশির মন্ত্র গ্রহণ পরিত্যাজ্য।

তৃতীয়বিধি — 'রুদ্রযামল তন্ত্র'র 'ঋণী - ধনীচক্র' অনুসারেও এই সম্পর্কে আক্ষ্ম লোচনা করা হয়েছে। 'রুদ্রযামল' - এর 'ঋণী - ধনী চক্র' নিচের চিত্রে দেখানো হল।

এই চক্রের ওপরের পংতিতে মন্ত্রবর্ণের সংখ্যা এবং নিচের পংতিতে সাধকের নামের বর্ণেরসংখ্যা দেওয়া আছে। মধ্যের চার পংতিতে স্বর ব্যঞ্জন বর্ণ দেওয়া হয়েছে। পূর্বের নিয়মে, সর্বপ্রথম পংক্তিগুলির স্বর ব্যঞ্জন বর্ণকে পৃথক করে তাদের সংখ্যা যোগ করতে হবে। তারপর পৃথক যোগফলদ্বয়কে৮ দ্বারা ভাগ দিতে হবে। ভাগশেযে যদি মন্ত্রের অঙ্কবেশি হয় ,তবে তা 'ঋণী' এবং কম হলে 'ধণী'হবে।

'ঋণী' মন্ত্র শীঘ্র সিদ্ধ হয় এবং 'ধনী' মন্ত্র সিদ্ধ হতে সময় লাগে অথবা এর সাফল্য সম্পর্কে সন্দেহ থাকে। যদি শূণ্য (০) ভাগশেষ থাকে তবে তার ফল মৃত্যুকারকবুঝতে হবে।

চতুর্থ বিধি — স্বর এবং ব্যঞ্জন রূপে মন্ত্রের অক্ষরকে পৃথক করে তার সমস্ত সংখ্যা দ্বিগুণ করতে হবে। এরপর, তার সঙ্গে সাধকের নামাক্ষরের সংখ্যা যুক্ত করতে হবে। দুইয়ের যোগফল ৮ দিয়ে ভাগ করে যা ভাগশেষ হবে তাকে 'মন্ত্ররাশি' মনে করতে হবে।

१४	२६	२	१२	१५	६	४	३	५	८	९
अ	इ	उ	ऋ	लृ	ए	ऐ	ओ	औ	अं	अः
क	ख	ग	घ	ङ	च	छ	ज	झ	ञ	ट
ठ	ड	ढ	ण	त	थ	द	ध	न	प	फ
ब	भ	म	य	र	ल	व	श	ष	स	ह
१०	१	७	४	८	३	७	५	४	१	७

'ঋণী- ধনী চক্র'-১

६	६	६	०	३	४	४	०	०	०	३
अ आ	इ ई	उ ऊ	ऋ ॠ	लृ ॡ	ए	ऐ	ओ	औ	अं	अः
क	ख	ग	घ	ङ	च	छ	ज	झ	ञ	ट
ठ	ड	ढ	ण	त	थ	द	ध	न	प	फ
ब	भ	म	य	र	ल	व	श	ष	स	ह
२	२	५	०	०	२	१	०	४	४	१

'ঋণী- ধনী চক্র'-২

এই প্রকারে সাধকের নামের স্বর ব্যঞ্জনের যোগফলকে দ্বিগুণ করে তার সঙ্গে মন্ত্রের অক্ষর যোগ দিয়ে ৮ দিয়ে ভাগ দিলে ভাগশেষ যা হবে, তাকে 'নাম-রাশি' ধরতে হবে।

এখানে 'ঋণী ধনীর' বিচার পূর্বের নিয়মে করতে হবে। উদাহরণ— 'দেবদত্ত' নামের স্বর ব্যঞ্জনের যোগফল ৯ এবং 'ঐং নমঃ ভগবতি' মন্ত্রের স্বর ব্যঞ্জনের যোগফল ২৬। মন্ত্রের স্বর ব্যঞ্জনের যোগফলকে দ্বিগুণ করলে ৫২ হবে। এর সঙ্গে নামাক্ষরের যোগফল যুক্ত করলে হবে ৬১। একে ৮ দিয়ে ভাগ করলে ভাগশেষ ৫ থাকবে - অর্থাৎ 'মন্ত্র রাশি' হল ৫।

এই প্রকারে নামের স্বর ব্যঞ্জনের যোগফল ৯কে দ্বিগুণ করলে ১৮ হল। এর সঙ্গে মন্ত্রাক্ষর ২৬ যোগ দিলে মোট যোগফল হল ৪৪। একে ৮ দিয়ে ভাগ করলে ভাগশেষ থাকে ৪, সুতরাং 'নামরাশি'৪। এখানে নামরাশির থেকে মন্ত্র রাশি বড় হবার জন্য মন্ত্ররাশি 'ঋণী' হল অর্থাৎ দেবদত্তের জন্য উপযুক্ত হল।

টীকা – উক্ত চার বিধির মধ্যে কোনো এক প্রকারে ঋণী-ধনীর বিচার করার পর যোগ্য মন্ত্র গ্রহণ করা উচিত।

যে মন্ত্র পূর্ব জন্মে উপাসনার সময় কৃত পাপের কারণে সাধককে ফলদান করতে পারেনি এবং যার দ্বারা পাপক্ষয় হবার সময় সাধকের আয়ু শেষ হয়ে যায় -অন্য জন্মে সেই মন্ত্র সাধকের 'ঋণী'হয়ে যায়। এইরকম 'ঋণী' মন্ত্র সাধককে শীঘ্র অভীষ্ট ফল দিয়ে থাকে।

যদি 'নামরাশি' ও 'মন্ত্ররাশি'র সংখ্যা সমান হয়, তবে উপাসনার সময়ে সাধকের যথাসময়ে ফললাভ ঘটে। কিন্তু যদি 'মন্ত্র' ধনী-রাশি হয়; তবে তা অত্যধিক সাধনা করার পরে ফল দেয়,অন্যথা নিস্ফল সিদ্ধ হয়।

মন্ত্রশোধনের নিয়ম

এক ষড়কোণ চক্র তৈরি করতে হবে। সেখানে প্রথম থেকে শুরু করে নপুংস্ক স্বরবর্ণ - ঋ, ৠ, ৯ এবং দীর্ঘ ৯ দিয়ে অ - কার থেকে হ-কার পর্যন্ত ক্রমশ এক এক বর্ণ লিখতে হবে।

এখানে নামের প্রথমাক্ষর থেকে মন্ত্রের প্রথমাক্ষর পর্যন্ত শোধন করতে হবে। ষড়কোণ চক্রের স্বরূপ এখানে প্রদর্শিত হল।

উক্ত চক্রে নামের প্রথমাক্ষর থেকে মন্ত্রের অক্ষর প্রথম ঘরে থাকলে সম্পত্তি লাভ, দ্বিতীয় ঘরে থাকলে ধন - হানি, তৃতীয় ঘরে থাকলে ধন-লাভ, চতুর্থ ঘরে থাকলে বন্ধুদের সঙ্গে কলহ, পঞ্চম ঘরে থাকলে আধি- ব্যাধি এবং ষষ্ঠ ঘরে থাকলে সর্বনাশ হয়। উদাহরণ - দেবদত্ত যদি ‘ঐং নমঃ ভাগবতী’ মন্ত্র গ্রহণ করলে দেবদত্তের নামের প্রথমাক্ষর, চক্রের মধ্যে মন্ত্রের প্রথমাক্ষর থেকে তৃতীয় স্থানে পড়বে। সুতরাং এই মন্ত্র গ্রহণ করলে দেবদত্তের ধন লাভ হবে।

টীকা - উক্ত নিয়মে সিদ্ধাদি শোধনের পরেই মন্ত্র গ্রহণ করতে হবে। কিন্তু প্রথম বিধিতে যে সব মন্ত্র - একাক্ষর, দু-অক্ষর, ষঢ়াক্ষর, স্বপ্নে প্রাপ্ত, স্ত্রী দ্বারা প্রাপ্ত, জৈন মন্ত্র, বৌদ্ধ মন্ত্র ইত্যাদি - সম্পর্কে বলা হয়েছে, সেসব গ্রহণ করলে ‘সিদ্ধাদি শোধন’ করার আবশ্যকতা নেই।

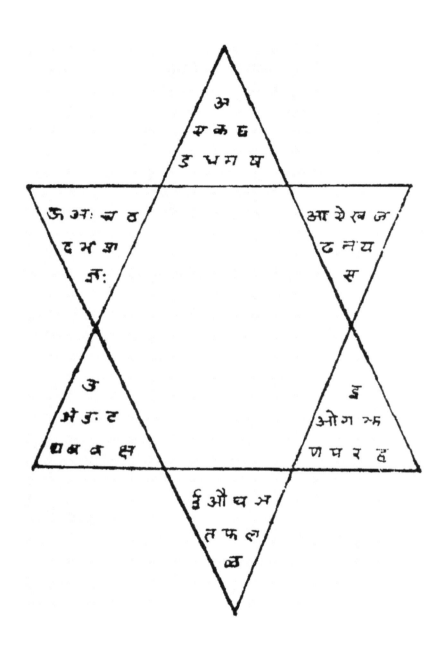

অরি মন্ত্র নিয়ম

শুভ মুহূর্তে সর্বতোভদ্র মন্ডলে ঘট - প্রতিষ্ঠা করে বিলোম মন্ত্র জপ করতে করতে পবিত্র জলে ঘটটি পূর্ণ করতে হবে। তারপর ঘটে দেবতার আবাহন করে আবরণের সঙ্গে পুজো করতে হবে এবং তার সামনে পবিত্র যজ্ঞভূমি বানিয়ে অগ্নি প্রতিষ্ঠা করে বিলোম মন্ত্র দ্বারা ১০০ বার ঘৃতাহুতি দিতে হবে। পরে ক্ষীর এবং ঘৃত মিশ্রিত নৈবেদ্য দ্বারা দিক্‌পালদের বলি দিয়ে পুনরায় দেব পূজা করে এখানে দেবা মন্ত্রের সঙ্গে প্রার্থনা করতে হবে—

আনুকূল্যমনালোচ্যময়া তরল বুদ্ধিনা
যদুপাতং পূজিতং চ প্রভো মন্ত্র স্বরূপকং
তেন মে মনসঃ ক্ষোভমশেষং বিনিবর্তয়।।
পাপং প্রতিহতং জাস্তু ভূয়াচ্ছ্রে য়ঃ সনাতনম্।
তনোতু মম কল্যাণং পাবনী ভক্তিরস্তুতে।।

উক্ত মন্ত্র প্রার্থনা করে তালপত্রের উপর কর্পূর, অগুরু এবং চন্দনের মিশ্রণে বিলোম - মন্ত্র লিখে তার পুজো করতে হবে।

পরে তাকে নিজের মাথায় বেঁধে ঘটের জলে স্নান করতে হবে। তারপরে পুনরায় ঘটটি জলপূর্ণ করে, তার মধ্যে মন্ত্রলিখিত তালপত্র দিয়ে ঘট পুজো করে কোনো নদী অথবা পুকুরে ভাসিয়ে দিতে হবে। সব শেষে ব্রাহ্মণ ভোজন করাতে হবে। উক্ত নিয়মে 'অরি-মন্ত্র'র বিঘ্ন নিবারণ হয়।

মন্ত্র লুপ্তদিন্ত উপায়

অনেক বার শোধন করার পরেও শুদ্ধ মন্ত্র না পাওয়া গেলে সেই মন্ত্রের আগে মায়া, কান এবং শ্রী বীজ (ক্রমান্বয়ে হ্রীং, ক্লীং, শ্রীং) বসিয়ে অথবা তাকে প্রণবে (ওঁ) সম্পুটিত করে জপ করলে তা সিদ্ধ হয়।

কোনো ব্যক্তির যদি কোনো মন্ত্রে বিশেষ ভক্তি থাকে, সেই মন্ত্র অরি বর্গের হলেও সিদ্ধদায়ক হয়।

মন্ত্রের তিনটি প্রকারভেদ বর্তমান। বীজ মন্ত্র, মন্ত্র এবং মালামন্ত্র। দশ অক্ষর পর্যন্ত মন্ত্রকে 'বীজমন্ত্র', এগারো থেকে কুড়ি অক্ষর পর্যন্ত মন্ত্রকে 'মন্ত্র' এবং কুড়ি থেকে ততোধিক অক্ষরের মন্ত্রকে 'মালামন্ত্র' বলা হয়।

উপাসকের বাল্যাবস্থায় 'বীজমন্ত্র', যুবাবস্থায় 'মন্ত্র' এবং বৃদ্ধাবস্থায় 'মালামন্ত্র' সিদ্ধ হয়। এর থেকে ভিন্ন অবস্থায় সাধকের অভীষ্ট তসতদ্ধর কারণে 'বীজমন্ত্র' ইত্যাদি দ্বিগুণ সংখ্যায় জপ করতে হবে।

মন্ত্রের স্বকুল এবং অন্য কূল – নামক দুটি প্রকারভেদ আছে। পঞ্চভূতাত্মক প্রকৃতি হওয়ার কারণে 'মাতৃকা' এবং বর্ণও পঞ্চভূতমণ। কোন বর্ণ কোন তত্ত্বসংঙ্গক তা নিম্নরূপ ।

পৃথ্বীতত্ত্ব সংঙ্গক বর্ণ	=	গ,জ,ড,দ,ব,ল,স, উ,ঊ,ও।
জলতত্ত্ব সংঙ্গক বর্ণ	=	ঘ,ঝ,ঢ,ধ,ম,ব,স,ঋ,ঋৃ,ঔ।
অগ্নিতত্ত্ব সংঙ্গক বর্ণ	=	খ,ছ,ঠ,থ,ফ,র,ক্ষ,ই,ঈ,ঐ।
বায়ুতত্ত্ব সংঙ্গক বর্ণ	=	ক,চ,ট,ত,প,য,ঘ,অ,আ,এ।
আকাশতত্ত্ব সংঙ্গক বর্ণ	=	ঙ,ঞ,ণ,ন,ম,শ,হ,৯,দীর্ঘ ৯, অং।

পৃথ্বী ইত্যাদি তত্ত্বের নিজস্ব বর্ণ স্বকুল সংকেত রূপে গণ্য হয়।

পৃথ্বীতত্ত্বের বর্ণসমূহের জলতত্ত্ববর্ণ মিত্র, অগ্নিতত্ত্ববর্ণ শত্রু এবং বায়ুতত্ত্ববর্ণ উদাসীন। জলতত্ত্বের বর্ণসমূহের পৃথ্বীতত্ত্ববর্ণ মিত্র,অগ্নিতত্ত্ববর্ণ শত্রু এবং বায়ুতত্ত্ববর্ণ উদাসীন। তেজতত্ত্বের বর্ণসমূহের বায়ুতত্ত্ববর্ণ মিত্র, জলতত্ত্ববর্ণ শত্রু এবং পৃথ্বীতত্ত্ববর্ণ উদাসীন। বায়ুতত্ত্বের বর্ণসমূহের অগ্নিতত্ত্ববর্ণ মিত্র,পৃথ্বীতত্ত্ববর্ণ শত্রু এবং জলতত্ত্বের

বর্ণ উদাসীন। আকাশতত্ত্বের বর্ণসমূহের বাকী সব তত্ত্বের বর্ণই মিত্র। সুতরাং, মন্ত্র এবং সাধকের নামের প্রথমাক্ষরের আধারে স্বকুল ইত্যাদির বিচার করে মন্ত্র গ্রহণ করা উচিত।

স্বকুলের মন্ত্র গ্রহণ করলে অভীষ্ট সিদ্ধ হয়ে যায়। মিত্রকুলের মন্ত্র গ্রহণ করলেও সিদ্ধিলাভ ঘটে। শত্রুকুলের মন্ত্র গ্রহণ করলে রোগ এবং মৃত্যু ঘটে। উদাসীন কুলের মন্ত্র গ্রহণে কোনো ফললাভ ঘটেনা। সুতরাং শত্রু ও উদাসীন কুলের মন্ত্র গ্রহণে কোনো ফললাভ ঘটেনা। সুতরাং শত্রু ও উদাসীন কুলের মন্ত্র ত্যাগ করা উচিত এবং স্বকুল ও মিত্রকুলের মন্ত্রই গ্রহণ করা উচিত।

নাম এবং মন্ত্রের একটিই নক্ষত্র হলে তাকেও স্বকুল রূপে গণ্য করা হয়।

মন্ত্র স্ত্রী, পুরুষ এবং নপুংসক - এই তিন সংজ্ঞক হয়।

যে মন্ত্রের শেষে 'বষট্' অথবা 'ফট্' শব্দের প্রয়োগ হয় থাকে 'পুরুষ সংজ্ঞক', যার শেষে 'বৌষট্' অথবা 'স্বাহা'র প্রয়োগ হয় তাকে 'স্ত্রী সংজ্ঞক' এবং যার অন্তে 'হুঁ' অথবা 'নমঃ' শব্দের প্রয়োগ হয় তাকে 'নপুংসকসংজ্ঞক' বলা হয়।

বশীকরণ উচ্চাটন এবং স্তম্ভন কার্যে 'পুরুষ সংজ্ঞক' মন্ত্র সিদ্ধিদায়ক হয়। ক্ষুদ্র কর্মে বা রোগ নাশে 'স্ত্রী - সংজ্ঞক' মন্ত্র সদ্য ফলপ্রদ এবং অভিচার ক্রিয়ার 'নপুংসক' সংজ্ঞক মন্ত্র সিদ্ধিদাতা হয়।

মন্ত্র - ছিন্ন ইত্যাদি ৫০ দোষের নিবারণকল্পে দশটি সংস্কার পালন করা হয়। সংস্কারগুলির নাম ক্রমান্বয়ে — জনন, দীপন, বোধন, তাড়ন, অভিষেক, বিমলীকরণ, জীবন, তর্পণ গোপন, এবং আপ্যায়ন। এদের বিষয়ে নিচে বলা হল।

জনন সংস্কার - ভূর্জপত্রের ওপর গেরোচনা এবং রক্তচন্দন সহ এক সমবাহু ত্রিভুজ অঙ্কন করে, তার পশ্চিম কোণ থেকে শুরু করে ৭টি সমান ভাগে বিভক্ত করতে হবে। এই পদ্ধতিতে ঈশান এবং আগ্নেয় কোণ থেকেও ত্রিভুজটিকে ৭-৭ সমান ভাগে ভাগ করতে হবে। এর ফলে মোট ৪৯টি যোনি প্রস্তুত হবে।

জনন সংস্কার যন্ত্রের চিত্র এখানে প্রদর্শিত হল।

এই চক্রে ঈশান কোণ থেকে আরম্ভ করে পশ্চিম কোণ পর্যন্ত অ-কার থেকে হ-কার অবধি সব বর্ণ লিখতে হবে। তারপর চক্রে মাতৃকাদেবীর আবাহন করে

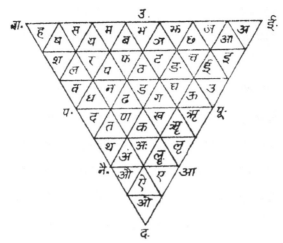

চন্দনাদি দ্বারা পুজো করতে হবে। পরে এর থেকে মন্ত্রের সকল বর্ণ এক এক করে উদ্বার করতে হবে। তারপর এতে বিভিন্ন মাতৃকাদেবীর আবাহন এবং পুজো করে পৃথক ভূর্জপত্রের ওপর স্বীয় মন্ত্রের প্রত্যেক বর্ণ উদ্বার করতে হবে। পরে এই বর্ণসকল মুছে ফেলে সম্পূর্ণ মন্ত্র লিখতে হবে।

দীপন সংস্কার - 'হংস' মন্ত্রের মধ্যে 'মূলমন্ত্র' সম্পুটিত করে ১ হাজার বার জপ করাকে 'দীপন' বলা হয়। যেমন - 'রামায় নমঃ' মন্ত্র 'দীপন' করার সময় 'হংসঃ রামায় নমঃ সোৎহং' কে ১ হাজার বার জপ করতে হবে।

বোধন সংস্কার - মূলমন্ত্রকে 'হুং' বীজে সম্পুটিতে করে ৫ হাজার বার জপ করাকে 'বোধন' বলা হয়। যথা - 'হুংরামায় নমঃ হুং।

তাড়ন সংস্কার - মূলমন্ত্রকে 'ফট্' - শব্দে সম্পুটিত করে ১ হাজার বার জপক্রিয়াকে 'তাড়ন' বলা হয়। যথা - 'ফট্ রামায় নমঃ ফট্'।

অভিষেক সংস্কার - 'ঐ হংস ওঁ' এই মন্ত্রের সঙ্গে ১ হাজার বার অভিমন্ত্রিত করা জল দ্বারা পিপুলপাতা দিয়ে তালপাতার ওপর লিখিত মূলমন্ত্রকে 'ঐ হংস ওঁ' মন্ত্রের মাধ্যমে অভিষেক করাকে 'অভিষেক সংস্কার' বলা হয়।

বিমলীকরণ সংস্কার - মূলমন্ত্রকে 'ওঁ' ত্রোং বষট্ এই মন্ত্রে সম্পুটিত করে ১ হাজার বার জপ করাকে 'বিমলীকরণ' বলা হয়। যথা - 'ওঁ' ত্রোং বষট্ রামায় নমঃ বষট্ ত্রো ওঁ'।

জীবন সংস্কার - মূলমন্ত্রকে 'স্বধা বষট্ মন্ত্রে সম্পুটিতে করে ১ হাজার বার জপ করাকে 'জীবন-সংস্কার' বলা হয়। যথা - 'স্বধা বষট্ রামায় নমঃ স্বধা বষট্।

তর্পণ সংস্কার - গোরোচনা ইত্যাদি দ্বারা মূলমন্ত্রকে তালপাতার ওপর লিখে দুধ, ঘি, এবং জল দ্বারা ওই মন্ত্রে একশ বার তর্পণ করাকে 'তর্পণ সংস্কার' বলা হয়।

গোপন সংস্কার - মূলমন্ত্রকে 'হ্রীং' বীজে সম্পুটিতে করে ১ হাজার বার জপ করাকে 'গোপন-সংস্কার' বলে। যথা - 'হ্রীং রামায় নমঃ হ্রীং।'

আপ্যায়ন সংস্কার - মূলমন্ত্রকে 'হসৌঃ' বীজে সম্পুটিতে করে ১ হাজার বার জপ করাকে 'আপ্যায়ন-সংস্কার' বলা হয়। যথা - 'হসৌঃ রামায় নমঃ হসৌঃ।

এইভাবে যুগ যুগ ধরে অনেক মন্ত্রের সাধন ক্রিয়া হয়ে আসছে, কিন্তু কলিযুগে যে সব মন্ত্রকে বিশেষ রূপে সিদ্ধদায়ক মনে করা হয়, সেগুলি নিম্নরূপ —

'নৃসিংহে'র' একাক্ষর, দ্ব্যক্ষর এবং অনুষ্টুপ - এই তিন প্রকারের নৃসিংহ মন্ত্র।

'নৃসিংহ মন্ত্র' নিম্নলিখিত —

একাক্ষর মন্ত্র - 'ক্ষৌং'

দ্ব্যক্ষর মন্ত্র - 'হ্রীং ক্ষৌং হ্রীং'

অনুষ্টুপ মন্ত্র - 'উগ্রংবীর মহাবিষ্ণুং জ্বলন্তং সর্বতোমুখম্।
নৃসিংহং ভীষণং ভদ্রং মৃত্যুং মৃত্যুং নমাম্যহম্।।'

'কার্তবীর্যার্জুন' - এর একাক্ষর এবং অনুষ্টুপ - এই দুই প্রকারের অর্জুন মন্ত্র।

কার্তবীর্যার্জুন মন্ত্র নিম্নলিখিত —

একাক্ষর মন্ত্র — 'ক্রোং'

অনুষ্টুপ মন্ত্র — কার্তবীর্যার্জুন নাম রাজা বাহু সহস্রবান্।
সম্য স্মরণ মাত্রেণ গতং নষ্টং চ লভ্যতে।।'

'হয়গ্রীব' এর দু-প্রকার - একাক্ষর এবং অনুষ্টুপ মন্ত্র।

'হয়গ্রীব মন্ত্র' নিম্নলিখি —

একাক্ষর মন্ত্র - 'হ্সূং'

অনুষ্টুপ মন্ত্র - 'উদ্গিরদ্ প্রণবোদ্গীথ সর্ববাগীশ্বরেশ্বর।
সর্ব বেদময়াচিন্ত্য সর্ব বোধয় বোধয়।।'

ক্ষেত্রপাল, ভৈরব, যক্ষরাজ, গণপতি, চেটকা যক্ষিণী, মাতঙ্গী, সন্দুরী, শ্যামা, তারা, কর্ণ পিশাচিনী, শবরী, একজটা বামকালী, নীল সরস্বতী, ত্রিপুরা তথা কালরাত্রির মন্ত্র।

ব্রাহ্মণ, ক্ষত্রিয় এবং বৈশ্য এই তিন বর্ণকে নিম্নলিখি মন্ত্র প্রদেয়—

অঘোর, দক্ষিণামূর্তি, উমা মহেশ্বর, হয়গ্রীবা, বরাহ এবং লক্ষ্মীনারায়ণের মন্ত্র, প্রণবের সঙ্গে গণপতি এবং হরিদ্রাগণপতির মন্ত্র, অষ্টাক্ষর সূর্য মন্ত্র, ষড়ক্ষর রামমন্ত্র, প্রণবাদি নৃসিংহ মন্ত্র এবং প্রণব ও বৈদিক মন্ত্র।

উক্ত মন্ত্র শূদ্রকে দেবার নয়। সুদর্শন, পাশুপত, আগ্নেয়াস্ত্র এবং নৃসিংহের মন্ত্র কেবল ব্রাহ্মণ এবং ক্ষত্রিয় এই দুই বর্ণের মানুষদেরই দেওয়া উচিত। বৈশ্য এবং শূদ্র বর্ণাদিকে দেওয়া উচিত নয়।

ছিন্নমস্তা, মাতঙ্গী, ত্রিপুরা,কালিকা, শিব,লঘুশ্যামা, কালরাত্রি,গোপাল, রাম, উগ্রতারা এবং ভৈরব মন্ত্র চতুর্বর্ণাদির জন্যই বিধেয়। এই মন্ত্রগুলি স্ত্রীলোকের পক্ষে বিশেষ সিদ্ধিদায়ক হয়।

ব্রাক্ষণদের 'হ্রীং', 'ক্লীং,' 'শ্রীং' এবং 'ঐং' বীজ দেওয়া উচিত। ক্ষত্রিয়দের 'হ্রীং' বীজ বাদ দিয়ে 'ক্লীং', 'শ্রীং' এবং 'ঐং' - এই তিনটি বীজ দেওয়া উচিত। বৈশ্যদের 'শ্রীং' এবং 'ঐং' বীজ দিতে হয়। শূদ্রদের শুধুমাত্র 'ঐং' বীজ দেওয়া উচিত।

হুঁ, বষট্ এবং নমঃ - এই বীজমন্ত্র অন্যবর্ণের ব্যক্তিকে প্রদেয়।

যজ্ঞের পূজাবিধি

ফল থেকে - সুখলাভ
পলাশ থেকে - ইষ্ট সিদ্ধি
কনের ফুল থেকে - স্ত্রী বশীকরণ
গুরু থেকে - রোগ - নাশ
দূর্বা থেকে - বুদ্ধি - বৃদ্ধি
গুড় থেকে - পুরুষের বশীকরণ

❖ **বেলপাতা, ঘি, পদ্মফুল** - গোলাপফুল, চাঁপাফুল দিয়ে যজ্ঞ করলে লক্ষ্মী (ধন) লাভ হয়।

❖ **সাদা সর্ষে ও চামেলী** - ফুলে যজ্ঞ করলে খ্যাতি বাড়ে।

❖ **জাতি পুষ্প দিয়ে** - যজ্ঞ করলে বাক্‌সিদ্ধি ঘটে।

❖ **ধান, যব, যজ্ঞ ডুমুর** - পিপুল ইত্যাদি যজ্ঞসমিধ এবং ত্রিমধুর সঙ্গে তিলের হোম করলে অভীষ্ট সম্পত্তি লাভ হয়।

❖ **পলাশ, লিসোড়া, 'রাজবৃক্ষ** - এবং গোলাপের হোম করলে ক্রমশ ব্রাহ্মাণাদি বর্ণ বশীভূত হয়।

❖ **কর্পূরাদি সুগন্ধিদ্রব্যের হোমের** - ফলে সৌভাগ্য বৃদ্ধি হয়। বহেড়ার হোমে শত্রুর মনে রোগ এবং পাগলামি দেখা দেয়। ময়ূরের পালকের হোমে শত্রু মনে

ভয় জাগে। উড়দের হোমে শত্রুর মুখস্তম্ভন হয়। শাল্মলী সমিধরূপে ব্যবহৃত হলে সেই যজ্ঞে শীঘ্র শত্রুনাশ হয়।

- **টীকা** - যে মন্ত্রের সঙ্গে যে যজ্ঞ সামগ্রীর উল্লেখ আছে, তাই দিয়ে সেই মন্ত্রের হোম করতে হবে। যার সঙ্গে যজ্ঞসামগ্রীর উল্লেখ নেই সেখানে মনে মনে ওই দ্রব্য কামনা করে তা দিয়ে হোম করা বিধেয়।

- **মন্ত্রজপ, দেবপূজা এবং উপাসনা** - সম্পর্কিত কতিপয় বিশিষ্ট শব্দের অর্থ নিম্নরূপ বুঝতে হবে।

- **পঞ্চোপচার** - দুগ্ধ, দধি, ঘৃত, মধু এবং চিনি - এদের মিশ্রণকে 'পঞ্চামৃত' বলা হয়।

- **পঞ্চগব্য** - গরুর দুধ, দৈ, ঘি, গোমূত্র এবং গোময় এগুলির সম্মিলিত রূপ হল 'পঞ্চগব্য'।

- **ষোড়শোপচার** - আহ্বান, আসন, পাদ্য, অর্ঘ্য, আচমন, স্নান, বস্ত্র, অলংকার, সুগন্ধ, পুষ্প, ধূপ, দীপ, নৈবেদ্য, অক্ষত, তাম্বুল এবং দক্ষিণা এই সব কিছু দিয়ে পূজো করার নিয়মকে 'ষোড়শোপচার' বলা হয়।

- **দশোপচার** - পাদ্য, অর্ঘ্য, আচমনীয়, মধুপর্ক, আচমন, গন্ধ, পুষ্প, ধূপ, দীপ এবং নৈবেদ্য দ্বারা পূজো-বিধিকে 'দশোপচার' বলা হয়।

- **ত্রিধাতু** - সোনা, রূপো ও লোহা। কোনো কোনো আচার্য সোনা, রূপো ও তামার মিশ্রণকেও 'ত্রিধাতু' বলা হয়।

- **পঞ্চধাতু** - সোনা, রূপো, লোহা, তামা ও দস্তা।

- **অষ্টধাতু** - সোনা, রূপো, লোহা, তামা, দস্তা, টিন, কাঁসা, পারদ/পারা।

- **নৈবেদ্য** - ক্ষীর, মিষ্টান্ন ইত্যাদির মিষ্টদ্রব্য।

- **নবগ্রহ** - সূর্য, চন্দ্র, মঙ্গল, বুধ, বৃহস্পতিবার, শুক্র, রাহু এবং কেতু।

- **নবরত্ন** - মাণিকা, মুক্তো, প্রবাল, পান্না, পোখরাজ, হীরে, নীলা, গোমেদ ও বৈদূর্যমণি।

- **অষ্টগন্ধা** - অগুরু, গোরোচনা, কেশর, কস্তুরী, শ্বেতচন্দন, রক্তচন্দন এবং সিঁদুর

(তগর-পূজা হেতু)। অগুরু, রক্তচন্দন, হলুদ, কুঙ্কুম, গোরোচনা, জটামাংসী, শিলাজিত এবং কর্পূর (দেবী পূজা হেতু)

❖ **গন্ধত্রয়** - সিঁদুর, হলুদ, কুঙ্কুম।

❖ **পঞ্চাশ** - কোনো বনস্পতির পুষ্প, পত্র, ফল, বাকল, শিকড়।

❖ **দশাংশ** - দশম ভাগ।

❖ **শরাব** - সম্পুট - দুটি ঢাকাবিহীন মাটির সরাকে পরস্পরের মুখে আটকিয়ে শরাব সম্পুট তৈরী হয়।

❖ **ভূর্জপত্র** - এক প্রকার গাছের ছাল (পসারীদের কাছে পাওয়া যায়)। মন্ত্র প্রয়োগের জন্য ভূর্জপত্রের এমন টুকরো নিতে হবে যা ছেঁড়া ফাটা নয়। (বড় বড় টুকরো হওয়া দরকার)।

❖ **মন্ত্র ধারণ** - যে কোনো মন্ত্রই স্ত্রী পুরুষ উভয়ে কণ্ঠে ধারণ করতে পারে। কিন্তু বাহুতে ধারণ করতে হলে পুরুষ তার দক্ষিণ বাহু এবং স্ত্রীলোক বাম বাহুতে ধারণ করবে।

❖ **তাবিজ** - তামার তৈরি যা বাজারে বহুল পরিমাণে পাওয়া যায়। তাবিজ গোল ও চ্যাপ্টা দুরকমই হয়। সোনা, রূপো, ত্রিধাতু এবং অষ্টধাতুর তাবিজ স্বর্ণকার তৈরী করে দেয়।

❖ **আসন** - বসার ভঙ্গিকেও 'আসন' বলে। যেমন — পদ্মাসন, সিদ্ধাসন, স্বস্তিকাসন ইত্যাদি। এছাড়া যার ওপর বসা হয় তাকেও 'আসন' বলে। যেমন - কুশাসন, মৃগচর্ম, ব্যাঘ্রচর্ম, পশমের কম্বল ইত্যাদি।

❖ **মুদ্রা** - হাতের আঙুল কোনো বিশেষ অবস্থানে আনাকে 'মুদ্রা' বলে। 'মুদ্রা' অনেক প্রকার।

❖ **স্নান** - 'স্নান' দু-প্রকার। বাহ্য এবং আন্তরিক। 'বাহ্যস্নান' জলদ্বারা এবং 'আন্তরিক স্নান' মন্ত্রজপের দ্বারা সংঘটিত হয়।

❖ **তর্পণ** - নদী বা সরোবরের জলে হাঁটু পর্যন্ত দাঁড়িয়ে, হাতের আঙুল দ্বারা জল ফেলার ক্রিয়াকে 'তর্পণ' বলে। যেখানে নদী, সরোবর ইত্যাদি নেই সেখানে কোনো পাত্রতে জল ভরেও 'তর্পণ' ক্রিয়া সম্পূর্ণ হতে পারে।

❖ **আচমন** - হাতে জল নিয়ে তাকে নিজের মুখে ঢালার ক্রিয়াকে 'আচমন' বলা হয়।

❖ **করন্যাস** - বৃদ্ধাঙ্গুষ্ঠ, কনিষ্ঠাঙ্গুলী, করতল ও করপৃষ্ঠের ওপর মন্ত্র জপকে 'করন্যাস' বলা হয়।

❖ **হৃদয়াদিন্যাস** - 'হৃদয়' ইত্যাদি অঙ্গ স্পর্শ করে মন্ত্রোচ্চারণকে 'হৃদয়াদিন্যাস' বলা হয়।

❖ **অঙ্গন্যাস** - হৃদয়, শির, শিখা, কবচ, নেত্র এবং করতল এই ছয় অঙ্গে ন্যাস কসাস ক্রিয়াকে 'অঙ্গন্যাস' বলা হয়।

❖ **অর্ঘ্য** - শঙ্খ, অঞ্জলি ইত্যাদি দ্বারা জল ঢালাকে 'অর্ঘ্যদান' বলা হয়। ঘড়া বা কলসে জল রাখাকে 'অর্ঘ্যস্থাপন'বলে। অর্ঘ্যপাত্রে দূর্বা, তিল,কুশ, সর্ষে,যব, পুস্প, চাল এবং কুঙ্কুম-এই সব ঢালতে হয়।

❖ **পঞ্চায়তন পূজা** - পঞ্চায়তন পূজায় পাঁচ দেবতা-বিষ্ণু, গণেশ,সূর্য, শক্তি এবং শিবের পুজো করতে হয়।

❖ **কান্ডানুসময়** - এক দেবতার পুজো কান্ড সমাপ্ত করে অন্য দেবতার পুজো করাকে 'কান্ডানুসময়' বলা হয়।

❖ **উর্দ্ধতন** -বিলেপন দ্রব্য।

❖ **অভিষেক** - মন্ত্রোচ্চারণ করার সময় শঙ্খ থেকে সুগন্ধী জল ঢালার নাম 'অক্ষ্ম ভিষেক'।

❖ **সমিধ** - হোমাগ্নির জন্য নির্দিষ্ট কাষ্ঠখন্ডসকল। সমিধের জন্য মাদার, পলাশ, খয়ের, অপামার্গ, যজ্ঞডুমুর, শমী, কুশ এবং আমগাছের কাঠ বিধেয়।

❖ **মন্ত্র ঋষি** - যে ব্যক্তি সর্বপ্রথম দেবাদিদেব শিবের মুখনিঃসৃত মন্ত্র গুণে তাকে বিধিবৎ সিদ্ধ করে ছিলেন সেই ব্যক্তিকে ওই মন্ত্রের ঋষি বলা হয়। ওই ঋষিকে মন্ত্রের আদি গুরু হিসাব ধরে শ্রদ্ধাপূর্বক তাঁর মস্তকে ন্যাস করা হয়।

❖ **ছন্দ** - মন্ত্রকে সর্বতোভাবে আচ্ছাদিত করার বিধিকে 'ছন্দ' বলে। 'ছন্দ' অক্ষর অথবা শব্দে সৃষ্ট হয়। মন্ত্রের উচ্চারণ মুখ থেকে হয়। সুতরাং ছন্দের মুখ থেকে ন্যাস করতে হয়।

❖ **দেবতা** - জীবমাত্রের সমস্ত ক্রিয়াকলাপকে প্রেরিত, সঞ্চালিত এবং নিয়ন্ত্রিত করার প্রাণশক্তিকে 'দেবতা' বলা হয়। এই শক্তি ব্যক্তির হৃদয়ে স্থিত থাকে, সুতরাং দেবতার ন্যাস হৃদয়ে করতে হয়।

❖ **বীজ** - যে তত্ত্ব দ্বারা 'মন্ত্রশক্তি' উদ্ভাবিত হয়েছে তাকে 'বীজ' বলে। এর ন্যাসক্রিয়া গুহ্য অঙ্গে হয়।

❖ **শক্তি** - যার সহায়তায় 'বীজ-মন্ত্র' তৈরি হয়, সেই তত্ত্বকে 'শক্তি' বলে। পদদ্বয়ে এর ন্যাস করতে হয়।

❖ **বিনিয়োগ** - মন্ত্র - ফলের দিক্‌নির্দেশক 'বিনিয়োগ' বলে।

❖ **টীকা** - ঋষি এবং ছন্দের জ্ঞান না হলে মন্ত্রের ফল পাওয়া যায় না।

❖ **উপাংশুজপ** - জিভ ও ঠোঁটের সাহায্যে (কেবল স্বয়ং শুনতে সক্ষম এইভাবে) যজ্ঞ- মন্ত্রোচ্চারণকে 'উপাংশুজপ' বলে।

❖ **মানস জপ** - মন্ত্র, মন্ত্রার্থ এবং দেবতার প্রতি একাগ্রচিত্ত হয়ে শুধুমান মনে মনে মন্ত্রোচ্চারণকে 'মানস-জপ' বলা হয়।

❖ **অগ্নিজিহ্বা** - অগ্নির সাতটি জিহ্বা। তাদের নাম কালী, করালী, মনোজবা, সুলোহিতা, ধূম্রবর্ণা, স্ফুলিঙ্গীনি এবং বিশ্বরুচি।

❖ **প্রদক্ষিণা** - দেবতাদের সাষ্টাঙ্গে প্রণামের পরে ইষ্টদেবের পরিক্রমাকে 'প্রদক্ষিণা' বলা হয়। বিষ্ণু, শিব, শক্তি, গণেশ এবং সূর্য ইত্যাদি দেবতাদের ৪, ১/২, ১, ৩ অথবা ৭বার পরিক্রমা করতে হয়।

❖ **সাধনা** - সাধনা পাঁচ প্রকারের। অভাবিনী, ত্রাসী, দৌবেধী, সৌতকী, আতুরী।

❖ **অভাবিনী** - পূজার সাধন বা উপকরণের অভাবে মন দিয়ে অথবা কেবলমাত্র জল দিয়ে পূজা সাধনাকে 'অভাবিনী' বলে।

❖ **ত্রাসী** - খুব ব্যস্ত কোনো ব্যক্তি সঙ্গে সঙ্গে বা উপলব্ধ উপচারের সাহায্যে বা মানস - উপচারের সাহায্যে যখন পূজো করে তখন তাকে 'ত্রাসী' বলে। এই সাধনা সর্বসিদ্ধি দান করে।

❖ **দৌবেধী** - বালক, বৃদ্ধ, স্ত্রী, মূর্খ অথবা অজ্ঞান ব্যক্তি দ্বারা বিধি নিয়ম না জেনে যে পূজো করা হয় তাকে 'দৌবেধী' বলে।

❖ **সৌতকী** - যদি নিম্নবর্ণের ব্যক্তি মানসিকসন্ধ্যা করে সকাম ভাবে মানসিক পূজো করে এবং নিষ্কামভাবে সব কাজ করে তবে এই সাধনাকে 'সৌতকী' সাধনা বলে।

❖ **আতুরী** - রোগী ব্যক্তির স্নান এবং পূজো নিষিদ্ধ। দেবমূর্তির অথবা সূর্যমণ্ডলের দিকে তাকিয়ে, একবার মূলমন্ত্র জপ করে 'ফুল' দেবে। পরে আরোগ্য লাভ করে স্নানান্তে গুরু এবং ব্রাহ্মণের পূজো করে 'আমার যেন পূজো-বিচ্ছেদ জনিত দোষ না ঘটে' - এভাবে প্রার্থনা করে তাঁদের আর্শীবাদ গ্রহণ করতে হবে এবং বিধিমতো ইষ্টদেবের পূজো করবে। এইপ্রকার সাধনাকে 'আতুরী' বলা হয়।

❖ **নিজের শ্রমের মহত্ত্ব** - পূজো উপচার স্বয়ং এনে তন্ময়ভাবে পূজো করলে পূর্ণ ফল প্রাপ্তি ঘটে। অন্য ব্যক্তি দ্বারা কৃত সাধনায় পূজো করলে অর্ধফল মেলে।

❖ **বর্জিত পুষ্পসকল** - হলুদ রঙের কট্ সরৈয়া (হলুদ রঙের এক প্রকার কাঠ), নাগচম্পা এবং দুই প্রকারের বৃহতীর ফুল পুজোয় নিষিদ্ধ।

❖ **শুষ্ক, বাসী, মলিন** - দূষিত এবং উগ্র গন্ধযুক্ত ফুল দেবতার উদ্দেশ্যে দেওয়া অনুচিত।

❖ **বিষ্ণুকে ধান, আকন্দ** - ধুতুরা দেওয়া নিষিদ্ধ।

❖ **শিবকে কেতকী, বান্ধুলী** - কুন্দ, মালতী এবং জুঁই ফুল দেওয়া নিষিদ্ধ।

❖ **দুর্গাকে দূর্বা, আকন্দ** - বেল টগর দেওয়া অবিধেয়।

❖ **সূর্য এবং গণেশের** - পুজোয় তুলসী নিষিদ্ধ।

❖ **চম্পা অথবা কমলকলি** - ব্যতীত অন্য কোনো পুষ্পের কুঁড়ি ব্যবহার নিষিদ্ধ।

❖ **গ্রাহ্য পুষ্প** - বিষ্ণুকে সাদা ও হলুদ ফুল এবং তুলসী; সূর্য এবং গণেশকে লাল রঙের ফুল; লক্ষীকে পদ্মফুল; শিবকে আকন্দ, ধুতুরা, বেলপাতা, 'কনের' ফুল বিশেষভাবে নিবেদন করতে হয়। অমলতাস ফুল এবং তুলসীকে নীর্মাল্য মানা হয়না।

❖ **টীকা** - পুষ্প, পত্র এবং ফল এই তিনটি দ্রব্য দেবতার উদ্দেশ্যে অধোমুখে নিবেদন করা উচিত নয়। পুষ্পাঞ্জলিতে অধোমুখ এবং বাসীফুলের দোষ মানা হয় না।

❖ **গ্রাহ্য পত্র** - তুলসী, চম্পা, পদ্ম, বেল, শ্বেতকমল, অশোক, 'মৈনফল' কুশ, দূ র্বা, নাগবল্লী, অপামার্গ, বিষ্ণুক্রান্তা, অগস্ত্য এবং আমলকী এসবের পত্র দেবতার পূজোয় গ্রাহ্য।

❖ **গ্রাহ্যফল** - জাম, আনারস, লেবু, বাতাবী লেবু, তেঁতুল, কলা, আমলকী, কুল, আম এবং কাঁঠাল - এইসব ফল পূজোয় গ্রাহ্য।

❖ **ধূপ ও গন্ধদ্রব্য** - অগুরু ও গুর্গগুলের সুগন্ধ বিশেষরূপে গ্রাহ্য। চন্দনের গুঁড়ো ও জটামাংসী ইত্যাদিও সুগন্ধিরূপে ব্যবহার করা হয়।

❖ **দীপাধারের বাতিসকল** - যদি একাধিক প্রদীপ জ্বালানো হয় তবে তাদের সংখ্যা বিষম হতে হবে। ডানদিকের আলো সাদা রঙের এবং বাঁদিকের আলো লাল রঙের হবে।

ষট্‌-কর্ম

শান্তি, বশ্য, স্তম্ভন, বিদ্বেষণ, উচ্চাটন এবং মারণ-এদের 'ষট্‌কর্ম' বলা হয়। এদের সাধনা কাম্য প্রয়োগের অন্তর্গত করা হয়।

রোগাদিনাশকে 'শান্তিকরণ', কথনানুসার করাকে 'বশীকরণ', বৃত্তির নীরোধকে 'স্তম্ভন', মিত্রদের মধ্যে শত্রুতা উৎপন্নকে 'বিদ্বেষণ', নিজের স্থান থেকে সরিয়ে দেওয়াকে 'উচ্চাটন' এবং প্রাণহরণকে 'মারণ' বলা হয়।

কোনো কোনো আচার্য মোহন, আকর্ষণ জৃম্ভণ এবং পৌষ্টিক - এই চারটি অন্য ক্রিয়ারও উল্লেখ করেছেন, কিন্তু তত্ত্বতঃ দেখা যায় যে, এই চারটিও পূর্বোক্ত ষট্‌কর্মের অর্ন্তগত হয়ে পরে। যথা - মোহন এবং আকর্ষণকে বশীকরণের অন্তর্গত,জৃম্ভণকে বিদ্বেষণের অন্তর্গত এবং পৌষ্টিককে শান্তিকরণের অন্তর্গত করা যেতে পারে।

ষট্‌কর্মের জন্য সাধকের নিম্নলিখিত ১৯টি বস্তুর বিষয় জ্ঞান থাকা আবশ্যক- দেবতা, দেবতাদের বর্ণ, ঋতু, দিশা, দিন, আসন, বিন্যাস, মন্ডল, মুদ্রা, অক্ষর, ভূতোদয়, সমিধ, মালা, অগ্নি, লেখন - দ্রব্য, কুম্ভ, স্রুভ, লেখনী। এদের যথার্থ জ্ঞান ব্যতীত ষট্‌-কর্ম সাধনায় সফলতা আসে না।

এবার উপরোক্ত বিষয়ে ক্রমান্বয়ে লেখা হল-

দেবতা এবং দেবতাদের বর্ণ - শান্তি প্রভৃতি ষট্‌কর্মের পূজনীয় দেবতা হলেন - রতি, বাণী, রমা, ন্যেষ্ঠা, দুর্গা, এবং কালী। এঁদের বর্ণ ক্রমান্বয়ে শ্বেত, অরুণ,

পীত, মিশ্রিত, শ্যামল এবং ধূসর। সুতরাং প্রত্যেক ক্রিয়ার প্রারম্ভে নির্দিষ্ট দেবতাকে নির্দিষ্ট বর্ণের পুষ্পদ্বারা পুজো করতে হবে।

ঋতু - একই দিন রাতের মধ্যে দিন ও রাতের মধ্যে বসন্ত ইত্যাদি ৬ ঋতুচক্র পূর্ণ হয়। প্রত্যেক ঋতুর সময়কাল ১০ঘটীকা (২৪ মিঃ সময়কাল) অর্থাৎ ৪ ঘন্টা ধার্য করা হয়। প্রতিদিন সূর্যোদয় থেকে ১০ঘটীকা অর্থাৎ ৪ ঘন্টা পর্যন্ত বসন্ত, পরে তারপরের ১০ ঘটীকা শীত, পরের ১০ ঘটীকাতে গ্রীষ্ম, এভাবে ক্রমশঃ বর্ষা, শরৎ এবং হেমন্ত ঋতু বিদ্যমান থাকে।

সাধকের ষট্‌কর্মের যে ক্রিয়া করতে হবে, তা সেই ক্রিয়ার নির্দিষ্ট ঋতুতে সম্পন্ন করা প্রয়োজন। অর্থাৎ শান্তিকরনের জন্য উক্ত নিয়মানুসারে বসন্ত, বশীকরনের জন্য শীত, স্তম্ভনের জন্য গ্রীষ্ম, বিদ্বেষণের জন্য বর্ষা, উচ্চাটনের জন্য শরৎ এবং মারনক্রিয়ার জন্য হেমন্ত ঋতুর ধার্য ৪ ঘন্টা সময়ে উপযুক্ত গণ্য করা উচিত।

দিক - ঈশান, উত্তর, পূর্ব, নৈঋৃত, বায়ু এবং অগ্নি-এই দিক্‌গুলি ক্রমান্বয়ে শান্তিকর্মাদির জন্য প্রযোজ্য। অর্থাৎ শান্তিকর্মের জন্য ঈশান কোণ, বশীকরণের জন্য উত্তর দিক, স্তম্ভনের জন্য পূর্বদিক, বিদ্বেষণের নৈঋত কোণ, উচ্চাটনের জন্য বায়ুকোণ এবং মারনের জন্য অগ্নিকোণের দিকে মুখ করে মন্ত্র জপ করতে হবে।

দিন - শুক্লপক্ষের দ্বিতীয়া, তৃতীয়া, পঞ্চমী এবং সপ্তমী তিথির কোনো বুধ বা বৃহস্পতিবারে 'শান্তিকর্ম' করতে হবে।

শুক্লপক্ষের চতুর্থী, ষষ্ঠী, নবমী এবং ত্রয়োদশী তিথির সোমবার অথবা বৃহস্পতিবারে 'বশীকরণ কর্ম' শুভপ্রদ হয়।

শুক্লপক্ষের অষ্টমী, নবমী,দশমী এবং একাদশী তিথির শুক্রবার বা শনিবারে 'বিদ্বেষণ কর্ম' কার্যকর।

কৃষ্ণপক্ষের অষ্টমী ও চতুর্দশী তিথির শনিবারে 'উচ্চাটন কর্ম' সিদ্ধিদায়ক হয়।

কৃষ্ণপক্ষের অষ্টমী, চতুর্দশী ও অমাবস্যা এবং শুক্লপক্ষের প্রতিপদ তিথি রবিবার, মঙ্গলবার অথবা শনিবার হলে তা 'স্তম্ভন' এবং মারণকর্মের জন্য শ্রেষ্ঠ বলে গণ্য করা হয়।

আসন -আসন দুই প্রকার। স্বয়ং যে ভঙ্গিতে উপবিষ্ট এবং যে বস্তু মাটিতে বিছিয়ে তার ওপর বসা হয়।

আসন - ভঙ্গিমার মধ্যে শান্তিকর্মের জন্য পদ্মাসন,বশীকরণের জন্য স্বস্তিকাসন, স্তম্ভনের জন্য বিকটাসন,বিদ্বেষণ এর জন্য কুক্কুটাসন,উচ্চাটনের জন্য বজ্রাসন এবং মারণ-ক্রিয়ায় ভদ্রাসন নির্দিষ্ট।

যে আসনে বসা হয় তার মধ্যে - শান্তিকর্মের জন্য গোরুর চামড়ার আসন, বশীকরণের জন্য গন্ডারের চামড়ার আসন, উচ্চাটনের জন্য ভেড়ার চামড়ার আসন এবং মারণক্রিয়ার জন্য মোষের চামড়ার আসন মন্ত্র জপের সময় ব্যবহার করলে শীঘ্র ফলপ্রদ হয়।

❖ **বিন্যাস** - ষট্‌কর্মর জন্য গ্রন্থন, বিদর্ভ, সম্পুট, রোধন, যোগ এবং পল্লব- ৬টি বিন্যাস প্রস্তুত করতে হয়।

❖ **গ্রন্থন** - মন্ত্রের এক অক্ষরের পর নামের এক অক্ষর, তারপর মন্ত্রের এক অক্ষর, তারপর আবার নামের এক অক্ষর-এই প্রকারে মন্ত্র এবং নামের অক্ষর বিন্যাসকে 'গ্রন্থন' বলে।

❖ **বিদর্ভ** - প্রথমে মন্ত্রের দুই অক্ষর, তারপর নামের এক অক্ষর এইভাবে বারবার মন্ত্র এবং অক্ষর বিন্যাসকে 'বিদর্ভ' বলা হয়।

❖ **সম্পুট** - প্রথমে মন্ত্র উচ্চারণ করে তারপর পুরো নাম এবং এরপর বিলোম ক্রমে মন্ত্র পাঠ-একে বলে 'সম্পুট'।

❖ **রোধন** - নামের আদি, মধ্য এবং অন্তে মন্ত্র স্থাপন করাকে 'রোধন' বলা হয়।

❖ **যোগ** - নামের পর মন্ত্র স্থাপনকে 'যোগ'বলা হয়।

❖ **পল্লব** - মন্ত্রের পর নাম স্থাপনকে 'পল্লব' বলা হয়।

❖ **মন্ডল** - মন্ডল ৫ প্রকারের- জল মন্ডল,বহ্নি মন্ডল, ভূমি মন্ডল,আকাশ মন্ডল এবং বায়ু মন্ডল।

❖ **জল মন্ডল** - 'জল মন্ডল' অর্ধচন্দ্রের ন্যায় আকৃতি বিশিষ্ট এবংদু-দিকে দুটি পদ্ম চিহ্ন থাকে। শান্তিকর্মে 'চল মন্ডল' প্রশস্ত।

- ❖ **বহ্নি মন্ডল** - ত্রিকোণের মধ্যে স্বস্তিক চিহ্ন অঙ্কন করে 'বহ্নি মন্ডল' গঠিত হয়। এটা বশীকরণ কাজে প্রশস্ত। মারণ কর্মেও এর প্রয়োগ আছে।

- ❖ **ভূমি মন্ডল** - বজ্র অঙ্কিত চতুরস্রকে 'ভূমি মন্ডল' বলা হয়। স্তম্ভণকার্যে ভূমি মন্ডল প্রশস্ত।

- ❖ **বায়ু মন্ডল** - ছয় বিন্দু দ্বারা অঙ্কিত বৃত্তকে 'বায়ু মন্ডল' বলা হয়। উচ্চাটন কর্মে এই মন্ডল প্রশস্ত।

- ❖ **মুদ্রা** - মুদ্রা দুই প্রকারের হাতের আঙুলের সাহায্যে প্রস্তুত অঙ্গুলীমুদ্রা, হোমের সময় প্রযুক্ত হস্তমুদ্রা।

- ❖ **অঙ্গুলীমুদ্রা** - শান্তিকর্মের জন্য পদ্ম, বশীকরণের জন্য পাশা স্তম্ভনের জন্য গদা, বিদ্বেষণের জন্য মসুল, উচ্চাটনের জন্য বজ্র এবং মারণ ক্রিয়ার খড়, মুদ্রার প্রয়োগ বিধেয়।

- ❖ **হোমমুদ্রা** - হোমের মুদ্রা তিন প্রকার - মৃগী, হংসী, শূকরী। মধ্যমা, অনামিকা এবং বৃদ্ধাঙ্গুলী সহযোগে 'মৃগী', কনিষ্ঠা ব্যতীত অন্য সব অঙ্গুলীযোগে 'হংসী' এবং হস্ত সংকোচনে 'শূকরী' মুদ্রা প্রস্তুত হয়।

- ❖ **বর্ণ (অক্ষর)** - চন্দ্র, জল, ধরা, আকাশ, পবন এবং অগ্নি - এদের বর্ণকে ক্রমান্বয়ে শান্তি আদি ষট্‌কর্মের মন্ত্রসকলের 'বীজ' বলা হয়।

- ❖ ১৬টি স্বর এবং 'স' ও 'ঠ' এই ১৮টি বর্ণ 'চন্দ্রবর্ণ'। পঞ্চভূতের বর্ণ থেকে এই চন্দ্রবর্ণকে বাদ দিয়ে অবশিষ্ট জল ইত্যাদি তত্ত্বের বর্ণ 'বশীকরণাদি ক্রিয়া'র গ্রহণ করা হয়।

- ❖ কোনো কোনো আচার্য 'স' কে চন্দ্রবর্ণ, 'ব'কে জলবর্ণ, 'ল' কে ভূমিবর্ণ, 'হ'কে আকাশবর্ণ, 'ব'কে বায়ুবর্ণ এবং 'র'কে অগ্নিবর্ণ হিসাবে গ্রহণ করেন।

- ❖ মন্ত্রশাস্ত্রজ্ঞগণ শান্তিকর্মাদিতে ক্রমান্বয়ে নমঃ, স্বাহা, বষট্, বহুষট্, হুম্, এবং ফট্ - এই ছয়টি জাতি নিরূপন করেছেন।

- ❖ **ভূতোদয়** - যখন দুই নাসার নিচে শ্বাসক্রিয়া চলে সেই সময়কে 'জলতত্ত্বে'র উদয় গণ্য করতে হবে। 'শান্তিকর্মে' এটা সিদ্ধিপ্রদ। যখন শ্বাসের গতি নাসার মধ্যে দন্ডের মত সোজা থাকে, তখন 'পৃথ্বিতত্ত্বের' উদয় বুঝতে হবে। এটা

'স্তম্ভনকর্মে' সিদ্ধিদায়ক। যখন দুই নাসারন্ধ্রের মধ্যে শ্বাসের গতি চলতে থাকে, তখন 'আকাশতত্ত্বে'র উদয় হয়। এটা 'বিদ্বেষণকর্মে' প্রশস্ত যখন নাসাপুটের ওপরের দিকে শ্বাসের গতি চলে, তখন 'অগ্নিতত্ত্বের' উদয় হয়। এটা 'মারণ' এবং 'বশীকরণ' - এই দুই ক্রিয়াতেই সিদ্ধিদায়ক। যখন স্বাসের গতি বঙ্কিম, তখন 'বায়ুতত্ত্বের' উদয় ঘটে। এটা 'উচ্চাটন' কর্মে প্রশস্ত গণ্য করা হয়।

❖ সমিধ 'শান্তিকর্মে' গরুর দুধের ঘি মিশিয়ে দূর্বার সমিধে, 'বশীকরণে' ছাগলের দুধের ঘি মিশিয়ে ডালিমের সমিধে, 'স্তম্ভনে' ভেড়ীর দুধের ঘি মিশিয়ে অমলতাসের সমিধে, 'বিদ্বেষণে' তিসির তেল মিশিয়ে ধুতুরার সমিধে এবং মারণ ক্রিয়ায় কটূতেল মিশিয়ে খয়েরের সমিধে হোম করা প্রশস্ত।

❖ **মালা** - 'শান্তিকর্মে' শঙ্খমালা,'বশীকরণে'পদ্মবীজের মালা 'স্তম্ভনে' লেবুর মালা 'বিদ্বেষণে' নিমের মালা, 'উচ্চাটনে' ঘোড়ার দাঁতেরমালা এবং 'মারণের' গাধার দাঁতের 'মালা প্রস্তুত করে মন্ত্রজপ করলে সিদ্ধিলাভ ঘটে।

❖ শুভকর্মে মালায় দানার (বীজ) সংখ্যা ১০৮, ৫৪ অথবা ২৭ হতে হবে এবং অভিচার ক্রিয়ায় ১৫ হতে হবে। শান্তি, বশীকরণ, পুষ্টি, ভোগ অথবা মোক্ষের জন্য জপ করার সময় মধ্যমাঙ্গুলীতে স্থিত মালার দানাকে বৃদ্ধাঙ্গুলী দ্বারা ঘোরাতে হবে। স্তম্ভনাদি কার্যে অনামিকা ও বৃদ্ধাঙ্গুলী দ্বারা জপ করতে হবে। বিদ্বেষণ এবং উচ্চাটনে তর্জনী এভং বৃদ্ধাঙ্গুলী দ্বারা জপ করতে হবে এবং মারণ - কর্মে কনিষ্ঠা ও বৃদ্ধাঙ্গুলী দ্বারা জপ করা প্রশস্ত।

❖ **অগ্নি** - 'শান্তি' এবং 'বশীকরণে' লৌকিক (গৃহগত) অগ্নি দ্বারা হোম করা উচিত। 'স্তম্ভন' ক্রিয়ায় বটগাছের কাঠ মন্থনে উৎপন্ন অগ্নি দ্বারা হোম করতে হয়। 'বিদ্বেষণে' বহেড়াকাঠে প্রশস্ত অগ্নিদ্বারা হোম প্রশস্ত। উচ্চাটন এবং মারণকর্মে শ্মশানের অগ্নি সহযোগে হোম করা উচিত।

❖ **শুভ কর্মে বেল, আকন্দ** - পলাশ ও দুধযুক্ত গাছের কাঠ দিয়ে এবং অশুভ কর্মে কুচিলা, বহেড়া, লেবু, ধুতুরা, এবং আঠালো গাছের কাঠ দিয়ে আগুন জ্বালাতে হবে।

❖ **শান্তিকর্মে অগ্নির 'সুপ্রভা'** - সংজ্ঞক জিহ্বার পুজো করতে হবে। বশীকরণে 'রক্তজিহ্বা' স্তম্ভনে 'হিরণ্যাজিহ্বা' বিদ্বেষণ 'গগনাজিহ্বা', উচ্চাটনে 'অক্ষ্ম তিরক্তিকাজিহ্বা' এবং মারণক্রিয়ার 'কৃষ্ণজিহ্বা' - কে পুজো করা দরকার।

ব্রাহ্মণকে 'অগ্নিমুখ' বলা হয়। সুতরাং শান্তি এবং বশীকরণ কর্মে হোমের দশাংশের সমান ব্রাহ্মণের ভোজন 'উত্তম' মনে করা হয়। হোম সংখ্যার পঁচিশ ভাগের সমান ব্রাহ্মণকে ভোজন করানো 'মধ্যম' এবং হোম সংখ্যার শতাংশের সমান ব্রাহ্মণকে ভোজন করানো 'অধম' বলে গণ্য হয়।

'স্তম্ভন' ক্রিয়ার শান্তিকর্মের সংখ্যার দ্বিগুণ সংখ্যায় ব্রাহ্মণদের ভোজন করাতে হবে। 'বিদ্বেষণ' 'উচ্চাটন' ক্রিয়ার শান্তিকর্মে তিনগুণ সংখ্যক ব্রাহ্মণকে ভোজন করাতে হবে। 'মারণক্রিয়ায়' হোম সংখ্যার সমান সংখ্যায় ব্রাহ্মণ ভোজন করানো উচিত।

ভোজনের জন্য নৈকষ্য কুলীনবংশে জাত, ষড়বেদজ্ঞ, পবিত্র ও সদাচার পরায়ণ ব্রাহ্মণদিগকেই আমন্ত্রণ করা উচিত। তাঁদের বিভিন্ন প্রকার ভোজ্য পদার্থে সন্তুষ্ট করে, সুন্দর বস্তু সহ পুজো করে, দেবতা মনে করে বারংবার প্রণাম করা উচিত এবং যথেষ্ট পরিমাণ দক্ষিণা, স্বর্ণাদি দান করে তুষ্ট করা প্রয়োজন।

ব্রাহ্মণের আশীর্বাদ লাভ করলে অভিচার হেতু পাপ শীঘ্র হয়ে যায় এবং মনস্কামনা শীঘ্র পূরণ হয়ে যায়।

লেখন উপকরণ লেখন উপকরণ (দ্রব্য) দুই ধরনের

যা দিয়ে লেখা হয়, যার ওপর লেখা হয়। এখানে দুই লেখন-উপকরণে লেখা হয়েছে।

শান্তিকর্মে চন্দন, বশীকরণে গোরোচনা, স্তম্ভনে হলুদ, বিদ্বেষণে গৃহ-ধূম, উচ্চাটনে চিতার আগুন এবং মারণ-ক্রিয়ার বিষাষ্টক পীপুল, কালো মরিচ, সোঠ, গৃহধর্ম, ধুতুরার রস, লবণ, অরন্ডী, বাজের বিষ্ঠা - এই আটটি বস্তুকে 'বিষাষ্টক' বলা হয়। এইটি স্থায়ী লেখন দ্রব্য রূপে প্রয়োগ করা উচিত। 'শান্তিকর্ম' এবং 'বশীকরণে' ভূর্জপত্র, 'স্তম্ভনে' বাঘম্বর (বাঘের চামড়া), 'বিদ্বেষণে' গাধার চামড়া, উচ্চাটনে ধ্বজার বস্ত্র এবং 'মারণ' ক্রিয়ার মানুষের হাড়কে লেখনাধার রূপে প্রয়োগ করতে হবে।

❖ **কুণ্ড** - শান্তি ইত্যাদি ষট্‌কর্মে যজ্ঞকুন্ডের আকৃতি এবং তার সঙ্গে তা প্রস্তুতের বিষয়ে নিম্নলিখিত নিয়ম পালনীয় —

❖ **'শান্তিকর্মে'** - বৃত্তাকার কুন্ড পশ্চিম দিকে প্রস্তুত করতে হবে।

❖ **'বশীকরণে'** - পদ্মাকার কুন্ড উত্তর দিকে প্রস্তুত করতে হবে।

❖ **'স্তম্ভনে'** - চতুরস্র কুন্ড পূর্ব দিকে প্রস্তুত করতে হবে।

❖ **'বিদ্বেষণ'** - ত্রিকোণ আকৃতির কুন্ড নৈঋৃত কোণে প্রস্তুত করতে হবে।

❖ **'উচ্চাটনে'** - যড়কোণাকৃতি কুন্ড বায়ুকোণে প্রস্তুত করতে হবে।

❖ **'মারণে'** - অর্ধচন্দ্রাকার কুন্ড দক্ষিণ দিকে প্রস্তুত করতে হবে।

❖ **স্রুবা এবং স্রুচী** - শান্তিকর্মে সোনার, বশীকরণে যজ্ঞ বৃক্ষের এবং 'স্তম্ভন' ইত্যাদি কর্মে লোহার স্রুবা এবং স্রুচী নির্মাণ করতে হবে। যজ্ঞ - কুন্ডেঘৃতাহুতি দানের সময়ে স্রুবা এবং স্রুচী প্রয়োগ করতে হয়।

লেখনী - শান্তিকর্মে সোনা, রূপো অথবা চামেলীর লেখনী (কলম) প্রস্তুত করতে হবে। বশীকরণে দূর্বার, স্তম্ভনে অগস্ত্য অথবা অমলতাসের, বিদ্বেষণ করঞ্জর, উচ্চাটনে বহেড়ার এবং মারণ কর্মে মৃত মানুষের হাড়ের কলম ব্যবহার্য।

শুভকর্মের জন্য শুভমুহূর্তে এবং অশুভ কার্যের জন্য চতুর্থী, নবমী এবং চতুর্দশী তিথি, মঙ্গলবার এবং বিষ্টিকরণে (ভদ্রা) লেখনী প্রস্তুত করা উচিত।

ভক্ষ্য, তর্পণ, পাপ এবং অন্য বিষয়ে সম্বন্ধে নিম্নানুসারে বুঝতে হবে -

ভক্ষ্য বস্তু - 'শান্তি' এবং 'বশীকরণ' কর্ম করার সময় হবিষ্যান্ন, 'স্তম্ভন' কর্মে ক্ষীর, 'বিদ্বেষণ' অড়হর এবং মুগ, 'উচ্চাটন' কর্মে গম এবং মারণক্রিয়া পালনের সময় মুসুরডাল ও কালো ছাগলের দুধ সেবন করতে হবে।

তর্পণের বস্তু - শান্তি ও বশীকরণে হলুদ মিশ্রিত জল, স্তম্ভন, ও মারণে মরিচ মিশ্রিত ইষদুষ্ণ জল এবং বিদ্বেষণ ও উচ্চাটনে ভেড়ার রক্ত মিশ্রিত জলে তর্পণ করতে হবে। শান্তি এবং বশীকরণে সোনার পাত্রে, স্তম্ভনে মাটির পাত্রে, বিদ্বেষণ খয়েরের পাত্রে, উচ্চাটনে লোহার পাত্রে এবং মারণ কর্মে মুর্গীর ডিমে তর্পণ করত হবে।

সতর্কীকরণ - কাম্য ক্রিয়াদি পালনের পূর্বে সমস্ত ন্যাস এবং আত্মরক্ষার প্রক্রিয়াগুলি পালন অতি আবশ্যক। এর পর কাম্যকর্মে প্রবিষ্ট হতে হবে।

যে ব্যক্তি শুভ অথবা অশুভ যে কোনো কামনাপূর্তির ক্রিয়া করে, 'মন্ত্র' তার 'শত্রু' হয়ে যেতে পারে। সুতরাং ক্রিয়াদি বেশি দ্রুত তালে না করাই শ্রেয়।

ত্রুটিরহিত ভাবে কামনা পূর্তির ক্রিয়াদি পালিত হলে যে উদ্দেশ্য এই কর্ম করা হয় সেই উদ্দেশ্য সিদ্ধ হবে। কিন্তু যাঁরা নিষ্কামভাবে উপাসনা করেন তাঁদের সর্বসিদ্ধিলাভ ঘটে। কাম্য প্রয়োগ ক্রিয়ার সময় বিধিনিষেধের সামান্য অসাবধানতায় সাধকের অহিত ঘটতে পারে, কিন্তু নিষ্কাম কর্মে ভ্রমবশতঃ অসাবধানতা সাধকের অহিত ঘটতে পারে, কিন্তু নিষ্কাম কর্মে ভ্রমবশতঃ অসাবধানতা ঘটলে সাধকের কোনো অনিষ্ট হয়না। সেইজন্য, আচার্যগণ কামনা-পূর্তি ক্রিয়াদির বর্ণনা করলেও সেগুলি প্রয়োগ না করার জন্য বারংবার পরামর্শ দিয়েছেন। পরিবর্তে নিরন্তর নিষ্কামভাবে দেবতার উপাসনা করার উপদেশ দান করেছেন।

সুতরাং বেদ-নির্দেশিত পথে দেবোপাসনাই কর্তব্য। এর ফলে সাধক জীবন্মুক্ত হয়ে যান। যে ব্যক্তি দেবোপাসনা করে সংসারবন্ধন থেকে মুক্ত হতে পারেননা - তাঁকে মহাপাপী বলে গণ্য করতে হবে। কামনা পূরণের কর্ম মানুষকে সাংসারিক বন্ধনে আবদ্ধ করে রাখে এবং জীবন্মুক্ত হতে দেয়না।

যন্ত্র–সাধনের প্রক্রিয়া এবং ষট্ কর্মাদির যন্ত্র

প্রথমেই বলা হয়েছে য, 'যন্ত্র' মন্ত্রের এক চিত্রাত্মক রূপ (মন্ত্রের চিত্ররূপ)। কিছু যন্ত্রের কেবল 'যন্ত্র' রূপেই সাধনা করা হয় এবং কিছু যন্ত্রের সঙ্গে মন্ত্র জপ করা আবশ্যক। সুতরাং এখানে দু-প্রকার যন্ত্রের কথাই বলা হচ্ছে। কিন্তু যন্ত্র - সাধনার পূর্ব তার সম্পর্কে অন্য প্রয়োজনীয় বিষয়গুলিও জানা উচিত যা এখানে লেখা হল -

সাধকের কর্তব্য হল শুভ মুহূর্তে স্বীয় ইষ্টদেবের বিধিমতো পুজো করে ইষ্টমন্ত্র জপ করতে থাকা এবং হবিষ্যান্ন ভোজন করে নিরন্তর তিন দিন পর্যন্ত সংযম (ইন্দ্রিয় নিগ্রহ) পূর্বক ভূমিতে শয়ন করা।

প্রতিদিন পুজো করার সময়ে ইষ্টদেবকে সাধক জিজ্ঞাসা করবেন - 'হে প্রভো! আমার লেখা অমুক মন্ত্র কেমন থাকবে?'

উক্ত নিয়মে প্রশ্ন করার পর ইষ্টদেবের যথাবিধি পুজো করে রাত্রিকালে শয়নের সময় সাধক স্বপ্নে জানতে পারবে যে, তার বাঞ্ছিত মন্ত্র সিদ্ধ, সাধ্য, সুসিদ্ধ অথবা শত্রু - এর মধ্যে কোন প্রকার। যদি স্বপ্নে সিদ্ধ, সাধ্য, সুসিদ্ধ অথবা শত্রু মন্ত্রের বিষয়ে কিছু আভাস পাওয়া যায়, তবে তার অনুরূপ যন্ত্র গ্রহণ করে সাধনায় প্রবৃত্ত হতে হবে। কিন্তু যদি স্বপ্নে শত্রু যন্ত্রকে সিদ্ধ করার নির্দেশ মেলে তা কখনো পালন করা উচিত নয়। কেবল সিদ্ধ, সাধ্য এবং সুসিদ্ধর নির্দেশই মান্য করতে হবে। যদি

স্বপ্নে কোনো নির্দেশ না পাওয়া যায়, তবে চতুর্থ দিন শত্রু যন্ত্র বাদ দিয়ে অন্য যন্ত্রের সাধনা আরম্ভ করে দিতে হবে।

'মন্ত্র' সিদ্ধ, সাধ্য, সুসিদ্ধ এবং অরি - কোনো সম্বন্ধীয় হবে তা নর্ণয় করার যে নিয়ম পূর্ব অধ্যায়ে বলা হয়েছে, সেই নিয়ম যন্ত্রের সাধনার ক্ষেত্রেও প্রযোজ্য হবে।

যন্ত্র - সাধনার পূর্বে ভূতলিপির উপাসনা করা আবশ্যক। এই উপাসনার ফলে সব যন্ত্রই সিদ্ধ হয়। সিদ্ধ না হলে যন্ত্র তার চমৎকার ফল প্রদর্শন করতে পারেনা। 'ভূতলিপি' এবং তার বিনিয়োগ, ন্যাস, ধ্যান, জপ সংখ্যা এবং যজ্ঞাদির বিষয়ে নিম্নানুসারে বুঝতে হবে।

ভূতলিপি - অং, ইং, উং, ঋৃং, লৃং, এং, ঐং, ওং, ঔং, হং, য়ং, রং, বং, লং, ঙং, কং, খং, ঘং, গং, ঞং, চং, ছং, ঝং, জং, ণং, টং, ঠং, ঢং, ডং, নং, তং, থং, ধং, দং, মং, পং, ফং, ভং, বং, শং, ষং, সং।

বিনিয়োগ - অস্যাঃ ভূতলিপেঃ দক্ষিণামূর্তিঋৃষিঃ গায়ত্রী ছন্দঃ বর্ণেশ্বরী দেবত মমাভীষ্টসিদ্ধয়ে জপে বিনিয়োগঃ।

ষড়ঙ্গন্যাস

হং য়ং রং বং লং	**হৃদয়ায় নমঃ।**
ডং কং খং ঘং গং	**শির সে স্বাহা।**
ঞং চং ছং ঝং জং	**শিখায়ৈ বষট্।**
ণং টং ঠং ঢং ডং	**কবচায় হুম্।**
নং তং থং ধং দং	**নেত্রংত্রয়ায় বৌষট্।**
মং পং ফং ভং বং	**অস্ত্রায় ফট্।**

বর্ণন্যাস

ওঁ অং নমঃ	-	গুহ্যে।
ওঁ ইং নমঃ	-	লিঙ্গে।
ওঁ উং নমঃ	-	নাভীতে।
ওঁ ঋৃং নমঃ	-	হৃদয়ে।
ওঁ লৃং নমঃ	-	কণ্ঠে।

ওঁ এং নমঃ	-	ভ্রূমধ্যে।
ওঁ ঐং নমঃ	-	ললাটে।
ওঁ ওং নমঃ	-	শিরসি।
ওঁ ঔং নমঃ	-	ব্রহ্মারন্ধ্রে।
ওঁ হং নমঃ	-	ঊর্ধ্বমুখে।
ওঁ য়ং নমঃ	-	পূর্বমুখে।
ওঁ রং নমঃ	-	দক্ষিণমুখে।
ওঁ বং নমঃ	-	উত্তরমুখে।
ওঁ লং নমঃ	-	পশ্চিমুখে।
ওঁ ঙং নমঃ	-	ডান হস্তাগ্রে।
ওঁ কং নমঃ	-	ডান হস্তমূলে।
ওঁ খং নমঃ	-	ডান কনুইতে।
ওঁ বং নমঃ	-	ডান হস্তাঙ্গুলিসন্ধিতে।
ওঁ গং নমঃ	-	ডান মণিবন্ধে।
ওঁ ঞং নমঃ	-	বাম হস্তাগ্রে।
ওঁ চং নমঃ	-	বাম হস্তমূলে।
ওঁ ছং নমঃ	-	বাম কনুইতে।
ওঁ ঝং নমঃ	-	বাম হস্তাঙ্গুলিসন্ধিতে।
ওঁ জং নমঃ	-	বাম মণিবন্ধে।
ওঁ ণং নমঃ	-	দক্ষিণ পাদাগ্রে।
ওঁ টং নমঃ	-	দক্ষিণ পাদমূলে।
ওঁ ঠং নমঃ	-	দক্ষিণ জানুতে।
ওঁ ঢং নমঃ	-	দক্ষিণ পাদাঙ্গুলিসন্ধিতে।
ওঁ ডং নমঃ	-	দক্ষিণ গোড়ালিতে।
ওঁ নং নমঃ	-	বাম পাদাগ্রে।
ওঁ তং নমঃ	-	বাম পাদমূলে।
ওঁ থং নমঃ	-	বাম জানুতে।
ওঁ ধং নমঃ	-	বাম পাদাঙ্গুলিসন্ধিতে।
ওঁ দং নমঃ	-	বাম গোড়ালিতে।

ওঁ মং নমঃ	-	উদরে।
ওঁ পং নমঃ	-	দক্ষিণ পার্শ্বে।
ওঁ ফং নমঃ	-	বাম পার্শ্বে।
ওঁ ভং নমঃ	-	নাভিতে।
ওঁ বং নমঃ	-	পৃষ্ঠে।
ওঁ শং নমঃ	-	গুহ্যে।
ওঁ যং নমঃ	-	হৃদয়ে।
ওঁ সং নমঃ	-	ভ্রূমধ্যে।

ধ্যান

অক্ষস্রংজ হরিণপোতমুদগ্রটংকং বিদ্যাং করৈরবিরতং দধতীং ত্রিনেত্রাম্।
অর্দ্ধেন্দূ মৌলিমরুণামর বিন্দরামাং বর্ণেশ্বরীং প্রণমতস্তন ভারনভ্রাম্।।

জপ সংখ্যা ও যজ্ঞ

উক্ত ভূতলিপি এক লক্ষ বার জপ করার পর দশ হাজার বার 'তিল' - এর আহুতি দিয়ে হোম করতে হবে।

উক্ত বিধিতে ভূতলিপি সিদ্ধ হয়। অবশেষে ভূতলিপি সিদ্ধ সাধক দ্বারা নির্মিত 'যন্ত্র' আপন চমৎকারিত্ব প্রদর্শনে সক্ষম হয়। এই সিদ্ধি ব্যতীত 'যন্ত্র' পূর্ণ ফল দিতে সক্ষম হয়না; সুতরাং প্রত্যেক যন্ত্রসাধকের সর্বপ্রথম ভূতলিপিকে সিদ্ধ করা আবশ্যক।

অনিবার্য প্রক্রিয়া

এখন যন্ত্র - সাধনের অনিবার্য প্রকৃয়া সম্বন্ধে বলা হচ্ছে। স্নানান্তে শুদ্ধ বস্ত্র পরিধান করে, ললাটে চন্দন - তিলক এঁকে একান্তে যন্ত্র লেখার জন্য গোরোচনাদি - দ্রব্য দ্বারা ভূর্জপত্রাদির ওপর 'যন্ত্র' লিখতে হবে।

সাধক যন্ত্রের মধ্য - বীজে ষট্‌যন্ত্রের (বিসর্গযুক্ত) নাম লিখবেন এবং তার নীচে দ্বিতীয়াস্ত সাধ্য ব্যক্তি অথবা কার্যের নাম এবং তার দুইদিকে দুইবার 'কুরু' শব্দ লিখবেন। এরপর "হসৌঃ" বীজ (যাকে যন্ত্রের 'জীব' বলে গণ্য করা হয়) মধ্য ভাগ থেকে নীচের দিকে লিখতে হবে। অবশেষে 'হংসঃ সোৎদহং' - কে (যাকে

মন্ত্রের ‘প্রাণ’ বলে গণ্য করা হয়) ঈশানাদি চার কোণে লিখতে হবে। এরপর দিক্‌পালগণের বীজসমূহ (লং রং মং ক্ষং বং য়ং সং হং আং হ্রীং) প্রতিটি দিকে লিখে “যন্ত্র গায়ত্রী”-র তিন - তিন বর্ণকে প্রত্যেক দিকে লিখতে হবে।

“যন্ত্ররাজায় বিদ্যহে বর প্রদায় ধীমহি তন্নো য়ন্ত্রঃ প্রচোদয়াৎ।” এই “য়ন্ত্র গায়ত্রী মন্ত্র” স্মরণ মাত্রই অভীষ্ট ফল দান করে। এই মন্ত্র যন্ত্রের বাইরে “প্রাণ প্রতিষ্ঠা মন্ত্র” দ্বারা বেষ্টন করতে হবে।

উক্ত প্রকার সাবধানতা অবলম্বন করে নির্দিষ্ট বিধি অনুযায়ী “যন্ত্র” রচনা করতে হবে।

যেসব যন্ত্রের রচনার উপকরণ প্রস্তুত হয়নি, সেইসব যন্ত্র ভূর্জপত্র, রেশমীবস্ত্র অথবা তালপত্রে লিখতে হবে। যেখানে যন্ত্র লেখার দ্রব্য নির্দিষ্ট করা নেই, সেখানে কেশর, গোরোচনা, কর্পূর, কস্তুরী, গজমদ, চন্দন বা অগুরু - এদের মধ্যে যে কোনোটি ব্যবহার করতে হবে। যেখানে কোনো নির্দিষ্ট লেখনীয় কথা বলা নেই সেখানে সূচের সাহায্যে যন্ত্র লিখতে হবে। যেখানে মন্ত্র ধারণের নির্দিষ্ট ক্ষেত্র বলা হয়নি সেখানে সোনার তাবিজে ভরে ধারণ করতে হবে। কোন অঙ্গে যন্ত্র ধারণ করতে হবে তা নির্দিষ্টরূপে বলা না থাকলে ‘যন্ত্র’ দক্ষিণ বাহুতে ধারণ করতে হবে। যন্ত্র তাবিজে ভরার আগে চারধারে সুতো দিয়ে ভালো করে বেঁধে দেওয়া উচিত।

যে নির্দিষ্ট দেবতার নামে যন্ত্র সৃষ্টি হয়েছে, সেই দেবতার বীজমন্ত্রে অথবা মাতৃকাশক্তি দ্বারা পুজো করে ওই দেবতার মন্ত্র জপ করতে হবে এবং তার দ্বারা হোম করতে হবে। তারপর যজ্ঞাবশিষ্ট ঘিয়ের মধ্যে যন্ত্রকে ডুবিয়ে নিয়ে সোনা, রূপা, বা তামার তাবিজে ভরে মস্তক, বাহু অথবা কণ্ঠে ধারণ করতে হবে।

যন্ত্র ধারণের পূর্বে সর্বতোভদ্রমন্ডলের “আট দল”- এ ঘট স্থাপন করে তার মধ্য ভাগে ‘যন্ত্র’কে রাখতে হবে এবং মন্ডলের চার কোণে চারটি ঘট স্থাপন করে প্রত্যেক ঘটের ওপর হাত রেখে “আং, হ্রীং ক্রৌং - এই তিন অক্ষর যুক্ত বিদ্যায় কূর্চ বীজ স্থাপিত করে এক হাজার বার জপ করতে হবে। তারপর নির্দিষ্ট যন্ত্রটিকে চারটি ঘটের জল ও অভিষেক - মন্ত্র দ্বারা অভিষিক্ত করে, গন্ধপুষ্প দ্বারা পুজো করে প্রাণ প্রতিষ্ঠার মন্ত্রের মাধ্যমে ‘যন্ত্র’ দেবতা’র প্রাণ প্রতিষ্ঠা করতে হবে। এরপর পূর্বে উল্লিখিত“যন্ত্র-গায়ত্রী-মন্ত্র” দ্বারা ষোড়শোপচারে যন্ত্রের পুজো করে ব্রাহ্মণ, সুবাসিনী এবং কুমারীদের যথাবিধি ভোজন করাতে হবে, দক্ষিণা দিতে হবে ও

অবশেষে আশীর্বাদ গ্রহণ করতে হবে। সবশেষে, যে অঙ্গে যন্ত্র ধারণের নির্দেশ দেওয়া হয়েছে, সেই অঙ্গে যন্ত্রটি ধারণ করতে হবে।

যন্ত্র পূজা ও প্রাণপ্রতিষ্ঠা

মুসলিম নকশা অর্থাৎ যন্ত্রকে যন্ত্র লেখার পর কোন আয়ত পাঠ করেই তাবিজের মধ্যে রেখে দেওয়া হয়। অথবা অন্য কোনরূপে প্রয়োগ করা হয়। অর্থাৎ যন্ত্র লেখক যন্ত্র লিখে ধারণকারীকে দিয়ে দেন। এবং ধারণকারী তাবিজে ভরে গলায় অথবা হাতে ধারণ করে থাকেন। কিন্তু যে কোন হিন্দু যন্ত্র তখনই নিজের আশ্চর্য শক্তি দেখাতে পারে, যখন প্রয়োগ করার পূর্বে তার পূজা এবং প্রাণ প্রতিষ্ঠা করে নেওয়া হয়। যন্ত্রের পূজা দেব-দেবী পূজা আরাধনার সমানই করা হয়ে থাকে। যন্ত্রকে কোনও পাত্রে অর্থাৎ তামার পাত্রে অথবা সাধারণ থালায় রেখে, তার সামনে ধূপ-দীপ জ্বালাবেন। তাছাড়া অন্যান্য বস্তুও প্রয়োগ করতে পারেন, সেটা আপনার প্রবৃত্তির ওপর নির্ভর করে। যেটা আপনার পক্ষে সহজ হবে, সেইমত কাজ করবেন। সাধ্যমত উপচার দান করবেন। তারপর প্রতিদিন সাধারণভাবে নিত্যপূজায় ন্যায় পূজা করবেন। অর্থাৎ যেমন প্রতিদিন আপনি উপাস্য দেবতার পূজা করেন, সেইরূপই পূজা করবেন। যন্ত্র পূজাও সেইভাবে করতে হবে। এইভাবে প্রাণ প্রতিষ্ঠা ও যন্ত্র পূজা করলে যন্ত্র শক্তিশালী হবে। তখন যন্ত্র প্রয়োগ অব্যর্থ হয়।

কোন প্রকার সিদ্ধিলাভ করার সময় অথবা জটিল তান্ত্রিক সাধনাগুলি করার সময় যন্ত্রের প্রাণ প্রতিষ্ঠা পূর্ণ বিধি-বিধান সহ করতে হয়। ওতে কয়েক ঘন্টা সময় লাগে। কিন্তু তাবিজ ধারণ করতে বা অন্য কোনও টোটকা রূপে প্রয়োগ করার জন্যে আপনি যন্ত্রকে সাধারণ রূপে পূজা করার পর আপনি ডানহাতে অল্প দূর্বা ঘাস নিয়ে নিম্নলিখিত তিনটি মন্ত্র পাঠ করবেন।

প্রাণপ্রতিষ্ঠা মন্ত্র - *ওঁ ঐং হ্রীং আং হ্রীং ক্রোং যং রং লং বং শং ষং সং ওঁ হং সঃ সোহহং সোহহং হংসঃ শিবঃ অস্য যন্ত্রস্য প্রাণা ইহ প্রাণাঃ। ওঁ ঐং হ্রীং শ্রীং আং হ্রীং ক্রোং অস্য যন্ত্রস্য জীব ইহ স্থিতিঃ। ওঁ হ্রীং শ্রীং আং হ্রীং ক্রোং অস্যা যন্ত্রস্য সর্বেন্দ্রিয়ামি। ওঁ ঐং হ্রীং শ্রীং আং হ্রীং ক্রোং অস্য যন্ত্রস্য বাঙ্‌মনস্তক চক্ষুঃ। শ্রোত্রজিহ্বাঘ্রাণপ্রাণা ইহৈবাগত্যং সুখং চিরং তিষ্ঠন্তু স্বাহা। ওঁ ঐং হ্রীং শ্রীং অসুনীতে পুনরস্মাসুচক্ষুঃ পুনঃ প্রাণমিহ নো ধেহি ভোগম্। জ্যোক্, পশ্যেম সূর্যমুচ্চরন্তমনুমতে মুড়য়া নঃ স্বস্তি।।*

যন্ত্রকে ষোড়শোপচারে পূজা করার পরে উপরোক্ত মন্ত্র পাঠ করে যন্ত্রে প্রাণ, জীব, বাণী, মন, ত্বচা, নেত্র, কর্ণ, জিহ্বা, নাসিকা প্রভৃতি সমস্ত ইন্দ্রিয়গুলির আহ্বান করতে হবে। কিন্তু এই পূজা এবং প্রাণ প্রতিষ্ঠা কেবল হিন্দু মন্ত্রগুলিতেই থাকে। মুসলিম নকশা তো মাত্র আয়ত পাঠ করেই তাবিজ রূপে প্রয়োগ ও ধারণ করা হয়।

ষট্‌কর্মের যন্ত্র

যন্ত্র - সাধনেব পূর্ব প্রক্রিয়া উল্লেখ করার পর এখন ষট্‌কর্মের সঙ্গে সম্বন্ধযুক্ত বিভিন্ন কামনা পূরণের যন্ত্রাদির বিষয়ে লেখা হচ্ছে।

এখানে ক্রমান্বয়ে শান্তিকরণ (রোগাদিনাশক), বশীকরণ (আকর্ষণ সহিত), স্তম্ভন, বিদ্বেষণ, উচ্চাটন এবং মারণ ক্রিয়ার সঙ্গে সম্বন্ধযুক্ত যন্ত্রর সম্পর্কে বলা হল। শেষে তিন বন্ধন থেকে মুক্তিদানকারী যন্ত্রও উল্লিখিত হল।

সাধক পূর্ব অধ্যায়ে বর্ণিত সমস্ত বিধিনিষেধ সহকারে এবং পূর্ণ দ্ধা - ভক্তি ও বিশ্বাসের সঙ্গে যন্ত্রাদির সাধনা করলে তবেই বাঞ্ছিত ফল লাভে সক্ষম হবেন।

শান্তি কর্ম সম্বন্ধীয় যন্ত্র শান্তি পৌষ্টিক যন্ত্র

বিধি - শুভদিন ও শুভ তিথি দেখে গোরোচনা, কর্পূর, কস্তুরী - এই দ্রব্যসকলের মিশ্রণ দ্বারা চামেলীর কলমের মাধ্যমে কাঁসার পাত্রের ওপা ৮টি লম্বা ও ৮টি চওড়া রেখা এঁকে ৪৯ ঘরের যন্ত্র নির্মাণ করে প্রত্যেক রেখার মুখ ত্রিশূল দিয়ে যুক্ত করতে হবে। এরপর পূর্ব ও পশ্চিম দিকে সাততি করে "ক্রৌং" বীজ লিখে, ঈশান কোণ থেকে শুরু করে প্রত্যেক রেখার ওপর অকারাদি স্বরযুক্ত ব্যঞ্জনবর্ণ সকল ক্রমানুসারে অনুস্বার সহযোগে লিখতে হবে।

এই বিধিমতে যন্ত্রের যে স্বরূপ হবে তা এখানে চিত্রে প্রদর্শিত হল।

লেখার শেষে শ্বেত ও রক্তবর্ণের পদ্ম, মালতী, যুঁই, কেতকী, চামেলী ও বুকুল ফুল (কোনো ফুল যেন গন্ধহীন না হয় ও পদ্ম ব্যতীত কোনো ফুল যেন লাল রঙের না হয় তা লক্ষ্য রাখতে হবে), সময়ের ফল, কর্পূরযুক্ত তাম্বুল, ধূপ, দীপ, গন্ধদ্রব্য, শ্বেতবস্ত্র এবং নৈবেদ্যাদি সহকারে যন্ত্রের পুজো করে, একাদিক্রমে তিনদিন ব্রাহ্মণদের সঙ্গে 'দুর্গাসপ্তশতী' জপ করতে হবে ও ঘৃত, পায়েসান্ন দ্বারা ব্রাহ্মণ ভোজন করিয়ে স্বয়ং মাটিতে শয়ন করতে হবে। এরপর গন্ধদ্রব্য, রোচনাদি

সরিয়ে যন্ত্র টিকে দলা পাকিয়ে সোনা, রূপা, তামা-এই তিন ধাতু দ্বারা নির্মিত ত্রিলোহার তাবিজের মধ্যে ভরে কণ্ঠ অথবা বাহুমূলে ধারণ করতে হবে এবং যন্ত্রের অবশিষ্টাংশ জলে গুলে গলাধঃকরণ করতে হবে।

উপরিউক্ত বিধি সহকারে "যন্ত্র"ধারণ করলে শত্রুর ক্লেশ উৎপন্ন হবে স্বয়ং সাধকের উপদ্রব্য, দারিদ্র, দুর্দশা, দুর্ভাগ্য ও অন্যকৃত অভিচারাদি দোষ প্রশমিত হবে।

এই যন্ত্র শ্রদ্ধা ও বিশ্বাস পূর্বক ধারণ করলে শীঘ্র ফলপ্রদায়করূপে সিদ্ধ হয়।

একাদিক্রমে সাত দিন এই ক্রিয়া পালন করতে হবে। অবশেষে এই যন্ত্রের অর্ধাংশ জলে ধুয়ে তা সাধ্য ব্যক্তিকে পান করাতে হবে এবং বাকী অর্ধাংশ দলা পাকিয়ে বন্দী ব্যক্তিকে ধারণ করাতে হবে অথবা সাধক স্বয়ং ধারণ করবেন।

এই যন্ত্রের প্রয়োগে সর্বাঙ্গ বন্দী, আজীবন কয়েদপ্রাপ্ত ব্যক্তিও মুক্তি লাভ করে।

বন্ধন মোক্ষণ যন্ত্র

বিধি - ভূর্জপত্রের ওপর কুঙ্কুম দ্বারা একটি চতুষ্কোণ অঙ্কন করে তার ভেতর 'হ্রীং' অক্ষরের মাত্রার মধ্যে যেখানে 'দেবদত্ত' লেখা আছে, সেখানে সাধ্য ব্যক্তির নামাক্ষর ক্রমান্বয়ে লিখতে হবে।

যন্ত্র - রচনার শেষে বিধিমতে পুজো করে যন্ত্রটি আবদ্ধ নয় এরকম জলে ভাসিয়ে দিতে হবে এবং সেই জল দিয়ে রান্না করা 'অন্ন' সাধ্য ব্যক্তিকে ভোজন করাতে হবে।

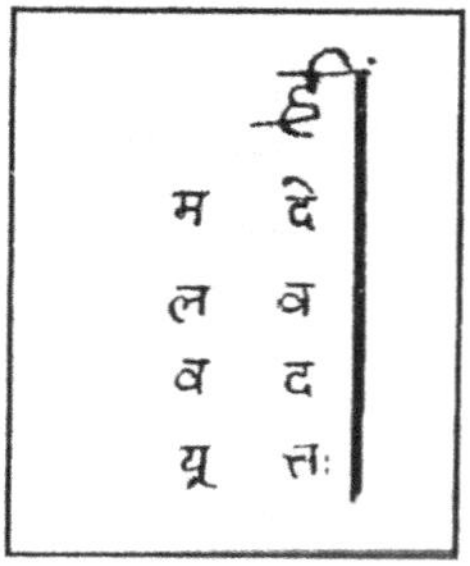

এই যন্ত্রের প্রয়োগে গুহাবন্দী বা গুপ্তস্থানে রক্ষিত বন্দী ব্যক্তিও তৃতীয় দিনে বন্ধন থেকে মুক্ত হয়।

সর্বতোভদ্র যন্ত্র

বিধি - ভূর্জপত্রের ওপর কস্তুরী, রক্তচন্দন এবং শিশিরের মিশ্রণ দ্বারা একটি ষোলোটি স্বরবর্ণ স্থাপন করতে হবে।

উক্ত নিয়মে অঙ্কিত যন্ত্রের স্বরূপ এখানে চিত্রে প্রদর্শিত হল।

রচনার শেষে ধূপ দীপ গন্ধ দ্রব্যাদি সহকারে যন্ত্রটির পুজো করে ধন বস্ত্রাদি দানে

ব্রাহ্মণদের তুষ্ট করে তাঁদের আহার করাতে হবে। এরপর যন্ত্র তিনলোহার তাবিজে পুরে পুরুষ নিজের দক্ষিণ হস্তে এবং মহিলা কণ্ঠে ধারণ করবে। ফলস্বরূপ সকল প্রকার আতঙ্ক থেকে মুক্ত হয়ে সুখী এবং প্রসন্ন জীবন যাপন করা যাবে। এই যন্ত্র ধারণে সবার প্রিয় হওয়া যায় এবং বিভিন্ন প্রকার ঈপ্সিত সুখলাভ সম্ভব হয়।

अ	आ	इ	ई
उ	ऊ	ऋ	ॠ
ऌ	ॡ	ए	ऐ
ओ	औ	अं	अः

মোচন যন্ত্র

বিধি - ভূর্জপত্রের ওপর গোরোচনা ও রক্তচন্দনের মিশ্রণ দ্বারা এক চতুষ্কোণ অঙ্কন করে এর প্রতি কোণে 'নিঃসার' - এই পদটি লিখতে হবে এবং এই শব্দ দ্বারা সাধ্য ব্যক্তির নাম সম্পুটিত করে তা যন্ত্রের মধ্যভাগে লিখতে হবে।

বচনার শেষে যন্ত্রটি গন্ধ পুষ্প দ্বারা পুজো করতে হবে। এরপর এটি তিনলোহার তাবিজে ভরে সবসময় মস্তকে ধারণ করে থাকলে সংসার জীবনে বিরক্তি আসে এবং সাধক স্ত্রী - পুত্রাদির মোহ থেকে মুক্ত হয়ে জ্ঞান মার্গের অনুসরণ করে। জ্ঞানলাভের জন্য অরণ্য পর্বতাদি শ্রেষ্ঠ স্থানে বিচরণ করা সত্ত্বেও সে সর্বমান্য, পূজনীয় ও যোগীশ্বর হয়ে ওঠে।

আকর্ষণ ও বশীকরণ যন্ত্র

বিধি - জল মিশ্রিত গোরোচনা দ্বারা ভূর্জপত্রের ওপর একটি ষড়কোণ যন্ত্র অঙ্কন করতে হবে এবং এর প্রত্যেক কোণে একটি করে 'সৌং' বীজ লিখে মধ্যভাগে প্রথমে ও শেষে 'হ্রীং' বীজ সহযোগে সাধ্য ব্যক্তির নাম লিখতে হবে।

উক্ত বিধিমতে অঙ্কিত স্বরূপ এখানে চিত্রে প্রদর্শিত হল। এর মধ্যে যেখানে 'দেবদত্ত' লেখা আছে সেখানে সাধ্য ব্যক্তির নাম লিখতে হবে।

রচনার শেষে যন্ত্রটি সুগন্ধদ্রব্য দ্বারা বিধিমতে পুজো করে ঘৃতের মধ্যে স্থাপন করতে হবে এবং প্রতিদিন নিম্নলিখিত মন্ত্রোচ্চারণ সহকারে ত্রিপুরাদেবীর প্রার্থনা

করা আবশ্যক।

মন্ত্রটি এই রকম —

'আকর্ষয় মহাদেবী দেবদত্তং মম প্রিয়ম্।

ঐং ত্রিপুরে দেবদেবেশি তুভ্যং দাস্যামিয়াধিতম্।।"

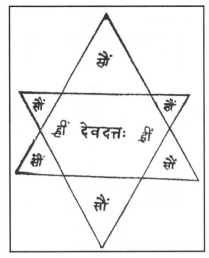

এই মন্ত্রের যেখানে 'দেবদত্ত' শব্দটি আছে, সেখানে সাধ্য ব্যক্তির নাম উচ্চারণ করা প্রয়োজন।

উক্ত বিধি পরপর সাতদিন নিয়মিতভাবে পালন করলে, সপ্তম দিনে সাধ্য ব্যক্তির আকর্ষণ ঘটে এবং সে সাধকের নিকট উপস্থিত হয়।

মিত্র দর্শন যন্ত্র

বিধি - ভূর্জপত্রের ওপর রক্তচন্দন এবং স্বীয় রক্তের মিশ্রণ দ্বারা একটি গোলাকৃতি চক্র অঙ্কন করে সেটি চারটি পদ্ম পাপড়ি সহযোগে যুক্ত করতে হবে। এরপর যন্ত্রের মধ্যভাগে সাধ্য ব্যক্তির নাম লিখে প্রতিটি পাপড়ির মধ্যে 'হুঁ' বীজ লিখতে হবে।

লেখার শেষে গন্ধ দ্রব্য পুষ্প সহকারে পুজো করে যন্ত্রটি ঘৃতের মধ্যে স্থাপন

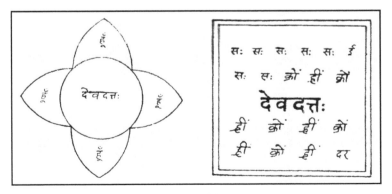

করতে হবে। এই যন্ত্রের প্রভাবে তিনদিনের মধ্যে সাধ্য ব্যক্তি আকৃষ্ট হয় এবং সাধকের নিকট উপস্থিত হয়। দূরে অবস্থিত বন্ধুস্থানীয় ব্যক্তির আকর্ষণের উদ্দেশ্যে এই যন্ত্রের প্রয়োগে বাঞ্ছিত ফল লাভ ঘটে।

মণিভদ্র যন্ত্র

বিধি - ভূর্জপত্রের ওপর গোরোচনা, কুঙ্কুম এবং রক্তচন্দনের মিশ্রণ দ্বারা একটি চতুষ্কোণ যন্ত্র অঙ্কন করে, তার মধ্যে পাঁচটি রেখা কল্পনা করে, প্রথম রেখায় পাঁচটি বিসর্গযুক্ত 'স'-কার বীজ লিখে শেষে 'ই'কার লিখতে হবে। এরপর কল্পিত দ্বিতীয় রেখায় সঃ, সঃ, ক্রোং, হ্রীং, ক্রোং - এই বীজ পাঁচটি লিখতে হবে। তৃতীয় রেখায় সাধ্য ব্যক্তির নামের অক্ষর লেখা প্রয়োজন। চতুর্থ রেখায় হ্রীং, ক্রোং, হ্রীং, ক্রোং - এই বীজ চারটি লিখতে হবে এবং পঞ্চম রেখায় 'হ্রীং ক্রোং হ্রীং ক্রোং" - এই চার বীজ লিখে যন্ত্র সম্পূর্ণ করতে হবে।

উক্ত নিয়মে রচিত যন্ত্রের স্বরূপ এখানে চিত্রে প্রদর্শিত হল। এই চিত্রের যেখানে 'দেবদত্ত' লেখা আছে সেখানে সাধ্য ব্যক্তির নাম লিখতে হবে।

লেখার শেষে গন্ধদ্রব্যাদি দ্বারা যন্ত্রটির যথাবিধি পুজো করে লাল সুতো দিয়ে বাঁধতে হবে। এরপর স্বীয় শরীরের অনুলেপন দ্বারা এক মনুষ্যাকৃতি মূর্তি নির্মাণ করে তার হৃদয়স্থলে যন্ত্রকে রেখে সেটি অনুলেপনের সাহায্যে ঢেকে দিতে হবে। অবশেষে ক্রমান্বয়ে তিনদিন সন্ধ্যাবেলা খয়ের কাঠের আগুনে এটি উত্তপ্ত করতে হবে এবং সঙ্গে নিম্নলিখিত মন্ত্রটি জপ করতে হবে —

'ওঁ দেবদত্তং বেগেন আকর্ষয় - আকর্ষয় মণিভদ্র স্বাহা।"

মন্ত্রটিতে যেখানে 'দেবদত্ত' লেখা আছে সেখানে সাধ্য ব্যক্তির নাম উচ্চারণ করতে হবে।

এর প্রয়োগে প্রবাসী সাধ্য ব্যক্তিও আকৃষ্ট হয়ে সাধকের সমীপে উপস্থিত হয়। দূরস্থিত কোনো ব্যক্তিকে আকর্ষণ করে নিজের কাছে নিয়ে আসার উদ্দেশ্যে এই যন্ত্রের প্রয়োগ আবশ্যক।

দেবমাতৃক যন্ত্র

বিধি - লাক্ষারস, হলুদ এবং মঞ্জিষ্ঠা - এসবের মিশ্রণ দ্বারা ভূর্জপত্রের ওপরে একটি ত্রিকোণযুক্ত গোলাকার চক্র অঙ্কন করে তার থেকে এক আঙ্গুল দূরে দুটি পৃথক গোলাকৃতি চক্র দুটির অন্তর্বর্তী স্থানে অকারাদি ষোলোটি স্বরবর্ণ স্থাপন করতে হবে।

উক্ত নিয়মে নির্মিত যন্ত্রের স্বরূপ এখানে চিত্রে প্রদর্শিত হল। এই চিত্রের যেখানে 'দেবদত্ত' লেখা আছে, সেখানে সাধ্য ব্যক্তির নাম লিখতে হবে।

যন্ত্র সম্পূর্ণ হলে সাধ্য ব্যক্তির পদধূলি নিয়ে এসে একটি পুতুল তৈরি করতে হবে। তারপর বিধিমতো পুজো করে যন্ত্রকে পুতুলটির যোনিতে স্থাপন করতে হবে।

প্রধানতঃ মহিলাদের আকর্ষণের জন্য এই যন্ত্রের প্রয়োগ করা হয়। সুতরাং কেবলমাত্র পুরুষই এই ক্রিয়ার যোগ্য। এই যন্ত্রের প্রভাবে সাধ্যা স্ত্রী এমনকি যদি বিবাহিতাও হয় তাহলেও নিজের স্বামীর সঙ্গে সাধকের নিকট উপস্থিত হয়। কোনো পুরুষকে আকর্ষণ করার উদ্দেশ্যেও এই যন্ত্রের প্রয়োগ করা হয়ে থাকে।

শ্রী কামরাজাখ্য যন্ত্র

বিধি - দক্ষিণ হস্তের অনামিকার রক্ত দ্বারা বাম হস্তের তালুর ওপর এক ত্রিকোণ যন্ত্র অঙ্কন করতে হবে। এই যন্ত্রের মধ্যে তিনটি রেখা কল্পনা করে প্রথম রেখায় 'ওঁ, হ্রীং, ক্লীং' - এই তিন বীজ; দ্বিতীয় রেখায় 'তিং, হাং স্বাহা' - এই চারবর্ণ এবং তৃতীয় রেখায় সাধ্য ব্যক্তির নাম লিখতে হবে।

উক্ত নিয়মে রচিত যন্ত্রের স্বরূপ এখানে চিত্রে প্রদর্শিত হল। এই চিত্রের যেখানে 'দেবদত্ত' লেখা আছে সেখানে সাধ্য ব্যক্তির নাম লিখতে হবে।

লেখার শেষে গন্ধ পুষ্প সহকারে যন্ত্রের পুজো করতে হবে এবং সাধ্য স্ত্রীর ধ্যান করতে হবে।

এই যন্ত্র অভিমানিনী স্ত্রীকে আকর্ষণকারক যন্ত্র। সুতরাং কেবলমাত্র পুরুষ সাধকই এর প্রয়োগের যোগ্য। এর প্রভাবে সাধ্যা স্ত্রী এক প্রহরের মধ্যেই আকৃষ্ট হয়ে সাধক পুরুষের নিকট উপস্থিত হয়।

বশকারক মদনমর্দন যন্ত্র

বিধি - ভূর্জপত্রের ওপর অশ্বের রক্ত দ্বারা মদন কাঠের কলমের সাহায্যে এক আঙ্গুল অন্তর দুটি তির্যক রেখা অঙ্কন করে তার প্রথমে ও শেষে পদ্মপাপড়ির আকৃতি দিয়ে উক্ত রেখা দুটির ওপর নিচ দুই প্রান্তে সামান্য গোলাকৃতি দুটি রেখা অঙ্কন করতে হবে। এরপর—

'ওঁ **হ্রীং দেহ্রীং বহ্রীং ওহ্রীং** ওঁ' এই ১১টি বীজ প্রত্যেক প্রকোষ্ঠে স্থাপন করে যন্ত্রটি সম্পূর্ণ করতে হবে।

উক্ত বিধিমতে অঙ্কিত যন্ত্রের স্বরূপ এখানে চিত্রে প্রদর্শিত হল। যন্ত্রে 'ওঁ হ্রীং' এই দুটি আদি বীজাক্ষরের পর প্রত্যেক হ্রীং বীজের পূর্বে ক্রমান্বয়ে 'দেবদত্ত'— এই অক্ষরসমূহ লেখা হয়েছে। এই স্থলে সাধ্যা-স্ত্রীর নাম লিখতে হবে। উদাহরণ স্বরূপ যদি 'মনোরমা' নামক কোনো মহিলাকে বশ করতে হয় তবে যন্ত্রের মধ্যে লিখিত অক্ষর সকল নিম্নরূপ হবে। 'ওঁ হ্রীং ম হ্রীং নো হ্রীং র হ্রীং মা ওঁ'

এইভাবে বিভিন্ন নামাক্ষরের সঙ্গে একটি করে হ্রীং বীজ প্রয়োগ করতে হবে।

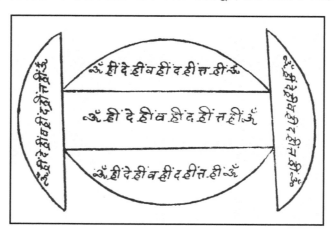

যন্ত্র লেখার পর মদনকাষ্ঠ দ্বারা কামদেবের এমন এক মূর্তি নির্মাণ করতে হবে, যার হৃদয়স্থলে এমন একটি ছিদ্র থাকবে যার মধ্য দিয়ে অতি সহজেই পূর্বোক্ত যন্ত্রকে প্রবেশ করানো যাবে।

এরপর রক্তচন্দন এবং মালা ইত্যাদি সহযোগে যন্ত্রের পুজো করে মূর্তিটির হৃদয়ে একে স্থাপন করতে হবে। অবশেষে একাদিক্রমে একুশ দিন নিত্য মূর্তিটির পুজো করে যেতে হবে।

কেবলমাত্র পুরুষরাই এই যন্ত্রের প্রয়োগ করবে। এর ফলে অভিলাষিত মহিলা সাধকের বশীভূত হয়।

বশকারক কামাক্ষা যন্ত্র

বিধি - গোরোচনা, কুঙ্কুম এবং কর্পূর এই দ্রব্যাদির মিশ্রণ দ্বারা, চামেলীর কলমের সাহায্যে ভূর্জপত্রের ওপর একটি ষড়কোণ যন্ত্র নির্মাণ করে তার বহির্ভাগে

একটি গোলাকৃতি চক্র অঙ্কন করতে হবে এবং এর দক্ষিণ দিকে তিনটি ও ঈশান কোণে একটি পদ্মপাপড়ি এঁকে, উক্ত ষড়কোণের মধ্যভাগে সাধ্য ব্যক্তির নামাক্ষর এবং প্রত্যেকটি কোণের ভেতরে 'হ্রীং' বীজ লিখতে হবে। এরপর পূর্বদিকে একটি 'ক্রীং' বীজ লিখে দুটি 'হ্রীং' বীজ ও শেষে আবার একটি 'ক্রীং' বীজ লিখতে হবে। এবার প্রত্যেক পাপড়ির ভেতরে একটি করে 'হ্রীং' বীজ লিখতে হবে।

উক্ত নিয়মে যন্ত্রের স্বরূপ এখানে চিত্রে প্রদর্শিত হল। এই চিত্রের মাঝখানে যে স্থলে 'দেবদত্ত' লেখা আছে, সেখানে সাধ্যা স্ত্রীর নাম লিখতে হবে।

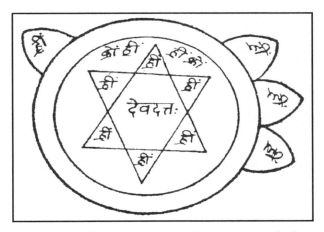

যন্ত্র লেখার শেষে রাত্রিকালে শ্বেতবস্ত্র পরিধান করে যন্ত্রটি নিজের সামনে রেখে গন্ধ পুষ্প, নৈবেদ্যাদি দ্বারা ভক্তি সহকারে এর পুজো করে সাধ্যা স্ত্রীর চিন্তা করতে হবে।

একাদিক্রমে সাতদিন উক্ত পদ্ধতিতে যন্ত্রের পুজো করার পর ব্রাহ্মণ ব্যক্তিদের পত্নীগণকে বিভিন্ন ভোজ্য পদার্থে তৃপ্ত করে যথাশক্তি দক্ষিণা দিতে হবে। দক্ষিণা প্রদানের সময় 'কামাক্ষী প্রীয়তাম্' - এই বাক্য উচ্চারণ করতে হবে। এরপর যন্ত্রটি তিনলোহার তাবিজে ভরে দক্ষিণ বাহুতে ধারণ করে সাধ্যা স্ত্রীর সমক্ষে উপস্থিত হলে যন্ত্র ধারণকর্তাকে দেখা মাত্রই সাধ্যা স্ত্রী সে যতই রাজ - স্ত্রী হোক না কেন - কামজ্বরে আক্রান্ত হয়ে সাধকের বশীভূত হয়ে স্বয়ং প্রণয় যাচনা করবে। সামান্য স্ত্রীলোকদের কথা তো বলাই বাহুল্য।

বিধি - গোরোচনা, কুঙ্কুম, কস্তুরী এবং রক্তচন্দন - এই চার দ্রব্য একত্র করে; ভূ

র্জপত্রের ওপর একটি চতুষ্কোণ যন্ত্র অঙ্কন করে - এর ঈশানাদি চতুর্কোণে এবং পূর্বাদি চতুর্দিকে একটি করে পদ্ম পাপড়ি আঁকতে হবে। এইভাবে মোট ৮টি পদ্ম পাপড়ি নির্মিত হবে। এরপরে যন্ত্রের মধ্যভাগে তিনটি আড়াআড়ি রেখা কল্পনা করে প্রথম এবং তৃতীয় রেখার ওপর তিনটি করে 'হ্রীং' বীজ স্থাপন করতে হবে এবং মধ্য রেখার ওপর শেষে বিসর্গ যুক্ত করে সাধ্য ব্যক্তির নাম লিখতে হবে। এরপরে বহির্ভাগে পূর্বাদি দিকের চারটি পদ্মপাপড়ির ভেতরে তিনটি করে 'হ্রীং' বীজ এবং ঈশানাদি চার কোণের পদ্ম পদ্মপাপড়ির ভেতরে একটি করে 'হ্রীং' বীজ লিখতে হবে।

উক্ত নিয়মে নির্মিত যন্ত্রের স্বরূপ এখানে চিত্রে প্রদর্শিত হল। এই চিত্রের যেখানে 'দেবদত্তঃ' লেখা আছে, সেখানে শেষে বিসর্গসহ সাধ্য ব্যক্তির নাম লিখতে হবে।

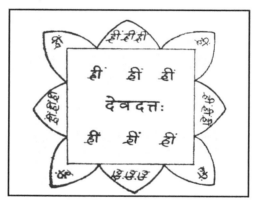

যন্ত্র লেখার শেষে কৃষ্ণপক্ষের ত্রয়োদশী তিথিতে রাত্রিকালে উত্তর দিকে মুখ করে বসে একাদিক্রমে সাত রাত্রি বিধিমতো বিভিন্ন ভোগ ও গন্ধদ্রব্য সহকারে যন্ত্র রাজের পুজো করতে হবে। শেষে সাতজন সৌভাগ্যবর্তী মহিলাকে ভোজন করাতে হবে। অবশেষে নিম্নলিখিত মন্ত্র উচ্চারণের সঙ্গে সঙ্গে যন্ত্রটি ধাতুনির্মিত তাবিজে বন্ধ করে কণ্ঠে ধারণ করতে হবে।

মন্ত্রটি হল —

'শংকরস্য প্রিয়ে দেবী ললিতে প্রীয়তামিতি।
রূপং দেহি যশোদেহি সৌভাগ্যং দেহি মে শ্রিয়ম্
ভগবতি বাঞ্ছিত দেহি প্রিয়মায়ুষ্যবর্ধনম্।।'

সৌভাগ্যকারক যন্ত্র

বিধি - ভূর্জপত্রের ওপর গোরোচনা দ্বারা এক গোলাকৃতি চক্র অঙ্কন করে একে আটটি পদ্ম পাপড়ি দ্বারা বেষ্টন করতে হবে। এরপর যন্ত্রের ভেতরে পূর্বাদি চার দিকে 'সাং' বীজ লিখে মধ্যভাগে অনুস্বর সহ বাধ্য ব্যক্তির নাম লিখতে হবে। এরপর বহির্ভাগের আট পাপড়ির মধ্যে 'হ্রীং' বীজ লিখতে হবে।

উক্ত নিয়মে রচিত যন্ত্রের স্বরূপ এখানে চিত্রে প্রদর্শিত হল। এই চিত্রের যেখানে 'দেবদত্তঃ' লেখা আছে সেখানে সাধ্য ব্যক্তির নাম লিখতে হবে।

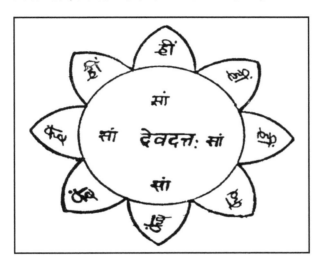

যন্ত্র লেখার শেষে তিন রাত্রি পর্যন্ত গন্ধদ্রব্য দ্বারা এর পুজো করতে হবে এবং চতুর্থ দিবসে তিনজন সৌভাগ্যবতী স্ত্রীকে পুজো করে নিম্নলিখিত মন্ত্রোচ্চারণের সঙ্গে যন্ত্রটি ধাতুর তাবিজে ভরে স্বীয় কণ্ঠে ধারণ করতে হবে। মন্ত্রটি এইরকম -

'অনঙ্গবল্লভে দেবী ত্বং চ মে প্রীয়তামিতি।
এনং প্রিয়ং মহাবশ্যং কুরু ত্বং স্মরবল্লভে।'

উক্ত যন্ত্র ধারণকারিণী স্ত্রীর স্বামী তার বশীভূত হয়। যদি নির্দিষ্ট বিধি পালনের পরেও অহঙ্কারী স্বামী স্ত্রীর প্রতি আকর্ষণ বোধ না করে তাহলে শুক্লপক্ষের তিথিতে দেবীরতির প্রীতিহেতু এক সৌভাগ্যবতী স্ত্রীকে ভোজন করিয়ে পুনরায় যন্ত্ররাজকে মাটির তলায় পুঁতে দেবে।

সৌভাগ্য যন্ত্র

বিধি — ভূর্জপত্রের ওপর জল মিশ্রিত গোরোচনা দ্বারা তিন রেখা যুক্ত একটি অর্ধবৃত্ত অঙ্কন করতে হবে। এর মধ্যে স, হ, ক, ল, ড, ঈ - এই ছয়টি অক্ষর ঈ - কারে গর্ভিত করে স্থাপন করতে হবে।

উক্ত নিয়মে অঙ্কিত যন্ত্রের স্বরূপ এখানে চিত্রে প্রদর্শিত হল।

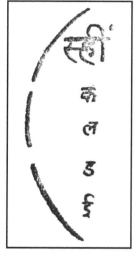

লেখার শেষে যন্ত্রটি গন্ধ পুষ্পাদি দ্বারা পুজো করে সোনার তাবিজে ভরে অথবা সোনার পাতে আটকিয়ে পুরুষ স্বীয় দক্ষিণ বাহু অথবা স্ত্রী স্বীয় কণ্ঠে ধারণ করবে। এই যন্ত্র দুর্ভাগ্য নাশক এবং সৌভাগ্য জনক। এই যন্ত্র ধারণকারী পুরুষ স্ত্রীর এবং ধারণকারিণী স্ত্রী পুরুষের অত্যন্ত প্রিয় হয়ে ওঠে।

সৌভাগ্য কমলাখ্য যন্ত্র

বিধি - ভূর্জপত্রের ওপর জলমিশ্রিত গোরোচনা দ্বারা একটি গোলাকার চক্র অঙ্কন করে এর বহির্ভাগে আটটি পদ্মপাপড়ি স্থাপন করতে হবে। এরপর গোলাকৃতির ভেতরে তিনটি রেখা।

জ্বর শমন যন্ত্র

বিধি - ভূর্জপত্রের ওপর ধুতুরার রস দিয়ে একটি গোলাকৃতি চক্র অঙ্কন করে তাকে ঘিরে আটটি পদ্মদল নির্মাণ করতে হবে। এবার চক্রের ভেতরে নির্দিষ্ট চতুর্দিকে বিসর্গ সহযোগে চারটি ব'কার লিখতে হবে এবং এই বর্ণগুলির মধ্যভাগে সাধ্য ব্যক্তির নাম লিখতে হবে। সবশেষে আটটি পাপড়ির প্রতিটির ভেতরে একটি করে নং বীজ এবং পাপড়ির বহির্ভাগে একটি করে হ্রীং বীজ লিখতে হবে।

এই নিয়মে অঙ্কিত যন্ত্রের রূপ এখানে প্রদর্শিত চিত্রের অনুরূপ। এই চিত্রের যেখানে 'দেবদত্ত' লেখা আছে তার পরিবর্তে সাধ্য ব্যক্তির নাম লিখতে হবে।

যন্ত্র নির্মাণের পর পূর্বোক্ত নিয়মে পূজো করে যন্ত্রটিকে শীতল জলে ডুবিয়ে রাখতে হবে। এর প্রভাবে সাধ্য ব্যক্তি (রোগী) তিন দিনের মধ্যে জ্বর থেকে অব্যাহতি পাবে। এই যন্ত্র বাহুতে ধারণ করলে ভূতে পাওয়া জ্বর দ্রুত দূর হয়ে যাবে।

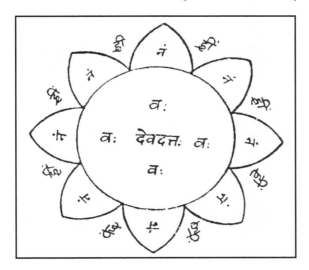

একান্তর – জ্বর নাশক যন্ত্র

বিধি - পানপত্রের ওপর বাবলা কাঁটার সাহায্যে হলুদের রস দিয়ে একটি ষড়কোণাকৃতি যন্ত্র অঙ্কন করতে হবে। এর প্রতিটি ভেতরে 'ওঁ' কার লিখতে হবে এবং কোণগুলির উপরিভাগে 'হ্রীং' কার লিখতে হবে। এর মধ্যভাগে সাধ্য ব্যক্তির নাম লিখে তা 'ক্রৌং' বীজ দ্বারা বেষ্টন করতে হবে।

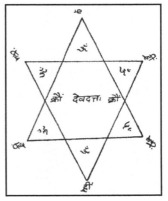

উক্ত বিধিমতে নির্মিত যন্ত্রের স্বরূপ প্রদর্শিত চিত্রের মাধ্যমে বোঝানো হল। এই চিত্রে 'দেবদত্ত' নামের স্থলে সাধ্য ব্যক্তির নাম লিখতে হবে।

এরপর যন্ত্র লিখিত পান পাতাটির পূজো করে সেটি রোগীকে খাইয়ে দিতে হবে। এর প্রয়োগে একান্তর জ্বর (একদিন অন্তর যে জ্বর দেখা দেয়) দ্রুত দূরীভূত হয়।

তৃতীয়ক-জ্বর নাশক যন্ত্র

বিধি - ভূর্জপত্রের ওপর ধুতুরার রস দিয়ে প্রথমে একটি ক্ষুদ্র ত্রিকোণ অঙ্কন করতে হবে। তারপর একে মধ্যভাগে রেখে একটি অন্য ত্রিকোণ (বৃহৎ) অঙ্কন করতে হবে। ক্ষুদ্র ত্রিকোণটির চতুর্দিকে যঃ লিখে ঠিক মধ্যস্থলে বালকের নাম লিখতে হবে এবং দুটি ত্রিকোণের মধ্যভাগে চারটি করে যঃ বর্ণ লেখা আবশ্যক।

এইরূপে যে যন্ত্র প্রস্তুত হবে তার চিত্ররূপ এখানে প্রদর্শিত হল। এই চিত্রের যে স্থলে 'দেবদত্ত' লেখা আছে সেখানে বালকটির নাম লিখতে হবে।

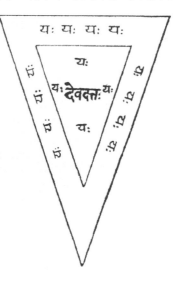

যন্ত্র নির্মাণের পর গন্ধপুষ্প দ্বারা যথাবিধি পূজো করে দই-ভাত উৎসর্গ করতে হবে। সবশেষে নিজের দক্ষিণ বাহুতে যন্ত্রটি ধারণ করতে হবে।

এই যন্ত্রের প্রয়োগে আবাল-বৃদ্ধ-তৃতীয়ক-জ্বর (তিনদিন অন্তর যে জ্বর আক্ষ্ম সে) থেকে মুক্তি পায় অর্থাৎ তিনদিন অন্তর জ্বর আসা বন্ধ হয়ে যায়।

ভূত-তৃতীয় জ্বর নাশক যন্ত্র

বিধি - গজমদ অথবা ধুতুরার রস দিয়ে ভূর্জপত্রের ওপর দুটি চতুষ্কোণ অঙ্কন করে যন্ত্রটি রচনা করতে হবে। ক্ষুদ্র চতুষ্কোণটির ভেতরে একটি ত্রিকোণ এঁকে তার নীচে 'স্বস্তিক' চিহ্ন আঁকতে হবে। এরপর ত্রিকোণটির মধ্যে সাধ্য ব্যক্তির নাম লিখতে হবে এবং দুটি চতুষ্কোণের মধ্যভাগে পুর্বাদি চতুর্দিকে তিন অথবা পাঁচ - এই বিষম সংখ্যায় বিসর্গ সহ 'য' বর্ণ লিখে যন্ত্র রচনা সম্পূর্ণ করতে হবে।

উক্ত বিধিমত নির্মিত যন্ত্রের প্রকৃত স্বরূপ প্রদর্শিত চিত্রে দেখানো হল। এই চিত্রে যেখানে 'দেবদত্ত' লেখা আছে, যন্ত্রে সেখানে সাধ্য ব্যক্তির নাম লিখতে হবে।

লেখার শেষে যন্ত্রের পূজো করে তৃতীয়কে জ্বরে আক্রান্ত রোগীর ডান হাতে সেটি বেঁধে দিলে তিন দিন অন্তর আসা জ্বর বন্ধ হয়ে যাবে। রোগ ব্যাধি রূপে যে জ্বর দেখা দেয় সেই স্থলে এই যন্ত্র প্রয়োগ নিষ্ফল, কারণ এই প্রকার জ্বর উক্ত যন্ত্র ধারণে দূর হবার নয়। ভূত-প্রেতের উপদ্রবে যে জ্বর দেখা দেয়, এই জ্বর কেবলমাত্র তাকেই দূর করে।

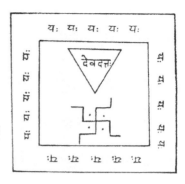

বালক রক্ষণকারক যন্ত্র

বিধি - ভূর্জপত্রের ওপর ধুতুরার রস দিয়ে একটি গোলাকৃতি চক্র নির্মাণ করে তাকে বেষ্টন করে মোট আটটি পদ্মপাপড়ি অঙ্কন করতে হবে। এবার প্রত্যেক পাপড়ির মধ্যে 'সঃ' লিখে, যন্ত্রের মধ্যভাগে বালকের নাম লিখতে হবে।

উক্ত নিয়মে যন্ত্রের যে রূপ হবে তা প্রদর্শিত চিত্রের মাধ্যমে বোঝানো হল। এই চিত্রে যেখানে 'দেবদত্ত' লেখা আছে, সেখানে বালকের নাম লিখতে হবে।

লেখার শেষে গন্ধদ্রব্য, পুষ্পাদি দ্বারা যন্ত্রের পূজো করে তাকে 'তিন লোহা' অর্থাৎ সোনা, রূপা, তামা এই ত্রিধাতু নির্মিত তাবিজের মধ্যে ভরে বালকটির বাহু অথবা কণ্ঠে ধারণ করাতে হবে। এই যন্ত্রের প্রভাবে ডাকিনী, শাঁকচুন্নি, বালগ্রহ ইত্যাদি দূর হয়ে যায় এবং বালকের রোগেী উপশম ঘটে। এই যন্ত্র বালকদিগের রক্ষাকারী।

বালকের জ্বরাদি নাশক যন্ত্র

বিধি - ভূর্জপত্রের ওপর ধুতুরার রস দিয়ে ছোট ও বড় রেখা দ্বারা চতুষ্কোণ যন্ত্র অঙ্কন করে প্রত্যেক কোণে ত্রিশূল আঁকতে হবে। পরে পূর্বাদি চতুর্দিকে 'হ্রীং', 'চং' - এই বীজদ্বয় লিখে, মধ্যভাগে সাধ্য ব্যক্তির (বালকের) নাম লিখতে হবে।

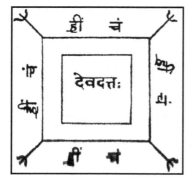

এই নিয়মে অঙ্কিত যন্ত্রের স্বরূপ এখানে প্রদর্শিত চিত্রের অনুরূপ। এই চিত্রের যেখানে 'দেবদত্ত' লেখা আছে, সেখানে সাধ্য বালকের নাম লিখতে হবে।

লেখা শেষ হলে পূর্বোক্ত যন্ত্রের নিয়মে এই যন্ত্রের পূজো করে তিনলোহার তাবিজে ভরে, বালকের গলায় ঝুলিয়ে দিতে হবে।

এই যন্ত্রের প্রভাবে বালকের ওপর জ্বর, উপসর্গ সংক্রান্ত রোগ, শারীরিক রোগ, মানসিক রোগ, ঈর্ষা, ক্রোধ, দন্ত রোগ, স্তন রোগ, কৃমি রোগ ইত্যাদির আক্রমণ ঘটেনা, আর ঘটলেও দূরীভূত হয়।

বালক দোষ নাশক ত্রিপুর ভৈরব যন্ত্র

বিধি - ভূর্জপত্রের ওপর ধুতুরার রস দ্বারা একটি গোলাকার চক্র অঙ্কন করতে হবে। চক্রের বহির্ভাগ ঘিরে আটটি পদ্মপাপড়ি এঁকে প্রত্যেক পাপড়ির ভেতরে 'হ্রীং' বীজ লিখতে হবে এবং চক্রের মধ্যভাগে সাধ্য ব্যক্তির নাম লিখতে হবে।

উক্ত বিধিমতে নির্মিত যন্ত্রের স্বরূপ এখানে প্রদর্শিত চিত্রে দেখানো হল। এই চিত্রে যেখানে 'দেবদত্ত' লেখা আছে, তার পরিবর্তে সাধ্য ব্যক্তির নাম লিখতে হবে।

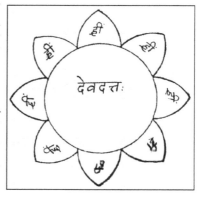

লেখার শেষে নিয়মমতো যন্ত্রের পূজো করে একে তিনলোহার তাবিজে ভরে বালকের গলায় বেঁধে দিতে হবে। এর ফলে বালক অপস্মারাদি রোগ থেকে মুক্ত হয়ে সুখলাভ করে।

যদি কোনো বালক শাঁকচুন্নি, ভূত, বেতাল (প্রেত) - এদের উপদ্রবে পীড়িত হয় তবেই এই যন্ত্র প্রয়োগ করা উচিত। এই যন্ত্র ভূত - রোগ ছাড়াও মৃগী রোগেরও উপশম ঘটায়। কোনো সুস্থ বালকের গলায় এই যন্ত্র ধারণ করানো হলে সে কখনো উপরিউক্তি রোগ-ব্যধি দ্বারা আক্রান্ত হবে না।

ভূত-শাসন যন্ত্র

বিধি - নতুন মাথার খুলির উপর খড়িমাটি দিয়ে বারোটি প্রকোষ্ঠ বিশিষ্ঠ যন্ত্র নির্মাণ করে প্রতিটি কোষ্ঠে বা খোপে একটি করে 'হ্রীং' বীজ লিখতে হবে।

উক্ত নিয়মে নির্মিত যন্ত্রের স্বরূপ এখানে চিত্রে প্রদর্শিত হল।

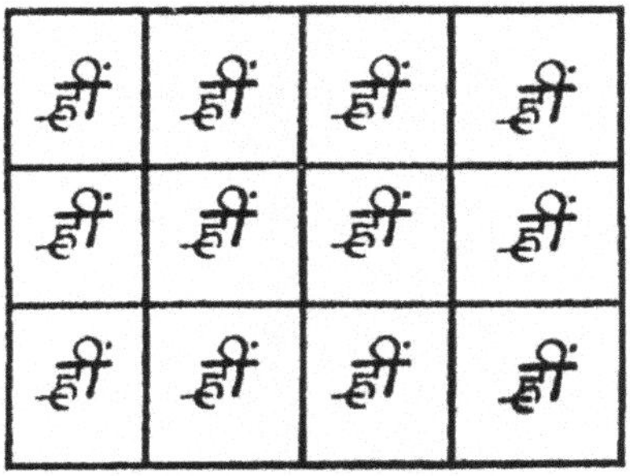

যন্ত্র লেখার শেষে বলি, পুষ্পাদি সহযোগে যন্ত্রের পূজো করতে হবে। তারপর একে ধূলি দ্বারা পূর্ণ করে খড়ের আগুনে জ্বালিয়ে দিতে হবে। এই ক্রিয়ার ফলে ভূত-প্রেতাদি কান্নাকাটি করতে থাকবে; কাঁপতে থাকবে ও বালককে ছেড়ে পালিয়ে যাবে এবং আর কখনো ওই নির্দিষ্ট লোকালয়ে অনিষ্ট করার জন্য ফিরে আসবে না।

বালক, তরুণ, বৃদ্ধ অথবা মহিলা - কেউ যদি ডাকিনী, ভূত, প্রেত, পিশাচাদির কবলে পড়ে, তখন এদের মুক্ত করার জন্য এবং প্রেতাদিকে ভয় দেখানোর জন্য উপরিউক্ত যন্ত্রটি প্রয়োগ করা উচিত।

দুষ্ট আত্মা মোচনকারক যন্ত্র

বিধি - স্বীয় মুখনিঃসৃত থুতুর সাহায্যে বাঁ-হাতের তালুর মধ্যে এক চতুষ্কোণ যন্ত্র এঁকে তার মধ্যভাগে 'হ্রীং' বীজ লিখতে হবে। এই নিয়মে যন্ত্রের যে রূপ হবে তা ছবিতে দেখানো হল।

তালুতে যন্ত্র লেখার শেষে নিজের অনামিকার রক্ত পূর্বাদি চতুর্দিকে ছিটিয়ে দিতে হবে।

যখন জঙ্গল, নদী, ঝোপ, পর্বত ইত্যাদি স্থানে অথবা ভয়ংকর পথে সিংহ ইত্যাদি হিংস্র জীবজন্তুর আতঙ্কের উদ্রেক ঘটে তখন এই যন্ত্র প্রয়োগ করা উচিত।

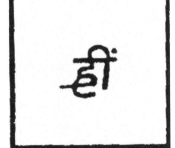

এই যন্ত্রের প্রভাবে হিংস্র জন্তুর ভয় দূর হয়ে শান্তিলাভ ঘটে।

সর্প-ব্যাঘ্র, তস্করাদি ভয় নাশক যন্ত্র

বিধি - পূর্বে বর্ণিত 'শান্তি পৌষ্টিক যন্ত্র'-র দ্রব্যাদি সহযোগে এই যন্ত্রের নিমার্ণক্রিয়া সম্পন্ন করতে হবে এবং যন্ত্রের পূজোও পূর্বোক্ত যন্ত্রের নিয়ম অনুসারে করণীয়।

ভূর্জপত্রের ওপর এক চতুষ্কোণ যন্ত্র লিখে তার ভেতরে লিখিত হ্রীং বীজের মাত্রার ভেতরে সাধ্য ব্যক্তির নামের অক্ষর সমূহ ওপর থেকে নিচে ক্রমান্বয়ে লিখতে হবে, এবং এর সমান্তরালে 'হ্রীং' বীজের শেষভাগে 'ম' কার, 'ল' কার 'য' কার এবং ওঁ- কার লিখতে হবে।

উক্ত বিধিমচেত রচিত যন্ত্রের স্বরূপ এখানে চিত্রে দেখানো হল। এই চিত্রে 'দেবদত্ত'-র পরিবর্তে সাধ্য ব্যক্তির নাম অর্থাৎ স্বীয় নামের অক্ষর সকল লিখতে হবে।

এই যন্ত্র তিন লোহার তাবিজে ভরে কণ্ঠ অথবা বাহুতে ধারণ করলে সর্প, ব্যাঘ্র, তস্কর ইত্যাদি ভয় থেকে মুক্তি ঘটে এবং অন্য অনেক প্রকার উপদ্রবের হাত থেকে নিষ্কৃতি পাওয়া যায়।

সৌভাগ্য জনন বন্ধ্যা গর্ভ ধারণ যন্ত্র

বিধি - ভূর্জপত্রের ওপর চামেলীর কলম দ্বারা দুটি রেখা সমন্বিত ত্রিকোণ যন্ত্র অঙ্কন করতে হবে। এর বহির্ভাগে দুটি রেখা যুক্ত চতুষ্কোণ যন্ত্র এঁকে প্রত্যেকটি রেখা ত্রিশূল-যুক্ত করতে হবে। এরপর ত্রিকোণের অন্তর্ভাগে সাধ্য ব্যক্তির নাম লিখতে হবে।

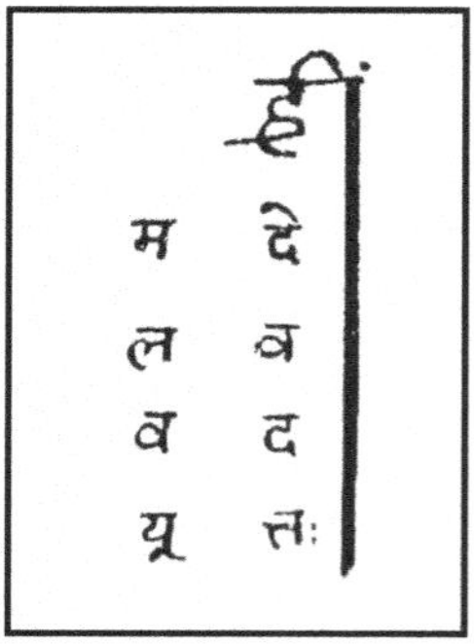

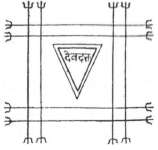

উক্ত বিধিমতে নির্মিত যন্ত্রের স্বরূপ এখানে প্রদর্শিত চিত্রের অনুরূপ। এই চিত্রের যেখানে 'দেবদত্ত' নাম আছে, নির্মিত যন্ত্রে সেখানে সাধ্য ব্যক্তির নাম লিখতে হবে।

যন্ত্র রচনার শেষে পূর্বে বর্ণিত যন্ত্রের বিধি অনুসারে এই যন্ত্রের পূজো করতে হবে এবং এই

যন্ত্রকেও তিনলোহার তাবিজে ভরে অথবা বাহুমূলে ধারণ করতে হবে।

এই যন্ত্রের প্রভাবে সুখ সৌভাগ্য প্রাপ্তি ঘটে। অনেক ধরনের উপদ্রবের নিরসন ঘটে এবং বন্ধ্যা স্ত্রী গর্ভধারণ করে পুত্রবতী হয়।

গর্ভ রক্ষাকারক যন্ত্র

বিধি - ভূর্জপত্রের ওপর গজমদ দ্বারা দুটি রেখা সমন্বিত চতুষ্কোণ অঙ্কন করতে হবে। এরপর চতুষ্কোণের চতুর্দিককে কর্ণিকার সাহায্যে অর্ধবৃত্তাকার রূপদান করতে হবে। এরপর প্রতিটি অর্ধবৃত্তের মধ্যে যঃ ও রঃ এই দুটি বীজ লিখে যন্ত্রের মধ্যভাগে সাধ্য ব্যক্তির নাম লিখতে হবে।

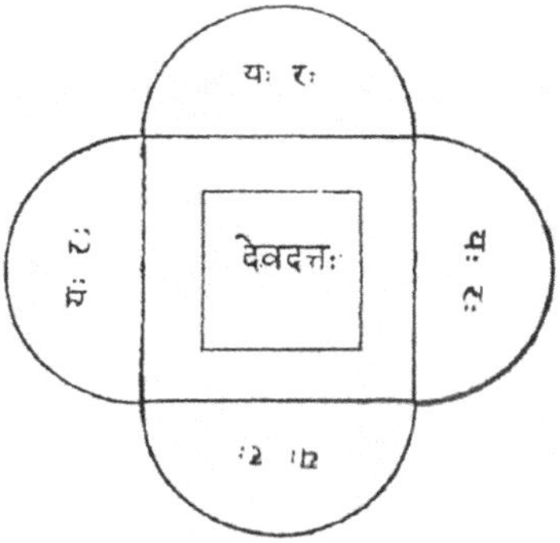

উক্ত নিয়মে যন্ত্রের স্বরূপ এখানে প্রদর্শিত চিত্রের অনুরূপ। এই চিত্রের যেখানে 'দেবদত্ত' নাম লেখা আছে, সেই স্থলে সাধ্য ব্যক্তির নাম লিখতে হবে। লেখার শেষে যন্ত্রটিকে গন্ধ পুষ্পাদি দ্বারা পূজো করে রূপোর তাবিজের মধ্যে পুরে সাধ্যা স্ত্রীর (গর্ভবতী) গলায় বেঁধে দিতে হবে।

এর প্রয়োগে গর্ভ সংক্রান্ত সমস্ত দোষ দূর হয়ে যায় এবং প্রসব ক্রিয়া সহজেই নিষ্পন্ন হয়।

গর্ভিণী – রক্ষাকারক সুখ প্রসূতি করণ যন্ত্র

বিধি - গজমদ দ্বারা ভূর্জপত্রের প্রথমে একটি আয়তাকার চতুষ্কোণ অঙ্কন করতে হবে। এবার একে দীর্ঘ রেখা দ্বারা যুক্ত করে এর ওপরে নিচে তিনটি করে কোষ্ঠ বা ঘর এবং দুই প্রান্তে একটি করে কোষ্ঠ বা ঘর অঙ্কন করতে হবে। এরপর ওপর ও নিচের ঘরগুলির প্রতিটিতে 'ক্রীং' 'হ্রীং' এই দুটি বীজ লিখে ডানদিকে ও বাঁদিকের ঘর দুটির প্রতিটিতে 'হ্রীং' ক্ষং হ্রীং' বীজগুলি লিখতে হবে। অবশেষে

মাঝের আয়তাকার অংশে প্রথমে ওঁ হ্রীং এই বীজ দুটি লিখে তারপর সাধ্য ব্যক্তির নাম ও শেষে হ্রীং ওঁ - এই দুটি বীজ লিখে যন্ত্র রচনা সম্পূর্ণ করতে হবে।

উক্ত নিয়মে যন্ত্রের স্বরূপ এখানে প্রদর্শিত চিত্রের অনুরূপ। এই চিত্রের যেখানে 'দেবদত্ত' লেখা আছে সেখানে সাধ্য ব্যক্তির নাম লিখতে হবে।

লেখার শেষে যন্ত্রের পূজো করে সেটি তিন লোহার তাবিজে ভরে গর্ভবতী স্ত্রীর গলায় বেঁধে দিতে হবে। এই যন্ত্রের প্রভাবে গর্ভ যন্ত্রণা, গর্ভ শূল, শিরঃপীড়া এবং মূত্রদোষাদি উপসর্গের উপশম ঘটে এবং প্রসবক্রিয়া সহজে সম্পন্ন হয়।

বন্ধন মোক্ষণ যন্ত্র

বিধি - ভূর্জপত্রের ওপর কর্পূর এবং কুম্‌কুমের মিশ্রণ দ্বারা একটি চতুষ্কোণ চক্র অঙ্কন করে তার মধ্যভাগে দুটি বৃত্ত সহযোগে একটি গোলাকৃতি চক্র অঙ্কন করতে হবে। এরপর গোলাকার চক্রের মধ্যভাগে সাধ্য ব্যক্তির নাম লিখে তার নিচে 'হৃল্লেখা' শব্দটি লিখতে হবে। সবশেষে গোলাকৃতির বহির্ভাগে চার দিক ঘিরে 'মা মোচয়' এই বাক্যটি লিখতে হবে।

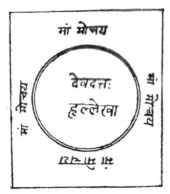

উক্ত নিয়মে যন্ত্রের রূপ এখানে চিত্রে প্রদর্শিত হল। এই চিত্রের যেখানে 'দেবদত্ত' লেখা আছে সেখানে সাধ্য ব্যক্তির নাম লিখতে হবে।

লেখার শেষে গন্ধদ্রব্য পুষ্পাদি সহকারে যন্ত্রের পূজো করে তাকে তিনলোহার তাবিজে ভরে কণ্ঠ অথবা বাহুমূলে ধারণ করলে বন্দী ব্যক্তি বন্ধন থেকে মুক্ত হবেন।

যদি কোনো মানুষকে কেউ বেঁধে ফেলে বা আটকে রাখে এবং তাকে মুক্ত করার অন্য কোনো উপায় না থাকে তাহলে এই যন্ত্রের প্রয়োগ করতে হবে। সাধ্য ব্যক্তির নাম লিখে যদি সাধক স্বয়ং এই যন্ত্রটি ধারণ করে তাহলেও বন্দী ব্যক্তি বন্ধন থেকে মুক্তিলাভ করবে।

যদি কোনো সাধারণ মানুষ এই যন্ত্র ধারণ করে তবে সে দৈববলে শারীরিকভাবে সুস্থ থাকবে এবং স্বপ্নেও কখনো বন্ধন ভয়ে ভীত হবে না।

বন্ধন - মোচন যন্ত্র

বিধি - মালপোয়ার ওপর ঘৃতের সাহায্যে একটি গোলাকার চক্র অঙ্কন করে তার বহির্ভাগে একটি অনুরূপ চক্র আঁকতে হবে। এরপর প্রথম চক্রের ভেতর সাধ্য ব্যক্তির নাম এবং দ্বিতীয় চক্রের পূর্বাদি চতুর্দিকে 'হ্রীং' বীজ লিখতে হবে।

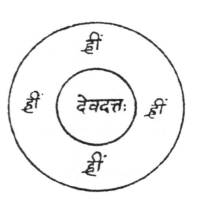

উক্ত নিয়মে অঙ্কিত যন্ত্রের স্বরূপ এখানে চিত্রে প্রদর্শিত হল। এই চিত্রের যেখানে 'দেবদত্ত' লেখা আছে সেখানে সাধ্য ব্যক্তির নাম লিখতে হবে।

লেখার শেষে যন্ত্রটি গন্ধদ্রব্য, পুষ্পাদি সহযোগে পূজো করতে হবে। এরপর এটি সাধ্য ব্যক্তিকে খাইয়ে দিতে হবে। এরফলে বন্ধনগ্রস্ত ব্যক্তি তিন অথবা সাত দিনের মধ্যে বন্ধনমুক্ত হবে এছাড়া -

ঐং হ্রীং শ্রীং বন্দীদেব্যৈ অমুকস্য বন্ধ মোক্ষং কুরু কুরু মাতর্নমঃ স্বাহা। একাদিক্রমে ২১ দিন এই মন্ত্রোচ্চারণের সঙ্গে ১০৮ বার গুগ্‌গুলের আহুতি সহকারে যজ্ঞক্রিয়া সম্পন্ন করলে বন্দী ব্যক্তি অবশ্যই কারাগার থেকে মুক্তি পাবে। এটি কল্পবিহিত সিদ্ধ মন্ত্র।

নিগড় - মোচন যন্ত্র

বিধি - গোরোচনা, রক্তচন্দন, কর্পূর, কুঙ্কুম এবং কস্তুরী এসব দ্রব্যের মিশ্রণ দ্বারা কাংস্য নির্মিত পাত্রের ওপর একটি গোলাকার চক্র অঙ্কন করে এর মধ্যভাগে 'হ্রীং' বীজ স্থাপন করতে হবে এবং বর্হিভাগে ষোলোটি স্বরবর্ণ ক্রমান্বয়ে লিখতে হবে। এরপর উক্ত ষোড়শ দল-সমন্বিত চক্রটিকেও অপর একটি রেখা দ্বারা বেষ্টন করতে হবে। দ্বিতীয় রেখাটির ওপর বত্রিশটি পদ্ম পাপড়ি অঙ্কন

করে প্রতিটি পাপড়ির মধ্যে 'ক' - বর্ণ থেকে 'স'- বর্ণ পর্যন্ত বত্রিশটি ব্যঞ্জনবর্ণ ক্রমান্বয়ে লিখতে হবে।

উক্ত নিয়মে অঙ্কিত যন্ত্রের স্বরূপ এখানে চিত্রে প্রদর্শিত হল।

রচনার শেষে গন্ধদ্রব্য, পুষ্প, ফল ইত্যাদি দ্বারা মহাসমারোহে যন্ত্রটি পূজো করতে হবে ও ধূপ, নৈবেদ্য সহকারে সুন্দর প্রদীপ জ্বালিয়ে ওঁ নমশ্চন্ডিকায়ৈ স্বাহা' - এই মন্ত্রটি ১০৮ বার জপ করতে হবে এবং প্রতিদিন পায়েস, মধু খাদ্য গুগ্‌গুল উৎসর্গ করে যন্ত্রটি ঢেকে রাখতে হবে। এরপর দ্বিতীয় দিন আহারের পূর্বে যন্ত্র আচ্ছাদানের বাইরে এনে সুগন্ধ ধূপ ইত্যাদি দিতে হবে।

তন্ত্র

তন্ত্রশাস্ত্র যে কিরূপ মোক্ষলাভের পথপ্রদর্শক, তা বোধহয় পাঠকগণ বেশ বুঝতে পেরেছেন। এতে তত্ত্বজ্ঞান বা ব্রহ্মজ্ঞান এবং তা লাভের উপায় যেরূপে প্রকাশিত হয়েছে, তাহাতে কোন নিরপেক্ষ সাধক বেদান্তাদি অপেক্ষা তন্ত্রকে কোন বিষয়ে অদূরদর্শী বলতে পারিবেন না। তবে তন্ত্রনভিজ্ঞের কথা ধর্তব্য নহে। বরং হইাতে সগুণব্রহ্ম বা সাকার ঈশ্বরোপাসনা ও স্থূল দেব-দেবীর যেরূপ সহজ সাধনপন্থা বিবৃত হইয়াছে, তা ভাবিলে শতমুখে তন্ত্রকারে গুণগান করিতে হয়। আমরা সাধনকল্পে তা বিশেষরূপে সাধারণের গোচর করানো হয়েছে। এছাড়া তন্ত্রে যে সকল ক্রূরকর্ম ও অবিদ্যার সাধনাদি ব্যক্ত আছে, আগেই বলেছি আমরা তা অবিদ্যা-বিমোহিত মানব-সমাজে প্রচার করবো না। তবে কতকগুলি কর্মানুষ্ঠানপদ্ধতি ও সাধনকৌশল পরিশিষ্টে ব্যক্ত করছি যাহা গৃহস্থাশ্রমী মানবগণের নিত্যপ্রয়োজনীয়। সামান্য সাধনায় শাস্ত্রে বিশ্বাস হবে এবং ধনধান্যাদি লাভ করে ও নীরোগ হয়ে সুখে সংসারে কালযাপন করিতে পারিবে। আর কতকগুলি তন্ত্রোক্ত উপায়ে দুরারোগ্য রোগপ্রতিকারের বিধিও বিবৃত হবে। পাঠক! সাধন করিয়া — রোগমুক্ত হয়ে সহজেই তন্ত্রশাস্ত্রের মহিমা বুঝিতে সক্ষম হইবে। তবে যে অনুষ্ঠানগুলিতে ফল লাভ করতে হলে, শাস্ত্রোক্ত কতকগুলি বিশেষ নিয়ম জেনে রাখা আবশ্যক, নতুবা ফল হবে না। নিচে নিয়মগুলি লিপিবদ্ধ হল।

অদীক্ষিত ব্যক্তি স্বার্থসিদ্ধির অন্য কেবল কাম্যকর্মের অনুষ্ঠান করিয়া ফল লাভ করতে পারবে না। দীক্ষিত ব্যক্তি ক্রমশঃ পূর্ণাভিষেক ও ক্রমদীক্ষা সংস্কারে সংস্কৃত হয়ে পরে কাম্যকর্মের অনুষ্ঠান করবে। প্রথমতঃ সাধক নিত্য-নৈমিত্তিক কর্মসকল

প্রকৃষ্টরূপে সম্পন্ন করে আসলে তবে কোনরূপ বিশেষ সাধন-কার্যে অগ্রসর হওয়ার ক্ষমতা জন্মে। তখন যাহার ইষ্ট, তাহার তদ্বিষয়ে সাধন করা কর্তব্য। সাধনান্তে ইষ্টসিদ্ধি হলে সাধক তখন সকল প্রকার সাধনকার্যই হস্তগত করতে পারে।

সাধারণতঃ সাধন দুই প্রকার, - প্রবৃত্তি ও নিবৃত্তি। প্রবৃত্তি - সাধনের উদ্দেশ্য এই যে, সংসারে সুখসমৃদ্ধি ভোগ করে অন্তে স্বর্গাদি লাভ করা, আর নিবৃত্তি সাধনের উদ্দেশ্য এই যে, ইহসংসারে সুখসমৃদ্ধির ইচ্ছা পরিত্যাগ করে অন্তে কেবল মোক্ষলাভ করা। এই দুই প্রকার সাধনমধ্যে যার যেরূপ প্রবৃত্তি, যে তদ্রূপ করে থাকে। নিবৃত্তিসাধনাকাঙ্ক্ষী ব্যক্তির ভোগগস্পৃহা থাকে, কারও বা থাকে না, এই মাত্র প্রভেদ; কিন্তু পদ্ধতি-অনুসারে সকলকেই চলতে হবে, না চললে প্রত্যবায় হবে অর্থাৎ ইষ্টসিদ্ধি হবে না। কারণ এই যে, মনের প্রসন্নতা জন্মাবে না, সুতারাং সিদ্ধিলাভ করা দুরূহ হবে। এজন্য তন্ত্রের উপদেশ এই যে, যাবৎকাল সংসারসুখস্পৃহা পরিতৃপ্ত না হয়, তাবৎকাল গৃহস্থাশ্রমে অবস্থিতিপূর্বক নিত্য, নৈমিত্তিক ও কাম্যাদি কর্মসকল করবে; তৎপরে ভোগস্পৃহার অবসান হলে নিবৃত্তিধর্মসাধনজন্য সন্ন্যাসশ্রম অবলম্বন করবে। ইহলোকে সুখভোগ-জন্য এবং পরলোকে স্বর্গাদি ভোগজন্য যে-সকল বেদবিহিত কর্ম, সংসারপ্রবৃত্তির হেতু বিধায় তাকে প্রবৃত্তিধর্ম, আর ব্রহ্মজ্ঞানের অভ্যাসপূর্বক যে-সকল নিষ্কাম-কর্ম, সংসারনিবৃত্তির হেতু বিধায় তাকে নিবৃত্তিধর্ম সাধন বলা যায়। প্রবৃত্তি - কর্মের সংশোধন দ্বারা দেবতুল্য গতিলাভ হয়, আর নিবৃত্তি-কর্মের সাধনদ্বারা ভূতপ্রপঞ্চকে অতিক্রম করে মোক্ষলাভ হয়। যথা —

সকামাশ্চৈব নিষ্কামা দ্বিবিধা ভুবি মানবাঃ।
অকামানাং পদং মোক্ষ্যে কামিনাং ফলমুচ্যতে।।

-মহানির্বাণ - তন্ত্র

এই সংসারে সকাম ও নিষ্কাম এই দুই শ্রেণীর মানব আছে। এর মধ্যে যার নিষ্কাম, তারা মোক্ষপদের অধিকারী; আর যারা সকাম, তারা সংসারে নানাপ্রকার ভোগ্যবস্তু ভোগ করে অন্তে কর্মানুযায়ী স্বর্গলোকাদি-প্রাপ্ত হয়। অতএব সকাম ব্যক্তিগণই কাম্যকর্মের অনুষ্ঠান করবে।

নিত্য - নৈমিত্তিক ক্রিয়াবান্ ব্যক্তি ক্রমদীক্ষা কিংবা পূর্ণাভিষেক সংস্কার লাভ করে কাম্যকর্মের অনুষ্ঠান করবে। শাক্ত, শৈবাদি পঞ্চ উপাসকগণই কাম্য-কর্মের

অধিকারী। ওঙ্কার-উপাসক বা সন্ন্যাসাশ্রমী কোন ব্যক্তি কখনও কাম্য-কর্মের অনুষ্ঠান করবে না। যারা নিত্যনৈমিত্তিক কর্মসাধন না করে ফললাভে প্রবৃদ্ধ হয়ে কেবলমাত্র কাম্যকর্মের অনুষ্ঠান করে থাকে, তারা সমধিক ভ্রান্ত। কারণ নিত্যকর্মী ব্যক্তিই সাধনকার্যে যোগ্যতা লাভ করতে পারে, তদ্ব্যতীত অন্যের পক্ষে সাধন-কার্যে অগ্রসর হওয়া কেবল বন্ধ্যা স্ত্রীতে সন্তানোৎপাদনের চেষ্টা করার ন্যায় বিফল হয়। সুতরাং তাহারা সাধন-কার্যে আশানুরূপ ফল না পেয়ে শাস্ত্রের নিন্দা প্রচার করে থাকে। তাতে অন্যেও নিরুৎসাহ হয়ে পড়ে। অতএব যে-কোনও সাধনকার্যে ফল লাভ করতে আসা রাখলে সযত্নে নিত্যকর্মের অনুষ্ঠান করবে। একমাত্র নিত্যকর্মীই কাম্যকর্মের অধিকারী।

নিত্য-নৈমিত্তিক কর্মানুষ্ঠানকারী ব্যক্তি ফল কামনা করে যে - কোন কাম্যকর্মের অনুষ্ঠান করলে তাহাতে ফললাভ করতে পারবে। অন্যের পক্ষে সে আশা দুরাশা মাত্র। সাধক সত্যবাদী, সংযত ও হবিষ্যাশী হয়ে সাধন-কার্যে অনুষ্ঠান করবে। দেবালয়ে, বনমধ্যে, নদীতীরে, পর্বতে, শ্মশানে, কুলবৃক্ষের মূলদেশে কিংবা যে - কোন নির্জন প্রদেশে গোপন ভাবে সাধনা করতে হয়।

সাধনাদি ব্যতীত কোন শান্তিকর্ম স্বস্ত্যয়ন, পূজা, হোম বা স্তব - কবচাদির জন্যও পূর্বোক্তরূপ অধিকারীর প্রয়োজন। নতুবা ফললাভ সুদূরপারহত হবে। আর দীক্ষিত ব্রাহ্মণ ব্যতীত তন্ত্রোক্ত যন্ত্র-মন্ত্র অপরকেহ ব্যবহার করতে পারবে না। ব্রাহ্মণ ব্যতীত শূদ্রাদি জাতি নিজ গুরু কিংবা পুরহিতদ্বারা ঐ সকল কাজ করে নেবে। গুরু ও পুরোহিত অভাবে অন্য ব্রাহ্মণের দ্বারাও করতে পারা যায়। শূদ্রাদির মধ্যে যারা দীক্ষগ্রহণের পর পূর্ণাভিষিক্ত হয়ছে, তারা নিজেই সমস্ত করতে পারবে। শূদ্র পূর্ণাভিষিক্ত হলে, সে যে - জাতির শূদ্র হউক না কেন, ব্রাহ্মণের ন্যায় সকল কাজের অধিকারী হবে এবং প্রণবাদি সমস্ত বেদমন্ত্র উচ্চারণ করতে পারবে। সুতারাং অভিষিক্ত বৈদ্য ও শূদ্রগণ পশ্চাদুক্ত কাজ করবে তাতে কোনো বাধা নেই। কিন্তু নিত্য - নৈমিত্তিক ক্রিয়াহীন আচারভ্রষ্ট ব্যক্তির দ্বারা কদাচ সুফলে আশা নেই। যথা —

অস্তু তাবৎ পরো ধর্মঃ পূর্বধর্মোঽপি নশ্যতি।
শাস্তবাচারহীনস্য নরকান্নৈব নিষ্কৃতিঃ ।।

- মহানির্বাণ - তন্ত্র

যারা শম্ভুপ্রোক্ত আচারহীন, তাদের তত্তৎকর্মজন্য ধর্ম দূরে থাকুক, পূর্বসঞ্চিত ধর্ম নষ্ট হবে এবং তাদের নরক হতে উদ্ধারের উপায় নেই। অতএব পূর্বোক্তরূপ অধিকারী ব্যক্তি পশ্চাদুক্ত সাধন ও শান্তিকর্মের অনুষ্ঠান করবে। অন্যের ফললাভের আশা নেই। অনধিকারী ব্যক্তি সাধনার অনুষ্ঠান করলে বিড়ম্বনা ভোগ করে এবং শাস্ত্রে অবিশ্বাসী হয়ে জীবন বিষময় করে ফেলিবে। উপযুক্ত সংস্কার লাভ করে যথাবিধি আচার পালনপূর্বক সাধন বা জপ - পূজাদির অনুষ্ঠান করলে, নিশ্চয়ই ফললাভ করতে পারবে— শিববাক্যে সন্দেহ নেই। আমরাও বহুবার পশ্চাদুক্ত বিষয়গুলি পরীক্ষা করে ফল পেয়েছে। তাই ভোগাসক্ত মানবগণের জন্য নীরোগ ও দীর্ঘজীবন লাভের উপায় এবং ভোগ ও ভোগ্যবস্তু সংগ্রহের উপায় নিচে আক্ষ্ম লোচনা করলাম। পাঠকগণ!

তন্ত্রোক্ত সাধনায় অধিকার লাভ করে কর্মানুষ্ঠানপূর্বক শাস্ত্রের সত্যতা পরীক্ষা কর; তা হলে সুস্থ ও নীরোগ দেহ লাভ করে ভোগসুখে জীবন অতি-বাহিত করতে পারবে।

প্রতি সপ্তাহে করনীয় কার্য

১) প্রত্যেক শুক্রবার গরীবদের গুড় ছোলা খাওয়াবেন।

২) প্রতি শুক্রবার ছোলাভাজা কিনে তাতে গুড় মেশাবেন, এর সঙ্গে টক ও আচার মিশিয়ে ৮ বছর বয়সী ছেলেদের খাওয়াবেন।

৩) বুধবার দিন লাড্ডু আনবেন। যে ব্যক্তি রোজগার চালাচ্ছে, সেই লাড্ডু ৭বার তার সারাদেহে বুলিয়ে রেখে দেবেন। তারপর দিন পরিবারের কোন ব্যক্তি সূর্য ওঠার আগে, যখন আকাশে তারা দেখা যাবে, তখন উঠে সেই লাড্ডুগুলি কোন গুরুকে খাইয়ে দেবেন এবং সেদিকে আর ফিরে দেখবেন না। এর ফলে রোজগার বৃদ্ধি পাবে।

যোগিনী সাধনা

ভৈরবী, নায়িকাদি অবিদ্যা এবং যোগিন্যাদি উপবিদ্যার সাধনায় ইহসংসারে খ্যাতি - প্রতিপত্তির সঙ্গে রাজার ন্যায় ভোগবিলাসে কালাতিবাহিত করা যায়। কিন্তু অবিদ্যাসেবী ব্যক্তির অন্তে নরক অবশ্যম্ভাবী। বিশেষতঃ অবিদ্যাসেবায় বিপরীত বুদ্ধির উদয় হয়ে মনোবাসনা পূরণেও বিঘ্ন উৎপাদন করে থাকে। দেশপ্রসিদ্ধ কালাপাহাড়ে দেবতা, ধর্ম, রক্ষা করিয়াছিল, তা কারও অবিদিত নেই। সুতরাং অবিদ্যাবিমোহিত মানব-সমাজে অবিদ্যার সাধনাদি ব্যক্ত করা মঙ্গলজনক নয়। তবে উপবিদ্যাদি সাধনে সে ভয় নেই, বরং তৎসাধনে প্রবৃত্তি পূর্ণ ভোগবাসনাক্ষয়ে মহাবিদ্যাসাধনে অধিকার লাভ করা যায়। তাই আমরা যোগিনী - সাধন আলোচনা করলাম।

শাস্ত্রাদিতে কথায় আছে, যোগিনীগণ জগজ্জননী জগদম্বার সহচারিণী। সুতরাং যোগিনী-সাধন করে যেমন ভোগবাসনা পূর্ণ করা যায়, তদ্রূপ আবার তাঁদের সাহায্যে ইষ্ট-সাক্ষাৎকারলাভেও সাহায্য পাওয়া যায়। এইজন্য ভূতভাবন ভবানীপতি প্রাণিবর্গের হিত-সাধনার্থ যোগিনী সাধন প্রকাশ করেছেন। যোগিনীর অর্চনা করে কুবের ধনাধিপতি হয়েছে। ইহাদিগের অর্চনা করলে মনুষ্য রাজত্ব পর্যন্ত লাভ করে থাকে।

যোগিনীসকলের মধ্যে আটজন প্রধানা। তাঁহাদের নাম যথা — সুরসুন্দরী, মনোহরা, কনকবতী, কামেশ্বরী, রতিসুন্দরী, পদ্মিনী, নাটনী ও মধুমতী।

সাধক উপযুক্ত আসনে স্থিরভাবে উপবেশন করে গুরু, গণেশ ও ইষ্টদেবতাকে

প্রণাম করবে। অনন্তর পূরকযোগে হংসরূপী জীবাত্মাকে কুলকুণ্ডলিনীশক্তিকে শিরসি সহস্রারে নিয়ে যাবে। কুন্ডলিনী গমনকালে ক্রমশঃ চতুর্বিংশতি তত্ত্ব গ্রাস করে যাবেন; অর্থাৎ তত্ত্বসমুদয় তাঁহার শরীরে লয়প্রাপ্ত হবে। তৎপর কুণ্ডলিনীকে সহস্রদল-কমল- কর্ণিকান্তর্গত বিন্দুরূপে পরমশিবের সহিত ঐকাত্ম পাওয়া হবে। তাহা হলে নিস্তরঙ্গ জলাশয়ের ন্যায় সমাধি উৎপন্ন হয়ে "আমিই ব্রহ্ম" এই জ্ঞান জন্মাবে।

সাধক মূলাধারে কুণ্ডলিনীকে তেজোময়ী, হৃদয়ে জীবাত্মা এবং সহস্রারে পরমাত্মাকে তেজোময় চিন্তা করে, পরে ঐ তিন তেজের একতা করে তন্মধ্যে ব্রহ্মাণ্ডকে লীন চিন্তা করবে। তৎপরে ঐ জ্যোতির্ময় ব্রহ্মই আমি, এই চিন্তায় তন্ময় হয়ে থাকবে। আর কিছুই চিন্তা করবে না - তা হলে অচিরে ব্রহ্মজ্ঞান সমুদ্ভূত হবে।

যোনিমুদ্রাযোগে কুণ্ডলিনীশক্তিকে সহস্রারে উত্থাপিত করে ইষ্টদেবীরূপে শিবের সঙ্গে মিলন করবে। তৎপরে তারা স্ত্রী-পুরুষের ন্যায় সঙ্গমাসক্ত হয়ে আত্মানন্দরসে আপ্লুত হয়েছেন - এই চিন্তা করত নিজেকেও সেই আনন্দধারায় প্লাবিত মনে করে ধ্যানপরায়ণ হতে থাকবে। তাহা হলে "আমিই সেই" এই অদ্বৈতজ্ঞান উৎপন্ন হবে।

অবশ্য গুরুমুখে কৌশল অবগত হয়ে অভ্যাসদ্বারা এই যোগ লাভ করতে হয়। ইষ্টদেবতাকে আত্মা হতে অভিন্নভাবে চিন্তা করলে সাধক তৎস্বরূপতা লাভ করতে পারে। আমরা ইষ্টদেবতা হতে আমার আত্মা ভিন্ন নয়, উভয়েই এক পদার্থ এবং আমি বদ্ধ নহি - মুক্ত, সাধক সর্বদা এইরূপ চিন্তা করবে, এতে দেবতার সারূপ্য লাভ হয়। সাধক উক্ত-প্রকার অভিন্নভাবে শিবের চিন্তা করলে শিবত্ব, বিষ্ণুর চিন্তা করলে বিষ্ণুর ও শক্তির চিন্তা করলে শক্তিত্ব লাভ করে। প্রতিদিন এইপ্রকার অভিন্ন চিন্তাভ্যাস করতে পারলে সাধক জরামরণাদি দুঃখপূর্ণ ভববন্ধন হতে মুক্তিলাভ করতে পারে। যে সাধক ধ্যানযোগপরায়ণ, তার পূজা, ন্যাস ও জপাদির আবশ্যকতা নেই; সে একমাত্র ধ্যানযোগবলেই সিদ্ধিলাভ করতে পারে সন্দেহ নেই। যথা —

বিনা ন্যাসৈর্বিনা পূজাং বিনা জপৈঃ পুরস্ক্রিয়াম্।
ধ্যানযোগাদ্ভবেৎ সিদ্ধির্নান্যথা খলু পার্বতি।।

— শ্রীক্রম তন্ত্র

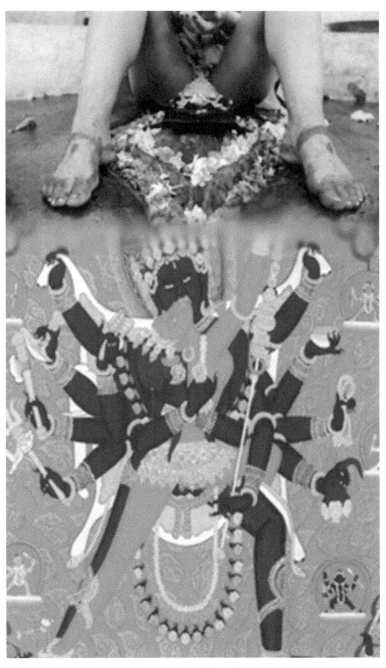

যে-প্রকার ফেনা ও তরঙ্গাদি সমুদ্র হতে উত্থিত এবং সমুদ্রেই লীন হয়, তদ্রূপ এই জগৎও আত্মা হতে উৎপন্ন হয় এবং আত্মাতেই বিলীন হয়। অতএব আমিও আত্মা হতে অভিন্ন।

অহং ব্রহ্মাস্মি বিজ্ঞানাদজ্ঞানবিলয়ো ভবেৎ।
সোহহমিত্যেব সংচিন্ত্য বিহরেৎ সর্বদা প্রিয়ে।।

- গন্ধর্ব তন্ত্র

— আমি ব্রহ্ম হতে অভিন্ন, এই প্রকার জ্ঞান জন্মালে অজ্ঞানের লয় হয়। অতএব সাধক সর্বদা যোগপরায়ণ হয়ে "আমি ব্রহ্ম" এই প্রকার চিন্তা করবে।

যথাভিমতাধ্যানাদ্ বা ।

-পাতঞ্জল-দর্শন

যে কোনও মনোজ্ঞ বস্তু - যাহা মনে হইলে মন প্রফুল্ল হয়, একাগ্রতা অভ্যাসের নিমিত্ত তাহাই ধ্যান করিবে। ধ্যেয়বস্তুতে চিত্তস্থৈর্য অভ্যস্ত হইলে সর্বত্রই চিত্ত প্রয়োগ ও তাহাতে চিত্ত তন্ময় করিতে পারিবে। তখন সমস্ত প্রভেদভাব মন হইতে বিদূরিত হইয়া একাগ্রভাব সংস্থাপিত হইবে।

আত্মজ্ঞান লাভ হইবেএবং অন্যান্য বাহ্য চেষ্টা সকলই রহিত হইয়া যাইবে। যথা —

যদা পঞ্চাবতিষ্ঠন্তে জ্ঞানানি মনসা সহ।
বুদ্ধিশ্চ ন বিচেষ্টতে তামাহুঃ পরমাং গতিম্।।

যখন বুদ্ধি পর্যন্ত চেষ্টারহিত হয়, যখন পাপ-পুণ্য ধর্মাধর্ম সুখ-দুঃখাদি দ্বৈত ভাবনাসকল তিরোহিত হইয়া মন নিশ্চল হয়, তখন জীবে অদ্বৈত ব্রহ্মজ্ঞান সমুদিত হইয়া পরমা গতি প্রাপ্ত হয়।

এইরূপে যখন তত্ত্বজ্ঞান উৎপন্ন হইয়া বৈরাগ্য উপস্থিত হইবে, তখন সমস্ত পরিত্যাগ করিয়া সন্ন্যাসধর্ম অবলম্বন করিতে তন্ত্রশাস্ত্রও বিধি দান করিয়াছেন। যথা —

তত্ত্বজ্ঞানে সমুৎপন্নে বৈরাগ্যং জায়তে যদা।
তদা সর্বং পরিত্যজ্য সন্ন্যাসাশ্রমমাশ্রয়েৎ।।

- মহানির্বাণ তন্ত্র

তবেই দেখুন, বৈদিক শাস্ত্রাদি হইতে কোন বিষয়ে তন্ত্রশাস্ত্রের নিকৃষ্টতা প্রমাণিত হইবে না, বরং অনেক বিষয়ে অন্যান্য শাস্ত্র হইতে তন্ত্রেরই প্রাধান্য দৃষ্ট হয়। নিবৃত্তি-মার্গেও তন্ত্র শ্রেষ্ঠাসন লাভ করিয়াছেন।

অতএব তন্ত্রশাস্ত্রের বিধি-ব্যবস্থা সমস্তই কেবল ব্রহ্মজ্ঞান-সাধনের জন্য। জ্ঞানোদয় হইলে ভ্রমরূপ অজ্ঞানের নিবৃত্তি হইবে; অজ্ঞানের নিবৃত্তি হইলেই মায়া, মমতা, শোক, তাপ, সুখ, দুঃখ, মান, অভিমান, রাগ, দ্বেষ, হিংসা, লোভ, ক্রোধ, মদ, মাৎসর্য প্রভৃতি অন্তঃকরণের সমুদয় বৃত্তিগুলি নিরোধ হইয়া যাইবে। তখন কেবল বিশুদ্ধ চৈতন্য মাত্র স্ফূর্তি পাইতে থাকিবে। এইরূপ কেবল চৈতন্যস্ফূর্তি পাওয়াই জীবদ্দশায় জীবন্মুক্তি এবং অন্তে নির্বাণ বলে কথা হয়।

এদের এক-একটির সাধনায় মানুষ অনেক সুখ ও সম্পত্তির অধিকারী হয়ে খ্যাতি-প্রতিপত্তির সঙ্গে দীর্ঘকাল সংসারযাত্রা নির্বাহ করতে পারে। এই গ্রন্থে সকলগুলি যোগিনীর সাধনপদ্ধতি আলোচনা করা অসম্ভব। আমরা কেবল সর্বশ্রেষ্ঠ মধুমতী যোগিনীর সাধনপ্রণালী এই স্থলে ব্যক্ত করবো। যে কোন একটি যোগিনীর সাধন করলে সাধকের মনোবাঞ্ছা পূর্ণ হবে। তবে এই সর্বসিদ্ধি-প্রদায়িনী মধুমতী দেবী অতি গুহ্যা। একমাত্র এর সাধনায় মানুষের সর্বাভীষ্ট সিদ্ধ হতেপারে এবং সাধনাও কিঞ্চিৎ সহজসাধ্য, তাই আমরা মধুমতী যোগিনীর সাধন-প্রণালীই প্রকাশ করলাম।

ধীমান্ সাধক হবিষ্যাশী ও জিতেন্দ্রিয় হয়ে যোগিনীসাধন করবে। বসন্তকাল এই সাধনার উপযুক্ত সময়।

উজ্জটে প্রান্তরে বাপি কামরূপে বিশেষতঃ।

- ডামর তন্ত্র

উজ্জটে অথবা প্রান্তরে এই সাধন করবে, বিশেষতঃ কামরূপে এই সিদ্ধিকার্য বিশেষ ফলপ্রদ হয়। এই স্থানসকলের কোন একটি স্থানে সর্বদা যোগিনীকে ধ্যান করে, তার দর্শনে সমুৎসুক হয়ে মনে এই সাধন করবে। এইরূপ বিধানে সাধন করলে নিশ্চয়ই দেবীর দর্শন লাভ করতে পারবে। যারা দেবীর সেবক, তারাই এই কার্যের অধিকারী; ব্রহ্মোপাসক সন্ন্যাসি-গণের এই কাজে অধিকার নেই, যথা —

দেব্যাশ্চ সেবকাঃ সর্বে পরং চাত্রাধিকারিণঃ।
তারকব্রহ্মণো ভৃত্যং বিনাপ্যত্রাধিকারিণঃ।।

-তন্ত্রসার

ধীমান্ সাধক প্রাতঃকালে গাত্রোত্থান করে স্নানাদি নিত্যক্রিয়া সমাপনান্তে "হৌঁ" এই মন্ত্রে আচমন করে "ওঁ সহস্রারে হুঁ ফট্" এই মন্ত্রে দিমন্ধন করবে। অনন্তর যথোপযুক্ত স্থানে সাধনার আয়োজন করে পুজার দ্রব্যাদি আনয়ন করবে। উত্তর কিংবা পূর্বমুখে যে কোন আসনে উপবেশন পূর্বক (এই কার্যে রঙ্গীন কম্বলাসন প্রশস্ত) ভূর্জপত্রে কুঙ্কুমদ্বারা ধ্যানানুযায়ী মধুমতীদেবীর প্রতিমূর্তি অঙ্কিত করে 'সূর্য্যঃ সোমঃ' পাঠপূর্বক স্বস্তিবাচন করবে। তারপরে সূর্যার্ঘ্য স্থাপন করে প্রণাম করবে। পরে মূলমন্ত্রে ১৬/৬৪/৩২ সংখ্যায় তিনবার প্রাণায়াম ও করন্যাস করে, — "হ্রাং হ্রীং হ্রৈং হ্রৌং হ্রঃ" এই মন্ত্রের দ্বারা অঙ্গন্যাস ও করন্যাস করবে। তৎপরে ভূ র্জপত্রে আঁকা মূর্তিতে জীবন্যাস - দ্বারা প্রাণপ্রতিষ্ঠা এবং পীঠদেবতার আবাহন করে মধুমতীর ধ্যান করবে।

ওঁ শুদ্ধস্ফুটিকসঙ্কাশাং নানারত্নবিভূষিতাম্।
মঞ্জীরহারকেয়ূর-রত্নকুণ্ডলমণ্ডিতাম্।।

- এই মন্ত্রে ধ্যান করে মূলমন্ত্রে দেবীর পুজা করবে। মূলমন্ত্র উচ্চারণপূর্বক পাদ্যাদি প্রদান করে ধূপ, দীপ, নৈবেদ্য, গন্ধপুষ্প ও তাম্বুল নিবেদন করবে। পূজাদি সামান্যপূজাপ্রকরণের প্রণালীতে সম্পন্ন করবে।

অনন্তর পূজা শেষ করে পুনর্বার প্রাণায়াম এবং অঙ্গ ও করন্যাস সমাধা করে যোগিনীকে ধ্যান করত জপের নিয়মানুসারে সমাহিতচিত্তে সহস্রবার জপ করবে। তৎপরে পুনরায় প্রাণায়াম করে দেবীর হস্তে জপফল সমপর্ণ ও ভক্তিভাবে সাষ্টাঙ্গ প্রণাম করবে। মধুমতীদেবীর মন্ত্র যথা — "**ওঁ হ্রীঁং আগচ্ছ অনুরাগিণি মৈথুনপ্রিয়ে স্বাহা।**" এই মন্ত্র গুরুর কাছে হতে শুনে নিতে পারলে ভাল হয়।

এই সাধন কৃষ্ণপক্ষের প্রতিপদ তিথিতে আরম্ভ করে গন্ধপুষ্প, ধূপ, দীপ, নৈবেদ্যাদি উপচারে ত্রিসন্ধ্যায় তিনবার দেবীর পুজা ও সহস্রসংখ্যক জপ করবে। এইরূপে একমাস পুজা ও জপ করে পূর্ণিমাতিথির ভোরবেলা যোড়শোপচারে দেবীর পুজা করিবে। অনন্তর ঘৃত-প্রদীপ ও ধূপ প্রদান করে দিন রাত্রি মন্ত্র জপ করতে থাকবে। রাত্রে দেবী সাধককে নানারূপ ভয়প্রদর্শন করেন। তাতে সাধক ভীত না হয়ে জপ করতে থাকবে। দেবী সাধককে দৃঢ়প্রতিজ্ঞ জেনে প্রভাতসময়ে সাধকের কাছে আসেন। তখন সাধক পুনর্বার ভক্তিভাবে পাদ্যাদি দ্বারা পূজা, উত্তম চন্দন ও সুগন্ধি পুষ্পমালা প্রদান করত দেবীকে মাতা, ভগিনী, ভার্যা বা সখী

সম্বোধন করে বর গ্রহণ করবে। পরে দেবী সাধককে অভিলষিত বর প্রদান করে নিজের ঘরে যাবেন।

যোগিনী-সাধনায় সিদ্ধিলাভ করলে দেবী প্রত্যহ রাত্রে সাধকের কাছে এসে রতি ও ভোজনদ্রব্যদ্বারা তাকে পরিতোষিত করে থাকেন। দেবকন্যা, দানবকন্যা, নাগকন্যা, যক্ষকন্যা, গন্ধর্বকন্যা, বিদ্যাধরকন্যা, রাজকন্যা ও বিবিধ রত্ন-ভূষণ এবং চর্ব্যচোষ্যাদি নানা ভক্ষ্যদ্রব্য প্রদান করে থাকেন। দেবীকে ভার্যারূপে ভজনা করলে সাধক অন্য স্ত্রীর প্রতি আসক্তি পরিত্যাগ করবে না হলে দেবী রেগে গিয়ে সাধককে শেষ করে থাকেন। যথা -

অন্যস্ত্রীগমনং ত্যক্ত্ব অন্যথা নশ্যতি ধ্রুবম্।

- ভূত-ডামর

সাধক দেবীর প্রসাদে সর্বজ্ঞ, সুন্দরকলেবর ও শ্রীমান্ হয়ে নিরাময়দেহে দীর্ঘকাল জীবিত থাকে। সর্বত্র গমনাগমনের শক্তি জন্মে। স্বর্গ, মর্ত্য ও পাতালে যে-সকল বস্তু বিদ্যমান আছে, দেবী সাধকের আজ্ঞানুসারে তৎসমস্ত এনে তাকে অর্পণ করেন এবং প্রতিদিন প্রার্থিত সুবর্ণ-মুদ্রা প্রদান করে থাকেন। প্রতিদিন যাহা পাবে, সেই সমুদয় ব্যয় করবে, কিঞ্চিন্মাত্র অবশিষ্ট থাকলে দেবী কুপিতা হয়ে আর কিছু প্রদান করেন না।

রেমে সার্ধং তয়া দেবি সাধকেন্দ্রো দিনে দিনে।।

-তন্ত্রসাধনা

সাধক এইরূপে যোগিনীসাধন করে প্রতিদিন দেবীর সহিত ক্রীড়া কৌতুকাদি করতঃ সুখে জীবন-যাপন করে থাকে।

তন্ত্রোক্ত সাধনা

এতদ্দেশে অধিকাংশস্থলেই তন্ত্রের মতে দেবতাগণের আরাধনা হয়ে থাকে এবং তান্ত্রিক মতেই দেবতা-আরাধনায় অতি তাড়াতাড়ি ফললাভ হয়ে থাকে। তান্ত্রিকগণ এরূপ সহজ ও সরল পন্থাসকল আবিষ্কার করেছে, যাতে মানুষ যোগের পথে সহজে অগ্রসর হতে পারে। তন্ত্রশাস্ত্র শিববিরচিত; যাহা যোগের অত্যুত্তম রত্নোজ্জ্বল পন্থা, তা কেবল পার্থিব ভোগের জন্যই সৃষ্ট হয়েছে, এটা চিন্তা করাও

মহাপাপ। যে তন্ত্রশাস্ত্রে মদ্য মাংস প্রভৃতি বিষয়োপভোগের কথা লেখা আছে, সেই তন্ত্রশাস্ত্র কি ব্রহ্মজ্ঞানে অদূরদর্শী ছিলেন?

মহানির্বাণতন্ত্রে কথায় আছে, পরমযোগী মহাদেবকে আদ্যাশক্তি ভগবতী বললেন, "হে দেবদেব মহাদেব! আপনি দেবগণের গুরুর গুরু, আপনি যে পরমেশ পরব্রহ্মের কথা বলবেন এবং যার উপাসনায় মানুষগণ ভোগ ও মোক্ষলাভ করতে পারে, হে ভগবান! কি উপাযে সেই পরমাত্মা প্রসন্ন হয়ে থাকেন? যে দেব! তার সাধন বা মন্ত্র কিরূপ? সেই পরমাত্মা পরমেশ্বরের ধ্যানই বা কি এবং বিধিই বা কিরূপ? হে প্রভো! আমি এর প্রকৃত তত্ত্ব শুনিবার জন্য সমুৎসুক হয়েছে, অতএব কৃপা করে আমাকে তাহা বলুন।"

সদাশিব বললেন, "হে প্রাণবল্লভে! তুমি আমার কাছে গুহ্য হতে গুহ্য ব্রহ্মতত্ত্ব শ্রবণ কর। আমি এই রহস্য কুত্রাপি প্রকাশ করি না। গুহ্য বিষয় আমার প্রাণ অপেক্ষা প্রিয় পদার্থ, তোমার প্রতি স্নেহ আছে বলে আমি বলছি। সেই সচ্চিৎশিবাত্মা পরব্রহ্মকে কি প্রকারে জানা যেতে পারে? হে মহেশ্বরি! যিনি সত্যাসত্য-নির্বিশেষ এবং বাক্য ও মনের অগোচর, তাকে যথাযথ স্বরূপ-লক্ষণ দ্বারা কিরূপে জানা যেতে পারে? যিনি অনিত্য জগন্মণ্ডলে সৎরূপে প্রতিভাত আছেন, যিনি ব্রহ্মস্বরূপ, সর্বত্র সমদৃষ্টি, সমাধিসাহায্যে যাকে জানতে পারা যায়, যিনি দ্বন্দ্বাতীত, নির্বিকল্প ও শরীর - আত্মজ্ঞানপরিশূন্য, যা হইতে বিশ্ব-সংসার সমুদ্ভূত হয়েছে এবং যাতে সমুদ্ভূত হইয়া নিখিল বিশ্ব অবস্থিতি করিতেছে, যাঁহাতে সকল বিশ্ব লয়প্রাপ্ত হইয়া থাকে, সেই ব্রহ্ম এই তটস্থ - লক্ষণ দ্বারা জ্ঞেয় হন।

স্বরূপবুদ্ধ্যা যদ্বেদ্যং তদেব লক্ষণৈঃ শিবের।
লক্ষণৈরাপ্তুমিচ্ছূ নাং বিহিতং তত্র সাধনম্।।
তৎসাধনং প্রবক্ষ্যামি শৃণুষ্বাবহিতা প্রিয়ে।

- মহানির্বাণ তন্ত্র

ম-কার তত্ত্ব

তন্ত্রশাস্ত্রের পঞ্চ ম-কারে সাধনার উল্লেখ আছে। পঞ্চ ম-কার অর্থাৎ পাঁচটি দ্রব্যের আদ্র অক্ষর "ম"। যথা মদ্য, মাংস, মৎস্য, মুদ্রা ও মৈথুন এই পাঁচটিকে পঞ্চ ম-কার কহে। পঞ্চ ম-কারের সাধনফলও অসীম। যথা —

মদ্যং মাংসং তথা মৎস্যং মুদ্রা মৈথুনমেব চ।
ম-কারপঞ্চকং কৃত্বা পুনর্জন্ম ন বিদ্যতে।।

পঞ্চ-ম-কার - সাধকের পুনর্জন্ম হয় না। সাধারণের ইহার মূলতত্ত্ব ও উদ্দেশ্য বুঝিতে না পারিয়া এতৎ সম্বন্ধে নানা কথা বলিয়া থাকে। বিশেষতঃ বর্তমান কালের শিক্ষিত লোকের মদ্যপানের ব্যবস্থা, মাংসভোজন - প্রথা, মৈথুনের প্রবর্তন ও মুদ্রার ব্যবহার দেখিয়া তন্ত্র শাস্ত্রের প্রতি অতিশয় অশ্রদ্ধা প্রদর্শন করিয়া থাকে; কেবল ইহা নহে, তান্ত্রিক লোকের নাম শুনিলেই যেন শিবরীয়া উঠে। বাস্তবিক অনেক স্থলে দেখা যায়, লোকে মদ্যাদি সেবন আরম্ভ করিয়া আর কিছুতেই নিবৃত্তির পথে যাইতে পারে না। মদ্যাদি সেবন করিয়া, ভোগের তৃপ্তিসাধন করিয়া পুনরায় ধর্মপথে আসিতে সক্ষম হইতে পারে, এ বিশ্বাস কিছুতেই করিতে পারা যায় না। যে মদ্যাপানে আসক্ত, ধর্মপথ ত দূরের কথা, সে নৈতিক পথেও বিচরণ করিতে সক্ষম হয় না। মদ্যপানে মানবের আসক্তি অসৎ পথেই প্রধাবিত হয়। তবে তন্ত্রশাস্ত্রে মদ্য - মাংসের ব্যবহার দৃষ্ট হয় কেন? পূর্বেই হইয়াছি সত্ত্ব, রজঃ ও তমঃ এই ত্রিগুণ ভেবে উপাসনার অধিকার ও প্রকারভেদ হইয়া থাকে। সুতরাং পঞ্চ ম-কারওস্থূল ও সূক্ষ্মভেদে অধিকারানুযায়ী ব্যবহৃত হইয়া থাকে। অগ্রে পঞ্চ- ম-কারের সুক্ষ্মতত্ত্ব আলোচনা করা যাউক। শিব বলিতেছেন -

সোমধারা ক্ষরেদ্ যা তু ব্রহ্ম রন্ধ্রাদ্ বরাননে।
পীত্বানন্দময়স্তাং যঃ স এব মদ্যসাধকঃ।।

— হে বরাননে! ব্রহ্মরন্ধ্র হইতে অমৃতধারা ক্ষরিত হয়, তাহা পান করিলে লোকে আনন্দময় হইয়া থাকে, ইহারই নাম মদ্য-সাধন।

মা শব্দাদ্রসনা জ্ঞেয়া তদংশান্ রসনাপ্রিয়ে।
সদা যো ভক্ষয়েদ্দেবি স এব মাংসসাধকঃ।।

- হে রসনাপ্রিয়ে! মা রসনা শব্দের নামান্তর, বাক্য তদংশ সম্ভূত, যে ব্যক্তি সতত উহা তক্ষণ করে, তাহাকেই মাংস-সাধক বলা যায়। মাংস-সাধক ব্যক্তি প্রকৃত প্রস্তাবে বাক্যসংযমী - মৌনাবলম্বী যোগী।

গঙ্গাযমুনয়োর্মধ্যে মৎস্যৌ দ্বৌ চরতঃ সদা।
তৌ মৎস্যৌ ভক্ষয়েদ্ যস্তু স ভবেন্মৎস্যসাধকঃ।।

- গঙ্গা-যমুনার মধ্যে দুইটি মংস্য সতত চরিতেছি। দুইটি মৎস্য ভোজন করে, তাহার নাম মৎস্যসাধক।

গঙ্গা ও যমুনা বলে। শ্বাস-প্রশ্বাসই দুইটি মৎস্য, যিনি প্রাণায়ামদ্বারা শ্বাস-প্রশ্বাস রোধ করিয়া কুম্ভকের পুষ্টিসাধন করেন, তাঁহাকেই মৎস্য-সাধক বলা যায়।

সহস্রারে মহাপদ্মে কর্ণিকামুদ্রিতাচরেৎ।
আত্মা তত্রৈব দেবেশি কেবলঃ পারদোপমঃ।।
সূর্যকোটিপ্রতীকাশশ্চন্দ্রকোটিসুশীতলঃ।
অতীব কমনীয়শ্চ মহাকুন্ডলিনীযুতঃ।
যস্য জ্ঞানোদয়স্তত্র মুদ্রাসাধক উচ্যতে।।

- হে দেবেশি! শিরস্থিত সহস্রদল পদ্মে মুদ্রিত কর্ণিকাভ্যন্তরে শুদ্ধ পারদতুল্য আত্মার অবস্থিতি। যদিও তাঁহার তেজঃ কোটি সূর্যের ন্যায়, কিন্তু স্নিগ্ধতায় কোটি চন্দ্রতুল্য। এই পরমপদার্থ অতিশয় মনোহর এবং কুন্ডলিনী-শক্তিসমন্বিত - যাঁহার এরূপ জ্ঞানের উদয় হয়, তিনিই প্রকৃত মুদ্রা-সাধক।

মৈথুনং পরমং তত্ত্বং সৃষ্টিস্থিত্যন্তকারণম্।
মৈথুনাৎ জায়তে সিদ্ধির্ব্রহ্মজ্ঞানং সুদুর্লভম্।।

শুদ্ধিপাত্রের দক্ষিণে আধারোপরি স্থাপন করিতে হইবে। পানপাত্র পাঁচ তোলার কম করিবার নিয়ম নাই, তবে অভাবপক্ষে তিন তোলা করা যাইতে পারে। তদনন্তর মহাপ্রসাদ আনয়ন করিয়া পানপাত্রে সুধা (মদ্য) এবং শুদ্ধিপাত্রে মৎস্যমাংসাদি প্রদান করিবে। তৎপরে সমাগত ব্যক্তিগণের সহিত পানভোজন সমাধা করিবে।

তন্ত্রশাস্ত্রের মদ্যপানের উদ্দেশ্য মত্ততা নহে, দেহস্থ শক্তিকেন্দ্র উদ্বোধন করাই উদ্দেশ্য। প্রথমে আস্তরণের জন্য উত্তম শুদ্ধি গ্রহণ করিবে।

অনন্তর —

স্বস্বপাত্রং সমাদায় পরমামৃতপূরিতম্।
মূলাধারাদিজিহ্বান্তাং চিদ্রূপাং কুলকুন্ডলীম্।।
বিভাব্য তন্মুখাম্ভোজে মূলমন্ত্রং সমুচ্চরন্।
পরস্পরাজ্ঞামাদায় জুহুয়াৎ কুন্ডলীমুখে।।

- কুলসাধক হৃষ্টমনে পরমামৃতপূর্ণ স্ব স্ব পাত্র গ্রহণ করিয়া মূলাধার হইতে আরম্ভ

করিয়া জিহবাগ্র পর্যন্ত কুলকুণ্ডলিনীর চিন্তা করতঃ মুখকমলে মূলমন্ত্র উচ্চারণপূর্বক পরস্পর আজ্ঞা গ্রহণান্তে কুণ্ডলীমুখে পরমামৃত প্রদান করিবে।

বলা বাহুল্য সুযুম্নাপথে ঐ মদ্য ঢালিয়া দিতে হয়। ইহার কৌশল এবং একতান চিন্তায় কুন্ডলিনীশক্তি উদ্বোধিতা হয়েন। কিন্তু যদি অতিরিক্ত সুরাপান ঘটে, তাহা হইলে কুলধর্মাবলম্বিগণের সিদ্ধিহানি হইয়া থাকে। যথা -

যাবন্ন চালয়েদ্দৃষ্টির্যাবন্ন চালয়েন্মনঃ।
তাবৎ পানং প্রকুর্বীত পশুপানমতঃপরম্।।

- মহানির্বাণ তন্ত্র

যে কাল পর্যন্ত দৃষ্টি ঘূর্ণিত ও মন চঞ্চল না হয়, তাবৎ সুরাপানের নিয়ম, ইহার অতিরিক্ত পান পশুপানসদৃশ।

অতএব সুরাপানে যাহার ভ্রান্তি উপস্থিত হয়, সেই পাপিষ্ঠ কৌল নামের অযোগ্য। তবেই দেখা যাইতেছে, কেবল কুণ্ডলিনী-শক্তিকে উদ্বোধিত ও শক্তিসম্পন্ন রাখিতে তন্ত্রে মদ্যপানের ব্যবস্থা। চক্রস্থিত কুলশক্তিগণ মদ্যপান করিবে না।

সুধাপানং কুলস্ত্রীণাং গন্ধস্বীকারলক্ষণম্।।

- মহানির্বাণ তন্ত্র

কুলরমণীগণ কেবল মদ্যের আঘ্রাণ মাত্র স্বীকার করিবে, পান করিবে না। এইরূপ নিয়মে পান-ভোজন সমাধান্তে শেষতত্ত্ব সাধন করিবে। এই ক্রিয়া অতি গুহ্য ও অপ্রকাশ্য বিধায় এবং অশ্লীলতা দোষাশঙ্কায় সাধারণের নিকট প্রকাশ করিতে পারিলাম না। উপযুক্ত গুরুর নিকটে মুখে মুখে শিক্ষা করিতে হয়। শেষতত্ত্বের সাধনায় সাধক ঊর্ধ্বরেতা হয় এবং প্রকৃতিজয়ী হইয়া ও আত্মসম্পূর্তি লাভ করিয়া জীবন্মুক্ত পারে।

পাঠক! শিক্ষিতাভিমানী অশিক্ষিত ব্যক্তিগণ পঞ্চ-মকারের বিশেষতঃ মদ্য ও মৈথুনের নামে শিহরিয়া উঠে এবং তন্ত্রশাস্ত্র বলিলেই ঘৃণায় নাসিকা কুঞ্চিত করে; কিন্তু তন্ত্রকার কি তাহাদের অপেক্ষাও স্বেচ্ছাচারী ও উন্মার্গগামী ছিলেন? তাঁহারা কি মদ্য বা মৈথুনের গুণ অবগত ছিলেন না কিংবা ভোগ-সুখই একমাত্র মানবের শ্রেয়ঃ ও প্রেয়ঃ বলিয়া ঐরূপ বিধান করিয়া গিয়াছেন? নিতান্ত বিকৃতমস্তিষ্ক ব্যক্তি কিংবা বাতুল ভিন্ন এ কথা বলিতে সামান্য চিন্তাশীল ব্যক্তিও ভ্রম বুঝিতে পারিবে।

প্রথমতঃ তন্ত্রশাস্ত্র মৈথুনতত্ত্বে স্বকীয় শক্তি অর্থাৎ বিবাহিতা নারীকেই গ্রহণ করিতে আদেশ করিতেছেন। যথা —

বিনা পরিণয়ং বীরঃ শক্তিসেবাং সমাচরন্।
পরস্ত্রীগামিনাং পাপং প্রাপ্নুয়ান্নাত্র সশয়ঃ।।

- মহানির্বাণ তন্ত্র

বিনা পরিণয়ে শক্তিসাধন করিলে, সাধক পরস্ত্রীগমনের পাপভাগী হইয়া থাকে।

তৎপরে, "কলির মানবসমুদয় স্বভাবতঃ কামকর্তৃক বিভ্রান্তচিত্ত এবং সামান্য - বুদ্ধিসম্পন্ন, তাহারা রমণীকে শক্তি বলিয়া অবগত নহে, কামোপভোগ্যা বিলাসের বস্তু বলিয়া মনে করে" — এই বলিয়া তন্ত্রকার ব্যবস্থা করিয়াছেন —

অতস্তেষাং প্রতিনিধৌ শেষতত্ত্বস্য পার্বতি।
ধ্যানং দেব্যাঃ পদাম্ভোজে স্বেষ্টমন্ত্রজপস্তথা।।

- মহানির্বাণ তন্ত্র

কামকামনাকলুষিত জীবের পক্ষে শেষতত্ত্বের (মৈথুন তত্ত্বের) প্রতিনিধিকে দেবীর পাদপদ্ম ধ্যান ও ইষ্টমন্ত্র জপ করিতে হয়।

আর মদ্যপান সম্বন্ধে বলিয়াছেন —

গৃহকার্যৈকচিত্তানাং গৃহিণাং প্রবলে কলৌ।
আদ্যতত্ত্বপ্রতিনিধৌ বিধেয়ং মধুরত্রয়ম্।।
দুগ্ধং সিতাং মাক্ষিকঞ্চ বিজ্ঞেয়ং মধুরত্রয়ম্।
অলিরূপমিদং মত্বা দেবতায়ৈ নিবেদয়েৎ।।

- মহানির্বাণ তন্ত্র

প্রবল কলিকালে গৃহকার্যে আসক্তচিত্ত ব্যক্তির পক্ষে মদ্যপান অবিধেয়। মদ্যের প্রতিনিধিস্থলে দুগ্ধ, সিতা (চিনি) ও মধু, এই মধুরত্রয় মিলন করিয়া মদ্যস্বরূপ জ্ঞান করতঃ দেবতাকে নিবেদন করিয়া দিবে।

উচ্চাধিকারীর জন্য মদ্যস্থলে অনুকর প্রদান করিবার ব্যবস্থা আছে। বিশেষতঃ তাঁহারা সুক্ষ্ম পঞ্চ-মকারেও সাধনা করিতে সক্ষম। কেবলমাত্র পাপাচারী, ভোগী, কামুক ও মাতালের জন্য তন্ত্রোক্ত স্থুল পঞ্চ-মকারের ব্যবস্থা। পূর্বেই বলিয়াছি

যে, সাধনশাস্ত্র সকলেরই জন্য - জ্ঞানী, অজ্ঞানী, সৎ, অসৎ, ভাল, মন্দ প্রত্যেক ব্যক্তির জন্য। কেবল সমাজের কয়েকটি সাত্ত্বিকাচারী, নিষ্ঠাবান্ ব্যক্তি ধর্মাচরণ করিবে, আর সকলেই অধঃপাতে যাইবে, শাস্ত্রের এইরূপ সঙ্কীর্ণ ব্যবস্থা হইতে পারে না। সেই কারণ, যে যেমন প্রকৃতির - তাহার পক্ষে তেমনই সাধন-প্রণালী যুক্তিসঙ্গত।

ভগবান্‌কে কে না চায়? - কিন্তু লঘুচিত্ত ভোগসুখরত ব্যক্তি করতলস্থ সুখের দ্রব্য ফেলিয়া ভগবৎপ্রাপ্তিজনিত ভাবী সুখের কল্পনা করিতে পারে না। কিন্তু যদি দৃঢ়চিত্ত সিদ্ধ তান্ত্রিকগুরু বলেন যে, "বাপ! মদ খাইয়া, রমণী লইয়া ও নিরামিষভোজন না করিয়াও মুক্তিলাভ করা যায়, তাই তন্ত্র পঞ্চ-মকারের ব্যবস্থা দিয়াছেন। এই দেখ, আমি মাংস আহার করিয়াও সিদ্ধিলাভ করিয়াছি।" মাতাল শুনিয়া অবাক্ হইল, মদ খাইয়া ধর্মলাভ হয় শুনিয়া সে আনন্দে গুরুর চরণে শরণ লইয়া বলিল, "ঠাকুর, কেবল মদ ছাড়িতে পারিব না, নতুবা যাহা বলিবেন শুনিব, সাহস পাইবে না। তন্ত্রশাস্ত্রগুলি সম্যক্ আলোচনা করিলেই তাহারা আক্ষ্ম পন আপন বলিয়া দেন কিরূপে ভগবান্‌কে পাইতে পারিব।" গুরু তখন তাহাকে বলিলেন, - "আমার আশ্রমে চল, যখন-তখন অশোধিত ও অনিবেদিত মদ্য পান করিতে পাইবে না। মায়ের প্রসাদ যত ইচ্ছা পান করিও।" শিষ্য স্বীকার করিল। গুরু পুজান্তে প্রসাদ দিলেন। শিষ্য আজি পূজামণ্ডপে সাধকগণের সহিত মদ্যপান করিয়া ইষ্টমন্ত্র জপ করিতে লাগিল। একদিনেই কত উন্নতি! যে ব্যক্তি অন্যদিন মদ্যপান করিয়া বারাঙ্গনাগৃহে কিংবা ড্রেনমধ্যে পড়িয়া শকার-বকার বকিত, আজি সে মদের নেশায় গুরুর চরণ ধরিয়া "মা মা" বলিয়া কাঁদিতেছে। গুরুও সময় বুঝিয়া মার নামে তাহাকে মাতাইয়া তুলিতে লাগিলেন। ক্রমশঃ মায়ের নামে তাহার প্রকৃতই ভক্তিসঞ্চার হইতে লাগিল, গুরুও অবস্থা বুঝিয়া ধীরে ধীরে মদের মাত্রা হ্রাস করিতে লাগিলেন। যখন দেখিলেন যে শিষ্যের হৃদয়ে ভগবদ্ভক্তির বেশ একটি গভীর রেখা অঙ্কিত হইয়াছে, তখন মদ্যসংশোধনের, শাপ-বিমোচনের মন্ত্রগুলি শিষ্যকে বুঝাইয়া দিলেন। শিষ্য তাহাতে বুঝিল যে সুরাপান করিয়া যখন লোক-পিতামহ ব্রহ্মা, দৈত্যগুরু শুক্রাচার্য পর্যন্ত বিভ্রান্তচিত্ত হইয়া কত গর্হিত কার্য করিয়াছেন, তখন মানুষ য সেই সুরাপান করিয়া অধঃপতে যাইবে, সন্দেহ নাই। ভগবৎপ্রাপ্তির আশা প্রবল হওয়ায় আজি শিষ্য মদ্যতত্ত্ব বুঝিয়া মদ্যপানে নিরস্ত হইল।

তান্ত্রিকগুরু এইরূপে বেশ্যাসক্ত, লম্পট ও মাতালকে প্রবৃত্তির পথ দিয়া নিবৃত্তি

মার্গে পরিচালিত করিতে লাগিলেন। মাতাল সাধনায় প্রণালীতে ক্রমে সাধু হইয়া গেল। এইজন্যই তন্ত্রশাস্ত্রে পঞ্চ-মকারের ব্যবস্থা। নতুবা সাত্ত্বিক নিষ্ঠাবান্ ব্যক্তি তন্ত্রোক্ত সাধনা করিতে যাইলেও মদ্যমাংস ভক্ষণ করিবে, ইহা বালক ও বাতুল ভিন্ন অন্যে বিশ্বাস করিতে পারে না। সত্ত্বপ্রধান ব্রাহ্মণগণ-সম্বন্ধে তন্ত্র বলিয়াছেন —

ন দদ্যাদ্ ব্রাহ্মণ্যে মদ্যং মহাদেব্যৈ কথঞ্চন।
বামকামো ব্রাহ্মণো হি মদ্যং মাংসং ন ভক্ষয়েৎ।।

-শ্রীক্রম তন্ত্র

ব্রাহ্মণ কখনই মহাদেবীকে মদ্যপ্রদান করিবে না। কোন ব্রাহ্মণ বামাচার-কামনায় মদ্য-মাংস ভক্ষণ করিতে পারিবে না।

"**এতৎ দ্রব্যদানন্তু শূদ্রস্যৈব।**" অতএব তমঃপ্রধান আচারবিচারবিমূঢ়, ভক্তিহীন, ভোগবিলাসী শূদ্রের পক্ষেই মদ্যাদি দান বিহিত হইয়াছে। পাঠক! বুঝিলে কি, কি জন্য এবং কাহাদের জন্য তন্ত্র স্থূল পঞ্চ-মকারের ব্যবস্থা করিয়াছেন? নতুবা বাস্তবিক যদি মদ্যপান করিলেই মানুষ সিদ্ধিলাভ করিতে পারে, তাহা হইলে দুনিয়ার মাতাল সকলেই সিদ্ধিলাভ করিয়াছে। আর যদি স্ত্রীসম্ভোগ দ্বারা মোক্ষলাভ হয়, তবে ত জগতের সর্বজীবই মুক্ত হইয়া রহিয়াছে। তাই বলি, তন্ত্রকার কি এতই বোকা, তুমি আমি যাহা বুঝিতে পারি, তন্ত্রকারের মাথায় কি তাহা প্রবেশ করে নাই? অতএব বলিতে হয়, সর্বাধিকারী জনগণকে আশ্রয় দিবার জন্য তন্ত্রের উদারশিক্ষা। এত কথা বলার পরও যদি কেহ মাতাল ও লম্পটকে "তান্ত্রিক সাধক" বলিয়া মনে করে, তাহার জন্য দায়ী কে? বিযেশতঃ সেরূপ বলদবুদ্ধিবিশিষ্ট অশিষ্টের কথায় কর্ণপাত করিলে অনিষ্টেরই সম্ভাবনা। তন্ত্রের কুলাচারপ্রথা চরম মার্গ। সুতরাং আপন আপন অধিকানুসারে সাধক কুলাচারমার্গ অবলম্বন করিবে। এই সাধনার সিদ্ধিলাভ করিলে সাধক অচিরে শিবতুল্য গতিলাভ করে। সর্বধর্মশূন্য কলির প্রাধান্য-সময়ে একমাত্র কুলাচারপ্রথাই সর্বোৎকৃষ্ট, যথা —

বহুনা কিমিহোক্তেন সত্যং জানীহি কালিকে।
ইহামুত্রসুখাবাপ্ত্যৈ কুলমার্গো হি নাপরঃ।।

- মহানির্বাণ তন্ত্র

অধিক কি বলিব, সত্য জানিও যে কুলপদ্ধতি ব্যতীত ঐহিক ও পারত্রিক সুখলাভের আর উপায় নাই।

যে ব্যক্তির মন্ত্রের চরম সিদ্ধি হইবে, সেই ব্যক্তি দেবতাকে দেখিতে পায়, মৃত্যু নিবারণ করিতে পারে; পরকায়প্রবেশ, পরপুরপ্রবেশ এবং শূন্যমার্গে বিচারণ করিতে পারে ও সর্বত্র গমনাগমনের শক্তি হয়। খেচরী দেবীগণের সহিদ মিলিত হইয়া তাঁহাদিগের কথা শ্রবণ করিতে পারে, ভূছিদ্র দর্শন করে এবং পার্থিব - তন্ত্র জানিতে পারে। এতাদৃশ সিদ্ধপুরুষের দিগন্তব্যাপিনী কীর্তি হয়, বাহন-ভূষণাদি বহুদ্রব্য লাভ হয় এবং ঈদৃশ ব্যক্তি বহুকাল জীবিত থাকে, রাজা ও রাজপরিবারবর্গকে বশীভুত রাখিতে পারে, সর্বস্থানে চমৎকারজনক কার্য প্রর্দশন করিয়া সুখে কালযাপন করে। তাদৃশ লোকের দৃষ্টিমাত্র রোগাপহরণ ও বিষনিবারণ হইয়া থাকে, সর্বশাস্ত্রে অযত্নসুলভ চতুর্বিধ পাণ্ডিত্য লাভ করে, বিষয়ভোগের বৈরাগ্য হইয়া মুক্তি কামনা করে, সর্বপরিত্যাগশক্তি ও সর্ববশীকরণক্ষমতা জন্মের, অষ্টাঙ্গযোগের অভ্যাস হয়, বিষয়ভোগের ইচ্ছা থাকে না, সর্বভূতের প্রতি দয়া জন্মের এবং সর্বজ্ঞতাশক্তি লাভ হইয়া থাকে। কীর্তি ও বাহনভূষণাদি লাভ, দীর্ঘজীবন, রাজপ্রিয়তা, রাজপরিবারাদি সর্বজনবাৎসল্য, লোকবশীকরণ, প্রভূত ঐশ্বর্য, ধনসম্পত্তি, পুত্রদারাদি সম্পদ প্রভৃতি সামান্য গুণগুলি মন্ত্রসিদ্ধির প্রথমামস্থায় লাভ হইয়া থাকে।

ফলকথা, যোগসাধনায় আর মন্ত্রসাধনায় কোনো প্রভেদ নাই, কারণ উদ্দেশ্য - স্থান একই, তবে পথের বিভিন্নতা এই মাত্র। বাস্তবিক পক্ষে যাঁহারা প্রকৃত মন্ত্রসিদ্ধি লাভ করিয়াছেন, তাঁহারা সাক্ষাৎ শিবতুল্য, হইাতে কিঞ্চিন্মাত্র সংশয় নাই।

যুগশাস্ত্র ও যুগাবতার মহাপ্রভু গৌরাঙ্গদেব “কলিকালে একমাত্র মন্ত্র বা নাম-জপ করিলেই সর্বাভীষ্টসিদ্ধি হইবে, নাই” — এই কথাই প্রচার করিয়াছেন।

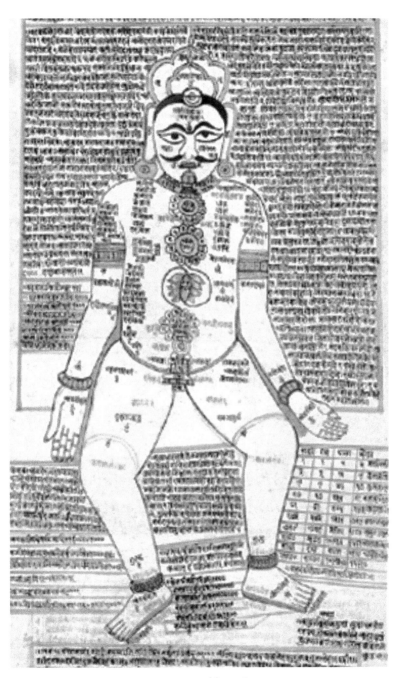

তন্ত্রের ব্রহ্ম সাধনা

যে তন্ত্রশাস্ত্র ব্যষ্টি দেবদেবী হইতে মূলা ব্রহ্মশক্তির স্থূল সাকারোপাসনা, পঞ্চতত্ত্বের সাধন, গৃহস্থাদি চারি আশ্রমের ইতিকর্তব্যতা ও ধর্মাধর্ম প্রভৃতি সমস্ত বিষয় বর্ণনা করিয়াছেন, সেই তন্ত্রশাস্ত্র কি ব্রহ্মজ্ঞানে অদূরদর্শী ছিলেন? তন্ত্রশাস্ত্র কি কেবল কতকগুলি স্থূল, আনুষ্ঠানিক কর্মে পরিপূর্ণ? কখনই না। তন্ত্রই আম্মা মাদের প্রথম শুনাইয়াছেন যে একমাত্র ব্রহ্মসম্ভাবই উত্তম সাধনা, আর অন্যান্য ভাব অধম। যথা —

উত্তমো ব্রহ্মসম্ভাবো ধ্যানভাবস্তু মধ্যমঃ।

-মহানির্বাণ তন্ত্র

তন্ত্রশাস্ত্র বুঝাইয়াছেন যে, ব্রহ্মজ্ঞান ব্যতীত অন্য কোন উপায়ে মুক্তিলাভ হইতে পারে না।

ন মুক্তির্জপনাদ্ধোমাদুপবাসশতৈরপি।
ব্রহ্মৈবাহমিতি জ্ঞাত্বা মুক্তো ভবতি দেহভৃৎ।।

আত্মা সাক্ষী বিভুঃ পূর্ণঃ সত্যোঽদ্বৈতঃ পরাৎপরঃ।
দেহস্থোঽপি ন দেহস্থোপি ন দেহস্থো জ্ঞাত্বৈবং মুক্তিভাগ্ ভবেৎ।।

বালক্রীড়নবৎ সর্বং নামরূপাদিকল্পনম্।
বিহায় ব্রহ্মনিষ্ঠো যঃ স মুক্তো নাত্র সংশয়ঃ।।

মনসা কল্পিতা মূর্তির্নৃণাং চেন্মোক্ষসাধনী।
স্বপ্নলব্ধেন রাজ্যেন রাজানো মানবাস্তদা।।

মৃচ্ছিলাধাতুদার্বাদিমূর্তাবীশ্বরবুদ্ধয়ঃ।
ক্লিশ্যন্তিস্তপসা জ্ঞানং বিনা মোক্ষং ন যান্তি তে।।

আহারসংযমক্লিষ্টা যথেষ্টাহারতুন্দিলাঃ।
ব্রহ্মজ্ঞানবিহীনাশ্চেন্নিষ্কৃতিং তে ব্রজন্তি কিম্।।

বায়ুপর্ণকণাতোয়ব্রতিনো মোক্ষভাগিনঃ।
সন্তি চেৎ পন্নগা মুক্তাঃ পশুপক্ষিজলেচরাঃ।।

- মহানির্বাণতন্ত্র

যে ব্যক্তি নাম ও রূপ পরিত্যাগ করিয়া নিত্য নিশ্চল ব্রহ্মের তত্ত্ব বিদিত হইতে পারে, তাহাকে আর কর্মবন্ধনে আবদ্ধ হইতে হয় না। জপ, হোম ও বহুশত উপবাসে মুক্তি হয় না, কিন্তু "আমিই ব্রহ্ম" এই জ্ঞান হইলে দেহীর মুক্তি হইয়া থাকে। আত্মা সাক্ষিস্বরূপ, বিভু, পূর্ণ, সত্য, অদ্বৈত ও পরাৎপর, - যদি এই জ্ঞান স্থিরতর হয়, তাহা হইলে জীবের মুক্তিলাভ ঘটে। রূপ ও নামাদি কল্পনা বালকের ক্রীড়ার ন্যায়; যিনি বাল্যক্রীড়া পরিত্যাগ করিয়া ব্রহ্মনিষ্ঠ হইতে পারেন, তিনি নিঃসন্দেহে মুক্তিলাভের অধিকারী। যদি মনঃকল্পিত মূর্তি মনুষ্যের মোক্ষসাধনী হয়, তাহা হইলে স্বপ্নলব্ধ রাজ্যেও লোকে রাজা হইতে পারিত। মৃত্তিকা, শিলা, ধাতু ও কাষ্ঠাদিনির্মিত মূর্তিতে ঈশ্বরজ্ঞানে যাহারা আরাধনা করে, তাহারা বৃথা কষ্ট পাইয়া থাকে, কারণ জ্ঞানোদয় না হইলে মুক্তিলাভ ঘটে না। লোকে আহারসংযমে ক্লিষ্টদেহ কিংবা আহারগ্রহণে পূর্ণোদয় হউক, কিন্তু ব্রহ্মজ্ঞান না হইলে কখনই নিষ্কৃতি হইতে পারে না। বায়ু, পর্ণ, কণা বা জলমাত্র পান করিয়া ব্রতধারণে যদি মোক্ষলাভ হয়, তবে সর্প, পশু, পক্ষী ও জলচর জন্তু সকলেরই মুক্তি হইতে পারিত।

পাঠক! দেখিলে তন্ত্রের ঐ বাক্যগুলিতে কি অমূল্য উপদেশ নিহিত রহিয়াছে! বেদান্ত, উপনিষদাদির ন্যায় তন্ত্রশাস্ত্রও বিশেষভাবে বলিতেছেন যে, ব্রহ্মজ্ঞান ব্যতীত অন্য কোন উপায়ে জীব মুক্তিলাভ করিতে পারে না। তবে তন্ত্রে স্থূল কর্মানুষ্ঠানের ব্যবস্থা কেন? তাহার উত্তরে আমারা পূর্বেই বলিয়াছি, শাস্ত্রের উপদেশ সার্বজনীন, কেবল মাত্র সমাজের কয়েকটি উন্নতহৃদয় ব্যক্তির জন্য শাস্ত্র প্রণীত হয় নাই। অধিকারানুসারে যাহাতে সর্বপ্রকার লোক শাস্ত্রোপদেশে ক্রমোন্নতি অবলম্বনপূর্বক অগ্রসর হইতে পারে, তন্ত্রেও তাহারই ব্যবস্থা হইয়াছে। সুতরাং ব্রহ্মসাধন ব্যতীত তন্ত্রের যাবতীয় সাধনার বিধি-ব্যবস্থা সমস্তই কর্মানুজীবী মনুষ্যগণের জন্য।

হে মহামায়া! কর্মানুজীবী মনুষ্যগণের জন্য তুমি আমাকে যাহা যাহা জিজ্ঞাসা করিলে, আমি সমুদয় সবিস্তারে বলিলাম। কারণ জীবগণ কর্ম ব্যতিরেকে ক্ষণার্ধও অবস্থিতি করিতে পারে না - তাহাদের কর্মবাসনা না থাকিলেও তাহাদিগকে কর্মবায়ু আকর্ষণ করে। কর্মপ্রভাবে জীব সুখ ও দুঃখ ভোগ করে, কর্মবশতঃ জীবের উৎপত্তি ও বিলয় ঘটে। সেইজন্য তন্ত্রশাস্ত্র অল্পবুদ্ধি ব্যক্তিগণের প্রবৃত্তির উত্তেজনা ও দুষ্প্রবৃত্তির নিবৃত্তির জন্য সাধন - সমন্বিত বহুবিধ কর্মের কথা বলিয়াছেন।

এই কর্ম শুভ ও অশুভ-ভেদে দ্বিবিধ - তন্মধ্যে অশুভ কর্মানুষ্ঠান করিয়া প্রাণিগণ তীব্র যাতনা ভোগ করিয়া থাকে। আর ফলবাসনায় যাহারা শুভকর্মে প্রবৃত্ত হয়, তাহারাও কর্মশৃঙ্খলে আবদ্ধ হইয়া ইহ ও পরলোকে বারংবার গমন করিয়া থাকে। যতকাল পর্যন্ত জীবের শুভ বা অশুভ কর্মক্ষয় না হয়, ততকাল পর্যন্ত শত জন্মেও মুক্তিলাভ ঘটে না। পশু যেরূপ লৌহ বা স্বর্ণ-শৃঙ্খলে বন্ধ হয়, তাহার ন্যায় জীব শুভ বা অশুভ কর্মে আবদ্ধ হইয়া থাকে। যতকাল জ্ঞানোদয় না হয়, ততকাল পর্যন্ত সতত কর্মানুষ্ঠান এবং শত কষ্ট স্বীকার করিলেও মোক্ষপ্রাপ্তি হয় না। যাহারা নির্মলস্বভাব ও জ্ঞানবান্, তত্ত্ববিচার বা নিষ্কাম কর্মদ্বারা তাহাদের তত্ত্বজ্ঞান প্রকাশিত হয়। ব্রহ্ম হইতে আরম্ভ করিয়া তৃণ পর্যন্ত জগতের যাবতীয় পদার্থ মায়াদ্বারা কল্পিত হইয়াছে, কেবল একমাত্র ব্রহ্মই সত্য, ইহা জানিতে পারিলে মুক্তিলাভ ঘটে।

এতাবতা যতদূর আলোচিত হইল, তাহার পর বোধ হয় আর কেহ তন্ত্রকে ব্রহ্মজ্ঞানহীন কতকগুলি আড়ম্বরপূর্ণ কর্মানুষ্ঠানের পদ্ধতিপূর্ণ শাস্ত্র বলিয়া উপেক্ষা করিবেন না। তন্ত্রের প্রধান উদ্দেশ্য, জীব ব্রহ্মজ্ঞান লাভ করিয়া মুক্ত হউক তবে সেই জ্ঞান লাভ করিবার জন্য কি একেবারেই ব্রহ্মভাব ভাবিতে গেলে, তাহা সাধন হয়? তত্ত্বজ্ঞানলাভই সমধিক কঠিন। যাহারা অধ্যাত্মবিষয়ে মূর্খ তাহারা কি প্রকারে সে ভাব অনুভব করিতে পারিবে? মুর্খ ব্যক্তির যেমন কাব্যের রস গ্রহণের জন্য বর্ণপরিচয় হইতে আরম্ভ করিয়া ব্যাকরণ প্রভৃতি শিক্ষা করিতে হয়, তদ্রূপ যাহারা অধ্যাত্মতত্ত্ব বিষয়ে অনভিজ্ঞ, তাহাদিগকেও দেবতা-পূজা হইতে আরম্ভ করিয়া তবে ব্রহ্মোপাসনায় যাইতে হইবে। দেবতা সূক্ষ্ম অদৃষ্টশক্তিকে জয় না করিতে পারিলে ব্রহ্মোপাসনা কি করিয়া করা যাইতে পারিবে? কিন্তু দেবতার আরাধনায় মুক্তি হয়, একথা তন্ত্রশাস্ত্রের কোন স্থানেই লিখিত নাই।

ধ্যান ও মন্ত্র

শ্রীগুরু-প্রণামঃ

অজ্ঞানতিমিরান্ধস্য জ্ঞানাঞ্জশলাকয়া।
চক্ষু রুম্মীলিতং যেন তস্মৈ শ্রীগুরবে নমঃ।।

শ্রীকৃষ্ণ-প্রণামঃ

নমঃ কৃষ্ণায় বাসুদেবায় হরয়ে পরমাত্মনে।
প্রণত - ক্লেশ - নাশায় গোবিন্দায় নমো নমঃ।।
হে কষ্ণ করুণাসিন্ধো দীনবন্ধো জগৎপতে।
গোপেশ গোপিকাকান্ত রাধাকান্ত নমোহস্তু তে।।

শিব-স্তুতিঃ

ভূতাধিপং ভূজগ-ভূষণৈ ভূষিতাঙ্গং
ব্যাঘ্রজিনাম্বরধরং জটিলং ত্রিনেত্রম্।
পাশাঙ্কুশাভয়-বরদশূলপাণিং
বারাণসীপুরপতিং ভজ বিশ্বনাথ্ম।।

সরস্বতী - বন্দনা

যা কুন্দেন্দু তুষার- হার-ধবলা যা শ্বেতপদ্মাসনা।
যা বীণাবরদণ্ড মণ্ডিতভূজা যা শুভ্রবস্ত্রাবৃতা।।

যা ব্রহ্মাচ্যুত-শঙ্কর-প্রভৃতিভির্দেবৈঃ সদা বন্দিতা।
সা মাং পাতু সরস্বতী ভগবতী নিঃশেষজাড্যাপহা।।

শ্রীবিষ্ণু-প্রণামঃ

ওঁ নমো ব্রহ্মণ্যদেবায় গো-ব্রাহ্মণহিতায় চ।
জগদ্ধিতায় কৃষ্ণায় গোবিন্দায় নমো নমঃ।।

গুরুধ্যানম্

ধ্যায়েচ্ছিরসি শক্লাব্জে দ্বিনেত্রং দ্বিভুজং গুরুম্।
শ্বেতাম্বরপরীধানং শ্বেতমাল্যানুলেপনম্।।
বরাভয়করং শান্তং করুণাময়-বিগ্রহম্।
বামেনোৎপলধারিণ্যা শক্ত্যালিঙ্গিত-বিগ্রহম্।
স্মেরাননং সুপ্রসন্নং সাধকাভীষ্টদায়কম্।।

স্ত্রীগুরু-ধ্যানম্

ওঁ প্রফুল্লপদ্মপত্রাক্ষীং ঘনপীনপয়োধরাম্।
প্রসন্নবদনাং ক্ষীণমধ্যাং ধ্যায়েচ্ছিবাং গুরুম্।
পদ্মরাগসমাভাসাং রক্তবস্ত্র-সুশোভনাম্।
রক্তকঙ্কণপাণিঞ্চ রত্ননূপুর-শোভিতাম্।।
স্থলপদ্মপ্রতীকাশ-পাদপদ্মসুশোভিতাম্।
শরদিন্দুপ্রতীকাশব বক্তোদ্ভাসিতবিগ্রহাম্।
স্বনাথবামভাগস্থাং বরাভয়করাম্বুজাম্।।

ধ্যানমালা গণেশের ধ্যান

ওঁ খর্ব্বং স্থূলতনুং গজেন্দ্রবদনং লম্বোদরং সুন্দরম্;
প্রস্যান্দন্মদগন্ধলুব্ধমধুপ ব্যালোল গণ্ডস্থলম্।
দন্তাঘাতবিদারিতারিরুধিরৈঃ সিন্দুরশোভাকরং,
বন্দে শৈলসুতাসুতং গণপতিং সিদ্ধিপ্রদং কামদম্।।
পূজামন্ত্র - ওঁ গাং গণেশায় নমঃ।

প্রণাম মন্ত্র - দেবেন্দ্র মৌলিমন্দার মকরন্দ কণারুণা।
বিঘ্নং হরন্তু হেরম্বচরণাম্বুজরেণবঃ।।

শিবের ধ্যান

ওঁ ধ্যায়েন্নিত্যং মহেশং রজতগিরিনিভং চারুচন্দ্রাবতংসং,
রত্নাকল্পোজ্জ্বলাঙ্গং পরশু-মৃগ-বরাভীতিহস্তং প্রসন্নম্।
পদ্মাসীনং সমন্তাৎস্তুতমমরগণৈর্ব্যাঘ্রকৃত্তিং বসানং,
বিশ্বাদ্যং বিশ্ববীজং নিখিলভয়হরং পঞ্চবক্তং ত্রিনেত্রম্।

পূজামন্ত্র - ওঁ নমঃ শিবায়। প্রণাম মন্ত্র

নমঃ শিবাবয় শান্তায় কারণত্রয় হেতবে।
নিবেদয়ামি চাত্মানং ত্বং গতিঃ পরমেশ্বর।।

বাণ লিঙ্গের ধ্যান

ওঁ প্রমত্তং শক্তিসংযুক্তং বাণাখ্যাঞ্চ মহাপ্রভম্।
কামবাণান্বিতং দেবং সংসারদহনক্ষমম্।
শৃঙ্গারদিরসোল্লাসং বামাখ্যং পরমেশ্বরম্।।

পূজামন্ত্র -

ওঁ হ্রৌঁ বাণেশ্বরায় নমঃ।

বিষ্ণুর ধ্যান

ওঁ ধ্যেয়ঃ সদা সবিতৃণ্ডলমধ্যবর্ত্তী
নারায়ণঃ সরসিজাসন সন্নিবিষ্টঃ।
কেয়ূরবান্ কনককুণ্ডল্বান্
কিরীটীহারী হিরন্ময়বপুধৃতশঙ্কচক্রঃ।।

পূজামন্ত্র -

ওঁ বিষ্ণবে নারায়ণায় নমঃ।

প্রণাম মন্ত্র –

ওঁ নমো ব্রহ্মণ্যদেবায় গো-ব্রাহ্মণহিতায় চ।
জগদ্ধিতায় কৃষ্ণায় গোবিন্দায় নমো নমঃ।।

শ্রীকৃষ্ণের ধ্যান

ওঁ স্মরেদ্ বৃন্দাবনে রম্যে মোহয়ন্তমনারতম।
গোবিন্দং পুণ্ডরীকাক্ষং গোপকন্যাঃ সহস্রশং।।
আত্মনো বদনাম্ভোজে প্রেরিতাক্ষি মধুব্রতাঃ।
পীড়িতাঃ কামবাণেন চিরমাশ্লেষণোৎসুকাঃ।।
মুক্তাহার লসৎপীনতুঙ্গস্তন ভারাণতাঃ।।
দন্তপঙ্‌ক্তি প্রভোদ্ভাসিস্পন্দমানাধরাঞ্চিতাঃ।
বিলোভয়ন্তী বিবিধৈর্বিভ্রান্তিভার্বগর্ব্বিতৈঃ।।

অথবা

ফুল্লেন্দীবরকান্তিমিন্দুবদনং বর্হাবতংসংপ্রিয়ম্।
শ্রীবৎসাঙ্কমুদারকৌস্তুভধরং পীতাম্বরং সুন্দরম্।।
গোপীনাং নয়নোৎপলার্চ্চিততনুং গো গোপসঙ্ঘাবৃতম্।
গোবিন্দং কমলবেণুবাদনপরং দিব্যাঙ্গভূষং ভজে।।

পূজামন্ত্র –

ওঁ ক্লীং কৃষ্ণায় বাসুদেবায় গোপীজনবল্লভায় নমঃ

প্রণাম মন্ত্র –

ওঁ কৃষ্ণায় বাসুদেবায় দেবকী নন্দনায় চ।
প্রণতঃ ক্লেশনাশায় গোবিন্দায় নমো নমঃ।।

বিশুদ্ধ স্তব-কবচমালা

বিমলা সরলা পাতু সুশুভ্রা দুঃখনাশিনী।
বাণী সরোজ সংস্থানে শান্তিদা মা সরস্বতী।।

প্রাতঃস্মরণ-স্তোত্রম্। ব্রহ্মাদি-স্তুতিঃ

ব্রহ্মা মুরারিস্ত্রিপুরান্তকারী
ভানুঃ শশী ভূমিসুতো বুধশ্চ।
গুরুশ্চ শুক্রঃ শনি-রাহু-কেতুঃ
কুর্বন্তু সর্বে মম সুপ্রভাতম্।।

দুর্গানাম-স্মরণম্

প্রভাতে যঃ স্মরেন্নিত্যং দুর্গা-দুর্গাক্ষরদ্বয়ম্।
আপদস্তস্য নশ্যন্তি তমঃ সূর্য্যোদয়ে যথা।।

দেবীসূক্তম্

অহংরুদ্রেভির্বসুভিশ্চরা-
ম্যহমাদিত্যৈরুতবিশ্বদেবৈঃ।
অহং সোমমাহনসং বিভ -
র্ম্ম্যহমিন্দ্রাগ্নী অহমশ্বিনোভা।।

অহং দধামি দ্রবিণং হবিষ্মতে
সুপ্রাব্যে যজমানায় সুন্বতে।।

অহং রাষ্ট্রী সংগমনী বসূনাং
চিকিতুষী প্রথমা যজ্ঞিয়ানাম্।
তাং মা দেবা ব্যদধুঃ পুরুত্রা
ভূরিস্থাত্রাং ভূর্য্যাবেশয়ন্তীম্।।

ময়া সো অন্নমত্তি যো বিপশ্যতি
যং প্রাণিতি য ঈং শৃণোত্যুক্তম্।
অমন্তবো মা ত উপক্ষিয়ন্তি
শ্রুধি শ্রুতং শ্রদ্ধিবং তে বদামি।।

অহমেব স্বয়মিদং বদামি
জুষ্টং দেবেভিরুত মানুষেভিঃ।

যং যং কাময়ে তং তমুগ্রং কৃণোমি।
তং ব্রহ্মাণং তমৃষিও তং সুমোধাম্।।

অহং রুদ্রায় ধনুরাতনোমি
ব্রহ্মাণং তমৃষিং তং সুমোধাম্।।
অহং রুদ্রায় ধনুরাতনোমি
ব্রহ্মাদ্বিষে শরবে হন্তবা উ।
অহং জনায়সমদং কৃণো-
ম্যহং দ্যাবাপৃথিবী আবিবেশ।।

অহং সুবে পিতরমস্য মূর্ধন্
মম যোনিরপ্স্বন্তঃ সমুদ্রে।
ততো বিতিষ্ঠে ভুবনানু বিশ্বা -
উতামুং দ্যাং বর্ষ্মণোপস্পৃশামি।।

অহমেব বাতইব প্রবা -
ম্যারভমাণা ভুবনানি বিশ্বা।
পরো দিবা পরএনা পৃথিব্যৈ
তাবতী মহিমা সংভূব।।

জগন্নাথের ধ্যান

ওঁ পীণাঙ্গং দ্বিভূজং কৃষ্ণং পদ্মপত্রায়তেক্ষণম্।
মহোরসং মহাবাহুং পীতবস্ত্রং শুভাননম্।।
শঙ্খচক্রগদাপাণিং মুকুটাঙ্গদ ভূষিতম্।
সর্ব্বলক্ষণসংযুক্তং বনমালা বিভূষিতম্।।
দেবদানবগন্ধর্ব যক্ষবিদ্যাধরোরগৈঃ।
সেব্যমানং সদা চারুকোটিসূর্য্যসমপ্রভম্।
ধ্যায়েন্নারায়ণং দেবং চতুর্বর্গ ফলপ্রদম্।।

পূজামন্ত্র -

ওঁ জগন্নাথায় মহাপ্রভবে নমঃ।

শ্রীরামচন্দ্রে ধ্যান

ওঁ কালাম্ভোধরকান্তি - কান্তমনিশং বীরাসনাধ্যাসিনং,
মুদ্রাং জ্ঞানময়ীং দধ্যনমপরং হস্তাম্বুজং জানুনি।
সীতাং পার্শ্বগতাং সরোরুহ করাং বিদ্যুন্নিভং রাঘবং,
পশ্যন্তং মুকুটাঙ্গদাদিবিবিধাকল্পোজ্জ্বলাঙ্গং ভজে।।

পূজামন্ত্র -

ওঁ রাং শ্রীরামচন্দ্রায় নমঃ।

প্রণাম -

ওঁ রামায় রামচন্দ্রায় রামভদ্রায় বেধসে।

রঘুনাথায় নাথায় সীতাযাঃ পতয়ে নমঃ।।

শ্রীগৌরাঙ্গ মহাপ্রভুর ধ্যান

শ্রীগৌরাঙ্গমহং বন্দে রাধাকৃষ্ণ স্বরূপকম্।
অন্তঃ কৃষ্ণং বহির্গৌরং দ্বিভুজং করুণাময়ম্।
তপ্তকাঞ্চন-পুঞ্জাভং রক্তবস্ত্রং সুনাসিকম্।।

পূজামন্ত্র -

ওঁ ক্লীং চৈতন্যমহাপ্রভবে নমঃ।

সত্যনারায়ণের ধ্যান

ওঁ ধ্যায়েৎ সত্যং গুণাতীতং গুণত্রয়সমন্বিতম্।
লোকনাথং ত্রিলোকেশং পীতাম্বরধরং বিভুম্।।

ইন্দীবরদলশ্যামং শঙ্খচক্রগদাধরম্।
নারায়ণং চতুর্বাহুং শ্রীবৎসপদভূষিতম্।
গোবিন্দং গোকুলানন্দং জগতঃ পিতরং গুরুম্।।

পূজামন্ত্র -

ওঁ সত্যনারায়ণায় নমঃ।

প্রণাম -

সত্যনারায়ণং দেবং বন্দেহহং কামদং শুভম্।
লীলয়া বিততং বিশ্বং যেন তস্মৈ নমো নমঃ।।

ব্রহ্মার ধ্যান

ওঁ ব্রহ্মা কমণ্ডলুধরশ্চতুবক্ত শ্চতুর্ভুজঃ।
কদাচিদ্ রক্তকমলে হংসারূঢঃ কদাচান।।
বর্ণেন রক্তগৌরাঙ্গ প্রাংশুস্তুঙ্গাঙ্গ উন্নতঃ।
কমণ্ডলু বামকরে স্রুবোহস্তে তু দক্ষিণে।।

দক্ষিণাধস্তাদ্ মালা বামতশ্চ তথা স্রুবঃ।
আজ্যস্থালী বামপার্শ্বে বেদাঃ সর্বেহগ্রতাঃ স্থিতাঃ।।

সাবিত্রী বামপাশ্বস্থা দক্ষিণস্থা সরস্বতী।
সর্বে চ ঋষয়োহ্যগ্রে কুর্য্যাদেভিশ্চ চিন্তনম্।।

পূজামন্ত্র -

ওঁ ব্রাং ব্রহ্মণে নমঃ।

প্রণাম -

ওঁ নমোহস্তু বিশ্বেশ্বর বিশ্বধামন্, জগৎসবিত্রে ভগবন্ নমস্তে।
সপ্তার্চিলোকায় চ ভূতলেশ, সর্বান্তরাস্থায় নমো নমস্তে।।

জয়দুর্গার ধ্যান

ওঁ কালাভ্রাভাং কটাক্ষৈররিকুলভয়দাং, মৌলিবদ্ধেন্দু রেখাং।
শঙ্খং চক্রং কৃপাণং ত্রিশিখমপি করৈ রুদ্ধহন্তীং ত্রিনেত্রাম্।

সিংহস্কন্ধাধিরূঢ়াং ত্রিভুবন মখিলং তেজসা পূরয়ন্তীং,
ধ্যায়েদ্দুর্গাং জয়াখ্যাং ত্রিদশ পরিবৃতাং সেবিতাং সিদ্ধিকামৈঃ।।

পূজামন্ত্র -

ওঁ হ্রীং জয়দুর্গায়ৈ নমঃ।

প্রণাম -

ওঁ হ্রীং জয়দুর্গায়ৈ নমঃ।

প্রণাম-

ওঁ সর্বমঙ্গল মঙ্গল্যে শিবে সর্বার্থ সাধিকে।
শরণ্যে ত্র্যম্বকে গৌরি নারায়ণি নমোঽহস্তুতে।।

দশভূজা দুর্গার ধ্যান

ওঁ জটাজুটসমাযক্তামর্দ্ধেন্দুকৃতশেখরাম্।
লোচনত্রয় সংযুক্তাং পূর্ণেন্দুসদৃশাননাম্।।

অতসী পুষ্পবর্ণাভাং সুপ্রতিষ্ঠাং সুলোচনাম্।
নবযৌবন সম্পন্নাং সর্বাভরণভূষিতাম্।।

সুচারুদশনাং তদ্বৎ পীনোন্নত পয়োধরাম্।
ত্রিভঙ্গস্থানসংস্থানাং মহিষাসুরমর্দিনীম্।।

মৃণালায়তসংস্পর্শ দশবাহুসমন্বিতাম্।
ত্রিশূলং দক্ষিণে ধ্যেয়ং খড়্গং চক্রং ক্রমাদধঃ।।

তীক্ষ্ণবাণং তথা শক্তিং দক্ষিণে সন্নিবেশয়েৎ।
খেটকং পূর্ণচাপঞ্চ পাশমঙ্কুশমেব চ।

ঘন্টাং বা পরশুং বাপি বামতঃ সন্নিবেশয়েৎ।।
অধস্তান্মহিষং তদ্বদ্বিশিরষ্কং প্রদর্শয়েৎ।।

শিরশ্ছেদোদ্ভবং তদ্বদ্বিশিরষ্কং খড়গপাণিনম্।
হৃদি শূলেন নির্ভিন্নং নির্যদন্ত্র বিভূষিতম্।।

রক্তারক্তীকৃতাঙ্গঞ্চ রক্তবিস্ফুরিতেক্ষণম্।
বেষ্টিতং নাগপাশেন ভ্রূকুটীভীষণাননম্।।

সপাশবামহস্তেন ধৃতকেশঞ্চ দুর্গয়া।
বমদ্রুধিরবক্তঞ্চ দেব্যাঃ সিংহং প্রদর্শয়েৎ।।

দেব্যাস্তু দক্ষিণং পাদং সমং সিংহোপরিস্থিতম্।
কিঞ্চিদূর্দ্ধং তথা বামমঙ্গুষ্ঠং মহিষোপরি।।

শত্রুক্ষয়করীং দেবীং দৈত্য-দানবদর্পহাম্।
প্রসন্নবদনাং দেবীং সর্বকাম ফলপ্রদাম্।।

স্তুয়মানঞ্চ তদ্রূপমমরৈঃ সন্নিবেশয়েৎ।
উগ্রচণ্ডা প্রচণ্ডা চ চণ্ডোগ্রা চণ্ডনায়িকা।
চণ্ডা চণ্ডবতী চৈব চণ্ডরূপাতি চণ্ডিকা।।

আভিঃ শক্তিভিরষ্টাভিঃ সততং পরিবেষ্টিতাম্।
চিন্তয়েজ্জগতাং ধাত্রীং ধর্মকামার্থ মোক্ষদাম্।।

পূজামন্ত্র –

ওঁ হ্রীং দুর্গায়ৈ নমঃ।

মূলমন্ত্র –

হ্রীং অথবা ওঁ দুর্গে দুর্গে রক্ষরি স্বাহা। অথবা –
ওঁ জয়ন্তী মঙ্গলা কালী ভদ্রকালী কপালিনী।
দুর্গা শিবা ক্ষমা ধাত্রী স্বাহা স্বধা নমোহস্তুতে। অথবা –
ওঁ দক্ষযজ্ঞ বিনাশিন্যৈ মহাঘোরায়ৈ যোগিনী কোটি –
পরিবৃতায়ৈ ভদ্রকাল্যৈ ওঁ হ্রীং দুং দুর্গায়ৈ নমঃ।

প্রণাম -

ওঁ সর্বমঙ্গল মঙ্গল্যে শিবে সর্বার্থ সাধিকে।
শরণ্যে ত্র্যম্বকে গৌরি নারায়ণি নমোহস্তুতে।।

দক্ষিণকালিকার ধ্যান

ওঁ করালবদনাং ঘোরাং মুক্তকেশীং চতুর্ভুজাম্।
কালিকাং দক্ষিণাং দিব্যাং মুণ্ডমালা বিভূষিতাম্।।

সদ্যশ্ছিন্নশিরঃ খড়গ-বামাধোর্দ্ধকরাম্বুজাম্।
অভয়ং বরদঞ্চৈব দক্ষিণাধোর্দ্ধ পাণিকাম্।।

মহামেঘপ্রভাং শ্যামাং তথা চৈব দিগম্বরীম্।
কণ্ঠাবসক্তমুণ্ডালী গলদ্রুধিরতচর্চিতাম্।।

কর্ণাবতংসতানত শবযুগ্মভয়ানকাম্।
ঘোরদংষ্ট্রাং করালাস্যাং পীনোন্নতপয়োধরাম্।।

শবানাং করসঙ্ঘাতৈঃ কৃতকাঞ্চীং হসন্মুখীম্।
সৃক্কদ্বয়গলদ্রক্ত ধারাবিস্ফুরিতাননাম্।।

ঘোররাবাং মহারৌদ্রীং শ্মশানালয়বাসিনীম্।
বালার্কমণ্ডলাকার লোচন ত্রিতয়ান্বিতাম্।
দন্তুরাং দক্ষিণব্যাপিমুক্তালম্বিকচোচ্চয়াম্।
শবরূপমহাদেব হৃদয়োপরি সংস্থিতাম্।।

শিবাভির্ঘোররাবাভি শ্চতুর্দ্দিক্ষু সমন্বিতাম্।
মহাকালেন চ সমং বিপরীত রতাতুরাম্।।

সুখপ্রসন্নবদনাং স্মেরানন সরোরুহাম্।
এবং সঞ্চিন্তয়েৎ কালীং ধর্মকামার্থসিদ্ধিদাম্।।

প্রকারান্তর ধ্যান

ওঁ শবারূঢ়াং মহাভীমাং ঘোরদংষ্ট্রাং বরপ্রদাম্।
হাস্যযুক্তাং ত্রিনেত্রাঞ্চ কপালকর্ত্তৃকাকরাম্।।

মুক্তাকেশীং লোলজিহ্বাং পিবন্তীং রুধিরং মুহুঃ।
চতুর্বাহুসমাযুক্তাং বরাভয়করাং স্মরেৎ।।

পূজামন্ত্র -

ওঁ ক্রীং শ্রীমদ্দক্ষিণকালিকায়ৈ নমঃ।

বীজমন্ত্র - হ্রীং।

মূলমন্ত্র

ক্রীং ক্রীং ক্রীং হূং হূং
হ্রীং হ্রীং দক্ষিণেকালিকে ক্রীং ক্রীং ক্রীং হূং হূং হ্রীং হ্রীং স্বাহা।

প্রণাম -

ওঁ সর্বমঙ্গল মঙ্গল্যে শিবে সর্বার্থ সাধিকে।
শরণ্যে ত্র্যম্বকে গৌরি নারায়ণি নমোহস্তুতে।।

লক্ষ্মীর ধ্যান

ওঁ পাশাক্ষমালিকাম্ভোজ সৃণিভির্যাম্য সৌম্যয়োঃ।
পদ্মাসনস্থাং ধ্যায়েচ্চ শ্রিয়ং ত্রৈলোক্যমাতরম্।।
গৌরবর্ণাং সুরূপাঞ্চ সর্বালঙ্কারভূষিতাম্।
রৌক্মপদ্মব্যগ্রকরাং বরদাং দক্ষিণেন তু।।

পূজামন্ত্র -

ওঁ শ্রীং লক্ষ্মীদেব্যৈ নমঃ।

প্রণাম -

ওঁ বিশ্বরূপস্য ভার্য্যাসি পদ্মে পদ্মালয়ে শুভে।
সর্বতঃ পাহি মাং দেবি মহালক্ষ্মী নমোহস্তুতে।।

সরস্বতীর ধ্যান

ওঁ তরুণসকলমিন্দোর্বিভ্রতী শুভ্রকান্তিঃ,
কুচভরনমিতাঙ্গী সন্নিষণ্ণা সিতাব্জে।
নিজকরকমলোদ্যল্লেখনী পুস্তকশ্রীঃ,
সকলবিভবসিদ্ধ্যৈ পাতু বাগ্‌দেবতা নমঃ।।

পূজামন্ত্র

ওঁ ঐঁ সরস্বত্যৈ নমঃ।

প্রণাম -

ওঁ সরস্বতী মহাভাগে বিদ্যে কমললোচনে।
বিশ্বরূপে বিশালাক্ষি বিদ্যাং দেহি নমোহস্তুতে।।

গঙ্গার ধ্যান

ওঁ সুরূপাং চারুনেত্রাঞ্চ চন্দ্রাযুতসমপ্রভাং।
চামরৈ-বীর্জ্যমানান্তু শ্বেতচ্ছত্রোপশোভিতাম্।।
সুপ্রসন্নাং সুবদনাং করুণার্দ্রনিজান্তরাম্।
সুধাপ্লাবিত ভূপৃষ্ঠে সার্দ্রগন্ধানুলেপনাম্।।
ত্রৈলোক্য নমিতাং গঙ্গাং বেদাদিভি-রভিষ্টুতাম্।।

পূজামন্ত্র -

ওঁ গাং গঙ্গায়ৈ বিশ্বমুখ্যায়ৈ শিবামৃতায়ৈ
শান্তিপ্রদায়িন্যৈ নারায়ণ্যৈ নমো নমঃ।

প্রণাম -

ওঁ সদ্যপাতকসংহন্ত্রী সদ্যো দুঃখ বিনাশিনী।
সুখদা মোক্ষদা গঙ্গা গঙ্গৈব পরমা গতিঃ।।

মঙ্গলচণ্ডীর ধ্যান

ওঁ যৈষা ললিতকান্তাখ্যা দেবী মঙ্গলচণ্ডিকা।
বরদাভয়হস্তা চ দ্বিভুজা গৌরদেহিকা।।

রক্তপদ্মাসনস্থা চ মুকুটোজ্জ্বল মণ্ডিতা।
রক্তকৌষেয় বস্ত্রা চ স্মিতবক্তা শুভাননা।
নবযৌবনসম্পন্না চার্বঙ্গী ললিতপ্রভা।।

পূজামন্ত্র -

ওঁ হ্রীং মঙ্গলচণ্ডিকায়ৈ দেব্যৈ নমঃ।।

প্রণাম -

ওঁ সর্বমঙ্গল মঙ্গল্যে শিবে সর্বার্থ সাধিকে।
শরণ্যে ত্র্যম্বকে গৌরি নারায়ণি নমোহস্তুতে।।

জগদ্ধাত্রীর ধ্যান

ওঁ সিংহস্কন্ধাধিরূঢ়াং নানালঙ্কার ভূষিতাম্।
চতুর্ভূজাং মহাদেবীং নাগযজ্ঞোপবীতিনীম্।।

শঙ্খ-শার্ঙ্গসমাযুক্তবামপাণিদ্বয়ান্বিতাম্।
চক্রঞ্চ পঞ্চবাণাংশ্চ ধারয়ন্তীঞ্চ দক্ষিণে।।

রক্তবস্ত্র পরিধানাং বলার্কসদৃশীংতনুম্।
নারদাদ্যৈর্মুনিগণৈঃ সেবিতাং ভবগেহিণীম্।
ত্রিবলীবলয়োপেতনাভিনাল মৃণালিনীম্।
রত্নদ্বীপে মহাদ্বীপে সিংহাসন সমন্বিতে।
প্রফুল্ল কমলারূঢ়াং ধ্যায়েত্বাং ভবসুন্দরীম্।।

পূজামন্ত্র -

ওঁ দূং জগদ্ধাত্রৈ দুর্গায়ৈ নমঃ।

অন্নপূর্ণার ধ্যান

ওঁ রক্তাং রিচিত্রবসনাং নবচন্দ্রচূড়াম্, অন্নপ্রদান নিরতাং স্তনভারনম্রান্।
নৃত্যন্তমিন্দুশকলাভরণং বিলোক্য হৃষ্টাং ভজে ভগবতীং ভবদুঃখহন্ত্রীম্।।

পূজামন্ত্র -

ওঁ হ্রীং ভগবৈত্য মাহেশ্বর্যৈ অন্নপূর্ণায়ৈ নমঃ।

প্রণাম -

ওঁ অন্নপূর্ণে সদাপূর্ণে শঙ্কর প্রাণবল্লভে।
জ্ঞান-বৈরাগ্য সিদ্ধ্যর্থং ভিক্ষা দেহি চ পার্বতী।।

তারার ধ্যান

ওঁ প্রত্যালীঢ় পদাং ঘোরাং মুক্তমালাবিভূষিতাম্।
খর্বাং লম্ব্রোদরীং ভীমাং ব্যাঘ্রচর্মাবৃতাং কটৌ।।

নবযৌবনসম্পন্নাং পঞ্চমুদ্রাবিভূষিতাম্।
চতুর্ভুর্জাং লোলজিহ্বা মহাভীমাং বরপ্রদাম্।।

খড়্গকর্ত্তৃসমাযুক্তাং সব্যপানিযুগান্বিতাম্।।
পিঙ্গোগ্রৈকজটাং ধ্যায়েন্মৌলাবক্ষোভ্যভূষিতাম্।

বালার্কমণ্ডলাকার লোচনত্রিতয়ান্বিতাম্।।
জ্বলচ্চিতা মধ্যগতাং ঘোরদংষ্ট্রাং করালিনীম্।

সাবেশস্মেবরদনাং স্ত্র্যলঙ্কারবিভূষিতাম্।।
বিশ্বব্যাপকতোয়ান্তঃ শ্বেতপদ্মপরিস্থিতাম্।।

অক্ষোভ্যো দেবমূর্দ্ধন্য-স্ত্রিমূর্ত্তিনাগরূপধৃক্।।

মূলমন্ত্র -

ওঁ হ্রীং স্ত্রীং হূং ফট্।

রুদ্রভৈরবীর ধ্যান

ওঁ উদ্যদ্ভানসহস্রাভাং চন্দ্রচূড়াং ত্রিলোচনাম্।
নানালঙ্কাসুভগাং সর্ববৈরিনিকৃন্তনীম্।।

বমদ্রুধিরমুণ্ডালী কলিতাং রক্তবাসসীম্।
ত্রিশূলং ডমরুং খড়গং তথা খেটকমেব চ।।

পিনাকঞ্চ শরান্ দেবীং পাশাঙ্কুশযুগং ক্রমাৎ।
পুস্তকঞ্চাক্ষমালাঞ্চ শিবসিংহাসনস্থিতাম্।।

মূলমন্ত্র - **হসৌঃ।**

ছিন্নমস্তার ধ্যান

ওঁ স্বনাভৌ নীরজং ধ্যায়েচ্ছুদ্ধং বিকসিতং সিতম্।
তৎপদ্মকোষমধ্যে তু মণ্ডলং চণ্ডরোচিষঃ।।

জবাকুসুমসঙ্কাশং রক্তবন্দুকসন্নিভম্।
রজঃসত্ত্বতমোরেখাযোনিমণ্ডলমণ্ডিতাম্।।

মধ্যে তু তাং মহাদেবীং সূর্য্যকোটিসমপ্রভাম্
ছিন্নমস্তাং করে বামে ধারয়ন্তী স্বমস্তকম্।।

প্রসারিত মুখীং ভীমাং (দেবীং) লেলিহনাগ্রজিহ্বিকাম্।
পিবন্তীং রৌধিরীং ধারাং নিজকণ্ঠবিনির্গতাম্।।

প্রসারিতমুখীং ভীমাং ধারাং নিজকণ্ঠবিনির্গতাম্।।

বিকীর্ণকেশপাশঞ্চ নানাপুষ্পসমন্বিতাম্।
দক্ষিণে চ করে কর্ত্রীং মুণ্ডমালাবিভূষিতাম্।।

দিগম্বরীং মহাঘোরাং প্রত্যালীঢ় পদে স্থিতাম্।
অস্থিমালধরাং দেবীং নাগযজ্ঞোপবীতিনীম্।।

রতিকামোপবিষ্টাঞ্চ সদা ধ্যায়ন্তি মন্ত্রিণঃ।
সদা ষোড়শবর্ষীয়াং পীনোন্নতপয়োধরাম্।।

বিপরীতরতাসক্তৌ ধ্যায়েদ্রতিমনোভবৌ।
ডাকিনী বর্ণিনীযুক্তাং বামদক্ষিণযোগতঃ।।

দেবীগলোচ্ছলদ্রক্তধারাপাণং প্রকুর্বতীম্।
বর্ণিনীং লোহিতাং সৌম্যাং মুক্তকেশীং দিগম্বরীম্।।

কপালকর্ত্তৃকাহস্তাং বামদক্ষিণযোগতঃ।।

নাগযজ্ঞোপবীতাঢ্যাং জ্বলত্তেজোময়ীমিব।।

প্রত্যালীঢ়পদাং দিব্যাং নানালঙ্কারভূষিতাম্।
সদাষোড়শবর্ষীয়ামমস্থিমলাবিভূষিতাম্।।

ডাকিনীং বাম পার্শ্বস্থাং কল্পসূর্য্যানলোপমাম্।
বিদ্যুজ্জটাং ত্রিনয়নাং দন্ত পঙক্তিবলাকিনীম্।।

দংষ্ট্রাকরালবদনাং পীনোন্নতপয়োধরাম্।
মহাদেবীং মহাঘোরাং মুক্তকেশীং দিগম্বরীম্।।

লেলিহানমহাজিহ্বাং মুণ্ডমালাবিভুষিতাম্।।

করস্থিত কপালেন ভীষণেনাতিভীষণাম্।।

আভ্যাং নিষেব্যমাণাং তাং ধ্যায়েদ্দেবীং বিচক্ষণঃ।।

মূলমন্ত্র -

শ্রীঁ ক্লীঁ হ্রীঁ ঐঁ বজ্রবৈরোচনীয়ে হুঁ হুঁ ফট্ স্বাহা।

ধূমাবতীর ধ্যান

ওঁ বিবর্ণা চঞ্চলা রুষ্ট্রা দীর্ঘা চ মলিনাম্বরা।
বিবর্ণকুণ্ডলা রক্ষা বিধবা বিরলা দ্বিজা।।

কাকধ্বজরথারূঢ়া বিলম্বিত পয়োধরা।
সূর্পহস্তাতিরুক্ষাক্ষী ধৃতহস্তা বরান্বিতা।।

প্রবৃদ্ধঘোণা তু ভৃশং কুটিলা কুটিলেক্ষণা।
ক্ষুৎপিপাসার্দিতা নিত্যং ভয়দা কলহপ্রিয়া।।

মূলমন্ত্র –

ধূং ধূং ধূমাবতী স্বাহা।

বগলামুখীর ধ্যান

ওঁ মধ্যে সুধাব্ধিমণিমণ্ডপ রত্নবেদী, সিংহাসনোপরিগতাং পরিপীতবর্ণাম্।
পীতাম্বরাভরণমাল্য বিভূষিতাঙ্গীং, দেবীং স্মরামি ধৃতমুদ্গরবৈরিজিহ্বাম্।।

জিহ্বাগ্রমাদায় করেন দেবীং, বামেন শত্রূন্ পরিপীড়য়ন্তীম্।
গদাভিঘাতেন চ দক্ষিণেন, পীতাম্বরাঢ্যাং দ্বিভুজাং নমামি।।

মূলমন্ত্র –

ওঁ হলীঁ বগলামুখী সর্বদুষ্টানাং বাচং মুখং
স্তম্ভয় জিহ্বাং কীলয় কীলয় বুদ্ধিং নাশয় হলীঁ ওঁ স্বাহা।

মাতঙ্গীর ধ্যান

ওঁ শ্যামাঙ্গীং শশিশেখরাং ত্রিনয়নাং রত্নসিংহাসনস্থিতাম্।।
বেদৈর্বহুদণ্ডৈরসিখেটক পাশাঙ্কুশধরাম্।।

মূলমন্ত্র –

ওঁ হ্রীং ক্লীঁ হূং মাতঙ্গ্যৈ ফট্ স্বাহা।

কমলার ধ্যান

(১) ওঁ আসীনা সরসীরুহে স্মিতমুখী হস্তাম্বুজৈর্বিভ্রতীং,
দানং পদযুগাভয়ে চ বপুষা সৌদামিনীসন্নিভা।

মুক্তাহারবিরাজমানপৃথুলোত্তুঙ্গস্তনোদ্ভাসিনী,
পায়াত্বঃ কমলা কটাক্ষবিভবৈরানন্দয়ন্তী হরিম্।।

মূলমন্ত্র –

নমঃ কমলবাসিন্যৈ স্বাহা।

চণ্ডীর ধ্যান

ওঁ বন্ধুককুসুমাভাসাং পঞ্চমুণ্ডাদিবাসিনীম্।
স্ফুরচ্চন্দ্রকলারত্নমুকুটাং মুণ্ডমালিনীম্।।

ত্রিনেত্রাং রক্তবসনাং পীনোন্নতঘটস্তনীম্।
পুস্তকঞ্চাক্ষমালাঞ্চ বরদঞ্চাভয়ং ক্রমাৎ।।

দধতীং সংস্মরেন্নিত্যমুত্তরাম্নায মানিতাম্।।

মূলমন্ত্র

হ্রীং চণ্ডিকায়ৈ নমঃ।

উমার ধ্যান

ওঁ সুবর্ণসদৃশীং গৌরীং ভুজদ্বয়সমন্বিতাম্।
নীলারবিন্দং বামেন পাণিনা বিভ্রতীং সদা।।

সুশুক্লং চামরং ধৃত্বা ভর্গস্যাঙ্গে চ দক্ষিণে।
বিন্যস্য দক্ষিণং হস্তং তিষ্ঠন্তীং পরিচিন্তয়েৎ।
দ্বিভুজাং স্বর্ণগৌরাঙ্গীং পদ্মচামরধারিনীম্।
ব্যাঘ্রচর্মস্থিতে পদ্মে পদ্মাসনগতাম্ সতীম্।।

মূলমন্ত্র –

হ্রীং উমায়ৈ নমঃ।

ভদ্রকালীর ধ্যান

ওঁ ক্ষুৎক্ষামা কোটরাক্ষী মসিমলিনমুখী মুক্তকেশী রুদ্রন্তী,
নাহং তৃপ্তা বদন্ত জগদখিলমিদং গ্রাসমেকং করোমি।
হস্তাভ্যাং ধারয়ন্তী জ্বলদলনশিখা সন্নিভাং পাশযুগ্মম্,
দন্তৈর্জম্বুফলাভৈঃ পরিহর ভয়ং পাতু মাং ভদ্রকালী।।

মূলমন্ত্র -

হৌং কালি মহাকালি কিলি কিলি ফট্ স্বাহা।

রক্ষাকালিকার ধ্যান

ওঁ চতুর্ভুজাং কৃষ্ণবর্ণাং মুণ্ডমালা বিভুষিতাম্,
খড়্গঞ্চ দক্ষিণে পাণৌ বিভ্রতীন্দীবরদ্বয়ম্।
কর্ত্রীঞ্চ খর্পরঞ্চৈব ক্রমাদ্বামেন বিভ্রতী,
দ্যাং লিখন্তীং জটামেকাং বিভ্রতীং শিরসাদ্বয়ীং।।

মুণ্ডমালাধরাশীর্ষে গ্রীবায়ামথ চাপরাম্,
রক্ষসা নাগহারঞ্চ বিভ্রতী রক্তলোচনা।
কৃষ্ণবস্ত্রধরা কট্যাং ব্যাঘ্রজিনসমন্বিতা,
বামপাদং শবহৃদি সংস্থাপ্য দক্ষিণং পদম্।।

বিলাপ্য সিংহপৃষ্ঠে তু লেলিহানাসবং স্বয়ম্,
সাট্টহাসা মহাঘোররাবযুক্তা সুভীষণা।।

মূলমন্ত্র - ক্রীং হ্রীং হ্রীং।

শ্মশানকালীর ধ্যান

ওঁ অঞ্জনাদ্রিনিভাং দেবী শ্মশানালয়বাসীনীম্।
রক্তনেত্রাং মুক্তকেশীং শুষ্কমাংসাতিভৈরবাম্।।

পিঙ্গাক্ষীং বামহস্তেন মধ্যপূর্ণঃ সমাংসকম্।
সদ্যঃকৃত্ত শিরো দক্ষহস্তেন দধতীং শিবাম্।।

স্মিতবক্তাং সদা চামমাংসচর্বণতৎপরাম্।
নানালঙ্কারভূষাঙ্গীং নগ্নাং মত্তাং সদাসবৈঃ।।

মূলমন্ত্র -

ঐঁ হ্রীং শ্রীঁ ক্লীঁ কালিকে ক্লীং শ্রীঁ হ্রীং ঐং।

গুহ্যকালীর ধ্যান

ওঁ মহামেঘপ্রভাং দেবীং কৃষ্ণবস্ত্রপিধায়িনীম্।
লোলজিহ্বাং ঘোরদংষ্ট্রাং কোটরাক্ষীং হসন্মুখীম্।।

নাগহার লতোপেতাং চন্দ্রার্দ্ধকৃতশেখরাম্।
দ্যাং লিখন্তীং জটামেকাং লেলিহানাং শবং স্বয়ম্।।

নাগযজ্ঞোপবীতাঙ্গীং নাগশয্যানিষেদুধীম্।
পঞ্চাশন্মুণ্ডসংযুক্ত বনমালাং মহোদরীম্।।

সহস্রফণসংযুক্তমনন্তং শিরসোপরি।
চতুর্দিক্ষু নাগফণাবেষ্টিতাং গুহ্যকালিকাম্।।

তক্ষকসর্পরাজেন বামকঙ্কণ ভূষিতাম্।
অনন্তনাগরাজেন কৃতদক্ষিণকঙ্কণাম্।।

নাগেন রসনাহারকল্পিতাং রত্ননূপুরম্।
বামে শিবস্বরূপস্তৎ কল্পিতং বৎসরূপকম্।।

দ্বিভুজাং চিন্তয়েদ্দেবীং নাগযজ্ঞোপবীতিনীম্।
নরদেহসমাবদ্ধকুণ্ডলশ্রুতিমণ্ডিতাম্।।

প্রসন্নবদনাং সৌম্যাং নবরত্নবিভুষিতাম্।।

নারদাদৈর্মুনিগণৈঃ সেবিতাং শিবমোহিনীম্।
অট্টহাসাং মহাভীমাং সাধকাভীষ্টদায়িনীম্।।

মূলমন্ত্র –

ক্রীঁ ক্রীঁ ক্রীঁ হূং হূং হ্রীং হ্রীং গুহ্যকালিকে
ক্রীঁ ক্রীঁ ক্রীঁ হূঁ হূঁ হ্রীঁ হ্রীঁ স্বাহা।

উগ্রতারার ধ্যান

ওঁ প্রত্যালীঢ় পদার্পিতাঙ্ঘ্রি শবহৃদ্‌ঘোরাট্টহাসা পরা,
খড়্গেন্দীবরকর্ত্তৃখর্পরভুজা হুঙ্কারবীজোদ্ভবা।
খর্বা নীলবিশালপিঙ্গলজটাজূটৈকনাগৈর্যুতা,
জ্যাড্যং ন্যস্য কপালকে ত্রিজগতাং হন্ত্যুগ্রতারা স্বয়ম্।।

মূলমন্ত্র – শ্রীঁ হ্রীঁ স্ত্রীঁ হূঁ ফট্।

অলক্ষ্মীর ধ্যান

ওঁ অলক্ষ্মীং কৃষ্ণবর্ণাঞ্চ ক্রোধনাং কলহপ্রিয়াম্।
কৃষ্ণবস্ত্রপরীধানাং লৌহাভরণ ভূষিতাম্।।

ভগ্নাসনস্থাং দ্বিভুজাং শর্করাঘৃষ্ট চন্দনাম্।
সম্মার্জনী সব্যহস্তাং দক্ষিণহস্ত সূর্পকাম্।।

তৈলাভ্যঙ্গিতগাত্রাঞ্চ গর্দভারোহণাং ভজে।।

মূলমন্ত্র – ওঁ অলক্ষ্ম্যৈ নমঃ।

চামুণ্ডার ধ্যান

ওঁ কালী করালবদনা বিনিষ্ক্রান্তাসিপাশিনী।
বিচিত্র খট্টাঙ্গধরা নরমালা বিভূষণা।।

দ্বিপিচর্মপরীধানা শুষ্কমাংসাতিভৈরবা।
অতি বিস্তারবদনা জিহ্বাললন ভীষণা।
নিমগ্না রক্তনয়না নাদাপূরিতদিঙ্মুখা।।

-মার্কণ্ডেয় পুরাণ।

মূলমন্ত্র - ওঁ হ্রীঁ শ্রীঁ চামুণ্ডায়ৈ নমঃ।

অগ্নির ধ্যান

ওঁ পিঙ্গভ্রূশ্মশ্রুকেশাক্ষঃ পীনাঙ্গজঠরোঽরুণঃ।
ছাগস্থঃ সাক্ষসূত্রোঽগ্নি সপ্তার্চিঃ শক্তিধারকঃ।।

মন্ত্র - ওঁ অগ্নেয় নমঃ।

হনুমানের ধ্যান

ওঁ মহাশৈলং সমুৎপাট্য ধাবন্তং রাবণং প্রতি।
তিষ্ঠ তিষ্ঠ রণে দুষ্ট ঘোররাবং সমুৎসৃজন্।।

লাক্ষারসারুণং রৌদ্রং কালান্তক যমোপমম্।
জলদগ্নিলসন্নেত্রং সূর্য্যকোটি সমপ্রভম্।
অঙ্গদাদ্যৈর্মহাবীরৈবেষ্ঠিতং রুদ্ররূপিণম্।।

মন্ত্র - ওঁ হং হনূমতে রুদ্রাত্মকায় হুং ফট্।

ইন্দ্রের ধ্যান

ওঁ পীতবর্ণং সহস্রাক্ষং বজ্রপদ্মকরং বিভুম্।
সর্বালঙ্কারসংযুক্তং নৌমীন্দ্রং দিক্পতিশ্বরম্।।

মন্ত্র -

ওঁ ইং ইন্দ্রায় নমঃ।

কুবেরের ধ্যান

ওঁ কুবেরং ধনদং খর্বং দ্বিভুজং পীতবাসসম্।
প্রসন্নবদনং দেবং যক্ষগুহ্যক সেবিতম্।।

মন্ত্র –

ওঁ নমঃ কুবেরায়।

হরগৌরীর ধ্যান

ওঁ চন্দ্রকোটিপ্রতিকাশং ত্রিনেত্রং চন্দ্রভূষণম্।
আদিলিঙ্গ জটাজুটরত্নমৌলিবিরাজিতম্।।

নীলগ্রীবম্ অম্বরবাসং নাগহারাভিশোভিতম্।
বরদাভয়হস্তঞ্চ হরিণঞ্চ পরস্পরম্।
দধানং নাগবলয়ং কেয়ূরাঙ্গদমুদ্রিকাম্।
ব্যাঘ্রচর্মপরীধানং রত্নসিংহাসনস্থিতম্।।

মন্ত্র –

ওঁ হরগৌর্য্যৈ নমঃ।

মহাকালের ধ্যান

ওঁ ধুম্রবর্ণং জটাভারান্বিতং যজেৎ।
ত্রিনেত্রং শিবরূপঞ্চ শক্তিযুক্তং নিরাময়ম্।।

দিগম্বরং ঘোররূপং নীলাঞ্জনচয়প্রভম্।
নির্গুণঞ্চ গুণাধারং কালীস্থানং পুনঃ পুনঃ।।

মন্ত্র – ওঁ মহাকালায় নমঃ।

(প্রকারান্তর ধ্যান কালীপূজা পদ্ধতিতে দ্রষ্টব্য)

নীলকণ্ঠের ধ্যান

ওঁ বালার্কযুততেজসং ধৃতজটাজুটেন্দুখণ্ডোজ্বলম্,
নাগেন্দ্রৈঃ কৃতশেখরং জপবটীং শূলং কপালং করৈঃ।
খট্বাঙ্গং দধতং ত্রিনেত্রবিলসৎ পঞ্চাননং সুন্দরং,
ব্যাঘ্র ত্বক্‌পরিধানমজনিলয়ং শ্রীনীলকণ্ঠং ভজে।।

মন্ত্র – ওঁ নমো নীলকণ্ঠায়।

মৃত্যুঞ্জয়ের ধ্যান

ওঁ চন্দ্রার্কাগ্নি বিলোচনং স্মিতমুখং পদ্মদ্বয়ান্তঃ স্থিতং,
মুদ্রাপাশমৃগাক্ষসূত্রবিলসৎপানিং হিমাশুপ্রভম্।
কোটিরেন্দুগলৎসুধাপ্লুততনূং হারাদিভূষোজ্জ্বলং,
কান্ত্যা বিশ্ববিমোহং পশুপতিং মৃত্যুঞ্জয়ং ভাবয়েৎ।।

মন্ত্র – ওঁ জুং সঃ।

গুরুর ধ্যান (১)

ওঁ শিরসি সহস্রদল-কমলাবস্থিতং শ্বেতবর্ণং,
দ্বিভুজং বরাভয়করং শ্বেতমাল্যানুলেপনম্।

স্বপ্রকাশরূপং স্বমামসস্থিতসুরক্ত শক্ত্যা
স্বপ্রকাশস্বরূপয়া সহিতং গুরুম্।।

গুরুর ধ্যান (২)

ওঁ প্রাতঃ শিরসি শুক্লাব্জে দ্বিনেত্রং দ্বিভুজং গুরুম্।
প্রসন্নবদনং দেবং স্মরেত্তন্নাম পূর্বকম্।।

মন্ত্র – ওঁ ঐং শ্রীগুরবে নমঃ।

টোট্‌কা ও মন্ত্র

পেঁচোয় পাওয়া ঝাড়ন

ওরে হুদম পেঁচা তুই বড় শক্তিমান।
ছেলেপুলে আশ্রয় করি ভাবিস্ জ্ঞানবান।।

এ বালক সামান্য নয় শুন বলি তোরে।
মহাদেবের দাস এ যে জানিস্ অন্তরে।।

একে ছেড়ে যারে তুই সাত সমুদ্র পারে।
আশ্রয় দিলেন নরসিংহ যারে।।

কামাখ্যা মায়ের আদেশ ছেড়ে যারে একে।
হাড়ির ঝি চণ্ডীর আজ্ঞা ছাড় ছাড় অমুকে।।

এই মন্ত্রটি ২১ বার পাঠ করে প্রতিবারে শিশুর গাত্রে একটি করে ফুঁ দিলে পেঁচা ছাড়িয়া পালাবে।

ডাইনীর দৃষ্টি ঝাড়ন

দেব দেব মহাদেব তোমারে করিনু স্মরণ।।
শ্বেতগুলঞ্চার মূল হাতে করিনু ধারণ।।

ভীমার্জ্জন দুই ভাই গদা ধনুক ধরে।
ডাকিনী যোগিনী যায় দ্রুত শিশুরে ছেড়ে।।

সাত সমুদ্র তের নদী পার হয়ে যায়।
না গেলে কামাখ্যা মায়ের দিব্য লাগে গায়।
কার আজ্ঞে? হাড়ির ঝি চণ্ডীর আজ্ঞে।।

শ্বেতগুলাঞ্চের শিকড় হাতে নিয়ে ওঝা ১০৮ বার উক্ত মন্ত্র পাঠ শিকড়টি ডাইনগ্রস্থ ব্যক্তির অঙ্গে ঠেকাবেন। তার ফলে সুনিশ্চিত ছেড়ে যাবে।

জল পড়া

এক হাতে তুললাম আমি সাত সমুদ্রের পানি।
অন্য হাতে নিলাম তুলি শানা কাতুরীখানি।।

পানি কাটি তাহে পড়ে ভূত প্রেত কাটা।
নজর দোষে পোড়া ঘা বাণ শান্তি হয়।
কাঁউর কামিখ্যের আজ্ঞা শিরে রয়।।

উল্লিখিত জলপড়ার ডাকিনী যোগিনী ভূত প্রেত ইত্যাদি অপদেবতা দুর হয়। এবং বান মারা, নজর লাগা, পোড়া ঘা প্রভৃতি আরোগ্য হয়। মন্ত্র পাঠ করিবেন ও প্রতিটি বারে ফুঁ দেবেন।

রক্ত-আমাশয়ের জল পড়া

হিমাচল পর্ব্বত হতে নামে জল।
মন্ত্রঃপুত করি এবে দিনু সেই জল।
ওরে রক্ত আমাশা তোর্ কোথা রবে স্থল।
অমুকে ছাড়িয়ে ত্বরা তুই পালিয়ে চল্।।

অমুকের অঙ্গে আর কোন রোগ নাই।
কামরূপ কামাখ্যার আজ্ঞা জানাই।।

একটি মৃৎপাত্রে জল নিয়ে উক্ত মন্ত্রে ৭ বার অভিমন্ত্রিত করে রোগীকে হাতে দেবে।

বিষাক্ত পশু দংশনে জলপড়া

হাতেতে তুলিলাম আমি পানা পুকুরের জল।
পাগ্‌লা পশুর বিষনাশক এই জল।।

করিতেছি আমি এবে তোমাপরে ভর।
ক্ষেপা পশুর বিষ তুমি নাশ জলেশ্বর
কারে আজ্ঞে? হাড়ীর ঝি চণ্ডীর আজ্ঞে।
কার আজ্ঞে ? কাঁউর কামিখ্যের আজ্ঞে।।

উক্ত মন্ত্র ৩ বার পাঠ করে একটি বাটি জল মন্ত্রপূতঃ করবেন ও শিয়ালের মাংস দুষ্ট ব্যক্তিকে খাইয়ে দিতে হবে।

হলুদ পড়া

বড় বড় হলুদের মোটা মোটা আঁশ।
মহান্ বিধের গলে পড়ে ফাঁস।।

নাই বিষ সিদ্ধ শ্রীরামচন্দ্রের আজ্ঞে।
নাই বিষ বিষহরি মা মনসার আজ্ঞে।।

তিনখানি কাঁচা হলুদ উল্লিখিত মন্ত্রে ৭ বার অভিমন্ত্রিত করে গরলের লেপন করলে গরল রোগ অচিরাৎ নিরাময় হবে।

ঋতুবেদনায় আদা পড়া গেঁটে গেঁটে আদার পাতল আঁশ।
দূরন্ত বিধের গলে দিনু ফাঁস।।

আমার এই আদা পড়া বিফলে না যাবে।
বিফল হইলে শিব-জটা গৌরী পদে নাবে।।

কার আজ্ঞে? সিদ্ধগুরু শ্রীরামচন্দ্রের আজ্ঞে।
কামরূপ কামাখ্যা দেবীর আজ্ঞে।।

কয়েক খণ্ড আদা উক্ত এই মন্ত্র ৭ বার পাঠ করলে ঋতু যন্ত্রনা কমে যাবে।

লবণ পড়া

লবণ লবণ লবণ, সৈন্ধব লবণ।
এ লবণ কে পড়ে? অমূক ওঝা পড়ে।
গুরুর আজ্ঞায় আমি পড়ি।।

এই নুন পড়ার গুণে পেটবেদনা হবে নাশ।
কামাখ্যা দেবীর বরে আমার উল্লাস।।

কার আজ্ঞে? কাঁউর কামাখ্যা মায়ের আজ্ঞে।
কার আজ্ঞে? হাড়ির ঝি চণ্ডীর আজ্ঞে।।

বৃদ্ধা, মধ্যমা ও তর্জ্জনী এই তিন আঙুলের দ্বারা একবার সৈন্ধব লবণ উক্ত মন্ত্রে তিনবার অভিমন্ত্রিত করতঃ পেটকামড়গ্রস্ত রোগীকে খাওয়ালে সুনিশ্চয় পেটকামড়ানি আরোগ্য হয়।

লেবু পড়া

পাতি লেবু রসে ভরা দেখতে মনোহর।
তোমার দোহায়ে বিষ পালাবে সত্বর।।

হেঁট মাথে থাক বিষ উচু নাহি যাও।
কামাখ্যা মায়ের আজ্ঞায় ত্বরা চলি যাও।
কার আজ্ঞে? সিদ্ধ-রামহরির আজ্ঞে।
কার আজ্ঞে? বিষহরি আস্তিকের আজ্ঞে।।

এই মন্ত্রে একটি পাতিলেবু ৩ বার মন্ত্র উচ্চারণ করে পেট ব্যথা রোগীকে গরম জলে লেবুর রস মিশিয়ে খাওয়ালে পেট ব্যথা কমে যাবে।

ভূত ছাড়ান সরিষা পড়া

সরিষা সরিষা রায় সরিষা। ক্ষেত হতে আয়্ ভাই সা।।

তোর নামের চোটে গগন ফাটে। দেবদেব মহাদেবের জটা খসে।
ভূত প্রেত আর ডাইন যোগীন্। পালা পালা নয় সরিষা মহিণ্।।
কারে আজ্ঞে? হাড়ীর ঝি চণ্ডীর আজ্ঞে। আর মা কাঁউর কামিখ্যের আজ্ঞে।।

সরিষা নিয়ে এই মন্ত্র পাঠ করে ভূতগ্রস্থ ব্যক্তির গায়ে দেবেন। এই ৭ বার করলে ভূত ছেড়ে যায়।

ভূত ছাড়ান হলুদ পড়া

হলুদের ফুল হয় সোনার বরণ।
তোমাকে আদর করে নর সর্ব্বক্ষণ।।

মহাদেবের বরে তোমার গন্ধে ভূত যায়।
অমুকের অঙ্গের ভূত ত্বরা যেন যায়।।

অমুকের অঙ্গ হতে নাম ভূত ঝটিতে।
নহে পড়বি তুই কাটা যে রামের বাণেতে।।

এই মন্ত্র ৩ বার উচ্চারণ করে আগুনে পুড়িয়ে ভূতগ্রস্থ রোগীর নাকে ধরলে ভূত পালিয়ে যায়।

শত্রু দমন

আপনার নিজের ভুলের জন্য অথবা যে কোনো কারণ বশত যদি দেখেন শত্রু আপনার মনের শান্তি ভঙ্গ করে দিয়েছে এবং শান্তি ভঙ্গের জন্য আপনার সংসারে সবাই অশান্তিতে ভুগছে। আপনিও নিজে মানসিক অশান্তির মধ্যে রয়েছেন তবে সেক্ষেত্রে এই অশান্তি থেকে রক্ষা পাওয়ার জন্য যে কোনো শনিবার এই ক্রিয়া করলে বিশেষ উপকার পাবেন। এই প্রয়োগ যথাযথভাবে করলে শত্রু আপনার বশীভূত হবে। এছাড়া সংসারে সকলেই আবার দুঃখ-শান্তির রক্ষা করার নিয়ম হল চৌকির উপর লাল কাপড় পেতে তার ঠিক মাঝখানে হলুদ মাখিয়ে আতপ চাল রাখুন এবং চালের উপর গোটা সুপারী সিঁদুর মাখিয়ে রাখুন। ২ ইঞ্চি পেরেক চালের মাঝখানে ঢুকিয়ে দিন। এরপর এই মন্ত্রটি উচ্চারণ করবেন।

মন্ত্র - "ওঁ ক্লীং ক্লেশ নাশায় হুং ফট্"

মন্ত্র জপ শেষ হলে সমস্ত দ্রব্য জলে ভাসিয়ে দেবেন। বা যে কোনো গাছের গোড়ায় পুঁতে দিয়ে আসবেন। এই প্রয়োগ যথাযথ করতে পারলে শত্রু আপনার বশীভূত হবে। আপনার আর কোনো শত্রু থাকবে না।

আপনার শত্রু যদি অনেক বেড়ে যায় এবং তাকে আপনি আপনার কাছে মাথা নিচু করতে চান তবে সেক্ষেত্রে এই প্রয়োগটি করতে পারেন। শনিবার ৯টা গোলমরিচ নিন এবং নিজের মাথার চারিদিকে ঘুরিয়ে এই মন্ত্র উচ্চারণ করবেন। ক্লীং মন্ত্র উচ্চারণ করে নিজের মাথার চারিদিকে ঘোরান। দক্ষিণ দিকে মুখ করে ঘোরাবেন। কারুর গায়ে ফেলবেন না। এই প্রয়োগের দ্বারা শত্রু পরাজিত হবে এবং আপনার কাছে ক্ষমা প্রার্থনা করবে। প্রতি শনিবার এই গুলিটি করবেন। এই প্রয়োগের দ্বারা আপনি ভালো ফল পাবেন।

অনেক সময় এমন হতে পারে যে, শত্রুর মোকাবিলা করা আপনার পক্ষে সম্ভব নয়। সেক্ষেত্রে শত্রুকে পরাজিত করার জন্য এবং শত্রুর সংখ্যা বেড়ে গেলে এই প্রয়োগ করলে আপনি বিশেষ লাভবান হতে পারেন। এই প্রক্রিয়াটি খুবই কার্যকর এবং ফল ভালো পাবেন। একটি পঞ্চমুখী হনুমানজির ছবি নিয়ে আসুন এবং উত্তর দিকে রাখুন। মঙ্গলবার স্নান করে বাটিতে অল্প ঘি এবং লবঙ্গ নিন। এরপর লবঙ্গগুলো ঘিতে ভালো করে মাখিয়ে নিন এবং এরপর কর্পূর দিয়ে লবঙ্গগুলো জ্বালিয়ে দিন। নিজের মনের বাসনার কথা বলে প্রার্থনা করুন। এইভাবে প্রত্যেক সপ্তাহে মঙ্গলবার এই ব্রত পাঠ করবেন। এই প্রয়োগ যথাযথ ভাবে করতে পারলে শত্রু দুর্বল হয়ে পড়বে। সে আপনার কাছে মাথা নিচু করতে বাধ্য হবে। এই প্রয়োগের মাধ্যমে আপনি শত্রুকে বশ করতে পারবেন। এবং আপনার আর কোনো সমস্যা থাকবে না। কখনও এমন ঘটনা হবে যে শত্রুপক্ষ পরীক্ষা আপনাকে নেবে। সময় মত অর্থাৎ আপনাকে চ্যালেঞ্জ করে বিপদের মধ্যে ফেলতে পারে। অথচ এক্ষেত্রে আপনার কিছু করার থাকে না। এইরকম পরিস্থিতিতে আপনি এই প্রয়োগটা করবেন, অর্থাৎ বিষয়টি করতে হবে। আপনাদের নক্ষত্র সম্পর্কে সামান্য জ্ঞান থাকলে পূর্ব ফাল্গুনী নক্ষত্রে বয়রা গাছের পাতা কিছুটা নিয়ে এসে আপনার বাড়িতে রেখে দেবেন, এবং কিছু পাতা বালিশের তলায় রাখবেন। কিছু পকেটে নিয়ে রাস্তায় যাবেন। এই প্রক্রিয়াটি করলে যে ব্যক্তি আপনাকে চ্যালেঞ্জ করেছে সেই ব্যক্তি নিজেই বিপদে পড়বে। বয়রা গাছের পাতা পাওয়া যাবে যারা বাজারে গ্রহ মূল বিক্রি করে তাদের কাছে।

এমন ঘটনা প্রায় ঘটে থাকে যে আপনার সংসারে প্রত্যেক ব্যক্তির উপর যদি কোনো একটা কু-দৃষ্টি পড়ে থাকে এবং সে সর্বদা আপনার পরিবারের ক্ষতি করতে চায়। এমন হলে এই প্রয়োগের দ্বারা আপনি সেই ব্যক্তির থেকে দূরে থাকতে

পারেন। প্রত্যেক শনিবার কালো কাপড় করে ৭টি করে রসুনের কোয়া ছাড়িয়ে নিয়ে বাইরের দরজায় টাঙিয়ে দেবেন। এই প্রয়োগের দ্বারা যারা আপনার ক্ষতি করতে চাইছে সেই সকলে পিরিত হবে।

যদি আপনি দেখেন শনিবার আপনার সব কাজে বাধা আসছে অযথা বা বিনা কারনে লোকের সঙ্গে শত্রুতা বাড়ছে সেক্ষেত্রে আপনারা এই প্রয়োগটি করতে পারেন। প্রয়োগটির কথা আমি উল্লেখ করছি একটি সাদা ফুলস্ক্যাপ কাগজে ভালো করে বুলিয়ে নিন। এরপর যেখানে বুলিয়েছেন তার ঠিক মাছখানে অল্প কালো তিল নিন। এরপর একটা অশ্বত্থ গাছের পাতার তেলা দিকটা উপরে রেখে তিলের উপরে চাপা দিন। এরপর একটি মাটির প্রদীপ ঘি দিয়ে জ্বালিয়ে দিন। ওই প্রদীপের মধ্যে ৭ ফোঁটা সরষের তেল দেবেন এবং ৭ বার মাসকলাই নিয়ে প্রদীপের চারিদিকে ছড়িয়ে দেবেন। রোজ স্নান করে শুদ্ধ বস্ত্রে এই মন্ত্র পাঠ করবেন- মন্ত্র "ওঁ কালী কালী স্বাহা" মন্ত্র শেষ হয়ে গেলে প্রদীপ নিভে গেলে এরপর পাতা ও তিল সরিয়ে নেবেন। এবং কাগজে ৭টা টুকরো করে একেক কাগজে একটা করে মাসকলাই নিয়ে বাইরে ফেলে দেবেন। এই প্রয়োগ যথাযথ করতে পারলে আপনি শত্রুকে বশ করতে পারবেন।

যদি কোনো মহিলার বিবাহে বার বার কেউ বাধার সৃষ্টি করে শত্রুতা করে যার জন্য বিবাহ ভেঙে যাচ্ছে তবে সেক্ষেত্রে এই প্রয়োগটি করতে পারেন। ৩টে কাচের টুকরো নিন। এবার স্টিলের থালার উপর লাল সিঁদুর অল্প করে ছিটিয়ে দিন। এরপর মাটির প্রদীপে সরষের তেল দিয়ে জ্বালিয়ে দেবেন। এবং রোজ স্নান করে শুদ্ধ বস্ত্রে এই মন্ত্রটি পাঠ করবেন -

মন্ত্র "ওঁ কালী কালী স্বাহা"

মন্ত্র শেষ হয়ে গেলে প্রদীপ নিভে গেলে এরপর পাতা ও তিল সরিয়ে নেবেন। এবং কাগজটা ৭টা টুকরো করে একেক কাগজে একটা করে মাসকলাই নিয়ে বাইরে ফেলে দেবেন। এই প্রয়োগ যথাযথ করতে পারলে আপনি শত্রুকে বশ করতে পারবেন।

আপনি রাত্রে ঘুমিয়ে পরলে যদি শত্রুর স্বপ্ন দেখেন বা আপনার উপর কেউ অত্যাচার করছে এই স্বপ্ন যদি আপনি রোজ আপনার অবচেতন মনে দেখেন তাহলে এই ক্রিয়াটি আপনি করতে পারেন। শোয়ার সময় এক টুকরো লাল

কাপড়ে অল্প মেহেন্দি বেঁধে নিয়ে বালিশের নিচে রেখে শুলে আপনি আর কোনো স্বপ্ন দেখবেন না। সারাদিন পরিশ্রমের পর নিশ্চিন্তে আপনি ঘুমতে পারবেন। এ ব্যাপারে আপনি নিশ্চিত থাকবেন।

যখন এমন দেখা যায় যে, কোনো কারণে সুস্থ মানুষ অসুস্থ হয়ে পড়ছে। কিংবা দিন দিন শরীর শুকিয়ে যাচ্ছে অথচ ডাক্তার দেখিয়ে রোগ নির্ধারণ করা যাচ্ছে না। তবে সেক্ষেত্রে এই প্রয়োগ মঙ্গলবার সবুজ পাতিলেবু নিয়ে নিজের মাথার বেড়িয়ে মোড়ে ফেলে দেবেন। এই ক্রিয়াটি পরপর তিনদিন করলে উপকার পাবেন। শেষে একটা কথা মনে করিয়ে দিই লেবু কেনার সময় দেখবেন লেবুতে কোনো দাগ না থাকে।

বাড়ি নিয়ে তাতে লাল সিঁদুর মাখিয়ে একটা সাদা কাগজের উপর কালো কালিতে আপনার শত্রুর নাম লিখে কড়িগুলো তার মধ্যে রেখে কাগজটি রেখে সবশুদ্ধ মুড়ে অশ্বত্থ গাছের নিচে রেখে আসবেন। এই প্রয়োগ যথাযথ করতে পারলে শত্রু আপনার আর কোনো ক্ষতি করতে পারবেন না।

অল্প পরিমাণ চিনি এবং সামান্য কালো সরিষা নিয়ে মাথার উপর দিয়ে ৭ বার ঘুরিয়ে ফেলে দিলে শত্রুর দ্বারা অপমানিত হবার কোনো আশঙ্কা থাকবে না। এই ক্রিয়ার দ্বারা আপনি শত্রুকে ভয় দেখাতে পারবে না।

৭টি গোমতী চক্র এক টুকরো সাদা কাগজে বেঁধে ৭বার মাথার উপর দিয়ে ঘুরিয়ে একটা কাগজের উপর রেখে তার উপর অল্প লাল আবির ছিটিয়ে সেটি কাগজে মুড়ে নিয়ে জলের মধ্যে ফেলে দেবেন। আপনার কোনো শত্রু আপনার ক্ষতি করতে চাইলে কিংবা কোনো তান্ত্রিককে দিয়ে আপনার কোনো ক্ষতি করতে চাইলে তা পুরোপুরি ব্যর্থ হবে। এই ক্রিয়াটি প্রত্যেক শনিবার এবং মঙ্গলবার করলে আপনি অবশ্যই শত্রুর হাত থেকে নিস্কৃতি পাবেন।

অনেক সময় দেখা যায় যে আপনার ঘরে অবাঞ্ছিত ঘটনা ঘটছে, যার ফলে আপনার মনে হতে পারে যে, কে তুকতাক করছে কারণে অকারণে ঝগড়া অশান্তির সৃষ্টি হচ্ছে আপনার সংসারে এবং সেহেতু শত্রুতা বাড়ছে ক্রমশ। অথবা আপনার ঘরে এমন অনেক এবং আপনার ঘরে একটা না একটা অসুবিধে রয়ে যাচ্ছে। আপনি নানারকম অসুবিধায় জড়িয়ে পড়ছেন।

পিশাচী সাধনা

নিশায়ামর্দ্ধ রাত্রৌ চ হৃষি যাস্য পিশাচিকিম্।
দগ্ধমীনং বলিং দত্বা রাত্রৌ সংপূজ্য সংজপেৎ।
লক্ষ জপেতু সংপূর্ণে আয়াতি সা পিশাচিনী।
যৎ যৎ কাময়তে মন্ত্রী দত্বা যাতি যথা সুখম্।।

মন্ত্রঃ

ওঁ পিশাচী রুদ্রবল্লভে বলিং গৃহ্ন গৃহ্ন সম সিদ্ধিং কুরু কুরু স্বাহা।

অর্দ্ধরাত্রে একচিত্তে পিশাচীকে হৃদয় ধ্যান করতঃ দগ্ধ মংস্য বলি প্রদান করিয়া পূজা করতঃ ওঁ পিশাচী ইত্যাদি মন্ত্রে একলক্ষ বার জপ করিবে। দুপ্রান্তে পিশাচী আবির্ভূতা হইয়া সাধকের প্রার্থনা পূর্ণ করেন এবং নিজালয়ে গমন করেন।

সুন্দরী পরী সাধনা

লল্লিকা-মালতী-জাতি কুসুমৈমধু মিশ্রিতৈঃ।
দ্রবৈশ্চ পূজয়ৎ দেবীং পৌর্ণমাস্যামতাশ্রিতঃ।
হ্রীং ক্লীমাদৌ সমুচ্চার্য্য সুন্দরী পদমন্তকঃ।
আগচ্ছদ্বিভয়ম্ প্রোচ্য বাঞ্ছাসিদ্ধিং কুরুদ্বয়ম্।
অযূতং প্রজপেৎ ধীমান্ আয়াতি নিশি সুন্দরী।
বরং দত্ত্বা সাধকায় যাতি সা নিজ মন্দিরম্।।

সুন্দরী পরি বিশেষের সাধনা করিত হইলে মল্লিকা, মালতী, জাতি এবং সমুদয় পুষ্পের সহিত মধু মিশাইয়া পৌর্ণমাসীর নিশাকালে অতন্দ্রিতভাবে পূজা করিতে হয়। পূজান্তে হ্রীং ক্রীং সুন্দরী আগচ্ছ আগচ্ছ বাঞ্ছাসিধি কুরু কুরু এই মন্ত্র অযুত সংখ্যা জপ করিবে। এইরূপ কার্য্য করিলে নিশায় সুন্দরী আবির্ভূতা হইয়া সাধককে বর প্রদান করে অন্তর্হিতা হন।

শ্মশানবাসিনী সাধনা

বাণীং মায়াং ততো লক্ষ্মীং কামবীজমতঃপরম্।
শ্মশানবাসিনী দেবী সিদ্ধিং দেহি মনুমর্ম্মতঃ।।

পূর্বাহ্নে শ্মশানে স্থিরা জপেদযুতমানসঃ।
সিদ্ধির্ভবতি দেবেশি নাত্র কার্য্য বিচারণা।।

মন্ত্রঃ

ঐং হ্রীং শ্রীং শ্মশানবাসিনী দেবী সিদ্ধিং দেহি।

বিশালাক্ষী সাধনা

ধ্রুবমাদ্যঃ সমুদ্ধৃত্য মায়াবীজং সমুদ্ধরেৎ।
বিশালাক্ষীপদং গন্তে হৃদন্তং মন্ত্রমুদ্ধরেৎ।।

অষ্টাক্ষরী মহাবিদ্যা অষ্টসিদ্ধিপ্রদা শিবে।
অষ্টলক্ষজপেনৈব সিদ্ধির্ভবতি নান্যথা।
রাত্রৌ বিধিনা সংপূজ্যং প্রজপে-সাধকঃ সুধীঃ।।

বিদ্যার্থীর বিষয় নির্বাচনের উপায়

আপনার নিজের জন্মছকের বলবান গ্রহ দেখে বিষয় কোন গ্রহ কোন বিষয় নিমন্ত্রণ করেন তার তালিকা নিচে দেওয়া হল -

রবি - আপনার জন্ম যদি রবিবার হয়। তাহলে বিজ্ঞানের কারক এই গ্রহ যে কোনো ধরনের পেশা বা শিক্ষা হতে পারে। আপনার নির্বাচিত বিষয়গুলির মধ্যে যে কোনো বিজ্ঞান, রাষ্ট্রবিজ্ঞান, রসায়ন নিয়ে পড়া করলে আপনার ভালো ফল হবে।

চন্দ্র - আপনার গ্রহ যদি চন্দ্র হয় তাহলে সেক্ষেত্রে শিল্পবিদ্যা, রত্নবিদ্যা, জাহাজ সংক্রান্ত বিদ্যা, অথবা মৎস্য, মুরগী পালন, মৌ পালন, সংগীত, ধাত্রী বিদ্যা, নার্স, সুপার টেকনোলজি, ফার্টিলাইজার প্রভৃতি সকল বিষয়ে মধ্যে আপনার যা পছন্দ আপনি পড়তে পারেন। আপনার ফল ভালো হবে।

মঙ্গল - আপনার গ্রহ যদি মঙ্গল হয় সেক্ষেত্রে ডাক্তার, সার্জেন, সিভিল ইঞ্জিনিয়ার, ইলেকট্রিক্যাল ইঞ্জিনিয়ার, খনি সম্পর্কিত বিদ্যা, পদার্থবিদ্যা, ঔষধ সংক্রান্ত, সৈনিক ইত্যাদি যে কোনো বিষয় নিয়ে পড়াশুনা করলে আপনার ফল আশানুরূপ হবে।

বুধ - আপনার গ্রহ যদি বুধ হয় তাহলে বুদ্ধি, বাক্‌শক্তি বাণিজ্য অ্যাকাউট্যান্ট, কস্ট অ্যাকাউট্যান্ট, ব্যাঙ্কিং, অর্থশাস্ত্র, মাস কম্যুনিকেশন ইত্যাদি নির্বাচিত বিষয়ের মধ্যে যে কোনো বিষয় আপনি পছন্দসহ বেছে নিতে পারেন। শেষে একটা কথা বলি যে, আপনি জ্যেতিষ বিদ্যা বেছে নিতে পারেন।

বৃহস্পতি - আপনার গ্রহ যদি বৃহস্পতি হয় তাহলে আপনি নীতি শাস্ত্র, দর্শন শাস্ত্র, সমাজ বিজ্ঞান, মানব শাস্ত্র, জীবন বিজ্ঞান, হোটেল ম্যানেজম্যান্ট ইত্যাদি বিষয়ের মধ্যে যেকোনো বিষয় নিয়ে পড়াশোনা করলে ভালো ফল পাবেন।

শুক্র - আপনার গ্রহ যদি শুক্র হয় তাহলে সেক্ষেত্রে আপনি স্ত্রীরোগ বিশেষজ্ঞ, রত্ন বিশেষজ্ঞ, ভেষজ যে কোনো একটা বিষয় নিয়ে আপনি পড়াশোনা করতে পারেন।

শনি - ইতিহাস, বিজ্ঞান, কৃষি বিজ্ঞান, অর্কিওলজি, বনজ ও খনিজ শাস্ত্র, জ্যেতিষ শাস্ত্র ইত্যাদি বিষয়ের মধ্যে যে কোনো একটা বিষয়কে নির্বাচন করে আপনি পড়াশোনা করতে পারেন।

রাহু - আপনার গ্রহ যদি রাহু হয় তাহলে আপনি ইলেকট্রিক্যাল, প্রফেশনাল কোর্স ইত্যাদি বিষয়ের মধ্যে যে কোনো একটা বিষয়ে নির্বাচন করে সেই বিষয় নিয়ে পড়াশোনা করতে পারেন। এবং এতে আপনার সাফল্য নিশ্চিত।

যাদের ভাগ্যচক্র জানা নেই তারা জন্মমাস অনুযায়ী সম্ভাব্য বিদ্যা এবং পেশা জেনে নিন। নিচে ইংরেজি মাস অনুযায়ী ভাগ্যচক্র জানানো হল -

জানুয়ারি - যে কোনো ব্যক্তির জন্ম জানুয়ারি মাসে হলে পেশা হবে মন্ত্রি বিভাগীয় প্রধান, খেলোয়াড়, ইঞ্জিনিয়ার, উচ্চপদস্থ সরকারি আমলা, আবিষ্কারক, ঐতিহাসিক ও ভৌগোলিক ভূ-বিজ্ঞানী।

ফেব্রুয়ারি - যে সব ব্যক্তির জন্ম ফেব্রুয়ারি মাসে সেই সকল ব্যক্তিদের পেশা - অধ্যাপক, ইঞ্জিনিয়ার, হিসাব রক্ষক, ব্যবসাদার, শিল্পপতি।

মার্চ - যে সব ব্যক্তির জন্ম মার্চ মাসে তাদের পেশা - ধর্মীয় গুরু, সন্ন্যাসী, ধর্মপ্রচারক, ডাক্তার, সাধক, সুবক্তা, চর্মদ্রব্য প্রস্তুতকর্তা ইত্যাদি।

এপ্রিল - যে সব ব্যক্তিদের জন্ম এপ্রিল মাসে সেই সকল ব্যক্তিদের পেশা -

ব্যবসাদার, ইঞ্জিনিয়ার, সার্জেন, উচ্চপদস্থ কর্মচারী, বিমান চালক, পুলিশ, শিকারী যন্ত্রপাতি সংক্রান্ত কাজকর্ম ইত্যাদি।

মে - আপনার জন্ম যদি মে মাসে হয় তা হলে পেশা - চিত্র পরিচালক, অভিনয়, অর্থ, পরামর্শ দাতা, শেয়ার, দালালি, জনসংযোগ, কৃষিবিদ্যা, গানবাজনা ইত্যাদি। যে সকল ব্যক্তি জন্ম জুন মাসে তাদের পেশা - তান্ত্রিক, লেখক, শিল্পী, অভিনেতা, শিক্ষক, জনসংযোগ, অধিকারিক, আবিষ্কারক, বৈজ্ঞানিক, গানবাজনা ইত্যাদি।

জুলাই - আপনার জন্ম যদি জুলাই মাসে হয়, তাহলে পেশা হবে - তান্ত্রিক, প্রসাধনী ব্যবসায়ী, হোটেল ব্যবসা, ঔষধ বিক্রেতা, তেল ব্যবসায়ী ইত্যাদি।

আগস্ট - কোনো ব্যক্তির জন্ম যদি আগস্ট মাসে হয় সেক্ষেত্রে তার পেশা হবে - উকিল, বিচারক, ডাক্তার, ইঞ্জিনিয়ার, শেয়ার দালাল, সহকারী কর্মী, প্রসাশনিক কর্ম ইত্যাদি।

সেপ্টেম্বর - কোনো ব্যক্তির জন্ম যদি সেপ্টেম্বর মাসে হয় তাহলে তার পেশা হবে - সম্পাদক, সাংবাদিক, সমালোচক, জ্যোতি বিদ্যা, ডাক্তার, কেমিস্ট, ঔষধ বিক্রেতা, নার্স, উকিল, কাপড়ের ব্যবসা, হিসাব পরীক্ষক ইত্যাদি।

অক্টোবর - কোনো ব্যক্তির জন্ম যদি অক্টোবর মাসে হয় তাহলে তার পেশা হবে - উকিল, বিচারক, গুপ্তবিদ্যা বিশারদ, ডিজাইনার, শেয়ার ব্যবসা, দালালি, সিনেমা, শিল্পী প্রদর্শনীতে পারদর্শী ইত্যাদি।

নভেম্বর - যে সকল ব্যক্তির জন্ম নভেম্বর মাসে হয় তাহলে তার পেশা হবে - পুলিশ, ডাক্তার, ইঞ্জিনিয়ার, কেমিস্ট, ডিটেক্টিভ।

আপনার পড়ায় মন না থাকলে আপনি গণেশ রুদ্রাক্ষ পরতে পারেন। এটা ধারণ করার অল্প কিছুদিনের মধ্যে আপনার পড়ায় মন বসতে শুরু করবে। মেধাশক্তি আরো বাড়বে।

গৃহে বাস্তুর দোষ থাকলে অনেক সময় পড়াশোনায় বিঘ্ন সৃষ্টি হয়। সেক্ষেত্রে নিয়মিত ভাবে গৃহে বাস্তুর বিচার ও প্রতিকার করলে পড়াশোনা মন বসবে।

মনকে শান্ত রেখে প্রতিদিন নবগ্রহ স্তোত্র পাঠ করলে দেখবেন আপনার পড়ায় দ্রুত মন বসবে। এর দ্বারা গ্রহের দোষ কেটে যাবে।

প্রতিদিন পড়তে বসার সময় কম করে একবার এবং একুশবার সরস্বতী গায়ত্রী জপ খাতা সাদা কাগজে লিখে তারপর পড়া শুরু করবেন কয়েকদিন করার পর আপনি দেখবেন যে আপনি ভাল ফল পাচ্ছেন। খাতা শেষে হয়ে গেলে খাতাটা গঙ্গায় বা কোনো জলাশয়ে ফেলে দেবেন। এর ফলে আপনি ভালো ফল পাবেন। মন্ত্রটি হল –

"ওঁ সরস্বত্যৈ বিদ্মহে ব্রহ্ম পুত্রৈ ধামহী তন্নো দেবী প্রচোদয়াৎ।।

পড়তে বসার সময় সাদা অথবা হাল্কা রঙের পোশাক পরা উচিত বেশি উজ্জ্বল রঙের পরে পড়তে বসলে মন চঞ্চল করে তোলে।

পরীক্ষায় বেরোনোর আগে বাবা মা এবং দেবদেবীকে প্রণাম করে বেরোনো উচিত। এর ফলে আপনি যে কাজে যাচ্ছেন সেই কাজে আপনি সফল হবেন।

পরীক্ষা দিতে যাবার সময় কারো সঙ্গে দেখা হলে বিশেষ কোনো ব্যক্তি কিংবা তার সঙ্গে বাক্‌বিতণ্ডা করা একেবারে উচিত নয়।

অনেক অভিজ্ঞ জ্যোতিষী বলেন যে, প্রত্যেক পড়ুয়াদের উচিত পড়তে বসার আগে গঙ্গাজল ছিটিয়ে সিদ্ধিদাতা গণেশ ও সরস্বতীকে স্মরণ করে তারপর পড়তে বসা।

ধাতুর তৈরি গণেশের মূর্তি থাকা ভালো। পড়াশোনা চেষ্টা আরো বাড়াবার জন্য প্রতিদিন পড়তে বসার আগে 'ঐ' মন্ত্র করবেন। এই মন্ত্রের দ্বারা আপনার পড়াশোনায় একাগ্রতা আরো বাড়বে।

পড়াশোনায় বাঁধা দেখা দিলে নীল সরস্বতী কবচ ধারণ করবেন। দেখবেন ভালো ফল পাবেন।

সবুজ রঙ যাদের প্রিয় তাদের বুদ্ধি প্রখর হয়। একবার পড়লে বা কোনো কিছু দেখলে মনে গেঁথে যায়।

মেধা ক্ষমতা বাড়াবার জন্য সরস্বতীর প্রার্থনা রোজ করবেন। স্নান করে হাতজোড় করে পরিষ্কার বস্ত্র পরে প্রার্থনা করবে।

শীতকালে রোজ একটা করে আখরোট খাবেন। আপনি যে কোনো বৃহস্পতিবার খেতে পারেন। অল্প কিছুদিন পর থেকে আপনি এর সুফল পাবেন। আখরোট খেলে মেধাশক্তি বৃদ্ধি পায়। মুখস্থ করলে আর তারপর ভোলে না।

বালিশের তলায় তেজপাতা রেখে দেবেন। কিছুদিন পরই আপনি এর সুফল পাবেন। আপনার পড়াশোনা চনমনে ভাব আসবে। আর পড়া ভুলে যাবেন না। এই প্রয়োগ করলে মেধাশক্তি আরো প্রখর হবে।

পড়ার বই কোনো দিন বিক্রি করবেন না। ক্লাসে ওঠার পর পুরোনো বইগুলো কোনো দুস্থ ব্যক্তিকে দান করে দেবেন। এতে আপনার জ্ঞানচর্চা সার্থক হবে। প্রতি বছর নতুন ক্লাসে ওঠার প্রথম দিন সরস্বতীর অষ্টোত্তর নাম করবেন। এতে আপনার উপর সরস্বতী প্রষন্ন হয়ে কৃপা করবেন অবশ্যই। পড়ার সময় মুখে তুলসী পাতা ফেলে রাখলে পড়া ভালো হয়। পড়তে বসে হাত পা নাচাবেন না। কোনো বস্তু নিয়ে লাফালাফি করবেন না। বিছানা পড়ার সময় অলসতা আসে। তাই বিছানায় শুয়ে পড়াশুনো করা উচিত নয়।

ডোবল বা তাক থেকে বই নেবার সময় বাম হাতে নিয়ে ডান হাতে রাখবেন।

পড়তে বসার আগে মিষ্টি বা মিষ্টি খেয়ে পড়তে বসবেন। এই প্রয়োগ করলে দেখবেন মন ভালো থাকে এবং মাথা শান্ত থাকবে। আপনার অস্থির ভাব দূর হয়ে যাবে। পড়ার ঘরে বা ক্লাসে বাঁ পা ফেলে প্রবেশ করবেন।

যে কোনো ছাত্র বা ছাত্রী তিনমুখী ও ছয়মুখী রুদ্রাক্ষ ধারণ করলে বিদ্যায় বাধা বিঘ্ন কম পাবে। রুদ্রাক্ষ বুধ বা বৃহস্পতিবার ধারণ করবেন। এই প্রয়োগ করলে আপনার সাফল্য নিশ্চিত।

সাদা চন্দন, গুড়ো হলুদ, দু'ফোঁটা তুলসী পাতার রস, গঙ্গাজল অল্প পরিমাণ টক দই একসঙ্গে মিশিয়ে আপনি টিপ পড়ুন। প্রতিদিন কাজ করবেন। সোমবার স্নান করে শুদ্ধ বস্ত্রে ফোঁটা পড়বেন। এই প্রয়োগ রোজ করলে দেখবেন পড়াশোনায় সব বাধা কেটে যাবে। আপনার মনসংযোগ আরোও বৃদ্ধি পাবে। সব শেষে একটা কথা বলি যে, এই প্রয়োগ করতে পারলে স্মৃতিশক্তি আরো প্রখর হয়ে উঠবে।

জ্যোতিষীদের মতে, বালতির জলে গঙ্গাজল ও গরুর দুধ একসঙ্গে মিশিয়ে প্রতি সোমবার স্নান করলে বুদ্ধি আরও প্রখর হয়।

বালতির স্নানের জলে অল্প গঙ্গাজল ও ১চা চামচ টক দই মিশিয়ে একটানা ১৬টা সোমবার স্নান করলে মেধা শক্তি আরো প্রখর হবে।

পড়ুয়াদের মধ্যে চঞ্চলতা দেখা দিলে বালতির স্নানের জলে টক দই, সাদা

চন্দন মিশিয়ে রোজ স্নান করলে মেধা শক্তি প্রখর হয়। রোজ প্রয়োগ করলে পরে এটা অভ্যাসে পরিণত হয়ে যাবে। সবশেষে বলি মঙ্গলবার এটি করা যাবে না।

প্রতিবার বুধবার চালের সঙ্গে ৮টা মুগ কড়াই এবং অল্প গঙ্গাজল মিশিয়ে স্নান করলে পড়ায় অমনোযোগী ভাব কেটে যাবে। স্নান করার সময় মুগগুলো তুলে আলাদা করে রাখবেন। স্নান শেষে মুগগুলো ফেলে দেবেন। এই প্রয়োগ করলে দেখবেন আপনার মেধা শক্তি আরও বৃদ্ধি পাবে।

যারা ডাক্তারি পড়তে চান তারা একটি একমুখী রুদ্রাক্ষ ধারণ করবেন। রুদ্রাক্ষ ধারণ করার সঙ্গে সঙ্গে রোজ স্নান করে শুদ্ধ বস্ত্রে "ওঁ হ্রীং নমঃ" মন্ত্রটি ১০৮ বার জপ করবেন।

ডান হাতের অনামিকায় পাঁচ ক্যারেট বাম হাতের অনামিকায় সাড়ে পাঁচ ক্যারেট ও মুনস্টোন রুপোর আংটিতে লাগিয়ে ধারণ করুন। এছাড়া আপনি রুদ্রাক্ষের মালা ধারণ করতে পারেন। এই প্রয়োগটি করতে পারলে আপনার স্বাস্থ্যহানি ঘটবে না এবং বিদ্যায় কোনো ব্যাঘাত ঘটবে না।

কলা বা শিল্প দুনিয়ার উন্নতির জন্য শুদ্ধ হীরা ১৫ সেন্ট ওজনের সোনা, রুপা বা প্ল্যাটিনামের আংটিতে লাগিয়ে ডান হাতের অনামিকায় বিধি মতে ধারণ করলে আশ্চর্যজনক ভালো ফল লাভ করা যায়।

আপনি বিদ্যার সাহায্য নিয়ে, অর্থাৎ বিদ্যা দিয়ে সামাজিক ক্ষেত্রে উন্নতি করতে চাইলে ডানহাতের কনিষ্ঠ আঙুলে ৪ ক্যারেট ওজনের শুদ্ধ কোনো রত্ন ধারণ করবেন। এই প্রয়োগ যথাযথ করতে পারলে আপনার বাধা ক্ষমতা বৃদ্ধি পাবে।

লাল রঙের হীরক শুদ্ধ তামায় খোদাই করে শরীরে ধারণ করলে আপনার মেধা শক্তি বৃদ্ধি পাবে। এবং মানসিক শক্তি বৃদ্ধি পাবে।

যে কোনো ছাত্র বা ছাত্রী পক্ষে তুরমলী শাস্ত্রকর। এটি ধারণ করলে মানসিক শান্তি বৃদ্ধি পায়।

পলাশ ফুলের কুসুম দিয়ে হোম করলে মেধা শক্তি বৃদ্ধি পায়। অথবা বছর রামমন্ত্র পাট করলে মেধা শক্তি বৃদ্ধি পায়।

পান্না বা শ্বেত প্রবাল ধারণ করলে পড়াশোনায় মেধা আরও বৃদ্ধি পায়। মেধা

ক্ষমতা ও বিদ্যা ক্ষমতা ধরে রাখার জন্য নীল সরস্বতীর যন্ত্র ধারণ করাই ভালো। এই প্রয়োগ যথাযথ করতে পারলে মেধা শক্তি আরও বৃদ্ধি পায়।

একটি পাত্রে জলে চিনা বাদাম ভিজিয়ে রাখবেন। সকালে জল থেকে তুলে ছাড়িয়ে গোলমরিচ এবং মিছরির সঙ্গে মিশিয়ে বেটে এর সঙ্গে গরুর দুধের সর মিশিয়ে সকাল বিকেল দুবেলা রোজ যদি খেতে পারেন তাহলে আপনার মাথার দুর্বলভাব দূর হবে। আপনার হজমশক্তি অনুযায়ী ঐ প্রকার মিশ্রণটি আপনি খাবেন।

শিমূলের শিকড়ের তাজা রস ২০ গ্রাম, এবং ৫ গ্রাম মিছরির সঙ্গে মিশিয়ে খেলে রোজ স্মৃতিশক্তি বাড়ে। পেট পরিষ্কার থাকে। খিদে বাড়ে।

পরীক্ষা বা কোনো বিশেষ কাজে যাবার সময় কাগজি লেবু পকেটে বা ব্যাগে করে নিয়ে যাবেন। এবং এর সঙ্গে গোটা লবঙ্গ। এতে সফলতা পাবেন বেশি।

লোহার জিভছোলা দিয়ে রোজ সকালবিকাল জিভ ধোবেন। এবং মুখ ধুয়ে ব্রাহ্মীশাকের রস খাবেন। এতে মস্তিষ্ক অনেক বেশি সচল থাকবে এবং জিভের তোতলামি কেটে যাবে।

আদার খোলা ছাড়িয়ে কাঁচা হলুদ, থানকুনি পাতা, মৌরী বাঁশের ছাল এইসকল দ্রব্য একসঙ্গে পিশে গরুর দুধের সঙ্গে মিশিয়ে রাখবেন। এরপর মিশ্রণটি দাঁড়িয়ে খাবেন। এই প্রয়োগটি যথাযথ পারলে আপনার মেধা শক্তি প্রখর হবে এবং সেই সঙ্গে গলার স্বর মিষ্টি হবে।

বিদ্যায় অভিষ্ট পূরণের উপায়

প্রতিদিন সকালে স্নান করে শুদ্ধ বস্ত্রে সূর্যদয়ের পর স্তব তিনবার করে করবেন। এই স্তব করলে রোজ আপনার অভিষ্ট লক্ষ্য পূরণ হবে। এই স্তবটি স্ত্রী এবং পুরুষ উভয় ব্যক্তি পাঠ করবেন। এই প্রয়োগ যথার্থ হলে বিদ্যা, ধন সম্পদ উভয় লাভ করতে পারবেন। এ প্রসঙ্গে একটা উদাহরণ দিয়ে বলি যে, যুধিষ্ঠির বনবাসকালে মুনিবর ধৌমের উপদেশে এই স্তব পাঠ করে সূর্যদেবতাকে সন্তুষ্ট করে তার আর্শীবাদ পেয়েছিলেন সূর্যস্তব -

"ত্বং ভালো। জগতশ্চক্ষুস্তমাত্মা সর্বদেহিনাম্
ত্বং যোনিঃ সর্বভূতানাং ত্বমাচারঃ ক্রিয়াবতাম্

ত্বং গোতিঃ সর্বসাখ্যানা যোগিনা ত্বমপরায়নম্
অনাবৃতার্গর্লজ্জার ত্বং গতিস্ত মুমুক্ষতাম্।

পড়াশোনায় মনসংযোগে বাধা দূর করার উপায়

আপনার পড়াশোনায় যদি কোনো বাধা আসে তাহলে সেক্ষেত্রে আপনি চতুর্ভুজা সরস্বতীর ছবিতে মালা দিয়ে সাদা চন্দন, ধূপ, ধুনো বাতি এবং আপনার সাধ্যমত ফল দিয়ে নীচের মন্ত্রটি জপ করবেন। জপ শেষে দু হাত জোড় করে নীচের মন্ত্রটি উচ্চারণ করবেন। এবং মা সরস্বতীর কাছে এই প্রার্থনা করবেন আমাকে পড়াশোনায় আরো মনঃসংযোগ দাও, আমার বিদ্যায় উন্নতি সাহায্য কর। এই বলে আপনি যদি রোজ প্রার্থনা করতে পারেন তাহলে দেখবেন যে একদিন আপনি আপনার জীবনের অভিষ্ট লক্ষে পৌঁছতে পারবেন এবং আপনার সব বাধা দূর হয়ে যাবে।

পড়ায় মন বসানো উপায়

আপনার বা যাদের পড়াশোনায় মন না বসে তারা পড়ার ঘরে টেবিলের উপর গণেশের মূর্তি রাখবেন। গণেশের ছবি রাখলে একই ফল পাবেন। প্রতিদিন সকালে স্নান করে শুদ্ধ বস্ত্রে এই মন্ত্র উচ্চারণ করবেন রোজ করতে পারলে দেখবেন কয়েকদিনের মধ্যে পড়ায় মন বসে যাবে।

পড়াশোনা মনের মত করার উপায়

আপনার বা যাদের পড়াশোনা মনের মত না বলে মনে করচ্ছেন সেই সকল ব্যক্তিরা পড়ার ঘরের টেবিল ঠিক জায়গায় না রাখা। পড়ার টেবিল সবসময় পূর্বদিকে রাখবেন এবং সেই সঙ্গে আর একটা কথা আপনাদের মনে করিয়ে দিই যে পড়ার ঘর সবসময় পরিষ্কার পরিচ্ছন্ন রাখবেন। এই প্রয়োগ যথাযথ করতে পারলে আপনার পড়াশোনায় মন বসবে সহজে।

ধ্যানের মাধ্যমে মনসংযোগ বাড়ানোর উপায়

যে সকল ব্যক্তিকে একটানা অনেকক্ষণ পড়তে হয় তারা সকলে মাঝে মাঝে ধ্যান করুন। এতে আপনাদের মনসংযোগ বাড়বে এবং পড়ায় একঘেয়েমিভাব দূর হবে।

গান বাজনায় ছাত্র ছাত্রীদের উপায়

আপনারা গান বাজনার সঙ্গে যুক্ত কিংবা গান বাজনা শুনতে আগ্রহী এই সকল ব্যক্তিরা ঠিকমতো প্রতিভা দেখানোর সুযোগ পাচ্ছেন না তারা একটি স্ফটিকের সঙ্গে পঞ্চমুখী রুদ্রাক্ষ ও একটি পদ্মবীজ একসঙ্গে করে গলায় পরলে গান বাজনার জগতে নিজেকে প্রতিষ্ঠা করতে পারবেন।

বিদ্যার্থীদের স্নানের পর মন্ত্র

এই প্রয়োগটি সকল ছাত্র-ছাত্রী এবং শিক্ষক এবং শিক্ষিকারা করতে পারেন। স্নান করে শুদ্ধ বস্ত্রে এই মন্ত্র পাঠ করবেন। এই মন্ত্র পাঠ করলে আপনাদের সকলের মেধা ও চেতনা বৃদ্ধি পাবে।

মন্ত্রঃ–

ওঁ নামোঃ ভগবতী সরস্বতী বাগ্‌বদিনী ব্রহ্মানি।
ব্রহ্মারূপিনী বুদ্ধি বর্ধিনী মম বিদ্যাং দেহি দেহি স্বহা
(চিও চাঞ্চল্য ঘটলে পশ্চিম দিকে মুখ করে বসুন)

পড়তে বসার সময় আপনারা প্রত্যেকেই যদি এই প্রয়োগ করতে পারেন তাহলে অবশ্যই ভালো ফল পাবেন। পড়তে বসার সময় কোনো দিন পশ্চিম দিকে মুখ করে বসবেন না। পূর্বদিকে মুখ করে পড়াশোনা করতে বসলে অতি সহজে এবং দ্রুত আপনার পড়া হয়ে যাবে।

মা সরস্বতীর যন্ত্র লকেট করে ধারণ করুন - আপনার যে যে সকল ব্যক্তিরা পড়াশোনায় নানাবিধ সমস্যায় জর্জরিত সেই সকল ব্যক্তিগণেরা মা সরস্বতীর যন্ত্র লকেট করে গলায় বা বাহুতে ধারণ করতে পারেন।

শাস্ত্রবিদ হবার উপায়।

আপনারা যে সকল ব্যক্তিরা শাস্ত্রবিদ্ হতে চান তারা প্রত্যেকে দক্ষিণ দিকে মুখ করে শিবের ধ্যান করে তিনবার মন্ত্র পাঠ করে নিজের মনের কথা বলুন। আপনার মনের বাসনা পূর্ণ হবে। যে কোনো ব্যক্তি এই প্রয়োগ করলে এক বছরে মধ্যে শাস্ত্র রচনা করতে পারবেন।

জ্ঞানী হবার উপায়

আপনারা যে সকল ব্যক্তিরা জ্ঞানী হতে চান তারা কর্পূর গুড়ো করে পুজো করলে আপনাদের মনের বাসনা পূর্ণ হবে এই প্রয়োগের দ্বারা দুঃখ থেকে মুক্তি পাবেন। লক্ষ্মী এবং সরস্বতী বিরাজ করবে আপনার গৃহে। আপনি অতি সহজে অনেক জ্ঞান অর্জন করতে পারবেন।

বাক্‌শক্তি লাভের উপায়

আপনারা যে সকল ব্যক্তিরা বাক্‌শক্তি লাভ করতে চান তারা অষ্টমী ও চতুর্দশী তিথিতে কালী বা তারার উপাসনা করবেন। নিজের মনের কথা বলে করজোড় করে প্রার্থনা করবেন। নিয়মিত এই পুজো করতে পারলে আপনার বাক্‌শক্তি বৃদ্ধি পাবেন।

এই প্রকার মন্ত্রের দ্বারা ভাগ্যহীন ব্যক্তি ও ভাগ্যবান হন। মন্ত্রঃ কৃষ্ণমন্ত্র প্রণব পুটিতে করে রোজ এই মন্ত্র জপ করলে সব দুঃখ দূরীভূত হয়। সব শাস্ত্র ও বিজ্ঞান বিশারধ হওয়া যায়।

যশস্বী হবার উপায়

আপনি বা যে সকল ব্যক্তিরা যশস্বী হতে চান তারা প্রত্যেকে পলাশ পুষ্প দিয়ে হোম করলে বৃহস্পতির দয়ায় যশস্বী হওয়া যায়।

কবিশ্রেষ্ঠ হবার উপায়

আপনি বা যে সকল ব্যক্তিরা কবিশ্রেষ্ট হতে চান তারা প্রত্যেকদিন সকালে ২৫ বার ভুবনেশ্বরী দেবীর বীজমন্ত্র বা গায়েত্রী মন্ত্র জপ করুন। এই প্রয়োগের দ্বারা আপনার বুদ্ধি বাড়বে। সহজে আপনার খ্যাতি চারিদিকে ছড়িয়ে পড়বে সেই সঙ্গে শ্রেষ্ঠত্ব অর্জন করবেন।

লেখক হবার উপায়

আপনি বা যে সকল ব্যক্তিরা লেখক হতে চান তারা প্রতিদিন একাধিক বার সরস্বতী জপ করে জল পান করুন। এক বছরের মধ্যে লেখক হতে পারবেন।

পড়াশোনায় মাঝপথে ছেদ কাটানোর উপায়

আপনার বা যে সকল ব্যক্তির পড়াশোনায় মাঝপথে থেকে গেলে ৮টি বট পাতা এনে গঙ্গাজলে ধুয়ে ফেলুন। এরপর প্রত্যেকটা পাতায় ফোঁটা দিন সিঁদুরের। আপনি যে ঘরে পড়তে বসেন সেই ঘরে হলুদ সুতো দিয়ে টাঙিয়ে দিন বৃহস্পতিবার করবেন। প্রতি সপ্তাহে একটা করে বৃহস্পতিবার বাদ দিয়ে কাজ করবেন। আপনার পড়াশোনায় ছেদ পড়লে কেটে যাবে। এই প্রয়োগটি সঠিক ভাবে করতে পারলে আপনার পড়াশোনায় সাফল্য নিশ্চিত।

যে সকল ব্যক্তিরা পড়াশোনার সঙ্গে যুক্ত অর্থাৎ পড়াশোনার সঙ্গে প্রত্যক্ষভাবে যুক্ত ছাত্র- ছাত্রী বা শিক্ষক এবং শিক্ষিকা তারা প্রত্যেকে অমাবস্যা বা পূর্ণিমায় তেল ব্যবহার করবেন না। এই দুই দিন শরীরের তেল না মাখা এবং তেল জাতীয় খাবার না খাওয়াই ভালো এতে লেখাপড়ায় মন বাড়ে।

সকল ছাত্র-ছাত্রী ও শিক্ষক শিক্ষিকা সোমবার তেল জাতীয় জিনিস খাবেন না। এই দুই দিন দুধ জাতীয় জিনিস খাবেন। মঙ্গলবার আখের গুড় খাবেন। বুধবার লুচি এবং তেলেভাজা জিনিস খাবেন। বৃহস্পতিবার দই খাবেন। শুক্রবার যব বা ছোলার ছাতু ভালো। শনিবার মাসকলাই খাবেন। আদা এবং নুন মিশিয়ে খাবেন।

পড়া নিয়ে অশান্তি কাটানোর উপায়

আপনার বা যে সকল ব্যক্তিদের পড়া নিয়ে অশান্তি সেই সকল ব্যক্তিরা বৃহস্পতিবার দিন বট গাছের গোড়া থেকে মাটি নিয়ে স্নান করে শুদ্ধ বস্ত্রে টিপ পরে পড়তে বসবেন। এই প্রয়োগ রোজ করতে পারলে পড়া নিয়ে আপনার সব অশান্তি দূর হবে।

অঙ্কে ভয় কাটানোর উপায়

আপনার বা যে সকল ব্যক্তিদের অঙ্কে ভয় রয়েছে। অঙ্কে প্রচণ্ড ভীতি রয়েছে তারা প্রত্যেক সোমবার দিন দশকর্মা ভাণ্ডার থেকে একটি ময়ূরপুচ্ছ কিনে এনে অঙ্ক বইয়ের মধ্যে রেখে দেবেন। এই প্রয়োগ করলে দেখবেন অঙ্কে প্রতি ভয় দূ র হয় যাবে।

পড়তে বসলে ঘুম কাটানোর উপায়

আপনার বা যে সকল ব্যক্তিদের পড়তে বসলে ঘুম পায় সেই সকল ব্যক্তিরা গঙ্গাজলে কেশর মিশিয়ে পড়তে বসুন। এই প্রয়োগ রোজ স্নান করে শুদ্ধ বস্ত্রে করতে পারলে পড়তে বসে ঘুম পাওয়া থেকে রেহাই পাবেন।

বুদ্ধপূর্ণিমার উপায়

বুদ্ধ ধর্মাবলম্বীরা তো অবশ্যই আপনিও এই প্রয়োগটি করতে পারেন। শুধু অন্তর দিয়ে আরাধনা করতে পারলেই আপনি সফলতা লাভ করবেন। বুদ্ধ পূর্ণিমার দিন একটা কাঁচের গ্লাসে সামান্য গরুর দুধ নিয়ে অল্প পরিমান জল মিশিয়ে একটা বট গাছের গোড়ায় নিয়ে ঢেলে দেবেন। তারপর বট বৃক্ষকে প্রণাম করে আপনার মনের কথা জানাবেন। বটবৃক্ষের গোড়া থেকে সামান্য মাটি কুড়িয়ে এনে একটা কৌটোর মধ্যে ভরে রেখে দেবেন। প্রতিদিন পড়তে বসার আগে প্রভুকে স্মরণ করে প্রণাম করে কর জোড়ে সেই মাটির টিপ আপনার হাতের অনামিকা আঙুলে পড়বেন। মাটি শুকিয়ে গেলে জল মিশিয়ে নরম করে নেবেন। এই প্রয়োগ যথাযথ করতে পারলে পড়াশোনায় অতি সহজে আপনার মন বসবে।

মা সরস্বতীর প্রার্থনা মন্ত্র

ওঁ যা কুন্দেন্দু তুষারহার ধবলা যা স্বেত পদ্মসনা, যা বীনাবর দন্ড মন্ডিত ভূজা যা শুভ্রাবস্ত্রাবৃতা। যা ব্রহ্মাচ্যুত - শঙ্কর প্রভৃতিভি দেধৈঃ সদা বন্দিতা, সীমা - পাত সরস্বতী ভগবতী নিঃশেষ জাড্যা পহা। যথা ন দেবো ভগবান ব্রহ্মা লোকপিতামহঃ ত্বাং পরিত্যজ্য সন্তিষ্ঠেৎ তথাভব বরপ্রদা।। বেদাঃ সর্ব্বানি শাস্ত্রানি নৃত্যগীতাদিকঞ্চ - যৎ। ন বিহীনং ত্বয়া দেবী তথা মে সন্তু সিদ্ধয়ঃ। লক্ষ্মীমেধা ধরা পুষ্টি গৌরী তুষ্টিঃ প্রভা ধৃতিঃ। এতাভিঃ পহি তনুভিরস্টাভির্ম্মাং সরস্বতী। উপরিউক্ত মন্ত্রটি পূর্বদিকে মুখ করে স্নান করে শুদ্ধ বস্ত্রে রোজ পাঠ করবেন। ধূপ, ধুনো, বাতি, ফুল পুজো করবেন। এই প্রয়োগ যথাযথ করলে আপনার মনের বাসনা পূর্ণ হবে।

মা সরস্বতীর কৃপালাভের উপায়

"পঞ্চম্যাং পূজয়েল্ললক্ষ্মীর পুষ্প ধূপান্ম বারিভিঃ।

মস্যাধারং লেখনীঞ্চ পূজয়েন্স লিখেত্ততঃ।।

মাঘে মাসি শিষে পক্ষে পঞ্চমী বা শ্রিয়ঃ প্রিয়া সৎ বৎসর প্রদীপে।”

মাঘ মাসের শুক্ল পক্ষের পঞ্চমী তিথিতে সরস্বতী পুজো করার নিয়ম। মা সরস্বতী শ্রীবিষ্ণুর স্বীয়পত্নী। সরস্বতীর মা স্বয়ং মা দুর্গা এবং বাবা হলেন মহাদেব। সুতারাং মা সরস্বতীর যে কোনও কারুর সন্তান নন। তিনি বিদ্যায় অধিষ্ঠার্থী দেবী এবং অপরিসীম ক্ষমতার অধিকারী।

টোটকা দ্বারা বুদ্ধি বৃদ্ধি মন্ত্র

আপনার যারা বুদ্ধি বাড়াতে চান সেই সকল ব্যক্তিরা এই প্রয়োগটি করতে পারেন। এটি করতে পারলে আপনারা বিদ্যালাভে, প্রয়োগে এবং জ্ঞানার্জনে খ্যাতিলাভ করবেন। স্নান করে শুদ্ধ বস্ত্রে ১০৮ বার জপ করল আপনার মনের বাসনা পূর্ণ হবে। অথবা রুদ্রাক্ষ মালায় এই মন্ত্র জপ করত পারেন। রোজ স্নান করে শুদ্ধ বস্ত্রেই মন্ত্র জপ করলে আপনার বুদ্ধির বিকাশ ঘটবে। পরীক্ষায় সাফল্য লাভ করবেন নিশ্চিন্তে।

টোটকার দ্বারা পরীক্ষায় সাফল্য লাভের মন্ত্র

আপনি বা যে সকল ব্যক্তিরা পরীক্ষায় সাফল্য অর্জন করত চান তারা প্রত্যেকে এই প্রয়োগটি করতে পারেন। কাজের জন্য যারা ইন্টারভিউ দিতে যাবেন তাদের জন্য এই মন্ত্র বিশেষ উপকারী। যেদিন আপনারা ইন্টারভিউ বা পরীক্ষা দিতে যাবেন সেদিন সকালে স্নান করে শুদ্ধ বস্ত্রে ১০৮ বার পূর্বমুখে তাকিয়ে বিছানা ছেড়ে উঠে এই মন্ত্র জপ করবেন। এছাড়া পরীক্ষা বা ইন্টারভিউ দিতে যাবার সময় বাড়ির গুরুজন এবং বাবা ও মাকে প্রণাম করে তারপর বেরোবেন। এই প্রয়োগ যথাযথ করতে পারলে আপনার মনের বাসনা পূর্ণ হবে এবং কার্যসিদ্ধি হবে নিশ্চিত।

শত্রু পরাজয় এবং গুপ্ত শত্রু পরাজয় উপায়

আপনার বা যে সকল ব্যক্তিরাদের শত্রু রয়েছে সেই সকল ব্যক্তিরা এই প্রয়োগটি যথাযথ করতে পারলে ওই শত্রুর হাত থেকে রেহাই পেতে পারেন। প্রথমে এই প্রয়োগটি করার আগে স্নান করে শুদ্ধ বস্ত্রে বেল পাতা নিয়ে ধুয়ে

শুকিয়ে নিতে হবে। এরপর গরুর দুধের সঙ্গে মিশিয়ে পিষে বেল পাতা আর দুধ দিয়ে গুলি তৈরি করে যাকে বশ করতে কোনো ভাবে ছলে বলে খাওয়াতে পারলে আপনার কার্যসিদ্ধি হবে এব্যাপারে আপনি নিশ্চিত থাকবেন।

আপনার বা যে সকল ব্যক্তিদের শত্রু রয়েছে সেই সকল ব্যক্তিরা এই প্রয়োগটি যথাযথ ভাবে করতে পারলে শত্রুর হাত থেকে রেহাই পেতে পারবেন। এই প্রয়োগটি করার নিয়মটা আমি উল্লেখ করছি হরতকি এবং অশ্বগন্ধাকে কলার রস মিশিয়ে রোজ স্নান করে শুদ্ধ ভাবে তিলক লাগালে আপনি সবাইকে বশ করতে পারবেন। এই প্রয়োগটি করতে পারলে আপনার মনের বাসনা পূর্ণ হবে। আক্ষ্ম পনার বা যে সকল ব্যক্তিদের শত্রু রয়েছে তারা এই প্রয়োগটি করতে পারেন। স্নান করে শুদ্ধ বস্ত্রে তুলসীপাতা পরিষ্কার করে ধুয়ে তুলসী পাতা পিষে সহদেবীর রস মিশিয়ে রোজ তিলক পরলে আপনি শত্রুকে বশ করতে পারবেন। আপনার সংসারে মঙ্গল হবে জানবেন।

আপনার বা যে সকল ব্যক্তিদের শত্রু রয়েছে তারা প্রত্যেকেই এই প্রয়োগটি করতে পারেন। এই প্রয়োগটি করার নিয়ম আমি উল্লেখ করছি সিন্দুর, কুমকুম এবং গোবর এই প্রকার জিনিস একসঙ্গে মিশিয়ে আমলার রস মিশিয়ে রেখে দেবেন। রোজ সকালে তিলক কেটে কপালে দিয়ে বেরোবেন। এই প্রয়োগ যথাযথ করতে পারলে আপনি সফল হবেন।

আপনার বা যে সকল ব্যক্তিদের শত্রু রয়েছে তারা প্রত্যেকে এই প্রয়োগটি করতে পারেন। এই প্রয়োগটির কথা আমি উল্লেখ করছি কালো ভ্রমরের পাখা লবঙ্গর সঙ্গে মিশিয়ে পিষে নিতে হবে। শুকিয়ে গেলে এটি আপনার যে শত্রু তার মাথায় তিলক লাগালে ওই ব্যক্তির কপালে তিলক হিসেবে বা যে কোনো উপায়ে কপালে লাগাতে হবে।

আপনার বা যে সকল ব্যক্তিদের শত্রু রয়েছে তারা প্রত্যেকে এই প্রয়োগটি করতে পারেন। এই প্রয়োগটি করার নিয়ম আমি উল্লেখ করছি- বেল গাছের কুঁড়ি এনে স্নান করে শুদ্ধ বস্ত্রে হাতের বাহুতে বাঁধা যায় তাহলে আপনি যে কোনোও ব্যক্তিকে বশ করতে পারবেন। অনেক সময় শত্রু আপনাকে অস্ত্র দিয়ে মারতে চাওয়ার সম্ভাবনা দেখা দিতে পারে। সেক্ষেত্রে কোন শুভ নক্ষত্রে আপনার্গের মূল নিয়ে সারা শরীরে বোলালে শত্রু আপনার বশীভূত হবে। শত্রুর অস্ত্র আপনাকে আঘাত করতে পারবে না।

শ্রীবশিষ্ঠ কয় বড় ভয়, যদি শত্রু অপ্রকাশ্য হয় গোপনে শত্রুতার কারনে কিংবা দৈব - দুর্বিপাকে আপনার ব্যবসা হঠাৎ বন্ধ হয়ে গেলে কোনও শনিবার সন্ধ্যাবেলায় হাতে একটা সুপারি ও শুদ্ধ তামার একটা পয়সা নিয়ে অশ্বত্থ গাছের নীচে রেখে আসবেন। পুরোনো সিকি ব্যবহার করতে পারেন। শেষে একটা কথা স্মরণ করিয়ে দিই যে ফেরার সময় পেছনে ফিরে আর তাকাবেন না। এই প্রয়োগের দ্বারা আপনি অবশ্যই সফল হবেন এবং আপনার ব্যবসায় জায়গায় রাখতে হবে। আপনি শত্রুকে বিনাশ করতে চাইলে পূষ্যা নক্ষত্রে চামেলী গাছের শিকড় আনবেন। সেই শিকড় হাতে লাগালে বশ হবে।

যদি কোনো মানসিক ঝামেলা দেখা দেয় তাহলে যে কোনো বুধবার একমুঠো মুগ ডাল নিতে হবে। আপনার মাথা থেকে পা পর্যন্ত ছুঁইয়ে কাক বা কোনো পাখিকে খাওয়ালে আপনি মাসিক ঝামেলা থেকে মুক্ত পাবেন।

প্রায় সব সংসারে অশান্তি দেখা যায় এবং শান্তি উধাও হয়ে যায় এবং আপনার ধনসম্পত্তি যশ ক্রমাগত কমে যাচ্ছে সেক্ষেত্রে আপনি এই প্রয়োগটি করতে পারেন। অনেক সময় দেখা যায় যে কোনোও ব্যক্তি তুকতাক করছে এবং এরফলে আপনার ক্ষতি হচ্ছে। এই কু-প্রভাব কাটবার জন্য আপনি রোজ নিজে খেয়ে অবশিষ্ট একটু রেখে দেবেন পরে সেই খাবার কোনোও জন্তু-জানোয়ারকে খাওয়াবেন। এই প্রয়োগের দ্বারা আপনার সুখশান্তি ফিরবে। ব্যবসায় আশানুরূপ ফল হবে ভালো।

ভালো মানুষ আজ পৃথিবীতে বড়ই কম। যাদের আপনি ভালো মনে করেন দেখবেন তারাই সবচেয়ে বেশি শত্রু। আপনি যাকে ভালো মানুষ হিসেবে দেখবেন পরে সেই আপনার সবচেয়ে বড় শত্রু, আপনার ক্ষতি করতে সে সর্বদা ব্যস্ত। ওদের জন্যই আপনার গ্রহের নানারকম অমঙ্গল ঘটে থাকে। বিনা কারণে ঝগড়া ঝাটি ঝামেলা বা অন্য কোনো খারাপ কিছু হবে না। এই প্রয়োগের দ্বারা আপনার সংসারে সুখ শান্তি বিরাজ করবে। কেউ আপনার কোনো ক্ষতি করতে পারবে না।

মন্ত্র প্রয়োগে শত্রুর পরাজয়ের উপায়

আপনার বা অন্য ব্যক্তির মনে হতে পারে যে শত্রুতার কারণে বাড়িতে কলহের সৃষ্টি হয়েছে এবং সুখ ও শান্তির অভাব দেখা দিয়েছে তবে যে কোনো মঙ্গলবার স্নান করে শুদ্ধ বস্ত্রে লাল ধুতি পরে লাল কাপড়ের আসনে পশ্চিম দিক করে বসতে

হবে। প্রথমে হনুমানের মূর্তি স্নান করিয়ে সিন্দুরের তিলক লাগাতে হবে। এরপর মূর্তির সামনে গুড়ের ভোগ দিয়ে ধূপ, ধুনো, বাতি জ্বালিয়ে মন্ত্র জপ করতে হবে। এরপর বেশ কয়েকদিন করার পর যে কোনো একজন বালককে আহার করিয়ে লাল বস্ত্র দান করতে হবে। এরূপ করলে তবেই এই প্রয়োগটি সফল হবে। যদি শত্রুর কারণে গৃহে ঝগড়া অশান্তি লেগেই থাকে কিংবা ভূত প্রেত পিশাচ-এর প্রকোপ পরে এবং এই সব কারণে গৃহে নানারকম উপদ্রব্য লেগেই থাকে, সেক্ষেত্রে এই প্রয়োগটি করলে সব সমস্যা মিটে যাবে। প্রয়োগ শেষ হলে হনুমানজির ছবি পুজো স্থানে রেখে দেবেন। এবং রোজ হনুমানজির ভোগের ব্যবস্থা করবেন। নিজের সাধ্যমত দ্রব্য ছোট বাচ্চাদের বিতরণ করবেন।

পায়ে পা দিয়ে ঝগড়া করা মানুষের সংখ্যা আজ এই পৃথিবীতে কম নেই। সবাই একটা অজুহাত পাবার আশায় সর্বদা ব্যস্ত । এমন কোনো শত্রু আপনার থাকলে আপনি এই মন্ত্র জপ করবেন। যখন সেই ব্যক্তির সঙ্গে সরাসরি আপনার দেখা হবে তখন তার দিকে মুখ করে ফুঁক মারলে শত্রুর মুখ বন্ধ হবে। সেই ব্যক্তি আপনার সঙ্গে বিরোধ করাও ত্যাগ করবে।

এই মন্ত্র উচ্চারণ করার সময় যেখানে শূন্যস্থান রয়েছে সেই শূন্যস্থানে শত্রুর নাম উচ্চারণ করবেন। শত্রুর আঘাত পাবার ভয়ে আপনি ভীত হয়ে থাকলে অথবা শত্রুর দ্বারা অস্ত্র আঘাতের সম্ভাবনা দেখা দিলে নিম্নলিখিত প্রয়োগটির আপনি ব্যবহার করতে পারেন।

কোনো ব্যক্তি অর্থাৎ যিনি আপনাকে অশান্ত করে তুলতে চান তার নিম্নলিখিত মন্ত্রটি যজ্ঞ করলে আপনার যাবতীয় শত্রু শান্ত হবে এবং আপনি শান্ত থাকবেন। শেষে একটা কথা বলি যে, আপনার সংসারেও শান্তি বিরাজ করবে।

যখনই আপনি বাড়ির বাইরে পা রাখবেন তখনি পরম পুরুষ এবং মা বগলার মূর্তি মনে মনে চিন্তা করে বাড়ির বাইরে পা রাখবেন। এই প্রয়োগ যথাযথ ভাবে করতে পারলে বাড়ির বাইরে আপনার বিপদ হবার কোনো সম্ভাবনা থাকবে না। কেউ আপনার কোনো অনিষ্ট করতে পারবেন না।

মন্ত্র - পরম পুরুষ বলি আমি। কর ক্ষমা মোরে তুমি। কার আজ্ঞে? নব বাড়িতেই নবজাতক শিশু জন্মগ্রহণ করে থাকে। তাই সব বাবা - মা'র উচিত নিম্নলিখিত মন্ত্রটি

লিখে রাখা। এই মন্ত্রটি যথাযথ ভাবে করতে পারলে আপনার প্রতি শত্রু ব্যক্তির কু-নজর দূর হবে। সমস্ত আপদ বিপদ থেকে শিশুটিকে রক্ষা করতে পারবেন।

যে ব্যক্তি শত্রু সে যদি খুব সম্পত্তিশালী বা প্রভাবশালী শত্রু তার ক্ষতি করার চিন্তা না করে তাকে বসে আনাই বুদ্ধিমানের কাজ হবে। একটি মন্ত্র জপ করতে পারলে শত্রু আপনার বশীভূত হবে।

শত্রু ভয়ানক, খুনি, জেল ফেরত আসামি কিংবা গুণ্ডা বদমাইসের সঙ্গে ওঠাবসা করলে, অথবা কোনো ব্যক্তির কাছ থেকে অস্ত্র আঘাতের সম্ভাবনা দেখা দিলে অন্তত শতনাম একাধিকবার জপ করলে শত্রু আপনার বশীভূত হবে। শত্রু আপনার ঘাড়ে চরে বসলে অথবা বুদ্ধিতে তার সঙ্গে যদি আপনি না পারেন তাহলে এই মন্ত্রটি ২১ দিন, ৪১ দিন রোজ পাঠ করলে শত্রুর বাড়বাড়ন্ত কমবে। একগোছা পান এবং ৭টা বাতাসা ভোগ দিতে হবে। সিন্দুর, ঘি এবং লাল কাপড় দিয়ে হনুমানজির আর্শীবাদ পেতে হবে। আপনার শত্রুর চেহারা কল্পনা করে মূর্তি মাটিতে বানিয়ে নিতে হবে। শত্রুর নাম লিখতে হবে এবং মন্ত্র পাঠ করতে হবে শত্রুর নাম নিয়ে। মূর্তিটিতে ২ বার করে জুতো মারতে হবে। রোজ ২১ বার মন্ত্র জপ করলে শত্রুর মাথা ফেটে যাবে। এবং এই প্রয়োগটি তখনি করবেন যখন দেখবেন শত্রু আপনার মাথার উপরে চড়েছে।

মন্ত্রঃ

"ওঁ নমঃ হনুমন্ত বলবন্ত মাতা অজ্ঞানী পুত্র হলহলন্ত আও চড়ন্ত গড় কিল্লা তোরতর আও লংকা জাল করি আওলে লাগুং লংগুর তে লপটায় সুমিবতে।।

যদি দেখেন আপনার কেউ চূড়ান্ত ক্ষতি করছে তবে সেক্ষেত্রে এই প্রয়োগটি করতে পারেন। নচেৎ আপনার চূড়ান্ত ক্ষতি হয়ে যাবে। এই প্রয়োগটি করার আগে শ্মশানে গিয়ে কয়লা নিয়ে আসলে পরে মাটিতে পুঁতে দিয়ে আসবেন। শ্মশানে মিষ্টি, ফলমূল, মাংসের টুকরো ও মদ দিয়ে রেখে আসবেন।

মন্ত্রঃ - "হে কাল রাত্রি প্রসন্ন হোন"

এই মন্ত্রটি জপ করবেন। এই মন্ত্রের দ্বারা আপনার আশ্চর্যজনক উন্নতি ঘটবে। এবং শত্রুর হাত থেকে আপনি রক্ষা পাবেন।

পুত্র লাভের উপায়

অনেক সময় বিবাহিত মহিলারা পুত্রের ইচ্ছা পূরণ করার সময় নানা ব্রত পালন করে থাকেন। এবং এই ইচ্ছা পূরণ করার জন্য একটা প্রয়োগের কথা আপনাদের বলছি। স্নান করে শুদ্ধ বস্ত্রে মা কালী, মা জগদম্বা, মা শীতলা কিংবা শিবের মন্দিরে গিয়ে পুজো দিয়ে প্রণাম করে দুহাত জোড় করে নিজের মনের কথা বললে আপনার মনস্কামনা অবশ্যই পূর্ণ হবে। এবং আপনি অবশ্যই পুত্র সন্তানের জন্ম দিতে পারবে।

পদোন্নতির উপায়

আপনি আপনার পদোন্নতির জন্য গোমতী চক্র নিয়ে যে কোনো শিব মন্দিরে কাঁচা দুধের সঙ্গে মিশিয়ে শিবলিঙ্গের উপর ঢালবেন এবং রোজ স্নান করে শুদ্ধ বস্ত্রে শিবের উপাসনা করবেন। তারপর দুহাত জোড় করে প্রণাম জানিয়ে মনে মনে মন্ত্র জপ করবেন "হে শিবশম্ভু ভোলানাথ তুমি আমাকে এই বিপদ থেকে রক্ষা কর"।

চাকরিতে সফলতা লাভের উপায়

রবিবার দিনে মধ্যাহ্ন সময়ের আগে বটবৃক্ষের ঝুরি কেটে নিয়ে এসে লাল কাপড়ের মুড়ে সঙ্গে রাখতে হবে।

ঋণমুক্তি উপায়

একটি মাটির হাঁড়িতে প্রতিদিন এক চামচ পরিমাণ কালো তিল দেবে এবং ৩০ দিনের দিন সমগ্র হাঁড়িটি কালো ভিখারীকে দান করবে।

চাকরিতে বাধা দুর করার উপায়

একটি এক টাকা কয়েন নিয়ে তার একদিকে সিন্দুর ও অন্যদিকে চন্দনের ফোঁটা দিয়ে বেল পাতায় মুড়িয়ে রাত্রে বালিশের তলায় রেখে ঘুমাবে এবং প্রতি শনিবার অন্তর সেটিকে বদলাবে।

বিদ্যায় উন্নতির উপায়

তিনটি পদ্ম ফুল কাঁচের বোতলের মধ্যে জলে ডুবিয়ে পড়ার টেবিলে রাখতে হবে এবং এমনভাবে রাখতে হবে যাতে ছাত্র ছাত্রীর নজরে পরে।

প্রচণ্ড শত্রুতা থেকে রক্ষার উপায়

যে সব ব্যক্তিরা প্রচণ্ড শত্রুতায় ভুগছেন তারা প্রতিদিন স্নানের পর ও সন্ধ্যায় বেলায় শুদ্ধাচারে ঠাকুরের আসনের সামনে বসে ঘি ও সরষের তেল মিশিয়ে প্রদীপ জ্বালিয়ে - **"ওঁ হ্লীং বগলামুখী দেবী মম শত্রু বিনাশায় স্বাহা"** - এই মন্ত্রটি ১০৮ বার জপ করবেন।

কর্মে বাধা দূর করার উপায়

এক টুকরো সাদা কাপড়ে কড়ি ও চুম্বক মুড়িয়ে লাল সুতায় বেঁধে পকেটে বা সঙ্গে রাখবেন।

নজর দোষ থেকে বাঁচবার উপায়

সদর দরজার দিকে মুখ করে পঞ্চমুখী হনুমানজির ছবি লাগাতে হবে।

মামলা মোকদ্দমায় জয়ের উপায়

যে কোনো হোমে বা যজ্ঞে একগোছা ঘৃতাক্ত দূর্বা আহূতি প্রদান করে।

দোকানে বিক্রয় বৃদ্ধির উপায়

দোকানে ক্যাশ বাক্সে বা যেখানে টাকা পয়সা রাখা হয়, সেখানে এক টুকরো সোনা হলুদ কাপড়ের মুড়িয়ে রেখে দেবে।

অবাধ্য সন্তানকে বশে আনার উপায়

যে কোনো শনিবারে সন্ধ্যায় পর সাতটি শুকনো লঙ্কা, ছোটো এক টুকরো ফিটকিরি, পাঁচটি মুদ্রা বা কয়েন একত্রে ধরে সন্তানের মাথার উপর তিনবার ঘুরিয়ে কাগজে মুড়িয়ে চার রাস্তার মোড়ে ফেলে আসতে হবে।

অর্থ ধরে রাখার উপায়

প্রতি শনিবারে একটি সরয়ে তেলে ভেজে কালো কুকুরকে রুটি খাওয়াতে হবে।

ব্লাডপ্রেসার নর্মাল রাখার উপায়

যে কোনো দশকর্ম্মা দোকান থেকে 'ত্রিফলা' সংগ্রহ করুন। তারপর অমাবস্যা বা পূর্ণিমার আগের দিন একটি তামার পাত্রে ওই ত্রিফলা ভিজিয়ে রাখতে হবে। পরের দিনে অমাবস্যা বা পূর্ণিমা চলাকালীন ত্রিফলা ভেজাবেন। জল দিয়ে হাত ও পায়ের পাতা খুব ভালো করে ধুয়ে নিতে হবে। তারপর সেই কর্মটা করলে ভালো ফল পাওয়া যাবে।

পরীক্ষায় সফলতা লাভের উপায়

পরীক্ষা দিতে যাবার আগে বাড়ি থেকে বেরোবার সময় দেবী দুর্গা দশভূজা রূপ দর্শন করবে এবং যেদিন থেকে পরীক্ষা শুরু হচ্ছে তার আগের থেকে একটু হলুদ কাপড়ের টুকরোর মধ্যে বেলপাতা জোগাড় করে নেবেন। বেলপাতার তিনটি পাতাতেই শ্বেতচন্দন ও আলতা ও গুঁড়ো হলুদ মিশিয়ে নেবেন। "**ওঁ হ্রীং সরস্বতী দেব্যৈঃ নমঃ**" এই মন্ত্রটি লিখে হলুদ কাপড়ে রেখে সুতার দ্বারা মুড়িয়ে ঠাকুরের আসনে বা মা সরস্বতীর সামনে রেখে দেবেন। পরীক্ষা দেবার সময় ওই বস্তুটিকে অবশ্যই সঙ্গে রাখতে হবেই।

সংসারে সুখ – সমৃদ্ধি বজায় রাখার উপায়

প্রতিদিন সকালে ঘুম থেকে ওঠার পর বাসি মুখে বাড়ির গৃহকর্তা বা গৃহকর্ত্রী ঘি মাখানো রুটি কাককে খেতে দেবে।

সর্বকাজে সিদ্ধি লাভের উপায়

এক টুকরো লাল কাপড়ের মধ্যে পাঁচটি লবঙ্গ, অল্প সিদ্ধি, অল্প আতপচাল, এক টাকার একটি কয়েন একত্রে মুড়িয়ে সবসময় সঙ্গে রাখবে এবং প্রতিদিন শনিবার ও মঙ্গলবারে ওই বস্তুটিকে যে কোনো কালী মাতার মন্দিরে নিয়ে গিয়ে মায়ের চরণে ছুঁইয়ে আনতে হবে।

বিদ্যায় নাম- যশ - কর্মোন্নতি বৃদ্ধির উপায়

প্রতি রবিবারে সকাল দশ (১০) টার মধ্যে স্নান করে খোলা আক্ষ্ম কাশের নীচে পূর্বদিকে মুখ করে দাঁড়াবে এবং একটি তাম্র পাত্রে - কাঁঠালি কলা, প্রস্ফুটিত জবা, পাঁচটি ধান, দূর্বা ও রক্তচন্দন এবং অল্প জল একত্রে নিয়ে নিম্নলিখিত মন্ত্রটি পাঠ করে সূর্যদেবকে প্রণাম জানাতে হবে এবং তারপরে ওই অর্ঘ্য পাত্রটি সূর্যদেবকে নিবেদন করতে হবে। মন্ত্র - **"ওঁ নমঃ জবাকুসুমং সংকাশং কাশ্যপেয়ং মহাদ্যুতিম্, ধন্তারিং সর্বপাপঘ্নং প্রণতেহেস্মি দিবাকরম্"** - যে সকল ব্যক্তিরা প্রচণ্ড শারীরিক রোগ - যন্ত্রণায় কষ্ট পাচ্ছেন, তারাও এই প্রক্রিয়াটি করতে পারেন। ফল অবশ্যম্ভাবী।

শনির সাড়েসাতি থেকে মুক্তির উপায়

যে সকল ব্যক্তিগণ বর্তমানে শনির সাড়েসাতির প্রকোপে পড়ে আছেন বিশেযত সিংহ রাশি বা লগ্ন বা কন্যা রাশি বা লগ্ন, তুলা রাশি বা লগ্নের জাতক - জাতিকারা প্রতি শনিবারে নিরামিষ আহার করবে।

দেবী দক্ষিণাকালিকার মূর্তি বা ছবির সামনে শুদ্ধাচারে বসে ধূপ-দ্বীপ জ্বলন করে ১০৮ বার কালীগায়ত্রী জপ করবে। মন্ত্র — "**ওঁ ক্রীং কালীকায় মহাশশ্মান বাসিন্যে মহী তন্নো ঘোরে প্রচোদয়াৎ ওঁ**"।

সংসারে সুখ - সমৃদ্ধি - শান্তি বজায় রাখার উপায়

বাড়ির গৃহিনী বা গৃহকর্তাকে প্রত্যেক মাসের শুক্লপক্ষের একটি মঙ্গলবারে মা মঙ্গলচণ্ডীর ব্রত পালন করতে হবে এবং ব্রতপালনকারিনী এই দিনে ফলাহার করালে বিশেষ শুভফলপ্রদ হবে।

দাম্পত্য কলহ প্রশমনের উপায়

স্বামী - স্ত্রীর শোবার ঘরে শিব-পার্বতী বা হরগৌরী-র কোনো মূর্তি বা চিত্র রাখবে এবং স্ত্রী সর্বদা স্বামীর বা বাঁ - পাশে শয়ন করবে।

বিদ্যায় বাধা দুর করার উপায়

যে সকল ছাত্র ছাত্রীরা বাধাপ্রাপ্ত হচ্ছে, তারা প্রতিদিন সকালে ঘুম থেকে ওঠার

সময় বাঁ পা আগে মাটিতে ফেলবে। এছাড়া, অতি অবশ্যই রাশিচক্রের ভালো করে বিচার করে নেওয়া উচিত। সেই রাশি অনুযায়ী সঠিক মূল্যায়ন করা প্রয়োজন। বাঁ ও ডান উভয়ই হাতের কনিষ্ঠা আঙুলের নোখ বড় রাখবেন না।

পড়তে বসার আগে অবশ্যই বই-মাতাকে মা সরস্বতী জ্ঞান করে প্রণাম করবে প্রতিদিন সূর্য প্রণাম বাঞ্ছনীয়।

শনির সাড়েসাতি থেকে মুক্তির উপায়

১) বাড়িতে বা গৃহে নীল অপরাজিতা ফুলের গাছ লাগালে শুভফলদায়ী হবে।

২) প্রতিদিন আগ হাড়ির একটু ভাত কাককে খেতে দিন।

৩) মন্দিরে বা বাড়িতে কালো শিবলিঙ্গে তিলতেল প্রদান করুন।

বাড়িতে চুরি, ডাকাতি রোধের উপায়

সদর দরজার ওপর দেবী দক্ষিণাকালিকা ও দেবী দুর্গার ছবি লাগাতে হবে। প্রতি শনিবার ও মঙ্গলবারে সন্ধ্যা বেলায় অত্যন্ত শুদ্ধাচারে যদি "আদ্যাস্তোত্রম্" পাঠ করা যায়, তাহলে অত্যন্ত শুভফল লাভ করা যাইবে।

নজর দোষ কাটানোর উপায়

যে কোনো শনিবার হনুমানজির মন্দিরে গিয়ে হনুমানজির চরণ থেকে বা পায়ের থেকে একটু সিঁদুর তুলে এনে নজর লাগা ব্যক্তির কপালে বা মাথার পরিয়ে দিতে হবে।

গৃহস্থের টোটকা

তাদের ক্ষেত্রে রাশিচক্র বিচার ও উপযুক্ত প্রতিকার একান্তই আবশ্যক। তাছাড়া এই টোটকাটি প্রয়োগে সুফল অবশ্যই মিলবে— ছাত্র ছাত্রীরা যে শয্যায় শয়ন করে, সেই শয্যায় গদির নীচে একটু সাদা সরষে, কর্পূর, আতপচাল ও শ্বেতচন্দন নিখুঁত বেলপাতা কালো কাপড়ে মুড়ে রেখে দেবে। ২১দিন অন্তর ওই বস্তুটিকে বদলাতে হবে।

উচ্চশিক্ষায় সাফল্যে উপায়

যে সকল বিদ্যার্থীরা উচ্চশিক্ষা লাভে ইচ্ছুক বা যাহারা উচ্চশিক্ষারত রয়েছে,

তাদের উদ্দেশ্যে জানাই — দুটি স্ফটিক দানা (ছোটো বা বড়), দুটি রুদ্রাক্ষ দানা (ছোটো বা বড়), একটুকরো গাঁট হলুদ — এক সুতায় গেঁথে গলায় বা কন্ঠে ধারণ করবে। যে সকল ছাত্র-ছাত্রীরা পরীক্ষা নিয়ে ভীষণ চিন্তিত তাহারাও এই প্রয়োগটি করতে পারবে।

অত্যন্ত মাথা গরম প্রশমিত করার উপায়

যে সকল ব্যক্তির হঠাৎ হঠাৎ মাথা গরম হয়ে যায়, তারা প্রতিদিন রাত্রে শোবার আগে মাথার কাছে একটি জলপূর্ণ পাত্রে শঙ্খ রেখে শোবে এবং পরের দিন ঘুম থেকে উঠে ঐ পাত্রের জল কিছুটা মাথায় বুলিয়ে বাদবাকিটা বাসি বিছানায় বসেই খেয়ে নেবে।

ব্যবসায় উন্নতির উপায়

প্রত্যেক শনিবারে একটি পরিষ্কার ও নিখুঁত অশ্বত্থ বৃক্ষের পাতা এনে তাতে সিন্দুর দিয়ে "রামসীতা" লিখে ব্যবসাস্থলে লক্ষ্মীগণেশের আসনে রেখে দেবে।

শীঘ্র বিবাহের উপায়

যে সকল জাতক জাতিকার বিবাহে বাধা বা বিলম্ব হচ্ছে, তাদের ক্ষেত্রে রাশিচক্রে কোনো প্রকার অশুভ গ্রহসন্নিবেশ আছে কিনা তা অবশ্যই বিচার্য ও উপযুক্ত প্রতিকার একান্তই বাঞ্ছনীয়। তাছাড়া এই প্রকার জাতক জাতিকারা এই উপায়টি প্রয়োগ করতে পারেন। প্রতি সোমবার সকাল সকাল স্নান করে মন্দিরে বা নিজগৃহে কোনো প্রতিষ্ঠিত শিবলিঙ্গকে কাঁচা দুধ ও সরষে তেল মিশ্রিত করে স্নান করাবেন।

প্রচণ্ড শত্রুতা দমনের উপায়

প্রতি শনিবার সন্ধ্যা বেলা বা রাত্রি বেলায় বাড়ির সদরের সামনে দাঁড়িয়ে — "ওঁ নমঃ ভগবতী চন্ডমুণ্ড বিনাশিনী মম সর্ব্ব শত্রু বিনাশায় স্বাহা"— এই মন্ত্রটি ডান হাতে একটি জবাফুল বা রক্তপুষ্প ও বাঁ- হাতে কিছু পরিমান কালো সরষে নিয়ে ২১ বার জপ করবে। তারপরে, জবাফুল বা রক্তপুষ্পটিকে মায়ের পাদপদ্মে অঞ্জলি দেবে এবং কালো সরষে শত্রুর চেহারা স্মরণ করতে করতে তিন রাস্তার মোড়ে ফেলে দেবে।

গৃহে নানাপ্রকার অশান্তি বা কলহ দূর করার উপায়

বাড়িতে পরিবারের সদস্যদের মধ্যে বিভিন্ন বিষয়ে নিয়ে প্রায়শই ঝগড়া বিবাদ লেগেই থাকে। সেই সকল গৃহে অতি অবশ্যই এবং অতিশীঘ্র "বাস্তুশান্তি" ক্রিয়া করা উচিত। কারণ, মূলত বাস্তুদোষের কারণেই এমনটি ঘটে থাকে। এছাড়াও - গৃহশান্তি হেতু গৃহকর্তা এই উপায়টি প্রয়োগ করতে পারেন। একটি মাটির বা তামার ঘটের মধ্যে সাতটি (৭) কড়ি, পাঁচটি (৫) সুপারি, নয়টি (৯) লোহার পেরেক রেখে ঘটটিকে বেলতলার মাটির দ্বারা পূর্ণ করে লাল কাপড়ে ঘটের মুখটি বন্ধ করে এক হাত মাটি গর্ত করে ঈশান কোণে পুঁতে দিতে হবে।

কোনো প্রকার দুর্ঘটনা এড়ানোর উপায়

নিজের কাছে, গৃহে বা যানবাহনে সবসময় একটি হনুমানজির ছবি ও হনুমান চাল্লিশা রেখে দেবে।

এলার্জি বা চর্মরোগের উপায়

একটু বেশি পরিমাণে শ্বেতচন্দন পিষে একটি শিশিতে নিয়ে তার মধ্যে সমপরিমাণে গোলাপ জল ও কর্পূর মিশ্রিত করতে হবে। এরপর, শরীরের যে যে স্থানে এলার্জি বা চর্মরোগ দেখা দিচ্ছে সেই সেই স্থানে রাত্রে বেলায় ভালো করে ঘষে ঘষে লাগিয়ে শয়ন করতে হবে।

ধনসম্পদ বৃদ্ধির উপায়

ধনসম্পদ বৃদ্ধি করতে হলে শুক্রবার দিনটা একেবারে উপযুক্ত হিসেবে মনে করি। শিউলী ফুল সাধারণত শীতকালে ফোটে। ভোরবেলা উপোস করে কারও সঙ্গে কোনো কথা না বলে, ১৫টি শিউলী ফুল গাছ থেকে তুলতে হবে, মাটিতে পরে গেলে সেই ফুল কোনো কাজে আসবে না।

এরপর শিউলী ফুলগুলো একটা পরিষ্কার কাপড়ে রাখতে হবে চৌকির উপর। এরপর সেই দিন শুক্রের গ্রহে, সন্ধ্যাবেলা ৭টা ১৩ মিঃ, ১৯ সেঃ সময়ের মধ্যে ১২টা লাল রঙের গোলাপ ফুল তুলতে হবে। ফুল তোলা থেকে শেষ পর্যন্ত উপোস করে থাকতে হবে। প্রথম থেকেই একটা স্থির সিদ্ধান্ত নিতে হবে, যে করেই হোক

ফুল তুলে আনতে হবে। গেলাপ ফুলগুলো এনে শিউলী ফুলের সঙ্গে রেখে দিতে হবে। এই প্রয়োগটি করবার জন্য রাত্রিবেলা উপযুক্ত সময়, কারণ রাত্রিরে চারিদিক নিস্তব্ধ থাকে। তাই প্রয়োগটি করার জন্য একটা নির্জনস্থান বেছে নিতে হবে।

এরপর যেখানে প্রয়োগটি করবেন সেই স্থানটা গঙ্গাজল দিয়ে ধুয়ে নেবেন। এবং ধূপ এবং প্রদীপ জ্বালিয়ে ফুলের পাত্রটি নিজের সামনে চৌকির ওপর রাখবেন এবং এই সময় আপনার সামনে অপর কোনোও ব্যক্তি না আসে সেই দিকে আম্ম্ন পনাকে লক্ষ্য রাখতে হবে।

ফুলের পাত্রটি নিজের ঘরে অথবা দোকানে ঝুলিয়ে রাখবেন। এই প্রয়োগটি যদি সঠিক পদ্ধতি মেনে করে নিষ্ঠা সহকারে করতে পারেন তাহলে দ্রারিদ্র চলে যায়, চুরি হবার সম্ভাবনা একেবারে নির্মূল হয়ে যায়।

ব্যবসায় লোকসান কমানোর উপায়

ব্যবসায় আপনার যদি লোকসান হয়, তাহলে আপনি এই প্রয়োগটি করতে পারেন। এই প্রয়োগটির করার উপযুক্ত দিন হল বুধবার। পরপর ৬টি সপ্তাহের বুধবার এই প্রয়োগটি করতে হবে। তাহলে দেখবেন আপনার ব্যবসায় অনেক বেশি লাভ হবে।

আপনি বাজার থেকে একটা হলুদ রঙের কড়ি কিনে আনবেন, আর এর সঙ্গে ৪টে করে লবঙ্গ ও ছোট এলাচ এবং মাটি একসঙ্গে জড়ো করে আগুনে পোড়াতে হবে। ওই আগুন নিভে গিয়ে যে ছাই পড়ে থাকবে সেই ছাই তুলে একটা গোটা পানের ওপর রেখে ফুটো করা তামার পয়সা রাখবেন। যদি ফুটো তামার পয়সা জোগাড় করতে না পারেন, তাহলে একটা তামার পাতকে ব্যবহার করতেপারেন। সমস্ত জিনিসগুলো একসঙ্গে জড়ো করে পুকুর কিংবা নদীতে ভাসিয়ে দিতে হবে। আপনি যে বুধবার এই প্রয়োগটি করবেন সেই দিন উপোস করবেন এবং কোনো দুঃখী কিংবা অসহায় মানুষকে দান দক্ষিণা কিংবা কোনো গরিব ব্যক্তিকে খাইয়ে তারপর নিজে খাবেন।

সব থেকে গুরুত্বপূর্ণ কথা হল, বুধবার নিজের গৃহদেবতাকে আপনার সাধ্যমত ফুল, ফল দিয়ে পুজো করে খুশি করবার চেষ্টা করবেন। তারপর পুজোর প্রসাদ প্রথমে নিজে, তারপর বাকিদের বিতরণ করবেন।

প্রতি বুধবার সকালে ৬টা, ৩৫ সেঃ এর মধ্যে করবেন। এবং যদি একান্তে সকালে প্রয়োগটি করতে না পারলে তাহলে সন্ধ্যাবেলা ৭টা ৫৬ মিঃ, ৪০ সেঃ সময়ের মধ্যে প্রয়োগটি করতে হবে।

ব্যবসায়ে দ্রুত উন্নতির উপায়

ব্যবসায় দ্রুত উন্নতি করার জন্য এই প্রয়োগটি করতে পারেন। এই প্রয়োগটি করে অনেক ব্যক্তি লাভবান হয়েছে, তাই এই প্রয়োগটি করার কথা আমি বইতে উল্লেখ করছি।

তাই আপনি নিশ্চিন্তে এই প্রয়োগটি করতে পারেন। যে ব্যক্তির ওপর রাহু গ্রহ লেগেই আছে, রাত্রিতে ঘুম আসে না, সেই সব ব্যক্তির ক্ষেত্রে এই প্রয়োগ খুব উপকারী। এই প্রয়োগটি নিষ্ঠা সহকারে করতে পারলে টাকা পয়সা বাড়ে এবং মানসিক শান্তি পাওয়া যায়। প্রয়োগটি করবার দিন রবিবার উপযুক্ত। এই দিন সূর্যোদয় থেকে সূর্যাস্ত সময়ের মধ্যে এই প্রয়োগ করবেন।

এবার আপনি একটা নারকেলের ফোপড়া নিন। একটা ছুড়ি দিয়ে মুখটা এমনভাবে কাটবে যাতে এই নারকেলের ফোপড়ার মধ্যে একটা আঙুল ঢুকতে পারে। এরপর চিনি এবং চার ধরনের মেওয়া পিষিয়ে নারকেল ফোপড়ার মধ্যে ভরে দিন।

যতদিন নারকেলের ফোপড়ার মধ্যে ওই প্রকার মিশ্রণ ভরার প্রক্রিয়া চলবে ততদিন আপনার গৃহদেবতার পুজো পাঠ করে তাকে সন্তুষ্ট করবার চেষ্টা করবেন।

নারকেলের ফোপড়া যখন সম্পূর্ণ ভর্তি হয়ে যাবে তখন আপনি ঘর থেকে একটু দূরে কোনো বট গাছের নীচে এই নারকেলের ফোপড়ার পুঁতে দেবেন এবং সব শেষে একটা কথা নারকেলের ফোপড়ার এমন জায়গায় পুঁতে দেবেন যেখানে কোনো শিশু বা কোনো প্রকার জন্তুজানোয়ার নারকেলের ফোপড়া খুঁড়ে নষ্ট করে দিতে না পারে এবং এই দিন আপনি উপোস করবেন। কারও সঙ্গে কোনো কথা বলবেন না।

নারকেলের ফোপড়াতে মিশ্রণগুলো দেবার পর আর বাকি যদি কিছু অবশিষ্ট থাকে সেটা পুঁতে দেওয়া নারকেলের ফোপড়ার চারিদিকে ছড়িয়ে ছিটিয়ে দেবেন।

যাতে এই স্থানে পিঁপড়ে আকর্ষিত হয়ে আসে। ব্যবস্থা করেছেন সুতরাং আপনার ভগবানও সহায় হবে নিশ্চয়ই।

ধার-বাকি টাকা উদ্ধারের উপায়

একটা কথা প্রায়ই শোনা যায় ব্যবসায় টাকা পয়সা ঝুলে রয়েছে এর ফলে ক্রমশ ঋণ বাড়ছে, পাওনাদার চটে যাচ্ছে। যখন টাকা আদায়ের কোনো পথ খোলা না থাকে তখন এই টিপস করে দেখুন।

এই প্রয়োগটি যথাযথ নিয়ম মেনে করতে পারলে ব্যবসায় যে টাকা আটকে আছে সেই টাকা চটজলদি ফেরত পাওয়া যায়।

যে কোনো শুক্লপক্ষের অষ্টমী তিথিতে এই প্রয়োগ করবেন। কিছুটা পরিষ্কার তুলো কিনে এনে এই তুলো দিয়ে পাঁচটি বাতি তৈরি করুন। বাতিগুলোতে জয়িত্রী, নাগকেশর এবং কালো তিল এই তিনটে জিনিস মিশিয়ে মোমবাতিতে মাখান। এরপর মোমবাতিটা প্রদীপে বসিয়ে যে কোনো সময়ে চৌরাস্তায় নিয়ে গিয়ে জ্বালিয়ে দিন।

নিজের মধ্যমা আঙুলে একটা ছোটো নতুন আলপিন ফুটিয়ে রক্ত বের করে সেই রক্ত প্রদীপের ওপর কয়েক ফোটা ফেলতে হবে। যে ব্যক্তির সঙ্গে আপনার প্রয়োজন সেই ব্যক্তির নাম তিনবার জপ করতে হবে।

এরপর কোনো দিকে আর না তাকিয়ে চুপ করে বাড়ি ফিরে আসবেন এবং মনের মধ্যে এই বিশ্বাস অটুট রাখবেন যে, আপনার ধন আপনিই ফেরত পাবেন।

পরের দিন সকালে রুটিতে (আটার) গুড় মাখিয়ে গরুকে খাওয়াবেন। যদি গরু না পান তাহলে গরুর নাম করে বাড়ির ছাদে কিংবা বাড়ির পাশে কোথাও রেখে দেবেন।

ঈশ্বরের কৃপা লাভের উপায়

স্বাস্থ্য, ধনসম্পত্তি, মেধা, শান্তি, সুখ এই সকল সম্পদ একমাত্র ঈশ্বরের কৃপাতেই পাওয়া যায়। তিনি বিশ্বস্রষ্টা। ঈশ্বর সবার ওপর প্রসন্ন হন না। কিন্তু যার ওপর একবার প্রসন্ন হয়েছেন তার জন্ম একেবারে সার্থক।

ঈশ্বরের কৃপালাভের জন্য একটা সহজ টোটকার কথা উল্লেখ করছি। এই প্রয়োগটির প্রথমেই একটা কথা বলি যে, আপনি যা উপার্জন করবেন, তার অর্ধেক ঈশ্বরের নাম করে তুলে রাখবেন।

এই প্রয়োগ করার পর স্নান করে শুদ্ধ কাপড়ে, আসনে বসে মা তারার নাম বা নারায়ণ বা লক্ষ্মীনারায়ণের স্তব, গীতা অথবা শ্রীকৃষ্ণের স্তব পাঠ করবেন। একটা কথা বলি যে, কিছুদিনের মধ্যেই আপনার সমস্ত অমঙ্গল কেটে যাবে।

ব্যবসায় সাফল্যের উপায়

পশ্চিমদিকে দোকান হলে নীল রঙ, এবং উত্তরদিকে দোকান হলে সবুজ রঙ দিয়ে ব্যবসা বা দোকান সাজাবেন।

যারা ওষুধপত্র, বস্ত্র, কেমিক্যাল ইত্যাদির ব্যবসা করেন তারা প্রতি শুক্রবার সন্ধ্যাবেলা প্রদীপ জ্বালাবেন। প্রদীপের ভিতর যদি পারেন একটি সিদ্ধি দেবেন সম্ভব হলে। শেষে একটা কথা বলি যে প্রদীপের ভিতর স্বস্তিক চিহ্ন আঁকা থাকতে হবে। যারা ধাতুর তৈরি জিনিসের ব্যবসা করেন তারা প্রত্যেক শনিবার দোকানের সামনে পূর্বদিকে মুখ করে দোকানের বাইরে সরষের তেল দিয়ে প্রদীপ জ্বালাবেন সামান্য পরিমাণ তেল দিয়ে। প্রদীপের ভিতর একটা কড়ি বা তামার পয়সা রেখে দেবেন।

একটা যে কোনো পরিষ্কার কাপড়ে সিদ্ধি (সামান্য) তিনটে শুকনো হলুদ, কড়ি এবং গোটা হলুদ রেখে কাপড়টিতে গিট বেঁধে দোকানের প্রবেশ পথে ঝুলিয়ে দেবেন। প্রতিদিন সন্ধ্যাবেলা ওই পুঁটলিতে ধূপ, ধুনো দেখালে কুনজর কেটে যাবে এবং অবশ্যই ব্যবসায় উন্নতি ঘটবে।

আপনার দোকানের দক্ষিণদিকে উঁচুস্থানে সিংহাসনে বা তাকের উপরে গণেশ ও লক্ষ্মী দেবীকে প্রতিষ্ঠা করলে ভালো ফল পাওয়া যায়।

যে কোনো ব্যবসায়ীদের বসার জায়গাটি উত্তর কিংবা পূর্বদিকে হওয়া শুভ বলে মনে করি।

দোকানের ক্যাশ বাক্স সবসময় উত্তরদিকে রাখবেন। যে কোনো কাপড় ব্যবসায়ী দোকানের ক্যাশ বাক্সের সোনার টাকা কিংবা হলুদের চোবানো কাপড়ের টুকরো রাখলে দোকানের লাভ আরও বেড়ে যাবে এবং নজর কেটে যাবে।

ব্যবসায়ী যতই আপনি উন্নতি করার চেষ্টা করুননা কেন আপনার দোকানের সামনে যদি কোনো নর্দমা কিংবা জঞ্জালের স্তূপ থাকে, তাহলে সেক্ষেত্রে ব্যবসার অমঙ্গল ঘটে এবং সবশেষে একটা কথা বলি যে, সেই ব্যবসায় কখনই উন্নতি ঘটে না।

যে কোনো ব্যবসায়ীকে লক্ষ্য রাখতে হবে যাতে করে দোকানের সামনে কোনো থাম বা কোনো উজ্জ্বল আলো সারাক্ষণ না জ্বলে। ব্যবসা করতে গেলে সব দিকে লক্ষ্য রাখতে হবে।

গৃহদেবতার আশীর্বাদে প্রচুর ধনসম্পদের মালিক হতে গেলে সমতল ভূমিতে বা মাটিতে ব্যবসা করাই ভালো। এতে ব্যবসায় মঙ্গল হয়।

পশ্চিমদিকে যে কোনো দোকানের সারাবছর ওঠানামা লেগে থাকে অর্থাৎ সে ব্যবসা কখনও লাভ বেশি হয় না।

মা লক্ষ্মী লাভের সহজ উপায়

দক্ষিণদিকে মাথা রেখে ঘুমনো ভালো (নারী ও পুরুষ উভয়ের ক্ষেত্রে প্রযোজ্য)। রবিবার ঘরের চৌকাটে গোবর বোলাবেন। গৃহের পূর্বদিকে চাঁপাফুলের গাছ লাগাবেন। মঙ্গল ও বৃহস্পতিবার, পূর্ণিমা, অমাবস্যা এবং একাদশীতে লক্ষ্মীর আরাধনা করবেন। পুরুষ ও মহিলার ক্ষেত্রে এই কথা প্রযোজ্য হাতে টাকা, দই, ফুল, ধূপ নিয়ে দ্বিতীয়বার চাঁদ দেখবেন।

প্রত্যক্ষ (সরাসরি) উপায়

যদি বাইরে যাবার সময় কোনো পাখি মলমূত্র আপনার মাথায় কিংবা শরীরে ত্যাগ করে তাহলে আপনার দুঃখ দরিদ্র কেটে যাবে। ঘুম থেকে কোনো পাখি বা সাপের মুখ দেখলে প্রচুর পরিমাণে টাকা পয়সা পাওয়া যায়। আপনি বাড়ি থেকে বেরোনোর সময় যদি আকাশ পরিষ্কার থাকে সেই দেখে আপনি বাইরে বেরোন এবং তারপর যদি বৃষ্টি হয় তাহলে টাকা পয়সা পাবার সম্ভাবনা থাকে। সকালবেলা যদি কোনো ভিতর দরজায় আসে তাহলে সেদিন টাকা না চাইলেও পাওনাদার থেকে আপনি পাবেন। দুধ জাল দেবার সময় দুধ যদি উতলে যায় তাহলে পয়সা বাড়ে। শুভ কাজে বেরোনোর সময়ে সুন্দরী স্ত্রী যদি সামনে আসে তাহলে তার মুখ দেখে বেরোলে যাত্রা শুভ হয় এবং টাকা পয়সা বাড়ে।

ঘরের সম্পদ বাড়ানোর উপায়

আপনি যদি দেখেন যে আপনার সামনে কোনো বট কিংবা লতানো গাছ হয়েছে তাহলে পূর্ণিমার তিথির এক দিন আগে, অর্থাৎ চতুর্দশীর দিন গাছটি চন্দন, ধূপ, ধুনো দিয়ে পুজো করবেন এবং এরপর হাত জোড় করে প্রণাম করে কারও সঙ্গে কথা না বলে নিজের ঘরে ফিরে আসবেন।

পরের দিন এই প্রয়োগটি করার জন্য চন্দ্র, বুধ অথবা শুক্রেরগ্রহে কিছু আটা এবং চিনি একসঙ্গে মিশিয়ে গাছের তলায় নিয়ে গিয়ে রেখে প্রণাম করবেন। এবং গাছটিতে যত্ন সহকারে নিজের বাড়িতে নিয়ে আসবেন এবং লক্ষ্য রাখবেন যাতে করে গাছের শিকড়ে কোনো ক্ষতি না হয়। বাড়িতে গাছটিকে এনে আক্ষ্ম পনার গৃহদেবতার পাশে লাল কাপড়ের উপর রাখবেন। দু-চারমাস এই গাছটিকে সকাল সন্ধ্যা ধূপ, ধুনো দেখিয়ে প্রণাম করে আপনার মনের কথা জানাবেন এবং এতে আপনার হাতে টাকা পয়সা আসবে এবং সমস্ত সমস্যা নির্মূল হয়ে যাবে। কয়েকমাস পর আবার নতুন গাছ এনে পূর্বেকার মতো আবার পুজো করবেন।

সারাবছর অন্নপূর্ণার কৃপা লাভের উপায়

ধনতেরাসের দিন একটা তামার পয়সার মধ্যে একটা গোটা হলুদ, একটু নুন, একটা বড় হরিতকী দিয়ে স্যাকরার দোকান থেকে তৈরি করিয়ে নেবেন। এরপর ওই সামগ্রী একটা পরিষ্কার কাপড়ে রেখে বেঁধে দেবেন এবং পুঁটলিটি বুধের গ্রহে ৪টে ৪০ মিঃ ৫২ সেকেণ্ড থেকে ৫টা ৫৫মিঃ ১৩ সেকেণ্ডে মধ্যে পুঁটলির এমন জায়গায় টাঙিয়ে রাখবেন যাতে কোনো অশুভ শক্তির দৃষ্টি পুঁটলির উপর না পড়ে। দেওয়ালির দিন ওই পুঁটলিটি পুজো করবেন ধূপ, ধুনো, গঙ্গাজল দিয়ে এবং গোটা হলুদ দিয়ে এই মন্ত্র ১০৮ বার করবেন।

"ওঁ ঐং হ্রীং ক্লীং চামুন্ডাঁয়ে বিচ্চে"

পরের বছর পুঁটলিটি অবশ্যই পাল্টাবেন আবার নতুন করে দেওয়ালির দিন নতুন করে পুঁটলি বাঁধবেন পূর্বেকার নির্দেশ মতো। এই প্রয়োগ যদি যথাযথ নিয়ম মেনে করতে পারেন, তাহলে সারাবছর অন্নপূর্ণা কৃপা করবেন এবং সংসারে সুখ-শান্তি বিরাজ করবে।

এই প্রয়োগটি যে কোনো বারই করা যেতে পারে সেটা অবশ্যই নিজের সুবিধে মতো। শনিবার সকালে কাজে যাবার আগে একটা লেবু কেটে অর্ধেক করে ঘর থেকে প্রথম যে মোড়টি আসবে তখন এক টুকরো আগে এবং পরের মোড়ে এক টুকরো লেবু ফেলতে হবে। এর ফলে জীবনে আরও উন্নতি বাড়ার সম্ভাবনা দেখা দেবে।

আয়ের পথে বাধা দূরীকরণের উপায়

রাত্রে শোবার আগে নিজের খাটের নীচে জল রাখতে হবে সকালে জল বাইরে ঢেলে ফেলতে হবে। এতে বিনাকারণে ঝগড়া, বেইজুতি, রোগ, লাঞ্ছনা, আয়ের পথে বাধা, অন্য খারাপ কিছু হবার সম্ভাবনা একেবারে থাকবে না। ঘরের মঙ্গল হবে। শনিবার দিন একটা খামে মিষ্টির রস রেখে ওর মধ্যে দু-চারটে কালো পিঁপড়ে ঢুকিয়ে দিয়ে খামের মুখ অল্প খোলা রাখতে হবে। এরপর খামটা সাতবার মাথা থেকে পা পর্যন্ত ঘুরিয়ে রাস্তার মোড়ে ফেলে দিতে হবে। এতে শনির গ্রহ শান্ত হবে। আয়ের পথে বাধা কেটে যাবে এবং রুজি, রোজগার ভালো হবে।

যদি কোনো ব্যক্তির আয়ের সমস্ত পথ বন্ধ হয়ে যায়, ব্যবসায় লোকসান শুরু হয় অনেক বেশি। দুর্ভাগ্য নেমে আসে জীবনের প্রত্যেক কাজে তবে সেক্ষেত্রে রাস্তার মোড়ে এই টোটকা করতে পারেন। রাস্তার মোড়ে কোনো ব্যক্তি যেন না থাকে। রাত বারোটার সময় চৌরাস্তা মোড়ে হাতে জল নিয়ে নিজের ইষ্ট দেবতার নাম করে প্রার্থনা করবেন। ফলে প্রার্থনা করার পর 'সৌভাগ্য' তুমি আমার সঙ্গে চলো বলে প্রার্থনা করতে হবে। পোখরাজ ধারণ করলে পেটের অসুখ সেরে যায়। চোখের কোনো সমস্যা থাকে না। যে ব্যক্তি পোখরাজ ধারণ করবে তার মধ্যে সৎভাব, সৎভাবনার বিকাশ ঘটবে এবং ঘুমের মধ্যে ভূতপ্রেতের স্বপ্ন দুর হবে। ওই ব্যক্তির নাম, অর্থ, বাড়বে। সরকারি ও বেসরকারি চাকরিতে প্রমোশন হবার জন্য ডান হাতে আঙুলের অনামিকায় চার ক্যারেট ওজনের মুক্ত লাগিয়ে ধারণ করলে প্রমোশন হবে দ্রুত। এবং জীবনে সুখ শান্তি বিরাজ করবে।

সিনেমা জগতের উন্নতির জন্য হীরে ১০/১৫ গ্রাম ওজনের সোনা বা রুপোর আংটিতে লাগিয়ে ডান হাতের অনামিকায় ধারণ করলে ভালো ফল দেখা যাবে এবং সিনেমা জগতে দ্রুত নিজের নাম, যশ, প্রতিপত্তি বাড়বে।

সৌভাগ্য প্রকরণ উপায়

আজকাল প্রায় প্রত্যেক পরিবারে আয়ের থেকে ব্যয় অনেক বেশি। আবার অনেক ব্যক্তির প্রাকৃতিক দুর্যোগের কারণে আর্থিক সমস্যা দেখা দিয়ে থাকে। এই মন্ত্রের দ্বারা সৌভাগ্যবান হওয়া যায় এবং আর্থিক সংকট কেটে যায় যথা -

"পুষ্যাদ্ধৃত সিতার্কস্য মূলং বামেতরে ভূজে।
বদ্ধা সৌভাগ্যমাপেমাতি দুভাগ্যপি ন সংশয়।।"

যদি কোনো ব্যক্তি নিজে বুঝতে পারেন যে, তার বয়সের আগে মাথায় চুল পেকে যাচ্ছে, সম্মান নষ্ট হচ্ছে, হওয়া কাজ আটকে যাচ্ছে, সুখের জীবনে দুঃখ ঘনিয়ে আসছে তাহলে পরিবারের কারুর থেকে পয়সা নিয়ে কোনো মন্দিরে রেখে আসুন। এই প্রয়োগটি করতে পারলে আর্থিক সংকট কেটে যাবে। নিজে খাবার পর অবশিষ্ট কিছু খাবার রেকে দিতে হবে জন্তু জানোয়ারকে খাওয়ানোর জন্য। এতে ব্যবসায় দ্রুত উন্নতি ঘটে। সুখ, শান্তি হয় সংসারে।

অনাদায়ী অর্থ ফেরত পাবার উপায়

আপনি যে টাকা ঋণ দিয়েছেন সেই টাকা বহুবার চেষ্টা করেও ফেরত পাচ্ছেন না এই অবস্থায় আপনি এই প্রয়োগটি করতে পারেন। এই প্রয়োগটি করতে পারলে এক মাসের মধ্যে ভালো ফল পাবেন।

সকালবেলা সূর্যোদয়ের আগে বিছানা ত্যাগ করার সহজ উপায় হিসাবে এই প্রয়োগটি করতে পারেন। ঘড়িতে এলার্ম দিয়ে রাখবেন। এটা একমাত্র সহজ সরল উপায় বলে আমি মনে করি। প্রত্যেক শনিবারে ছোলা ভিজে, ছাতু ও খিচুড়ি খাবেন।

সুখ শান্তি ও স্বচ্ছলতা বাড়ানোর উপায়

ধন ও ঐশ্বর্যের দেবী লক্ষ্মী। এই লক্ষ্মী দেবীর পটের সামনে চন্দন, লাল ফুল, ধূপ, ধুনো এবং গোটা ফল সাজিয়ে রেখে পুজো করলে সংসারে দুঃখ দুর্দশা কেটে যায়।

অলক্ষ্মী কোপ থেকে বাঁচার উপায়

একটা মাটির সরায় অথবা সম্ভব হলে তামা বা পিতলের সরায় ধান ভর্তি

করে রাখবেন। তার ওপর পাঁচটা কড়ি রাখবেন। ওই পাত্রটির মধ্যে গঙ্গাজল ভরে তার মধ্যে পঞ্চরত্ন ও সিদ্ধি মিশিয়ে রাখবে এবং পাত্রটিতে সিঁদুর দেবেন। প্রতি বৃহস্পতিবার লক্ষ্মীপুজো করবেন। পুজো শুরু করার আগে ঘটির উপর আম্রপল্লব, কাঁঠালি কলা ও ফুলের মালা দিয়ে সাজাবেন। এরপর ধূপ, ধুনো ফল মিষ্টি দিয়ে লক্ষ্মী দেবীকে তুষ্ট করার চেষ্টা করবেন। এর ফলে অলক্ষ্মী গৃহ থেকে দূর হবে এবং এতেই সংসার লক্ষ্মী দেবী সর্বদা বিরাজ করবে।

অর্থ সমস্যা সমাধানের উপায়

আপনার বিবাহের পর ছেলে বা মেয়ে যে কোনো সন্তান হোক না যে প্রত্যেক ব্যক্তি এই প্রয়োগটি ব্যবহার করবেন এবং এতে ফল ভালো হবে এবং আপনি অতি অবশ্যই লক্ষ্য রাখবেন যে আপনার সন্তানের দাঁত মাটিতে পড়ে না যায়। দাঁত নড়ার সঙ্গে সঙ্গে আপনাকে শিশুর প্রতি নজর আরও বেশি করে দিতে হবে। দাঁত পড়ার পর সেই দাঁত যত্ন করে রেখে দিতে হবে।

এরপর যে কোনো বৃহস্পতিবার দাঁতটা ধুয়ে রুপোর পাত্রে রেখে দেবেন। রুপোর পাত্র একান্ত জোগাড় করতে না পারলে পরিষ্কার কোনো কাপড়ে মুড়ে রেখে দেবেন এবং এটা যেন আপনার সঙ্গে সব সময় থাকে সে দিকে আপনাকে লক্ষ্য রাখতে হবে।

প্রতি মাসে যে কোনো একদিন যে বার শিশুর জন্ম হয়েছে সেই দিন সূর্যদেবকে দেখিয়ে, গঙ্গাজলে দাঁতটা ধুয়ে ধূপ ধুনো দিয়ে যত্ন করে আবার দাঁতটা রেখে দেবেন। প্রয়োগটি যথাযথ ভাবে করতে পারলে অর্থ সমস্যা দূর হবে। সংসারে সুখ শান্তি বিরাজ করবে। আপনার শিশুর মঙ্গল হবে।

লক্ষ্মী দেবীকে বেঁধে রাখার উপায়

আপনি নিশ্চয়ই সপ্তাহের কোনো একদিন বর দুদিন মন্দিরে যান। এখন থেকে মন্দিরে যাবার সময় একটা কথা সব সময় মনে রাখবেন, মন্দিরে উপর কোনো ব্যক্তি যিনি মন্দিরে পুজো দিতে এসেছেন তার হাত থেকে পয়সা বা কড়ি পড়ে গেলে চুপ করে তা কুড়িয়ে নিযে ঘরে চলে আসবেন। মন্দির যদি লক্ষ্মী নারায়ণের হয়, তাহলে আরও ভালো।

দীপাবলির দিন মন্দির থেকে আপনি যে পয়সা পেয়েছেন সেটিকে গঙ্গাজলে ধুয়ে শুদ্ধ করে নিতে হবে। পয়সাটা ডাব না নারকেল জলে বেশ কিছুক্ষণ ডুবিয়ে রেখে দিন। এরপর দীপাবলির রাত্রে মা কালীর যে পুজো হয়, সেই পুজায় পয়সা বা কড়িটিকে শুদ্ধ করিয়ে নেবেন। এবং পয়সা বা কড়ি যেটাই হোক না কেন কোনো পবিত্র স্থানে নিয়ে গিয়ে রেখে আসবেন। এরপর বৃহস্পতিবার কিংবা শুক্রবার পয়সা নিয়ে এসে আপনার দোকানে ক্যাশ বাক্সে রেখে দেবেন। এবং রোজ সকাল সন্ধ্যে পয়সাটা ধূপ, ধুনো দেখাবেন সব শেষে একটা কথা বলি মন্দির থেকে আপনি যা কিছু কুড়িয়ে পাবেন তাই কুড়িয়ে এনে পুজো করলে আপনার ভাঁড়ার কখনও শূন্য হবে না আপনার গৃহে ও দোকানে লক্ষ্মী সর্বদা বিরাজ করবে।

গৃহের আবহাওয়া আনন্দময় হবার উপায়

আমরা বিংশ শতাব্দীর মানুষজনেরা পুরোনো কোনও আচারবিচার মেনে চলতে পারি না পুরাতন কোনো ক্রিয়াকলাপকে মজা কর উরিয়েছি। এই রকম রসিকতা করা ভারি অন্যায় বলে মনে করি।

বাড়িতে কোনও লোকজন এলে তারা কিছু না কিছু হাতে করে নিয়ে আসে। এতে আমরা এবং বাড়ির ছেলেমেয়েরা খুব আনন্দ উপভোগ করি এবং অতীতে এই সামান্য ব্যাপারকে বলা হত সৌভাগ্যের লক্ষণ। এতে নাকি গৃহস্থ ঘর কখনও শূন্য হয় না। লক্ষ্মী গৃহে সর্বদা বিরাজ করে।

গৃহস্থ ঘরে আপনি কখনও শুধু হাতে ঘরে ফিরবেন না। আপনার সামার্থ্য অনুযায়ী যতটুকু আপনার পক্ষে সম্ভব নিয়ে ফেলার চেষ্টা করবেন এতে সংসারে মঙ্গল হয়। গৃহের ভাঁড়ার কখনও শূন্য হয় না। জিনিস কেনার সময় অবশ্যই খরচের দিকটা আপনাকে দেখতে হবে। হয়তো রাস্তা থেকে কিছু পেলেন, যেটা আপনি কুড়িয়ে নিয়ে আসতে পারেন। ঈশ্বররের আশীর্বাদে ঘরে অবশ্যই লক্ষ্মী বিরাজ করবে।

গৃহে সুখ সমৃদ্ধি বাড়ানোর উপায়

আমরা প্রত্যেকে এতই ব্যস্ত যে কোনো নিয়ম মেনে চলতে পারি না একটা কথা আমরা প্রায়ই শোনে থাকি, যে সমস্ত তান্ত্রিকরা হাত দেখেন তারা লোকের ভাগ্য

অনায়াসে পরিবর্তন করে দেন। একটা উদাহরণ দিয়ে বলি একটি ছেলে বা মেয়ে পড়াশোনায় খারাপ। তাকে তান্ত্রিকরা পলা, গোমেদ পরিয়ে ভালো করে দিচ্ছেন।

আপনি পঞ্জিকায় এমন একটা দিন বাছুন যে দিন সূর্য অথবা চন্দ্র গ্রহণ থেকে ৪০ দিন আগে পড়েছে। সে দিন যে কোনোও সব্জি নিজের মাথার কাছে রাখবেন এবং খুচরো কিছু পয়সা রাখবেন। পরের দিন সব্জি ও পয়সা কোনো গরিব মানুষকে দান করে দিন। পরপর ৪০ দিন করবেন।

শেষে একটা কথা বলি, শেষ দিন ওই সব্জি আপনি আর আপনাদের সব্জি সঙ্গে মেশাবেন না। কোনো গরিব মানুষকে দান করে দেবেন। এতে আপনার গৃহে সুখ শান্তি বিরাজ করবে।

দেবতার প্রসাদ লাভের উপায়

মেয়েদের বিয়ের পর যখন তারা শ্বশুরবাড়িতে যায়, তখন পয়সা ছড়ানোর প্রথা অতীতকাল থেকে প্রচলিত আছে। কোনো ব্যক্তি মারা গলে তার শবযাত্রায় পয়সা ছড়ানো আমাদের এযুগেও প্রচলিত আছে।

পয়সা ছড়ানোর সময় আপনি যদি সেই স্থানে উপস্থিত থাকেন কোনো ভাবে তাহলে সেই পয়সা তুলে ঘরে নিয়ে আসবেন। এটা অবশ্যই আপনি মনে করবেন আপনার সৌভাগ্য। এরপর পয়সাটা গঙ্গাজলে ধুয়ে শুদ্ধ করে নেবেন। এবং পবিত্র কোনো জায়গায় রেখে দেবেন। পূর্ণিমা তিথিতে চন্দ্রের গ্রহণের সময় পয়সাটা দুধ, ধুনো দিয়ে পুজো করবেন। এরপর ওই পয়সা আপনার দোকানের ক্যাশ ব্যাঙ্কে রেখে দেবেন। যথাযথ নিয়ম মেনে করতে পারলে দেখবেন যে এতে আপনার ব্যবসায় আর্থিক সঙ্কট দূর হয়েছে। কূ - নজর কেটে গেছে। দেবতা আপনার সহায় হবেন অবশ্যই।

ছ মাসের মধ্যে দুর্ভাগ্য তাড়ানোর উপায়

অনেক সময়ে আপনার দোকানে এমন অনেক ব্যক্তি আসেন যাঁরা এক সময় অনেক বড়লোক ছিলেন। পরিস্থিতি এবং ভাগ্যের পরিহাসে তিনি হয়তো পথের ভিখারী। এরফলে দুঃখ-দুর্দশা আজ তার নিত্য সঙ্গী। এইরকম ব্যক্তির জীবনে সর্বদা বাধা লেগেই থাকে।

এইরকম ব্যক্তির ক্ষেত্রে একটা কথা বলছি যে, আপনি এ সমস্ত লোকেদের এড়িয়ে যাবার চেষ্টা করবেন। এক্ষেত্রে একটা প্রয়োগের কথা উল্লেখ করছি - শনিবার সকাল ৬টা ৩০ মিঃ ৫৫ সেঃ এর মধ্যে আপনি বট গাছের একটা পাতা তুলে আনবেন এবং এই মন্ত্রটা জপ করবেন।

"ওঁ শ্রীং লক্ষ্মীনারায়ণায় নমঃ"

ধন ঐশ্বর্য বাড়ানোর উপায়

সোমবার এই প্রয়োগ করলে ভালো ফল হবে। এই প্রয়োগ করার নিয়ম যে কোনো স্থান থেকে শিউলী ফুল তুলে আনবেন। এই প্রয়োগটি সকালবেলা করলে ভালো ফল হয়। যে কোনো শিব মন্দিরে শিবলিঙ্গের মাথায় পাঁচটা বেলপাতা, এবং শিউলী ফুলগুলো দেবেন। মন্ত্র উচ্চারণ করবেন। ব্রাহ্মণেরা বলবেন ওঁ নমঃ শিবায় এবং শুদ্রব্যক্তিরা বলবেন নমঃ শিবায়।

শিবলিঙ্গটি আগে গঙ্গাজল, ডাব, দুধ, মধু একসঙ্গে মিশিয়ে স্নান করিয়ে নেবেন। তারপর বেলপাতা এবং শিউলী ফুল দেবেন একসঙ্গে প্রতি পূর্ণিমা তিথিতে করতে হবে একদিনও বাদ পড়লে চলবে না। নিয়মমেনে করলে তবেই আপনার মনের কামনা পূর্ণ হবে।

শিবের পুজো অবশ্যই আপনার সাধ্যমত ফুল, ফল দিয়ে করবেন। পুজো শেষ হলে প্রসাদ নিজে খাবেন তারপর অন্যদের দেবেন। শিবের মাথায় ফুল ও বেল পাতা দিয়ে তা বাড়িতে নিয়ে আসবেন। আপনার দোকান ও বা ফ্যাক্টরিতে নিয়ে যাবেন এবং ক্যাশ বাক্সের সামনে ফুলটি রাখবেন। ব্যবসায় কু-নজর কেটে যায়।

আয় উপার্জন বাড়ানোর উপায়

আপনি কাজে যাবার সময় কাগজি লেবু নিয়ে চারটে বড় লবঙ্গ নিয়ে পকেটে ঢুকিয়ে রেখে দেবেন। আয় আরও বাড়বে। যে উদ্দেশ্য নিয়ে আপনি কাজে বেরিয়েছেন সেই ইচ্ছা আপনার পূর্ণ হবে নিশ্চিত।

আপনি কোনো বিশেষ কাজে সকালে যেতে চাইলে ভোর চারটের সময় উঠে একটা তাগা নিজের ঘরের তৃতীয় ধামে বাঁধবেন। তাগা বাঁধার সময় নিজের মনের

কথা জানাবেন। অবশ্যই আপনার অর্থ সমস্যা দূর হবে। যে কাজের যাবেন সেই কাজে নিশ্চিত সফল হবেন বলে আশা করি। আটটা গোটা হলুদ এবং গুড়ের সাতটি ঢেলা বৃহস্পতিবার দিন হলুদ কাপড়ে বেঁধে রেললাইনে ফেলে এলে সমস্ত কামনা পূরণ হবে। এটি ফেলার সময় অবশ্যই আপনি আপনার মনের কথা জানাবেন। কাজটি যথা সম্ভব চেষ্টা করবেন নির্জন স্থানে করতে। কাজটা করার সময় কারোও মুখ দেখবেন না। ঢেলা ফেলে সোজা গৃহে ফিরে আসবেন আর পিছনে তাকাবেন না। এই প্রয়োগ সঠিক ভাবে করতে পারলে অবশ্যই আপনার অর্থ সঙ্কটে দূরীভূ ত হবে। আপনার সংসারে শান্তি বিরাজ করবে।

শিউলি গাছের ১০৯টি ফুল দিয়ে শাস্ত্রমতে মালা তৈরি করে সিংহে বা মা দুর্গার গলায় পড়িয়ে দিতে হবে। হাত জোড় করে মা দুর্গাকে প্রণাম করে নিজের মনের কথা জানাতে হবে। মা দুর্গাকে সন্তুষ্ট করতে পারলে তিনি অবশ্যই আপনার উপর প্রসন্ন হবেন এবং ইচ্ছাপূরণ করবেন।

আপনি যদি মনে করেন যে, আপনার আয় বাড়ানো প্রয়োজন, তাহলে শনিবার দিন বহেড়া গাছ কে "মম কার্যসিদ্ধি কুরু-কুরু-স্বহা" মন্ত্র উচ্চারণ করে আপনার মনের কথা বলে আসবেন। পরের দিন, অর্থাৎ ওই গাছের একটা পাতা এনে তা নিজের পকেটে বা ব্যাগে বা তাবিজে ভরে গলায় ধারণ করলে আপনার বাসনা অতি অবশ্যই পূর্ণ হবে। এবং আপনার অর্থসঙ্কট দূরীভূত হবে।

আয়ের পথে বাধা দূরীকরণের উপায়

শনিবার দিন সরষের তেলের মধ্যে নিজের মাথা, মুখ, চোখ, দাঁত সব দেখে ওই তেল ঘরের একপাশে রেখে দেবেন। রাত্রে ওই তেল দিয়ে প্রদীপ জ্বালাবেন বা কোনো পাত্রে সরষের তেল রেখে তার মধ্যে রুটি বা চাল মিশিয়ে ছাদে রেখে আসবেন। যতগুলো পাখি অথবা কাক ওই পাত্রে ঠোঁট দেবে তত বেশি শনি গ্রহ শান্ত হবেন। আপনার সমস্যা দূর হবে। অর্থ সঙ্কট কেটে যাবে।

বিল্ব বৃক্ষের নীচে বসে গায়ত্রী জপ করলে আপনার আয়ের পথে সমস্ত বাধা দূর হবে। এক মাসের মধ্যে আপনার অর্থ বেড়ে যাবে। এই প্রয়োগ এক মাস ধরে রোজ করতে হবে। পলাশ ফুল দিয়ে প্রতিদিন গায়ত্রী করলে আয় সঙ্কট কেটে যাবে এবং আপনার গৃহে শান্তি বিরাজ করবে। সবশেষে একটা কথা বলি, আপনার মনের বাসনা অতি অবশ্যই পূর্ণ হবে।

রত্নে আয়-উপার্জন বৃদ্ধির উপায়

বৈদুর্য্যমণি রত্ন ধারণ করলে আপনার যে ব্যক্তি ক্ষতি করতে চাইছে সেই ব্যক্তি দুর্বল হয়ে যাবে। আপনি এই রত্ন ধারণ করলে আপনার সব বিপদ কেটে যাবে। সংসারে শান্তি সর্বদা বিরাজ করবে। আয় আগের থেকে অনেক বেড়ে যাবে এবং আপনি অবশ্যই সৌভাগ্যবান হবেন।

আপনার মাথা যদি প্রচণ্ড গরম হয় এবং সেই কারণে আপনার যে কোনো কাজে বাধা আসে, সেক্ষেত্রে আপনি মুক্তো ধারণ করতে পারেন। মুক্তো অত্যন্ত ঠাণ্ডা রত্ন। এটি ধারণ করলে আপনি অল্প কিছুদিনের মধ্যে সৌভাগ্যবান হয়ে যাবেন। এছাড়া বিভিন্ন প্রকার রোগ সারাতে মুক্তো বিশেষ উপকারী রত্ন। এছাড়া বিভিন্ন রঙের পাওয়া যায়। হলুদ রঙের মুক্তো লক্ষ্মীবান, অরুণ বর্ণের মুক্তো বুদ্ধিবান এবং সাদা রঙের মুক্তো ধারণ করলে যশ বাড়ে। নীল রঙের মুক্তো ধারণ করলে ব্যক্তির আয় উপার্জন বাড়ে এবং অর্থ সঙ্কট দূরীভূত হয়। অল্প দিনের মধ্যে ধারককে ভাগ্যবান করে তোলে।

আপনি যদি নীলা ধারণ করেন তাহলে যে সম্পত্তি হাত ছাড়া হয়ে যায় সেই সম্পত্তি আপনি ফিরে পাবেন। যে ব্যক্তি নীলা ধারণ করবেন সেই ব্যক্তি লক্ষ্য করে দেখবেন যে, হাতের নীলাটি এমন ফিকে হয়ে যাচ্ছে। তাবিজের মতো এই প্রকার রত্ন ধারণ করলে কেউ আপনার কোনো ক্ষতি করতে পারবে না এবং আয়ের পথে বাধা এসে নীলা ধারণ করলে সংসারে দুঃখ ক্রমশ কেটে যায়। আয়ের পথ সুগম হয়।

সঙ্গে জপ মালা তৈরি করে ধারণ করলে ধারক ব্যক্তির আয় উপার্জন বেড়ে যায়। যে কোনো ব্যাপারে উৎসাহ হয়। সবশেষে একটা কথা বলি যে, এই জপ মালা ধারণ করলে অর্থ সঙ্কট দূরীভুত হয়। যদি আসল ওপাল ধারণ করলে, তাহলে দেখবেন, আপনার ষষ্ঠা ইন্দ্রিয় জেগে উঠবে এই রত্ন যে ব্যক্তি ধারণ করে সেই ব্যক্তির ব্যক্তিত্ব, চরিত্র, অর্থ, ভাগ্য, সবকিছুর উন্নতি ঘটে দ্রুত। অর্থ সঙ্কট কেটে যায়।

আপনি লক্ষ্মীর কৃপা পাবার জন্য বিনা যন্ত্র যুক্ত রুপোর লকেটে শুদ্ধ সাদা মুক্তো ও মুংগা লাগিয়ে নিজের গলায় ধারণ করলে ধারক ব্যক্তি প্রচুর ধনসম্পদের মালিক হবেন অল্প কিছুদিনের মধ্যে সংসারে শান্তি বিরাজ করে অর্থ সমস্যা দূরীভূত হবে।

যে সমস্ত ব্যক্তির কোষ্ঠীতে মঙ্গল ও চন্দ্র একসঙ্গে রয়েছে বা এই দুই গ্রহ একে অপরের বিপরীতে রয়েছে সেই সকল ব্যক্তি শুদ্ধ প্রয়োগটি করুন। ভালো ফল হবে। এটি রুপো দিয়ে তৈরি করে মুংগা চার রতি, শুদ্ধ মাতি চার রতি একসঙ্গে নিয়ে রাখতে হয়। এই দুই রত্ন ধারণ করতে পারলে অতি অবশ্যই আপনি ভালো ফল পাবেন। আপনার অর্থ সঙ্কট কেটে যাবে। প্রত্যেক কৃষক গাঢ় লাল পাথর ধারণ করবেন। কৃষকের জন্য এই রত্ন অত্যন্ত উপকারী। এই রত্ন ধারণ করলে স্বাস্থ্য ভালো থাকে, আয় বাড়ে এবং আপনি গৃহে এবং কর্মস্থলে সকলের প্রিয়পাত্র হয়ে উঠবেন।

লক্ষ্মীর কৃপালাভের উপায়

আপনার গৃহে মাটির নতুন হাঁড়িতে সাড়ে সাত কিলো মুগ এবং অন্য হাঁড়িতে সাড়ে সাত কিলো লবঙ্গ একসঙ্গে মিশিয়ে বুধবার ঘরে যে কোনো এক জায়গায় রাখতে হবে। এরপর লক্ষ্মীর আরাধনা করে বৃহস্পতিবার লক্ষ্মীর ব্রত পাঠ করে ধূপ, ধুনো দিয়ে পুজো করে লক্ষ্মীদেবীকে সন্তুষ্ট করতে পারলে লক্ষ্মীদেবী অবশ্যই আপনাকে কৃপা করবেন। এবং আপনার সংসারে আর অর্থ সংকট থাকবে না।

শেযে একটা কথা বলি যে, পুজো শেষ করে নিজে প্রসাদ খেয়ে তারপর সেই প্রসাদ আপনি অন্য সকলকে বিতরণ করবেন। এই প্রয়োগ যথাযথ করতে পারলে দেখবেন যে আপনার সংসারে আর অর্থ সংকট থাকবে ন। গৃহে বা কর্মস্থলে সর্বদা শান্তি বিরাজ করবে।

ভাদ্রমাসের কৃষ্ণপক্ষের তিথি যখন আসবে, তখন আপনি চার কলসি জল ভর্তি করে কোনো নির্জন জায়গায় রেখে আসবেন। সেই স্থানে দ্বিতীয় কোনো ব্যক্তি যেন না থাকে। দ্বিতীয় দিন সকালে যে কলসিটা খালি হবে সেটা আপনি গৃহে নিয়ে চলে আসবেন এবং আরপর ফাঁকা কলসিতে অন্ন ভর্তি করে রোজ পুজো করলে গৃহে বা কর্মস্থলে লক্ষ্মী সর্বদা বিরাজ করবে। গৃহের ভাঁড়ারে অন্নের অভাব থাকবে না। এই প্রয়োগ যথাযথ করতে পারলে সংসারে আর অর্থ সঙ্কট থাকবে না।

আয় উপার্জনের আকর্ষণীয় উপায়

আপনি যদি খচ্চরের দাঁত সবসময় নিজের জামার পকেটে তাবিজ করে রাখেন তাহলে আপনার পকেট কোনো দিন খালি হবে না। এই প্রয়োগ যথাযথ করতে

পারলে আপনার অর্থ সঙ্কট থাকবে না। আপনার ব্যবসার উন্নতি ঘটবে।

আমাদের জ্যোতিষ শাস্ত্রে তান্ত্রিকদের মতে, স্ত্রী ঘোড়া প্রসব করার সময় যে ঝিল্লি বেরিয়ে আসে সেই ঝিল্লি যদি আপনি সংগ্রহ করতে পারেন এবং সেই ঝিল্লি আপনার দোকান ক্যাশ বাক্সে যদি রাখতে পারেন তাহলে সেই ব্যবসায় প্রচুর উন্নতি ঘটবে। আপনার আর অর্থ সঙ্কট থাকবে না এই প্রয়োগ যথাযথ ভাবে করতে পারলে।

আপনি যদি পারেন অশোক গাছের একটা শিকড়ের টুকরো এনে আপনার গৃহ দেবতার পাশে রেখে রোজ সকাল সন্ধ্যায় ধূপ দিয়ে পুজো করলে আপনার গৃহে আর অর্থ সঙ্কট থাকবে না। এই প্রয়োগ যথাযথ ভাবে করতে পারলে আপনি প্রচুর সম্পত্তির মালিক হতে পারবেন।

অশোক গাছের পাতা রোজ সকালে চিবোলে শোক, দুঃখ, চিন্তা দূরীভূত হয় এবং অর্থ সঙ্কট থেকে মুক্ত হওয়া যায়।

বট গাছের পাতা নিয়ে এসে ঘরের গৃহ দেবতার পাশে রেখে রোজ ধূপ, ধুনো দিয়ে পুজো করলে সেই ঘরে কোনো দিন ভাতের অভাব হবে না। এই প্রয়োগ যথাযথ করতে পারলে অর্থ সঙ্কট আর থাকবে না।

আপনি প্রত্যেক শনিবার সবুজ লঙ্কা ও তাজা লেবু সুতো দিয়ে বেঁধে ঘরে বা ব্যবসায় তাঙিয়ে রাখলে কু-নজর কেটে যায়। আয় বেড়ে যায়। এই প্রয়োগ যথাযথ করতে পারলে গৃহে সুখ সমৃদ্ধি বিরাজ করবে।

অনেক সময় লক্ষ্য করে দেখবেন যে, অধিক আহ্লাদের জন্য অল্প কিছুতেই নারী চোখে জল এসেছে এবং সেই চোখের জল যদি কোনো দুঃখিনী নারী চেটে নেয় তাহলে সেই নারীর আর কোনো দুঃখ থাকে না। সেই আর্থিক, মানসিক, পারিবারিক যাই হোক না কেন সব কিছু থেকে পরিত্রাণ পাওয়া যায়।

দারিদ্র বা অনশন দূর করার উপায়

আপনি যদি রোজ শিবের পুজো করেন নিষ্ঠা এবং ভক্তি করে, তাহলে আপনার অর্থ সংকট দূরীভূত হবে। এ প্রসঙ্গে একটা কথা বলি যে, শিবের পুজো করলে সমস্ত পাপ ধুয়ে মুছে যায়। পারদ শিবের সংস্পর্শে এসে মোক্ষ লাভ করে এবং

স্বয়ং শিব পার্বতীর কাছে বর্ণনা করে ছিলেন। আপনি আপনার গৃহে শিবলিঙ্গ প্রতিষ্ঠা করতে পারেন। আপনার সাধ্যমত ধূপ, ধুনো, ফুল, (আকন্দের মালা) সামান্য ফল (সাধ্যমত) দিয়ে শিবের উপাসনা করতে পারেন। নিষ্ঠার সঙ্গে শিবের পুজো করলে দারিদ্র, অন্টন, রোগ, শোক থেকে খুব সহজে মুক্তি পাওয়া যায়।

এই প্রয়োগ করতে গিয়ে আপনাকে একটা মন্ত্র উচ্চারণ করতে হবে। মন্ত্র — "**ওঁ হ্রীং তেজসে শ্রীং কামসে ক্রীং পূর্ণত্ব সিদ্ধিং দেহী পারদায় ক্রীং স্ত্রীং হ্লীং ওঁ**।।"

তিন মহাদেবী যথা হ্লীং অর্থাৎ দুর্গা, শ্রীং অর্থাৎ লক্ষ্মী ও ক্রীং অর্থাৎ কণিকা এদের শক্তি এবং যুক্তাক্ষর যুক্ত মন্ত্র উচ্চারণ করলে অবশ্যই আপনার মনের ইচ্ছা পূরণ হবে এবং অর্থ সংকট দূরীভূত হবে।

সফল ব্যবসায়ী হবার উপায়

শনিবার দিন স্নান করে একটা অশ্বত্থ গাছের পাতা নিয়ে আসতে হবে। গাছের পাতাটি পরিষ্কার করে ধুয়ে নিয়ে গঙ্গাজল দিয়ে শুদ্ধ করে গায়ত্রী মন্ত্র লিখতে হবে। এবার পাতাটি ফরাস, গদি অথবা ক্যাশ বাক্সের নীচে রাখতে হবে এবং প্রতি সপ্তাহে পাতাটি পাল্টে দিতে হবে। এই প্রয়োগ করতেপারলে ঘরে সুখ শান্তি বিরাজ করবে এবং আপনি ব্যবসায়ী হিসেবে সফলতা অর্জন করবেন। সবশেষে একটা কথা বলি যে, এই প্রয়োগ করার ফলে আপনার অর্থ সমস্যা দূর হবে।

সাদা সরষে যদি আপনার ঘরে বা দোকানের সামনে রাখতে পারেন তাহলে আয় ব্যয় ভালো হয়। গৃহে শান্তি বিরাজ করবে। অর্থ সংকট দূরীভূত হবে।

ব্যবসা হঠাৎ চলতে চলতে থেমে যায় বা লোকসান হয় তবে যে কোনো শনিবার নিজের হাতে একটা খোসাসহ গোটা সুপারি এবং তামার সিকি নিয়ে পিপল গাছের নীচে রাখতে হবে। ফেরার সময় আপনি পিছনদিকে তাকাবেন না। পরের দিন পিপল গাছের পাতা এনে ঘরে কোনো পবিত্র স্থানে রেখে দেবে। এরপর দোকানে গিয়ে গদির নীচে রাখতে হবে। এই প্রয়োগ করতে পারলে আপনার ব্যবসা ভালো ভাবে চলবে। অর্থ সঙ্কট দূরীভূত হবে।

আপনি যদি ব্যবসায় উন্নতি চান তাহলে বাড়িতে মিষ্টি রান্না করে কাককে রোজ খাওয়াবেন। এরপর কিছু মিষ্টি কাকদের ছুড়ে দিতে হবে যাতে তারা নিজেদের মধ্যে মারামারি করে। এরফলে লক্ষ্য করে দেখবে যে, কাকেরা নিজেদের মধ্যে

মারামারি করার ফলে কাকদের গা থেকে পালক ঝরে পড়ে যাচ্ছে। এবার আপনি পালক দিয়ে তাগা তৈরি করে নিজের কাছে রাখবেন। আপনি যখনই কোনো শুভ কাজে যাবেন তখন নিজের ইষ্ট দেবতাকে স্মরণ করে তাগাটি ডান হাতে বাঁধলে আপনি কাজে সফলতা অর্জন করবেন। আপনার গৃহে সুখ শান্তি বিরাজ করবে। আপনার আর্থিক সংকট দূরীভূত হবে।

বৃহস্পতিবার দুপুর বেলা একটি কাক ধরে নিয়ে আসবেন। এরপর আপনি কাকটিকে খাবার ও জল দিয়ে খাঁচায় বন্ধ করে রাখবেন। পরের দিন দইয়ের সঙ্গে চিনি মিশিয়ে কাকটিকে খেতে দেবেন এবং দোকানে গিয়ে চৌকাটে জলের ছিটে দেবেন এবং ধূপ, ধুনো দেবেন। এরপর দোকানের ভিতর আগে ডান পা রাখবেন। এই প্রয়োগ যথাযথ করতে পারলে দেখবেন যে আপনার ব্যবসায় উন্নতি ঘটছে।

দীপাবলির দিন আপনি বেনের দোকান থেকে কর্পূর এবং রোলী কিনে এনে একসঙ্গে আগুন ধরিয়ে যদি নিজের কাছে রাখেন এবং তাবিজ করে ধারণ করেন, তাহলে আপনার ব্যবসায় আয় অনেক বেড়ে যাবে। এই প্রয়োগ যথাযথ করতে পারলে আর্থিক সংকট দূরীভূত হয়।

ব্যবসায় মন্দভাব কাটানোর উপায়

আপনার ব্যবসায় যদি কোনো মন্দলোকের কু-নজরে পড়ে তাহলে সেক্ষেত্রে আপনার ব্যবসায় লোকসান দেখা দিতে শুরু করে । সেক্ষেত্রে আপনি এক চামচ আটা দোকানের সামনে ফেলে দেবেন এবং বলবেন যে, ব্যক্তির নজর আপনার দোকানের ওপর সেই ব্যক্তির ক্ষেত্রেই কার্যকর হবে। এই প্রয়োগটি প্রত্যেক পূর্ণিমায় করতে হবে। এই প্রয়োগ করার সময় সামনে যেন কেউ না থাকে। এই প্রয়োগ করার ফলে আপনার সংসারে শান্তি বিরাজ করবে এবং আর্থিক সঙ্কট দূরীভূত হবে।

ব্যবসায় মন্দাভাব কাটাবার উপায়

আপনার ব্যবসায় ভূতপ্রেতজনিত বাধা দেখা দিলে শনিবার ধূতরার গাছকে ধূপ, ধুনো, বাতি দিয়ে পুজো করলে এবং আপনার মনের কথা জানালে মনের ইচ্ছা পূরণ হবে। পরের দিন ওই গাছের শিকড় তুলে আপনার হাতের বাজুতে বেঁধে নিন, দেখবেন আপনার আয় উপার্জনের ক্ষেত্রে ভূতপ্রেত দূর হবে।

চাঁপা গাছের শিকড় বিশেষ উপকারী। একটু লক্ষ্য করে হস্তানক্ষত্রে পরের

দিন সন্ধ্যায় চাঁপা গাছটিকে ধূপ, ধুনো, বাতি দিয়ে পুজো করে আসতে হবে এবং পরের দিন ওই গাছের শিকড় তুলে নিয়ে বাড়ি এসে হাতে বাঁধতে হবে। সঠিক প্রয়োগ করতে পারলে দেখবেন যে, আপনার আয় উপার্জনের ক্ষেত্রে সমস্ত বাধা দূর হয়ে যাবে। আপনার আর অর্থ সংকট থাকবে না।

আপনার ব্যবসায় যদি লোকসান দেখেন। তাহলে বুঝবেন যে শনিগ্রহের কারণেই আপনার ব্যবসায় লোকসান হচ্ছে। এক্ষেত্রে একটা প্রয়োগের কথা বলছি, সেটা হল একটি পরিষ্কার শিশিতে সরষে তেল ভরে নদীতে বা পুকুরের জলে ডুবিয়ে দিয়ে আসুন। এরপর দেখবেন আপনার ব্যবসায় শনিগ্রহ কেটে যাবে এবং ব্যবসায় আর্থিক সংকট দূরীভূত হয়ে যাবে।

ব্যবসা বা উপার্জনে খরিদ্দারকে বেঁধে রাখার উপায়

আপনার ব্যবসায় খরিদ্দারকে বেঁধে রাখার অনেক উপায় আমাদের তন্ত্রশাস্ত্রে উল্লেখ করা রয়েছে। এইগুলি প্রয়োগ যথাযথ করতে পারলে আপনার উদ্দেশ্য অবশ্যই পূরণ হয়ে যাবে। এইগুলি হল -

১) পান ও তুলসী পাতা পিষে গরুর দুধের সঙ্গে মিশিয়ে মাথার সামনের দিকে তিলক লাগিয়ে আপনি আপনার ব্যবসায় বা দোকানে যাবেন। এই প্রয়োগ সঠিকভাবে করতে পারলে দেখবেন আপনার আর্থিক সংকট দূরীভূত হবে।

২) আগের শিকড়কে পিষিয়ে এর থেকে রস বেরোয় সেটা কপালে তিলক কেটে পড়লে দেখবেন আপনার ব্যবসায় লোকসান কমে যাচ্ছে এবং আক্ষ্ম পনার দোকানে খরিদ্দার অনেক বেশি হচ্ছে। এই প্রয়োগের দ্বারা আপনি যে কোনো ব্যক্তিকে বশীকরণ করতে পারবেন।

৩) যে কোনো একদিন কালো ধুতরার ফুল, পাতা, শিকড়, বেলপাতা একসঙ্গে পিষে তিলক লাগালে আপনার মনের ইচ্ছা পূরণ হবে। আপনার আর অর্থ সংকট থাকবে না।

৪) বট গাছের শিকড় খরিদ্দারকে বেঁধে রাখার পক্ষে খুব ভালো কাজ দেয়। বটের শিকড়টি প্রথমে ধূপ, ধুনো, বাতি দিয়ে পুজো করে এসে এরপর আপনার ব্যবসায় বা দোকানে বসার জায়গায় লাগালে দেখবেন ব্যবসায় লোকসান কম হচ্ছে। আপনার আর অর্থ সংকট থাকবে না।

৫) সাদা অপরাজিতার শিকড় নিয়ে এসে ছায়ায় শুকিয়ে গরুর দুধের সঙ্গে মিশিয়ে কপালে লাগালে ব্যবসায় ভালো ফল হয়। এই প্রয়োগ যথাযথ ভাবে করতে পারলে আপনার আর অর্থ সংকট থাকবে না। আপনি অমাবস্যার রাতে এই প্রয়োগটি করতে পারেন। একটি মাটির হাঁড়িতে সুজির হালুয়া রেখে তার মধ্যে এক চামচ হলুদ, সাতটা লবঙ্গ, সাতটা গোলমরিচ রেখে হাঁড়ির মুখ লাল কাপড় দিয়ে বেঁধে ঘর থেকে দূরে কোথাও নির্জন স্থক্ষ্ম ানে গিয়ে পুঁতে রেখে সোজা গৃহে ফিরে আসবেন। আর পিছনে ফিরে তাকাবেন না। গৃহে ফিরে এসে অতি অবশ্যই হাত পা ধুয়ে নেবেন। এই প্রয়োগ যথাযথ করতে পারলে আপনার আর আর্থিক সংকট থাকবে না এবং ব্যবসায় লোকসান থেকে রেহাই পাবেন। সংসারে শান্তি বিরাজ করবে।

আপনি নিজের কপালে বিল্ব শিকড় ঘসে তিলক লাগালে ব্যবসায় বা দোকানে প্রবেশ করলে দেখবেন আপনার ব্যবসায় লোকসান কমে গেছে। এই প্রয়োগ যথাযথ করতে পারলে আপনার ব্যবসায় আর আর্থিক সংকট থাকবে না।

কেশর, সিন্দুর, গরুর দুধকে আমলার রসে পিষে আপনি ব্যবসা ক্ষেত্র বা দোকানে প্রবেশ করলে ব্যবসার উন্নতি ঘটে। এই প্রয়োগ যথাযথ করতে পারলে ব্যবসায় লোকসান ঘাটতি কমে যায়। এবং আর্থিক সংকট নির্মূল হয়ে যায়।

আপনি যদি এই প্রয়োগটি করতে পারেন, তাহলে দেখবেন ভালো ফল হয়েছে। এবার প্রয়োগটির কথা উল্লেখ করছি, সেটি হল সাদা মাদার শুকিয়ে গরুর দুধের সঙ্গে মিশিয়ে পিষে তিলক লাগালে ভালো ফল দেবে। আপনার মনের ইচ্ছা পূ রণ হবে এবং আর্থিক সংকট দূরীভূত হয়।

বাঞ্ছিত মনোকামনা পূরণের উপায়

বীজাক্ষর ক্লীং মন্ত্রের দ্বারা আপনি এই প্রয়োগটি করতে পারে। এই প্রয়োগ যথাযথ করতে পারলে দেখবেন ভালো ফল পাবেন। এই প্রয়োগ যে কোনো দিন যে কোনো সময় আপনি করতে পারেন। এই প্রয়োগে বিশেষত্ব হল, এই প্রয়োগ করার জন্য বিশেষ তিথি ও নক্ষত্রের প্রয়োজন হয় না। এই প্রয়োগটি শান্তি ও লক্ষ্মী লাভের জন্য করতে পারেন। এই প্রয়োগটি করার জন্য রাত্রিবেলায় বেছে নিলে এই প্রয়োগ খুব ভালো হবে। কারণ এই সময় চারপাশ শান্ত থাকে। এবার একটা

চার ইঞ্চি কার নিয়ে বীজাক্ষর ক্লীং মন্ত্র জপ করুন। কয়েকদিন করার পর অভ্যাস হয়ে গেলে রাত্রিরে শোবার সময় চোখ বন্ধ করে দেখবেন এই মন্ত্র আপনি মনে করচ্ছেন। এবার কাগজে একটা বৃত্ত করুন। এবং বৃত্তের দিকে আপনার পাশে রাখার চেষ্টা করুন। যখন আপনি দেখবেন বৃত্তটি ঘুরছে, তখন বুঝবেন আপনার মনের বাসনা পূর্ণ হতে শুরু করেছে। এই প্রয়োগ যথাযথ ভাবে করতে পারলে আপনার অর্থ সংকট দূরীভুত হবে এবং বাড়ির মনোকামনাপূর্ণ হবে নিশ্চিত বলে আমি করি।

ভগতী কমলাকে প্রসন্ন করার উপায়

আপনার উন্নতির জন্য দুটি কথা বলছি কারণ উন্নতি করতে গেলে কথাগুলি অত্যন্ত জরুরী। প্রথমটি হল আপনার অকাট্য বিশ্বাস দ্বিতীয়টি হল শ্রদ্ধা। বিশ্বাস এবং শ্রদ্ধা সহকারে মন্ত্র জপ করলে আপনার মনের বাসনা পূর্ণ হবে। ভগবতী কমলার একটা প্রার্থনার কথা এখানে উল্লেখ করছি, সেটি হলো সূর্যোদয়ের যত আগে আপনি উঠতে পারবেন ততই ভালো, শুদ্ধ হয়ে স্নান করে পরিষ্কার বস্ত্র পড়ে ভগবতী কমলার আরাধনা করলে অবশ্যই আপনার মনের বাসনা পূর্ণ হবে।

যে সময় আপনি মন্ত্র জপ করবেন সেই সময় আপনি নিজেকে অবোধ, অসহায় বলে মনে করবেন। প্রার্থনা করার সময় আপনার মনকে স্থির রাখবেন এবং মনের কথা জানাবেন। তবেই আপনার আরাধনা সার্থক হবে। একটি উদাহরণ দিয়ে বলি — যে, মা যেমন সন্তানের প্রতি দৃষ্টি রাখেন ভক্তিময়ী করুণাময়ী মা ভক্তের প্রতি সমান দৃষ্টি দেবেন। নিয়মিত প্রার্থনা করলে আপনার আর্থিক সংকট থাকবে না। মন্ত্র জপ করে প্রার্থনা করবেন। সুবর্ণ বৃদ্ধি যে গৃহে স্ত্রীর। কল্যাণ বৃদ্ধিং কুরুমে গৃহে স্ত্রীঃ।

লক্ষ্মী লাভ করার উপায়

আপনি লক্ষ্মী লাভ করার জন্য এই প্রয়োগটি করতে পারেন। এই প্রয়োগটি বৃহস্পতিবার বিশেষ কোনও পূর্ণিমা তিথিতে করতে পারেন।

প্রয়োগটি ৬০ দিন পরপর করতে পূর্ব কিংবা পশ্চিমদিকে বসে মন্ত্র জপ করার দরকার হয়। আপনি আসনে বসে নারকেলটি আপনার সামনে রাখবেন। এরপর

ধূপ-ধুনো, বাতি দিয়ে পুজো করবেন এবং ১০৮ বর এই মন্ত্র জপ করবেন।

"ওঁ নমো মনিভদ্রায় আয়ুধ ধরায় লক্ষ্মৌ
বাঞ্ছিতং পুরয় ঐং হ্রীং ক্লীং হ্যো মনিভদ্রয় নমঃ"

আসনে বসে একা এই মন্ত্র জপ করবেন। ওই স্থানে দ্বিতীয় কোনো ব্যক্তি যেন থাকে। পুজোর পর নারকেলটি আপনার দোকান বা ফ্যাক্টরিতে নিয়ে গিয়ে লাল কাপড় জড়িয়ে রোজ ধূপ-ধুনো বাতি দিয়ে এই মন্ত্র জপ করবেন। অল্প কিছুদিনের মধ্যে আপনি দেখবেন শুভ ফল দিচ্ছে। আপনি এই প্রয়োগটি যথাযথ করতে পারলে আপনার আর অর্থ সংকট থাকবে না।

কামনা পূরণ করার উপায়

আপনি খুব সহজেই শ্রীরামচন্দ্রের কৃপা লাভ করতে পারেন। যে সব ব্যক্তি এই জপ করেন তাদের দুঃখ কষ্ট দূর হয়ে যায়। ধন সম্পদের কোনো অভাব থাকে না। শ্রীরামচন্ত্রের এই মন্ত্র হল অমোঘ। এই মন্ত্র যদি আপনার রোজ স্নান করে শুদ্ধ বস্ত্রে পাঠ করেন তাহলে আপনার মনের কামনা পূরণ হবে এবং সমস্যা দূরীভূত হয়ে যাবে। সংসারে আর কোনো অশান্তি থাকবে না। এই মন্ত্রটি হল -

শ্রী রামায় নমঃ। ঐং রামায় নমঃ।

আপনি যদি সৎ ভাবে ঈশ্বরের আরাধনা এবং জপ করতে পারে। রোজ তাহলে আপনার কামনা পূরণ হবে। প্রতিদিন আপনার গৃহদেবতাকে ধূপ, ধুনো, বাতি দিয়ে নিষ্ঠা সহকারে পুজো করবেন এবং আপনার মনের ইচ্ছা জানাবেন। বেশ কিছুদিন করার পর দেখবেন আপনার কামনাপূর্ণ হয়ে গেছে। আপনার আর অর্থ সংকট থাকছে না।

অনাদায়ী অর্থ আদায়ের উপায়

আপনি বাড়ি থেকে বেরিয়ে যাবার আগে এই প্রয়োগটি করতে পারেন। একটি পুরিয়া তৈরি করতে হবে সামান্য রোলী, চাল গোটা, একটা গোটা সুপারী বেঁধে নিজের গৃহ দেবতার সামনে রেখে দেবেন এরপর ধূপ, ধুনো, বাতি দিয়ে নিজের মনের কথা জানাবেন।

এরপর আপনার স্ত্রী অথবা আপনার কুমারী কন্যা স্নান করে শুদ্ধ বস্ত্রে এসে

আপনাকে দইয়ের ফোঁটা পরিয়ে দেবে। ঘরে ফিরে এসে আবার পয়সাগুলো নিয়ে দেবতার নামে উৎসর্গ করে সব জিনিস গুলো একসাথে নিয়ে পুকুর বা নদীতে ভাসিয়ে দেবেন। শেষে একটা কথা বলি, পয়সা ফেলার দুর্গা বলে দক্ষিণ দিকে প্রণাম করে পয়সা ভাসিয়ে দেবেন। এই প্রয়োগ যথাযথ করতে পারলে আপনার অর্থ সংকট দূরীভূত হবে এই সব সমস্যা মিটে যাবে।

তাবিজে আর্থিক মনোকামনা বাড়ানোর উপায়

এই প্রয়োগটি আপনি যদি করতে পারেন তাহলে দেখবেন যে এর ফল ভালো পেয়েছেন আপনি। এটা খুব পুরোনো তাবিজ। সৎ দৃষ্টি এবং বিবেককে সংশোধন করার জন্য এই তাবিজ। প্রাচীনকালে তাবিজটিকে আয়না হিসেবে ব্যবহার করত পুরুষ এবং নারী। এযুগেও এর ব্যবহার বহুল পরিমাণে দেখতে পাওয়া যায়। এই তাবিজটি ঘরের দেওয়ালে আপনি টাঙিয়ে দিতে পারেন। যেদিন আপনি এই তাবিজ ধারণ করবেন সেদিন স্নান করে, শুদ্ধ বস্ত্রে, তাবিজ ধারণ করবেন আপনার বাহুতে এবং অতি অবশ্যই নিরামিষ খেতে হবে। আপনার সমস্যা দূর হবে শান্তি বজায় থাকবে ঘরে।

শুকরদন্ত উপায় তাবিজ

এই প্রয়োগটি আপনি যদি করতে পারেন তাহলে আপনি অবশ্যই ভালো ফল পাবেন। এই তাবিজ প্রাচীনকালে চীনের লোকেরা ধারণ করত। তারপর চীনারা ভালো ফল পেতে শুরু করে এবং তখন থেকেই ভারতীয়রা শুয়োরের তাবিজ ব্যবহার করতে শুরু করে। এই তাবিজ ধারণ করার পর আপনি দেখবেন যে, আপনি দেখবেন যে, আপনার সংসারে আর অর্থ সংকট নেই। সব সমস্যা মিটে যাচ্ছে। যে দিন আপনি তাবিজ ধারণ করবেন সেই দিন স্নান করে শুদ্ধ বস্ত্রে এই তাবিজ আপনাকে ধারণ করতে হবে। এটি জীবনে সুখ, শান্তি, সমৃদ্ধি, সৌভাগ্য এনে দেবে।

পদ্মবীজ ধনবৃদ্ধি উপায় তাবিজ

কমলের তাবিজ স্বাস্থ্য, দুর্ঘটনা, রোগ, ধনের জন্য ধারণ করা হয়। কমল হল ধনের দেবী। কমলের তাবিজ। যদি আপনি ধারণ করেন তাহলে আপনার মধ্যে নিরপেক্ষভাবে বিচার করার ক্ষমতা জন্মায়। আপনার প্রতি অন্য কোনো ব্যক্তির

কু-নজর দূর হয়ে যায়। আপনার যে কোনো সমস্যার সমাধান হয়ে যায় খুব তাড়াতাড়ি বাধা দূর হয়। মাথা শান্ত রেখে আপনি যে কোনো কাজ করতে পারেন। এই প্রয়োগ যথাযথ করতে পারলে আপনার সমস্ত বাধা কেটে যাবে।

লক্ষ্যপূরণের কবজ

চন্দনের ফোঁটা পড়বেন। আপনি পোশাক পড়বেন সাদা বা গোলাপি। লাল চন্দনের গুড়ো ও সাদা চন্দনের গুড়ো মিশ্রণ করে যদি রোজ আপনি একটি ১০৮টা বেল পাতায় ১০৮ বার তারা মায়ের নাম লিখবেন ও জপ করবেন, তাহলে আপনার দ্রুত কাজ সম্পূর্ণ হবে। ঐ বেলপাতাগুলি যেকোনো পুকুরে ভাসিয়ে দেবেন। দেখবেন যে আপনার যে লক্ষ্য সেটা পূরণ হবে।

মঙ্গলবার দিন হয় - আপনার পড়তে বসার দিনটা মঙ্গলবার হলে লাল চন্দনের টিপ পড়বেন। স্নান করে শুদ্ধ বস্ত্রে ফোঁটা পড়বেন। আপনি লাল রঙের পেন এবং নীল কালি ব্যবহার করবেন। এই প্রয়োগ যথাযথ করতে পারলে আপনি ভালো ফল পাবেন। আপনার লক্ষ্য পূরণ হবে।

বুধবার দিন হলে - আপনার পড়তে বসার দিনটা বুধবার হলে স্নান করে শুদ্ধ পোশাক পড়ে কপালে পড়ুন লাল চন্দনের টিপ। পোশাক পড়বেন সবুজ অথবা আকাশি রঙের। সবুজ রঙের পেন সবুজ বা আকাশী কালি দিয়ে আপনি লিখবেন। এই প্রয়োগ যথাযথ করতে পারলে আপনি দেখবেন পড়া খুব দ্রুত হয়ে যাবে এবং আপনার কাঙ্ক্ষিত স্থানে আপনি পৌঁছতে পারবেন।

বৃহস্পতিবার দিন হলে - আপনার পড়তে বসার দিনটা যদি বৃহস্পতিবার হয় তাহলে আপনি স্নান করে শুদ্ধ বস্ত্র পরে কাজলের টিপ পরে পড়তে বসবেন। পড়তে বসার কিছুক্ষণের মধ্যে আপনার পড়ার প্রতি মন চলে আসবে। আপনি হলুদ কিংবা সোনালি রঙের পোশাক পড়লে এবং হলুদ পেনে নীল কালি দিয়ে লিখবেন। আপনি এই প্রয়োগ যথাযথ করত পারলে ভালো ফল পাবেন এবং আপনার কাঙ্ক্ষিত লক্ষ্যে আপনি পৌঁছতে পারবেন।

দিনটা শুক্রবার হলে - আপনার পড়তে বসার দিনটা শুক্রবার হয় তাহলে আপনি স্নান করে শুদ্ধ বস্ত্রে সাদা চন্দনের পরবেন। পোশাক পড়বেন সাদা বা হাল্কা রঙের। সাদা বা আকাশি আপনার শুভ তাই আপনি সাদা পেনে নীল কালি ব্যবহার করবেন।

শনিবার হলে - আপনার পড়তে বসার দিনটা শনিবার হলে আপনি কপালে কাজলের টিপ পড়বেন। স্নান করে শুদ্ধ বস্ত্রে। পোশাক পড়বেন কালো রঙের। আপনার কালো রঙ শুভ। তাই আপনি কালো কালি দিয়ে লিখবেন। এই প্রয়োগ যথাযথ করতে পারলে আপনার লক্ষ্য অতি অবশ্যই পূরণ হবে।

মেধা শক্তি বাড়ানোর উপায়

আপনি আপনার মেধা শক্তি বাড়ানোর জন্য নিম গাছের পরগাছার মূল অংশটা জ্যৈষ্ঠ মাসে যে কোনো একদিন তামার মাদুলি তৈরি করে তার মধ্যে ভরে আপনার কোমরে বা হাতের বাহুতে পড়ুন। এই মাদুলিটি পড়ার কিছুদিনের মধ্যেই ভালো ফল পাবেন। আপনার মাথায় পড়াটা গেঁথে যাবে। এই প্রয়োগ যথাযথ করতে পারলে আপনার মেধা প্রখর হবে।

আপনি আপনার মেধা শক্তি বাড়ানোর জন্য করবী গাছের পরগাছা ধারণ করতে পারেন। এই প্রয়োগ যথাযথ করতে পারলে আপনার মেধা শক্তি আরও বৃদ্ধি পাবে। আপনি বেল গাছের পরগাছা ধারণ করলে আপনার মেধা শক্তি বৃদ্ধি পাবে। আপনার পড়াশোনায় সিদ্ধি লাভ করতে পারবেন।

আপনার বাক্‌শক্তি এবং মেধাশক্তিকে বাড়ানোর জন্য প্রতিদিন লাল বাতাসার জল খাবেন আর অশ্বগন্ধা শিকড় পরবেন। এটি ধারণ করলে আপনার মনে রাখার ক্ষমতা আরও বৃদ্ধি পাবে। আপনি তুলসী বীজ, সহদেবীর শিকড়ের রসে একসঙ্গে মিশিয়ে রবিবার দিন পিষিয়ে একসঙ্গে রোজ তিলক পরে পড়তে বসলে মেধা আরও বাড়ে। আপনি পড়তে বসার আগে একটা তামার পাত্রে কিছুটা জল নিয়ে ১১টা তুলসী পাতা ওই পাত্রের জলে ফেলবেন। পড়া শেষ হয়ে গেলে তুলসী পাতা সমেত জলটা ফেলে দিয়ে তুলসী পাতা খেয়ে নেবেন। এই প্রয়োগ করতে পারলে আপনার মনে রাখার ক্ষমতা আরও বৃদ্ধি পাবে।

অভিশাপ বশত কারণে আপনার মেধা যদি নষ্ট হয়ে যায়, তাহলে আপনি আটার গুলি করে মাছকে খাওয়াবেন। এই প্রয়োগ করতে পারলে আপনার মেধা ক্ষমতা বৃদ্ধি পাবে।

রোজ হনুমান চালিসা পাঠ করবেন। হালুয়াতে দুধ মিশিয়ে সামান্য খাবেন। এই প্রয়োগ করতে পারলে আপনার মেধা ক্ষমতা বৃদ্ধি পাবে।

আপনি তিনটি ধাতু একসঙ্গে ধারণ করবেন। হনুমানজির মন্দিরে গিয়ে সিঁদুর ও লাড্ডু উৎসর্গ করে আপনার মনের কথা জানাবেন। পুজো শেষে নিজে প্রসাদ খাবেন এবং পরে প্রসাদ অন্যদের বিতরণ করবেন।

প্রতিদিন গায়ত্রী মন্ত্র জপ করবেন এবং তামা বা সোনার আংটিতে সাতটা পাঁচরতি রক্তপ্রবাল ধারণ করবেন। আপনি যদি এই প্রয়োগ যথাযথ করতে পারেন তাহলে দেখবেন আপনার মেধা ক্ষমতা আরও বৃদ্ধি পাবে।

আপনার নিজের চরিত্র ঠিক রাখতে হবে। যাতে আপনি কোনো অন্য রাস্তায় যেতে না পারেন সেই কারণে রোজ স্নান করে গণেশজির পুজো অর্চনা করতে হবে। আপনি ঘোড়ার নালের আংটি বানিয়ে ডানহাতে অনামিকায় পুরুষ হলে এবং নারী হলে বাম হাতের অনামিকায় ধারণ করবেন। যে দিন আংটি আপনি ধারণ করবেন সে দিন মাংস খাবেন না শিবলিঙ্গের দুধ ঢালবেন। এই প্রয়োগ যথাযথ করতে পারলে দেখবেন আপনার মেধাক্ষমতা আরও বেশি বৃদ্ধি পাবে।

আপনি ভক্তি, বিশ্বাস, আন্তরিকতা-সহ এই প্রয়োগ করতে পারে এই প্রয়োগটি হল নারকেলের মালার মধ্যে তিল ও গুড় ভরে তা মটিতে পুঁতে দেবেন। আপনি রোজ স্নান করে শুদ্ধ বস্ত্রে ভৈরবজির উপাসনা করবেন। ধূপ, ধুনো, বাতি, ফুল দিয়ে পুজো করবেন। পুজো শেষে সব ব্যক্তিকে মিষ্টি খাওয়াবেন এবং ভিখারিকে দান করবেন। এই প্রয়োগ যথাযথ ভাবে করতে পারলে মেধা ক্ষমতা আরও সত্তর প্রখর হয়ে ওঠে।

পড়াশোনায় ভয় তাড়ানোর উপায়

রাশি অনুসারে বিভিন্ন জনেরর বিভিন্ন ধরনের ভয় হয়ে থাকে। এই ভয় তাড়াতে গেলে ভিন্ন রাশিকে ভিন্ন পদ্ধতি অবলম্বন করতে হলে এগুলি হল —

(১) **মেষ রাশির জাতক/জাতিকার জন্য** - আপনার রাশি যদি মেষ হয় তাহলে আপনি মাছ মাংস কম খাবেন। গণেশজির পুজো আরাধনা করবেন রোজ শুদ্ধ বস্ত্রে। ঘোড়ার নালের আংটি বানিয়ে অনামিকায় পড়বেন। এই প্রয়োগ যথাযথ করতে পারলে আপনার পড়াশোনার প্রতি ভয় কেটে যাবে।

(২) **বৃষ রাশির জাতক/জাতিকার জন্য** - আপনার রাশি যদি বৃষ হয় তাহলে

সেক্ষেত্রে আপনি মাছ, মাংস কম খাবেন। আপনি দুধ এবং মাটি একসঙ্গে মিশিয়ে তিলক পড়বেন এবং রোজ হনুমান চালিসা পাঠ করবেন। নিয়মিত এই প্রয়োগ করতে পারলে পড়াশোনার প্রতি ভীতি কেটে যাবে।

(৩) **মিথুন রাশির জাতক/জাতিকার জন্য** - আপনার রাশি যদি মিথুন হয় তাহলে আপনি শনির উপাসনা করবেন। শিবলিঙ্গে দুধ ঢালবেন। নৌকার পেরেক দিয়ে আংটি তৈরি করে বানিয়ে হাতের যে কোনো আঙ্গুলিতে ধারণ করবেন। এই প্রয়োগ যথাযথ করতে পারলে আপনার পড়াশোনার প্রতি ভয় কেটে যাবে।

(৪) **কর্কট রাশির জাতক/জাতিকার জন্য** - আপনার রাশি যদি কর্কট হয় তাহলে মাংস খাবেন না। পেরেক দিয়ে আংটি তৈরি করে হাতের মধ্যমায় পড়বেন। হনুমানজির মন্দিরে গিয়ে পুজো দিয়ে টিপ পড়বেন।

(৫) **সিংহ রাশির জাতক/জাতিকার জন্য** - আপনার রাশি যদি কন্যা হয় তাহলে আপনি ভগবতী দুর্গার উপাসনা করবেন। আপনার সুবিধা অনুযায়ী হনুমানজির মন্দিরে গিয়ে পুজো দেবেন এবং পুজো শেষে সিঁদুরের টিপ পড়বেন। মহিষের নাল দিয়ে আংটি বানিয়ে ধারণ করবেন। এই প্রয়োগ যথাযথ করতে পারলে আপনি ভালো ফল পাবেন।

(৬) **তুলারাশির জাতক/জাতিকার জন্য** - আপনার রাশি যদি তুলা হয় হলে আপনি রোজ হনুমান চালিসা পাঠ করবেন এবং হনুমানজির মন্দিরে গিয়ে পুজো দেবেন এবং পুজো শেষে সিঁদুরের টিপ পড়বেন। যথাযথ এই প্রয়োগ করতে পারলে আপনার আর কোনো আর্থিক সংকট থাকবে না। পড়াশোনার প্রতি ভীতি কেটে যাবে। আপনি শিবলিঙ্গ দুধ ঢালবেন। নৌকার পেরেক দিয়ে আংটি বানিয়ে হাতে ধারণ করবেন।

(৭) **বৃশ্চিক রাশির জাতক/জাতিকার জন্য** - আপনার রাশি যদি বৃশ্চিক রাশি হল তাহলে আপনি মাছ মাংস এবং নেশার বস্তু ত্যাগ করায় চেষ্টা করবেন। শনিবার শুদ্ধ বস্ত্রে স্না ন করে ব্রত পাঠ করবেন। হনুমান চালিসা পাঠ করবেন এবং ঘোড়ায় নালের আংটি বানিয়ে হাতে ধারণ করবেন। এই প্রয়োগ যথাযথ করতে পারলে আপনার পড়াশোনার প্রতি ভীতি কেটে যাবে।

(৮) **ধনু রাশির জাতক/জাতিকার জন্য** - আপনার যদি ধনুরাশি হয় তাহলে আপনি রোজ স্নান করে শুদ্ধ বস্ত্রে হনুমানজির মন্দিরে গিয়ে পুজো দেবেন এবং পুজো শেষ হলে কপালে সিঁদুরের টিপ পড়বেন। ঘোড়া মহিষের নাল দিয়ে আংটি বানিয়ে হাতে পড়বেন। এই প্রয়োগ যথাযথ করতে পারলে পড়াশোনায় ভয় কেটে যাবে।

(৯) **কুম্ভ রাশির জাতক/জাতিকার জন্য** - আপনার রাশি যদি কুম্ভ রাশি হয় তাহলে আপনি মাছ মাংস খাবেন না। শনিবার সকালে স্নান করে ব্রত করবেন। হনুমানজির মন্দিরে গিয়ে পুজো দেবেন এবং হনুমান চালিসা করবেন, অথবা ভৈরবজির উপাসনা করবেন। ঘোড়ার নালের আংটি ধারণ করবেন। এই প্রয়োগ যথাযথ করতে পারলে আপনার পড়াশোনার ভীতি কেটে যাবে।

(১০)**মীন রাশির জাতক/জাতিকার জন্য** - আপনার রাশি যদি হয় তাহলে আপনি রোজ স্নান করে শুদ্ধ বস্ত্রে হনুমানজির মন্দিরে গিয়ে পুজো দেবেন। হনুমান চালিসা পড়বেন। মন্দিরে যাবার সময় খালি পায়ে যাবেন। বট গাছের শিকড়ে দুধ ঢালবেন। এই প্রয়োগ যথাযথ করতে পারলে আপনার পড়াশোনার প্রীতি ভীতি কেটে যাবে।

আপনি যদি পরীক্ষায় সফল হতে চান তাহলে সবুজ পেনে বা ডটপেনে নীল কালির রিফিল ভরে পরীক্ষা দেবেন। আপনার পরীক্ষা ভালো হবে।

পরীক্ষা দিতে যাবার আগে দেবদেবী ও দ্বারঘটে প্রণাম করে এবং বাবা মাকে প্রণাম করে বেরোনো উচিত। যাবার সময় বাড়ি থেকে বেরোনোর সময় পথে কারো সঙ্গে দেখা হলে বিশেষ কথা বলা কিংবা বাগবিতণ্ডা করা উচিত নয়। পরীক্ষায় দিন যতটা সম্ভব নিজেকে সহজ, সরল এবং টেনশন মুক্ত রাখা উচিত। এই প্রয়োগ যথাযথ করতে পারলে পরীক্ষায় সাফল্য নিশ্চিত হবে। দশকর্মা দোকান থেকে কিছুটা সিদ্ধি পাতা এনে রেখে দেবেন এবং পরীক্ষা দিতে যাবার সময় ওই সিদ্ধি আপনি পরীক্ষায় হলে নিয়ে যাবেন।

আপনি সরকারি পরীক্ষায় ইন্টারভিউ দিতে যাবার আগে অল্প একটা পলাশপুল সরস্বতী পূজায় ব্যবহৃত পকেটে পুরে পরীক্ষার হলে নিয়ে যাবেন। এই প্রয়োগ যথাযথ করতে পারলে পরীক্ষায় সাফল্যের সম্ভাবনা অনেকখানি বেড়ে যায়। আক্ষ্ম

পনি জন্মমাস হিসেবে ফাইনাল পরীক্ষার আগে পায়েস রান্না করে খেলে আপনার পরীক্ষার ফল ভালো পাবেন। আমাদের জ্যোতিষ শাস্ত্র এই পায়েস পরের দিন খেলে আরও ভালো ফল পাবেন।

অনেক ছেলে এবং মেয়ে আছে যারা রাস্তা দিয়ে যাবার সময় গাছের ডাল ও পাতা ছিঁড়তে ছিঁড়তে যায়। এমন ঘটনা আপনার দৃষ্টিতে পড়লে ছেলে বা মেয়েটি চলে যাবার পর রাস্তায় পড়ে থাকা ফুল যত্ন করে আপনার বই খাতার ভিতর ঢুকিয়ে রেখে দিন। ওই ফুলটি পরীক্ষা বা ইন্টারভিউ দিতে যাবার সময় সঙ্গে করে নিয়ে যান এবং এরপর লক্ষ করে যাবেন আপনি ভালো ফল পাবেন।

ডালিম গাছের কলম তৈরি করে মাটির দোয়াতে লাল কালি বা শুদ্ধ ভরে পাঁচ মাস ধরে রোজ শুক্লা পক্ষের পঞ্চমি তিথিতে একটি মন্ত্র লিখে নিজের পড়ার জায়গায় যেখানে পড়ার বই থাকে লিখে রেখে দিয়ে আপনার পরীক্ষার সাফল্য নিশ্চিত। মন্ত্রটি হল -

"ওঁ সরস্বতৈ বিদ্মহে ব্রহ্ম পুত্রৈ
ধিমহী তন্নো দেবী প্রচোদয়াৎ।"

চাকরির পরীক্ষায় সাফল্যের ক্ষেত্র - চাকরির পরীক্ষায় আপনি সাফল্য অর্জন করতে চাইলে আপনাকে এই প্রয়োগটি করতে হবে। এই প্রয়োগ যথাযথ নিশ্চিত। পরীক্ষার আবেদনপত্র সংগ্রহ করার পর আপনি ফর্ম তুলে নিজের ইষ্ট দেবতা কাছে প্রার্থনা করে পাঁচটি লবঙ্গ জীভের তলায় রেখে ফর্মটা ফিলাপ করবেন, দেখবেন সহজে আপনার কাজ সম্পূর্ণ হবে।

আপনার জন্মদিন সংখ্যা ১ হলে - আপনার জন্ম সংখ্যা ১ হলে আপনি লাল বা গোলাপি রঙের পোশাক পরবেন। পকেটে বা ব্যাগে গোলাপি রঙের রুমাল রাখবেন। স্নান করে কপালে সিঁদুরের ফোঁটা পরবেন। আপনি কালো কালি ব্যবহার করবেন। এতে অবশ্যই পরীক্ষায় ভালো ফল হবে।

আপনার জন্মদিন সংখ্যা ২ হলে - আপনার জন্মদিন সংখ্যা যদি ২ হয় তাহলে আপনি সাদা বা গোলাপি পোশাক পরবেন। পকেটে বা ব্যাগে সাদা রুমাল রাখবেন। স্নান করে কপালে দইয়ের ফোঁটা পরবেন। নীল কালি দিয়ে পরীক্ষায় উত্তর দেবেন।

আপনার জন্মদিন সংখ্যা ৩ হলে - আপনার জন্মদিন সংখ্যা ৩ হলে আক্ষ্ম

পনি হলুদ বা সোনালি রঙের পোশাক পরবেন। স্নান করে শুদ্ধ বস্ত্রে আপনার গৃহদেবতাকে বা কোনো মন্দিরে পুজো দিয়ে কপালে সিঁদুরের টিপ পরবেন। নীল কালি ব্যবহার করবেন পরীক্ষায়।

আপনার জন্মদিন সংখ্যা ৪ হলে - আপনার জন্মদিন সংখ্যা ৪ হলে পোশাক পরবেন বাদামি বা খয়েরি রঙের। স্নান করে শুদ্ধ বস্ত্রে পুজো করে কপালে চন্দনের টিপ পরবেন। কালো কালি দিয়ে পরীক্ষা দেবেন। এই প্রয়োগ যথাযথ করতে পারলে আপনার সাফল্য নিশ্চিত।

আপনার জন্মদিন সংখ্যা ৫ হলে - আপনার জন্মদিন সংখ্যা ৫ হলে আপনি সবুজ বা আকাশি রঙের পোশাক পরবেন। স্নান করে শুদ্ধ বস্ত্রে পুজো করে কপালে চন্দনের টিপ পরবেন। নীল কালি দিয়ে পরীক্ষা দেবেন।

আপনার জন্মদিন সংখ্যা ৬ হলে - আপনার জন্মদিন সংখ্যা ৬ হলে যে কোনো হাল্কা রঙের পোশাক পরবেন। স্নান করে শুদ্ধ পোশাক পরে কপালে চন্দনের টিপ পরবেন। নীল কালি দিয়ে পরীক্ষা দেবেন।

আপনার জন্মদিন সংখ্যা ৭ হলে - আপনার জন্মদিন সংখ্যা ৭ হলে ধূসর বা ছাই রঙের পোশাক ব্যবহার করবেন। স্নান করে শুদ্ধ বস্ত্রে কপালে চন্দনের টিপ পরবেন। আপনি নীল বা কালো কালি দিয়ে পরীক্ষা দিতে যাবেন।

আপনার জন্মদিন সংখ্যা ৮ হলে - আপনি পোশাক পরবেন কালো রঙের। স্নান করে শুদ্ধ বস্ত্রে কপালে হোমের টিপ পরবেন। পরীক্ষায় আপনি কালো কালি ব্যবহার করবেন।

আপনার জন্মদিন সংখ্যা ৯ হলে - আপনি পোশাক পরবেন গাঢ় রঙের। স্নান করে শুদ্ধ বস্ত্রে আপনি চন্দনের টিপ পরবেন।

আপনি পরীক্ষায় ভালো ফল করতে চাইলে তুলসী পাতা, গঙ্গাজল ও মিষ্টি, জল খেয়ে বাড়ি থেকে বেরোবেন।

আপনি যখন পরীক্ষা দিতে যাবেন তখন বাড়ি থেকে বেরোবার সময় "ওঁ শ্রী গণেশায় নমঃ" উচ্চারণ করে প্রণাম করে প্রথমে ডান পা বাড়িয়ে তারপর বাঁ-পা দিতে হবে।

আপনি প্রতি হোলির দিন একটা পাত্রে অল্প কর্পূর এবং পাঁচটা লবঙ্গ নিয়ে

আপনার গৃহ দেবতার সামনে জ্বালান। অবশ্যই স্নান করে শুদ্ধ বস্ত্রে। এই পাত্রে যে ছাই অবশিষ্ট থাকবে সেটা অন্য কোনো পাত্রে রেখে দেবেন। এই প্রয়োগ যথাযথ করতে পারলে পরীক্ষার প্রশ্নপত্র সহজ হবে। এবং ওই টিপ আপনি কপালে পরবেন। এটি করতে পারলে আপনার জীবনে আর কোনো সমস্যা থাকবে না।

পরীক্ষা ভালো ফল করার জন্য হিন্দুস্তানিরা একটা বিশেষ প্রয়োগ করেন। সেটি হল পরীক্ষায় রেজাল্ট বেরোবার আগে তাঁরা যে কোনো মঙ্গলবার ঘি, এবং সামান্য সিঁদুর নিয়ে একসঙ্গে মিশিয়ে নারকেলের ওপর অনামিকা আঙুল দিয়ে জয় শ্রী রাম কথাটা লিখেন। এরপর মন্দিরে গিয়ে হনুমানজির সামনে ১০৮ বার জয় শ্রী বালাজি মহারাজ উচ্চারণ করে নিজেদের মনের কথা মনে মনে বলেন। এরূপ করলে আপনি দেখবেন এই প্রয়োগের ফল যদি আশনুরূপ হয় তাহলে হনুমানজির সামনে নারকেল ফাটিয়ে অর্ধেক করে ব্রাহ্মণকে দেবেন। এবং বাকিটা নিজে প্রসাদ মনে করে খাবেন, বাকিদের বিতরণ করবেন। আপনি এই সহজ উপায়টি বাড়িদের কোনো মন্দিরে গিয়ে হনুমানজির সামনে করতে পারেন। আপনি নিশ্চিত এতে আপনার ফল ভালো হবে।

আপনার পরীক্ষা শুরু ঠিক আগেন দিন বট গাছের পাতা এনে তারপর অনামিকা আঙুলের দ্বারা আটটি হলুদের ফোঁটা দিন। এরপর বটপাতা নারকেলের ওপরে রেখে হলুদ সুতো দিয়ে বেঁধে দিন। তারপর বট পাতা মা সরস্বতীর পায়ের কাছে রেখে দিন। প্রতিদিন স্নান করে ধূপ, ধুনো, বাতি দিয়ে পুজো করবেন। এবং আপনার মনের কথা বলে প্রার্থনা করলে পরীক্ষা শেষ হয়ে গেলে বটপাতাটি বিসর্জন দিলে ভালো ফল পাবেন।

কোনো কোনো জ্যোতিষীর মতে, যোগেশ্বর শ্রীকৃষ্ণ মন্ত্রটি একটি কাগজে ১০৮ বার লিখে কাগজটি ভাঁজ করে যত্ন করে পরীক্ষার দিন অথবা পকেটে ভরে নিয়ে গেল পরীক্ষায় আপনি ভালো ফল পাবেন।

আপনি পরীক্ষা দিতে যাবার আগে দশকর্মার দোকান থেকে কবচ এন গঙ্গাজলে ভালো করে ধুয়ে মা সরস্বতীর পায়ে রেখে দেবেন। পরীক্ষার দিন স্নান করে শুদ্ধ কাপড়ে কবচ মুখে দিয়ে পরীক্ষা দিতে যাবেন এবং পরীক্ষা শেষে মুখ থেকে বের করে জলে ফেলে দেবেন। এই প্রয়োগটি করতে পারলে ভালো ফল পাবেন।

আপনার পড়ার ঘরে টেবিলে কাচের গ্লাসে চারটে পেন্সিল উপর দিকে মুখ করিয়ে রেখে দেবেন। পেন্সিলগুলি অতি অবশ্যই ছুঁচালো হওয়া চাই। এই প্রয়োগ করতে পারলে বুদ্ধি বাড়বে এবং পড়া ভালো মনে থাকবে।

আপনি প্রতি বৃহস্পতিবার পড়ার ঘরে উত্তর-পূর্ব কোণে বেশ কয়েকটা চন্দন ধূপ জ্বালাবেন। এই প্রয়োগ রোজ করতে পারলে আপনার মনে রাখার ক্ষমতা আরও বৃদ্ধি পাবেন। শেষে একটা কথা বলি যে, ধূপের পোড়া ছাই যাতে কেউ পা না দেয়ালে।

আপনি যদি কম্পিউটার নিয়ে পড়াশোনা করেন তাহলে আপনি পূর্ব বা দক্ষিণ দিকে মুখ করে পড়াশোনা করবেন। কারণ এতে সাফল্য পাবেন অনেক বেশি। এই প্রয়োগ সঠিক ভাবে করতে পারলে আপনার প্রতি আরো বেশি হবে।

আপনি আপনার পড়ার টেবিলে বই খাতা সোজা করে রাখবেন। যেন কখনও এলোমেলো ভাবে না থাকে। কারণ এতে পড়াশোনার ব্যাঘাত ঘটে বেশি। পড়ায় বিঘ্ন দেখা যায়।

পড়ার ঘরে হাঁসের মূর্তি বা ভালো ছবি রাখলে ভালো। এতে আপনার অজ্ঞতা, মূঢ়তা দূরীভূত হয়। আপনার পড়াশোনায় সাফল্য অবশ্যম্ভাবী।

আপনার পড়ার ঘরের দেওয়ালে বা টেবিলে সরস্বতীর এই মন্ত্রটি বড় অক্ষরে লিখে রাখবেন এবং রোজ শুদ্ধ বস্ত্রে পাঠ করবেন। সরস্বতীর শ্লোকটি লাল কালি দিয়ে লিখবেন।

জয় জয় দেবী চরাচর সারে। কুচ যুগ শোভিত মুক্তাহারে।।
বীণা পুস্তক রঞ্জিত হস্তে। ভগবতী ভারতী দেবী নমোহস্তুতে।।

ওঁ সরস্বতী মহাভাগে বিদ্যে কমলোলোচনে।
বিশ্বরূপে বিশালাক্ষী বিদ্যাং দেহী নমোহস্তুতে।।

আপনার পড়ার ঘরে পশ্চিম বা দক্ষিণ দিকে মুখ করে পড়া করবেন। এতে পড়া দ্রুত এবং ভালো হবে।

পড়ার ঘরে পড়ার বই ছাড়া অন্য কোনো বই রাখবেন না।

পড়ার ঘরে কোনো উত্তেজক ছবি রাখবেন না। কোনো ভালো ছবি রাখবেন।

কোনো মনীষীর বাণী দেওয়ালে লিখে রাখতে পারেন। সরস্বতীর শ্লোক লিখে রাখতে পারেন। কিংবা ভূগোলের মানচিত্র, ইতিহাসের মানচিত্র দেওয়ালে টাঙিয়ে রাখতে পারেন।

আপনার পড়ার টেবিল পূর্ব দিকে করে রাখবেন। কারণ পূর্ব দিকে করে পড়লে পড়া ভালো হবে। এবং এই প্রয়োগটি করতে পারলে পারলে ভালো থাকে।

আপনার পড়ার ঘর আকাশি রঙের হওয়া উচিত। এবং পড়ার ঘরে আলো বাতাস প্রবেশ করতে পারে। বদ্ধ ঘরে পড়াশোনা কখনই ভালো হয় না। শেষে একটা কথা বলি সত্যিকারের জ্ঞান অর্জনের জন্য খোলামেলা পরিবেশ আবশ্যক।

আপনার পড়ার ঘর সবসময় যেন পরিষ্কার পরিচ্ছন্ন থাকে। সেদিকে আপনাকে লক্ষ্য রাখতে হবে। পড়ার ঘরের আলমারি, টেবিল, র‍্যাক, বইখাতা, পেন, পেন্সিল সব কিছু সবসময় গোছগাছ করে রাখবেন এতে পড়ায় মনোসংযোগ বাড়ে।

আপনার ঘর যদি বড় হয় তাহলে ঘরে আপনি লাইব্রেরির ব্যবস্থা করবেন। এতে আপনার বিশেষ সুবিধা হবে। আপনি আপনার দরকারি সমস্ত বই পাবেন। এরফলে আপনার জ্ঞানচর্চা করতে আরো সুবিধে হবে। আপনার পড়ার ঘরে ক্রিস্টাল বল বা গ্লোব রাখবেন। ক্রিস্টাল বলটি দেখতে একেবারে ফেংশুই - এর মতো দেখতে।

বাচ্চাদের পড়ার ঘর উত্তর দিকে হওয়া বাঞ্ছনীয়। কারণ বাচ্চারা অমনিতেই চঞ্চল তাদের পড়তে বসার সঙ্গে সঙ্গে পড়ার মন বসে না। পড়ায় মন বসতে বেশ কিছুক্ষণ সময় লাগে।

আপনার পড়ার টেবিলের উপর দক্ষিণ - পূর্ব কোণে কাঁচের গ্লাসে জল ভোরে একটা মুক্ত এবং তিনটে লবঙ্গ রেখে দেবেন। এই প্রয়োগ করতে পারলে আপনার পড়ায় মনসংযোগ বৃদ্ধি পাবে। পড়ার ঘরে টেবিলের সামনে জানলা থাকা শুভ। এতে আপনার পড়া ভালো হবে।

বাচ্চাদের পড়ার টেবিলের পাশে একটি সবুজ পাতা কিংবা বাহারি গাছ থাকা শুভ। এতে বাচ্চারা সহজে পড়া আয়ত্ত করতে পারে। আপনি একটা কাঁচের গ্লাসে অল্প জল, সামান্য গোলাপ জল, এবং অল্প গঙ্গাজল একসঙ্গে মিশিয়ে এর সঙ্গে লাল গোলাপের ৮টি পাপড়ি নিয়ে আপনার ঘরে উত্তর দিকে রেখে দিন। প্রতি শুক্রবার এর অন্তর করবেন। এতে পড়ার আগ্রহ বাড়বে। আপনি জীবনে অন্তিম লক্ষ্যে পৌঁছতে পারবেন।

লিপিবদ্ধ আছে, সেই পৃষ্ঠায় একটি ‘ময়ূরপুচ্ছ’ অর্থাৎ ময়ূরের পেখম্ বা লোচনমুক্ত পেমম্ রেখে বইটি একদিন বন্ধ করে মা সরস্বতী ছবি বা মূর্তির সামনে রাখতে হবে।

চরম আর্থিক সঙ্কট দুর করার উপায়

মুগ ডাল দিয়ে গুলি তৈরি করে মাছকে খাওয়াতে হবে। এই প্রক্রিয়া কমপক্ষে নয়মাস একটানা করবে।

চাকরি বা ব্যবসায় উন্নতির উপায়

রবিবার বাদে প্রতিদিন অশ্বত্থগাছে জলদান করে গাছের গোড়ায় ধূপ ও প্রদীপ জ্বালাতে হবে। তারপরে, করজোড়ে অশ্বত্থ গাছটিকে প্রণাম করবে।

চাকরিতে পদন্নোতির উপায়

যেকোনে মন্দিরে বা নিজের বাড়িতে যেখানে হোক প্রতিষ্ঠিত শিবলিঙ্গের মাথায় একটি নিখুঁত বেলপাতা রেখে নিজের মনোবাসনা জানিয়ে লিঙ্গের মাথায় আখের রস ঢালতে হবে।

বিদ্যায় উন্নতির উপায়

সকল ছাত্রছাত্রীদের উদ্দেশ্যে জানাই - তোমরা সকালবেলা ঘুম থেকে ওঠার পর বাসি মুখ ধুয়ে একটি পরিষ্কার তুলসীপাতা জোগাড় করে তাতে একফোঁটা সাদা চন্দন দিয়ে জল দ্বারা গিলে খেতে হবে। তবে অবশ্যই মনে রাখতে হবে যে - তুলসীপত্রটিকে দাঁতে কাটবে না।

মেয়ে জামাই – এর সঙ্গে সর্ম্পক ভাল রাখার উপায়

মেয়ে জামাই যেদিন বাড়িতে আসবে এবং যেদিন বাড়ি থেকে চলে যাবে, সেদিন বাড়ির ঘরে ঝাড়ু দিয়ে ঝাট দেওয়া যাবে না।

রোজগার বৃদ্ধির উপায়

গোলাপ জল, শ্বেতচন্দন ও গোচনা - এই তিন বস্তুকে একত্রে মিশিয়ে তিনদিন কপালে ফোঁটা দিয়ে অর্থ উপার্জনের উদ্দেশ্যে বাড়ি থেকে বেরোবে।

আরোগ্য লাভের উপায়

প্রতি সোমবার বেল গাছের গোড়ায় কাঁচা দুধ ও সাধারণ জল একত্রিত করে মনোস্কামনা জানিয়ে - "বিল্ববৃক্ষায় নমঃ" মন্ত্র উচ্চারণ করতে করতে ওই জল নিবেদন করতে হবে।

আর্থিক উপার্জন বৃদ্ধির উপায়

প্রতি বৃহস্পতিবারে তুলসী গাছে কাঁচা দুধ দেবে।

শনির সাড়েসাতিতে করণীয় উপায়

ক) যে সকল ব্যক্তি বর্তমানে শনির সাড়েসাতির কবলে পরে আছেন বিশেষত; সিংহ রাশি - লগ্ন, কন্যা রাশি - লগ্ন ও তুলা রাশি - লগ্ন - এর জাতক জাতীকারা প্রতিদিন সন্ধ্যায় শুদ্ধাচারে নিম্নলিখিত মন্ত্রটি একুশ বার জপ করবে।

মন্ত্র ঃ - "নমঃ নীলাঞ্জনঃ সভাসং রবি পুত্র মহাগ্রহম্
ছায়াগর্ভ সম্ভূতং ত্বং নমামি শনৈ শ্চরম্"

এবং শনিবার দিনে যতবেশি সংখ্যায় জপ করবে ততই শুভফলদায়ী হবে; তবে অতি অবশ্যই শুদ্ধাচারে করতে হবে।

খ) সকালে নিজে কিছু খাবার আগে কুকুর ও কাককে খাওয়াতে হবে।

গ) মঙ্গলবার হনুমানজির সামনে উপবিষ্ট হয়ে হনুমান চালিসা পাঠ করবে।

বাড়িতে চুরির বা জিনিস হারানো রোধ করার উপায়

একটি লোহার ছুরি (মহিলাদের হাতে পড়ার লোহার নোয়া) নিয়ে যে কোনো পীঠস্থানে মায়ের মন্দিরে পুজো করিয়ে নিয়ে এসে তার সঙ্গে একটুকরো গোলাকৃতি কাঁচ লাল শালু কাপড়ে মুড়িয়ে বাড়িতে যে কোনো স্থানে লুকিয়ে রাখতে হবে।

বিবাহের বাধা দূর করার উপায়

প্রতি বৃহস্পতিবারে কাঁচা হলুদের সঙ্গে নারকেল মিশিয়ে গায়ে মেখে কিছুক্ষণ রেখে তারপরে স্নান করবে।

নানাবিধি সমস্যা সমাধানের কোনো রাস্তা পাচ্ছেন না, সে ক্ষেত্রে এই প্রক্রিয়াটি আপনি করতে পারেন। এরূপ কোনো ঘটনা ঘটলে কাঠ কয়লা নিয়ে সেটা তেলে ভিজিয়ে রাখুন। সকালবেলা এটা তেলে ফেলে দিন। এরপর রাতে এটাকে আগুনে ফেলে দেবেন। প্রত্যেক শনিবার এই ক্রিয়াটি করবেন। এই প্রয়োগে দ্বারা আপনি শত্রুর হাত থেকে রেহাই পাবেন।

প্রচণ্ড শত্রু দমন টোটকা

প্রয়োগটি প্রত্যেক শনি ও মঙ্গলবার করবেন। একটা পান পাতা নিয়ে দুটো ছোট এলাচ এবং বাতাসা নিয়ে পান ভালো করে মুড়ে নেবেন। আপনি অশ্বত্থ গাছের তলায় গিয়ে ভালো করে গঙ্গাজল দিয়ে ধুয়ে ঐ পান রেখে দিয়ে ঢেলে দেবেন। এই প্রয়োগটি যথাযথ ভাবে করতে পারলে কোনোও তান্ত্রিক ক্রিয়া আপনার কোনোও ক্ষতি করতে পারবে না। এই প্রয়োগটি একটানা ১৯ দিন করলে আপনার বিশেষ উপকার হবে এবং আপনি জীবনে সাফল্য অর্জন করবেন।

আপনি ৫টি গোমতী চক্র নিয়ে তার উপর লাল কালিতে ছোট ছোট করে শত্রুর নাম লিখে নিম গাছে গোড়ায় মাটিতে পুঁতে দিলে শত্রু নাশ হয় এবং দূরের শত্রুরাও ক্ষতি করতে পারে না।

আপনার কর্মস্থলে কেউ আপনার প্রমোশন ইচ্ছে করে আটকে রাখলে বা শত্রুতাবশত ঝুলিয়ে রাখলে বা আপনার ফাইল আটকে রাখলে আপনি বুঝবেন যে, ঐ ব্যক্তি আপনার প্রমোশনে খুশি নয়। এমন পরিস্থিতির সৃষ্টি হলে অমাবস্যা বা দীপাবলির রাতে এই মন্ত্র জপ করবেন শ্রীং হ্রীং ক্লীং। এই প্রয়োগের দ্বারা কেউ আর আপনার ক্ষতি করতে পারবে না।

আপনি শত্রুর হাত থেকে মুক্তি পাবার জন্য ভৈরব দেবের সাধনা করবেন। এর দ্বারা দৈনিক সফলতা লাভ করা যায়। ভৈরব দেবকে কলিযুগের দেবতা বলা হয়। এর কৃপা যার উপর পরে তিনি সুখী মানুষ। ইনি সাধারণ পূজো আর্চ্চায় সন্তুষ্ট হন। ভৈরব দেব তান্ত্রিকদের প্রত্যক্ষ দেবতা। এই ক্রিয়ার দ্বারা আপনি শত্রুর হাত থেকে রেহাই পাবেন। জীবনে সাফল্য নিশ্চিত, একথা জেনে প্রয়োগটি করবেন। একে অপরের প্রতি দ্বেষ, হিংসা, লজ্জা, রাগ বেড়ে চলেছে। ফলে বেড়ে চলেছে মারামারি, হানাহানি, শত্রুতা, দেশে দেশে যুদ্ধ, সন্ত্রাষবাদী জঙ্গি সমস্যা, মাওবাদী

সমস্যা, এই ভয়ংকর সমস্যা এবং শত্রুতা থেকে রেহাই পাবার জন্য মা বগলামুখীর সাধনা করলে আপনি শত্রুর হাত থেকে রেহাই পাবেন। পরিশেষে একটা কথা বলি যে, রোজ স্নান করে শুদ্ধ বস্ত্রে বগলাদেবীর পূজো করবেন এবং মন্ত্র পাঠ করবেন। এই ক্রিয়ার দ্বারা আপনি শত্রুর হাত থেকে মুক্ত পাবেন।

শত্রুর হাত থেকে রেহাই পাবার জন্য একটা সহজ উপায়ের কথা উল্লেখ করছি। আপনি একটা বাঁশ গাছের মূল নিয়ে সকালে কাজে যাবার সময় শিকড়টি আপনার ডান কানে ঘষে নিন এবং দক্ষিণ দিকে ফেলে দিন। এই প্রয়োগের দ্বারা আপনি শত্রুর হাত থেকে মুক্তি পাবেন।

আপনি শত্রুর কারণে কোনো মামলায় জড়িয়ে যান এবং ঐ মামলা মোকাদ্দমায় জয় লাভ করতে হয় তবে এই প্রক্রিয়া আপনি অবশ্যই করতে পারেন। এই প্রয়োগটি যেকোনো মঙ্গলবার করতে পারেন। দুপুর বেলা স্নানের পর শুদ্ধ বস্ত্রে আপনার গৃহে পূজোর সামনে বসুন এবং একটি সিয়ারশৃঙ্গী এবং ১২টি গোমতী চক্রের প্রয়োজন। গোমতী চক্রটি এর উপর বসিয়ে নেবেন। এরপর চন্দন নিয়ে সিয়ারশৃঙ্গী এবং গোমতীর উপর ফোঁটা দেবেন। এই শ্মশানে গিয়ে ঐ পুঁলি রেখে আসবেন। এই ক্রিয়া তখনই করবেন যখন দেখবেন যেকোনো ব্যক্তির সঙ্গে অকারণে আপনার শত্রুতা বাড়ছে। বিনা কারণে এই প্রয়োগটি করবেন না।

আপনি যদি কোনো সময়ে মামলায় ফেঁসে যান এবং মামলা আপনি জিততে চান তাহলে সেক্ষেত্রে আপনি এই প্রয়োগটি করতে পারেন। এই প্রয়োগের নিয়ম স্নান করে শুদ্ধবস্ত্রে একটা পাত্রে মুসুর ডাল ভিজিয়ে রাখুন এরপর আপনার গৃহদেবতাকে ধূপধুনো দিয়ে পূজো করবেন এবং তারপর ঐ ডাল নিয়ে গিয়ে অশ্বত্থ গাছের নিচে রেখে আসবেন। এই প্রয়োগের দ্বারা আপনি শত্রুর হাত থেকে মুক্তি পাবেন।

আপনি যদি বোঝেন যে আপনার চালু ব্যবসা দিনদিন নষ্ট হতে বসেছে অথবা আপনার বাড়িতে কোনো অশান্তি ছিল না এখন প্রায়ই অশান্তি ঝগড়া হতে পারে এর দ্বারা আশানুরূপ ভালো ফল পাবেন। সূচে সুতো পরিয়ে নিন। এরপর সবুজ লঙ্কা এবং হলুদ পাতি লেবু গেঁথে নিন। এবার এর নীচে দিকে পাথর বা কাঠকয়লা বেঁধে ঝুলিয়ে দিন। এই ভাবে প্রত্যেক শনিবার ও মঙ্গলবার মূল দরজার বাইরে ঝুলিয়ে দেবেন। কিছুদিন করার পর সমস্ত অশুভ শক্তি নষ্ট হয়ে যাবে।

বর্তমানে আমাদের সকলকে এই সমস্যার সম্মুখীন হতে হচ্ছে পাশের ঘরের লোক আপনার ক্ষতি করতে চাইছে এবং তান্ত্রিক দিয়ে এমন কিছু ক্রিয়া করছে যার ফলে আপনি নানাবিধি সমস্যায় ভুগছেন। এইরকম হলে যেদিকে বাস করে সেদিকে এই যন্ত্র এঁকে টাঙিয়ে দেবেন। এই যন্ত্র লাল কালিতে আঁকবেন অবশ্যই। কারণ লাল শুভ রং এতে কোনোও সন্দেহ নেই। সাদা কাগজে উপর লাল কালির মার্কার পেন দিয়েও আঁকতে পারেন। এই ক্রিয়া সপ্তাহের যে কোনো দিন করতেপারেন।

গুপ্ত শত্রুকে নাশ করা এবং অশুভ শক্তির হাত থেকে রক্ষা পাবার জন্য আপনি এই প্রয়োগটি করতে পারেন। এই ক্রিয়ার দ্বারা আপনি অবশ্যই বিশেষ উপকার পাবেন এতে কোনো সন্দেহ নেই। এই প্রয়োগ করতে পারলে আপনার ঘরের মঙ্গল হবে এবং শরীর সুস্থ ও সবল থাকবে। ধুনো গুঁড়ো করে এর সঙ্গে গোলমরিচ গুঁড়ো মিশিয়ে নিন। ঘুঁটে জ্বালিয়ে দিন এবং নিভে গেলে এই মিশ্রণ ঘুঁটের উপর ফেলে দিন এবং অল্প করে হাওয়া করুন। যাতে ঐ ধোঁয়া ঘরের চারিদিকে যায়। কিছুদিন করলে এর উপকার আপনি নিজেই বুঝতে পারবেন। এই প্রয়োগ করতে পারলে পারিবারিক গুপ্ত শত্রু আপনার কোনো ক্ষতি করতে পারবে না।

আপনার ঘরে অনেক সময় বাইরের লোকের দৃষ্টি লাগে সেক্ষেত্রে এই প্রয়োগটি আপনি করতে পারেন। এই প্রয়োগ আপনি যেকোনো শুভ দিনে শুরু করতে পারেন। এই প্রয়োগের দ্বারা আপনার বিশেষ উপকার হবে। এবার এই প্রয়োগের থালায় নিন ২টো গোলমরিচ, ২টো শুকনো লঙ্কা একটু কর্পূর জ্বালিয়ে দিন। এবার প্রত্যেক ঘরে বাতিটা ঝুলিয়ে দেবেন।

এই প্রয়োগ রোজ করতে পারলে আপনার বিশেষ উপকার হবে। শত্রু আপনার আর কোনো ক্ষতি করতে পারবে না।

অনেক সময় আপনি দেখবেন কোনো একজন ব্যক্তি আপনার সব কাজে বাধা দিচ্ছে এরকম ঘটনা কর্মস্থলে, গবেষণা, এবং গৃহে এরূপ ঘটনা হামেশাই দেখা দিচ্ছে। সংসারে আপনার খুব কাজের মানুষ আপনার সব কাজের বিরোধিতা করছে। অফিসে সবাই আপনার কথা শুনছে। এবং গবেষণায় আপনি অনেক বেশি এগিয়ে যাচ্ছেন। কোনো মিটিংয়ে আপনি যে ভাষণ দিচ্ছেন সেটা সবাই মানছে। এসব ক্ষেত্রে আপনি এই প্রয়োগটি করতে পারেন। এই প্রয়োগটি যেকোনো শনিবার দিন করবেন। প্রয়োগে কথা আমি উল্লেখ করছি কালো কাপড়, কড়ি

১১টা, তিল, এই সব দ্রব্যগুলি কাপড়ে বেঁধে অশ্বত্থ গাছের তলায় রেখে দিয়ে আসবেন। গাছের গোড়ায় রেখে আসার সময় ঐ ব্যক্তির নাম উচ্চারণ করবেন। এই প্রয়োগ যথাযথ করতে পারলে আপনার মনের বাসনা পূর্ণ হবে।

আপনার যদি কখনও এমন মনে হয় যে আপনি হঠাৎ কোনো শত্রুকে দেখলেই ভয় পাচ্ছেন। এবং আপনার মনের জোড় ক্রমশ কমে যাচ্ছে সে ক্ষেত্রে আপনি এই প্রয়োগটি করতে পারেন। এই প্রয়োগটি মহিলা পুরুষ উভয় ব্যক্তির থেকে প্রযোজ্য। এটি যেকোনো মঙ্গলবার করবেন। একটা স্টিলের বাটিতে কর্পূর জ্বালাবেন। জ্বালার পর যে অবশিষ্ট ছাই পড়ে থাকে সেটা ছেলেরা ডান পায়ের নিচে এবং মহিলারা বাঁ পায়ের নিচে টিপ লাগাবেন। এই প্রয়োগটি করতে পারলে আপনার ভয় ও সমস্ত আতঙ্ক কেটে যাবে। শেষে একটা কথা বলি যে এই কর্পূরটা আপনি ঠাকুর ঘরে জ্বালাবেন না। এই ক্রিয়া করলে আপনার মনের বাসনা পূর্ণ হবে।

পরিবারের মধ্যে যদি এমন কেউ থেকে থাকেন যিনি শত্রুতা করে পরিবারের দৃঢ় বন্ধনটাকে ক্ষীণ করে দিতে চাইছে, তাহলে এই উপায়টি করবেন। এই প্রয়োগের দ্বারা আপনি ভাল ফল পাবেন। যেকোনো শনিবার আপনি এই প্রয়োগটি করবেন। ১৯টা মাসকলাই ডালের কণা নিয়ে কাপড়ের টুকরোয় বেঁধে নেবেন। এবার কিছু পিঁয়াজ ও রসুনের খোসা নিয়ে এর সঙ্গে টিকে দিয়ে জ্বালিয়ে দিন। এই প্রয়োগের ফলে শত্রু যতই চেষ্টা করুক আপনার পরিবারের কোনো ক্ষতি করতে পারবে না। এবং অতি সহজে আপনি শত্রুকে নাশ করতে পারবেন।

হঠাৎ যদি দেখেন আপনার পরিবারের কোনো ব্যক্তি হঠাৎ করে মানসিক ভারসাম্যহীন লোকের মতো ব্যবহার করেন। এক্ষেত্রে কেউ শত্রুতা বশে ওই ব্যক্তির কোনো ক্ষতি করলে এইকরম ঘটনা ঘটে। এর থেকে মুক্তি পাবার জন্য এই ক্রিয়া করলে তিনি আবার সুস্থ হয়ে উঠবেন। বুধবার রাত্রে গুগ্গুল নিয়ে এর সঙ্গে হিং দিয়ে জ্বালুন। এবার ওই ধোঁয়া ঘরে দেবেন। এরফলে ওই ব্যক্তি আপনার কোনো ক্ষতি করতে চাইলে তা পুরোপুরি ব্যর্থ হয়ে যাবে। এই ক্রিয়া পরপর ৫টা বুধবার করবেন। এই প্রয়োগ যথাযথ করতে পারলে কোনো শত্রু আপনার ঘরে প্রবেশ করতে পারবে না।

শত্রু আপনাকে পুরোপুরি মৃত্যুর দিকে ঠেলে দিতে চাইলে এই ক্রিয়া করলে আপনি শত্রুর হাত থেকে অতি সহজেই মুক্তি পাবেন। এই প্রয়োগটি কথা আমি

উল্লেখ করছি। কিছুটা যবের আটা নিয়ে সরষের তেলে মাখিয়ে রুটি তৈরি করে নিজের মাথার উপর সাতবার ঘোরাবেন। এতে শত্রু যতই আপনার মৃত্যু কামনা করুক,পারবে না। এই প্রয়োগটি প্রত্যেক মঙ্গলবার করবেন। প্রয়োগ শেষে এই রুটি বিসর্জন দিয়ে দেবেন নদীতে বা গঙ্গায়। গরু যেন না খায় সেইদিকে লক্ষ্য রাখাআপনার কর্তব্য।

আপনি সরকারি কোনো কাজ করছেন অথচ সেই কাজে বারবার বাধা আক্ষ্ম সছে। শত্রুর জন্য আপনি কাজটা করতে পারছেন না। সেক্ষেত্রে আপনি দ্রুত এই প্রয়োগটি করতে পারেন। এই প্রয়োগের মাধ্যমে আপনি শত্রুর হাত থেকে রেহাই পেতে পারেন।

মন্ত্র "ওঁ নমঃ ভাস্করায় ত্রৈলোক্যআত্মনে"

এই মন্ত্রটি রুদ্রাক্ষের মালা দিয়ে রোজ স্নান করে জপ করবেন। এবং অল্প তিল নিয়ে নিজের মাথার ওপর ঘুরিয়ে নিয়ে দক্ষিণ দিকে বাড়ির বাইরে ফেলে দেবেন। এই প্রয়োগের মাধ্যমে আপনি শত্রুর হাত থেকে নিষ্কৃতি পাবেন।

আপনি অনেক চেষ্টা করে একটা সরকারি চাকরি জোগাড় করতে চলেছেন কিন্তু সেই চাকরি কারো অনিচ্ছা বা শত্রুতার জন্য ভেস্তে যাচ্ছে সেক্ষেত্রে এই ক্রিয়া করলে আপনি সাফল্য লাভ করবেন। প্রতিদিন সকালে স্নান করে শুদ্ধ বস্ত্রে কুশের আসনে বসে পূর্বদিকে মুখ করে একটি স্টিলের থালার মাঝখানে কিছু তিল রাখুন এবং তার মধ্যে কিছুটা গোলমরিচ দিন এবং একটি স্টিলের প্রদীপ সরষের তেল দিয়ে জ্বালিয়ে তার উপর রেখে নীচের মন্ত্রটি জপ করবেন। এরপর গোলমরিচ গুঁড়ো করে প্রদীপের মধ্যে ফেলে দিন। শত্রুর নাম জানলে মনে মনে বলবেন। এই ভাবে রোজ করতে পারলে আপনার মনের বাসনা পূর্ণ হবে। প্রত্যেক অমাবস্যায় এই প্রয়োগটি অবশ্যই করবেন। প্রয়োগ হয়ে গেলে তিলগুলো নিয়ে নিম গাছের গোড়ায় রেখে দিয়ে আসবেন।

মন্ত্র "ওঁ শ্রী শ্রী ওঁ ওঁ হুং হুং ফট্ স্বাহা"

কেউ আপনার সঙ্গে শত্রুতা করছে অথবা আপনি বুঝতে পারছেন যে, সই ব্যক্তি আপনার ঠিক কী ধরনের ক্ষতি করতে পারে। এই সব জানার জন্য আপনি এই প্রয়োগটি করতে পারেন। কিংবা কোনো লোকের মাধ্যমে আপনি জানতে পারেন শত্রু আপনার কি ধরনের ক্ষতি করতে পারে।

প্রতিদিন স্নান করে শুদ্ধ বস্ত্রে পূর্বদিকে মুখ করে খোলা নির্জন জায়গা ৭ বার প্রতিদিন স্ফটিকের মালা নিয়ে জপ করুন। এই প্রয়োগ রোজ করতে পারলে আপনার সাফল্য নিশ্চিত এবং শত্রু আপনাকে কোনো ক্ষতি করতে পারবে না।

কোনো ব্যক্তি যদি তার শত্রুর ভয়ে বা প্রতিহিংসায় ভয় করে ঘর ছেড়ে নিখোঁজ হয়ে থাকেন সেক্ষেত্রে তার পরিবারের যে কেউ এই প্রয়োগটি করতে পারেন। এই প্রয়োগের মাধ্যমে ব্যক্তির মনের সব ভয় কেটে যাবে। এই প্রয়োগ করার নিয়ম আমি উল্লেখ করছি, যেকোনো সোমবার লজ্জাবতী গাছের পাতা অল্প কিছু এনে ছায়ায় রেখে শুকিয়ে নেবেন। এরপর ওই নিখোঁজ ব্যক্তির নাম করে তার কোনো পোষাকের সঙ্গে একসঙ্গে মুড়ে চাপা দিয়ে রাখবেন। এই ক্রিয়া করার কিছু দিনের মধ্যে আপনি সাফল্য লাভ করবেন। এই ক্রিয়া করার কিছুদিনের মধ্যে দেখবেন শত্রুর ভয় আপনার মন থেকে কেটে যাবে। সেই ব্যক্তি আপনার আর কোনো ক্ষতি করতে সাহস পাবে না। নিরুদ্দেশ ব্যক্তি যদি দেখেন ফিরে এসেছে, তাহলে তার জামা থেকে পাতা গুলো নিয়ে কোনো ফাঁকা জায়গায় ফেলে দিয়ে আসবেন। শেষে একটা কথা বলি ওই জামা ভালো করে কেচে তারপর ব্যবহার করবেন।

কালো ঘোড়ার খুরের আংটি যেকোনো শনিবার ধারণ করতে পারলে যেকোনো ধরনের শত্রু নাশ হবে। সে আর পুনরায় শত্রুতা করার সাহস পাবে না। সে আর্থিক দিক থেকে দুর্বল হয়ে পড়ে। শনিবার অশ্বত্থ গাছের পাতা এনে সিঁদুর মাখিয়ে এবার পাতায় আংটিটা রাখবেন। এরপর মাটির এবং এই মন্ত্র উচ্চারণ করবেন - "ওঁ শং .... শনিশ্চরায় নমঃ" এরপর আংটিটা গঙ্গাজলে ধুয়ে ডানহাতের মধ্যমায় পড়বেন। বাকি সব জলে ফেলে দেবেন। শনিবার অবশ্যই নিরামিষ আহার করবেন। আংটিটা যে ব্যক্তি ধারণ করবেন সেই ব্যক্তির শরীর ভালো এবং সুস্থ সবল থাকে। এই প্রয়োগের পর আপনি দেখবেন শত্রু ব্যক্তি আপনার দিকে আর চোখ তুলে তাকাবার সাহস পাবে না।

কোনো ব্যক্তি যদি শত্রুর ভয়ে মাঝে মাঝে রাস্তায় দুর্ঘটনা ঘটিয়ে ফেলেন তবে তিনি এই প্রয়োগটি করতে পারেন। এই মন্ত্র জপ করবেন ওঁ ক্ষীং ক্ষীং ক্ষীং ক্ষীং ক্ষীং। প্রতিদিন স্নান করে শুদ্ধ বস্ত্রে এই ফট্ মন্ত্র জপে আপনার সকল প্রকার দুশ্চিন্তা দূর হবে। আপনি নিরাপদে জীবন যাপন করতে পারবেন।

কেউ যদি তান্ত্রিক দ্বারা আপনার কোনো ক্ষতি করতে চায় সে ক্ষেত্রে আক্ষ্ম

পনি এই প্রয়োগটি করতে পারেন। এই প্রয়োগে দ্বারা আপনি সফল হবেন এবং এ ব্যাপারে নিশ্চিন্ত থাকবেন। লাল কুচ ফল গুঁড়ো করে নিয়ে সরষের তেলে মিশিয়ে রোজ স্নান করার আগে গায়ে মেখে কিছুক্ষণ পর স্নান করলে তান্ত্রিক ক্রিয়ার হাত থেকে রক্ষা পাবেন। রবিবার দিন এই ক্রিয়া করবেন না। কোনো ব্যক্তি শত্রুতা করে আপনার ব্যবসা নষ্ট করার জন্য আপনার ব্যবসার জায়গায় ফেলে দিয়ে যাবার পর আপনার ব্যবসায় কোনো না কোনো ক্ষতি লেগেই রয়েছে। যার থেকে মুক্তি পাবার জন্য বাড়িতে বসে আপনি এই ক্রিয়ার দ্বারা বিশেষ লাভবান হতে পারেন। প্রত্যেক শুক্রবার সন্ধ্যায় একটা যজ্ঞ আপনাকে করতে হবে। এই প্রয়োগটি করার সময় পদ্মবীজ, কেশর, চন্দন সাদা, কর্পূর, ঘি, আমকাঠ ইত্যাদি দিয়ে জপ করবেন। এই মন্ত্র উচ্চারণ করবেন। ওঁ শ্রীং শ্রীং পরমাম্ সিদ্ধিং শ্রীং শ্রীং শ্রীং। এরপর গঙ্গাজল দিয়ে যজ্ঞ কুণ্ড নিভিয়ে দেবেন। এবার অগ্নি নিভে গেলে ছাই নিয়ে কাগজে মুড়ে রেখে দেবেন। পরে আপনার ব্যবসায় যাবার সময় ওই ছাইয়ের টিপ কপালে পড়বেন। অবশিষ্ট কাগজটি ক্যাশ বাক্সের উপর রেখে দেবেন। এই প্রয়োগ করলে দেখবেন যে শত্রুর মুখ বন্ধ হয় যাবে। এবঃ আপনার ব্যবসায় আর সে কোনো ক্ষতি করতে পারবে না।

এমন কোনো শত্রু যদি আপনার থেকে থাকে, তাহলে সেই শত্রুকে আপনি দমন করতে পারছেন না, কারণ সে আপনার থেকে অনেক ক্ষমতাশালী এবং বলশালী এমনকি কখনো কখনো আপনাকে মেরে ফেলার হুমকি দেয়, যার ভয়ে আপনি বাড়ি ছাড়া হয়ে যান। এরূপ অবস্থায় আপনি এই প্রক্রিয়া থেকে মুক্ত হতে পারেন।

এই প্রয়োগটি যে কোনো শনিবার অথবা অমাবস্যায় রাত্রে করতে পারেন। যন্ত্রটি কালো কালি দিয়ে আঁকবেন। ৮টি রসুনের কোয়া নিয়ে ছাড়িয়ে নিন। এরপর গোলমরিচ সিদ্ধ করে আটটি পেরেক বা আলপিন নিয়ে একটি করে রসুন নিন এবং মাঝখানে বাদে সব ঘরে ওই পিন দিয়ে রসুনগুলো গেঁথে দিন। নিজের শত্রুর নাম লিখে রেখে দেবেন। এরপর বোর্ডটি কোনো এক নির্জন স্থানে গিয়ে মাটিতে পুঁতে দেবেন। এই প্রয়োগ করলে আপনি শত্রুর হাত থেকে রক্ষা পাবেন।

শত্রু থাকা মানেই মানুষের জীবনে ভয় ও দুর্বলতা সৃষ্টি হওয়া। যে মানুষের শত্রু নেই সেই মানুষ সবচেয়ে বেশি সুখী। সুতারাং শত্রুর হাত থেকে বাঁচতে হলে নীচের যন্ত্রের সাহায্য নিতে পারেন।

আপনার নিজের শক্তি যদি কমে যায় এবং শত্রু দ্বারা আপনি আক্রান্ত হন, তাহলে সেক্ষেত্রে এই প্রয়োগটি আপনি করতে পারেন। যে কোনো অমাবস্যায় রাত্রিবেলা অষ্টগন্ধার কালি নিয়ে ক্লীং মন্ত্রটি একটি চতুর্ভুর্জপত্রের উপর লিখবেন। এরপর এটি মাদুলিতে ভরে মোম দিয়ে মুখ বন্ধ করে কালো কার দিয়ে গলায় ধারণ করবেন। এই মন্ত্র উচ্চারণ করবেন - "ওঁ ক্লীং দঃ দমনায় শত্রুনাশায় ফট্" এই মন্ত্র উচ্চারণ করে তিল নিজের মাথায় উপর ঘুরিয়ে নর্দমায় ফেলে দিন। এই মাদুলিটি অবশ্যই পাল্টাবেন। এই ক্রিয়ার দ্বারা আপনি সুস্থ সবল থাকবেন। আপনার ব্যবসায় কোনো সমস্যা দেখা দেবে না।

শত্রুর হাত থেকে নিজেকে বাঁচাতে প্রত্যেক অমাবস্যা, হোলি, চন্দ্রগ্রহণ এবং মঙ্গলবার এই প্রয়োগটি করবেন। পশ্চিমদিকে মুখ করে আসনে বসে একটি প্রদীপ জ্বালিয়ে নিন। এবং প্রদীপের মধ্যে একটা হীরক পাথর দিয়ে দেবেন। এরপর মাঝখানে একটা হোম কুণ্ডে আমকাঠি জ্বালিয়ে সরষে হাতে নিয়ে এই মন্ত্র জপ করবেন। মন্ত্র - ওঁ হ্রীং হ্রীং হুং সর্বক্রো রক্ষ রক্ষ কালভৈরবায় হুং ফট্ এই মন্ত্র পাঠ করে আগুনে দিয়ে দেবেন। হীরক পাথরটা ঠাকুরের কোনো স্থানে গিয়ে রেখে দেবেন। সাতদিন পর পাথরটা রুপো দিয়ে বাঁধিয়ে গলায় ধারণ করবেন। বাকি সব দ্রব্য জলে দিয়ে দেবেন। এই ক্রিয়া বছরে একবার করলে আপনি ভাল ফল পাবেন। এই ক্রিয়া করলে আপনার শান্তি ভঙ্গ হবে না। আপনাকে কেউ সমূহ বিপদের মধ্যে ফেলতে পারবে না।

মা দুর্গা যেভাবে তার শত্রু মহিষাসুরকে বধ করেছিলেন সেরূপ আপনিও অতি সহজেই আপনার মহাশত্রুকে পরাজিত করতে পারবেন। কিছু প্রয়োগ করার মাধ্যমে। মা দুর্গা ১০ রূপ আমরা খুঁজে পাই দশ মহাবিদ্যার মধ্যে। কালিকা পুরাণ অনুসারে দেবতারা মা দুর্গার স্তুতি করেছিলেন। খুশি হয়ে মা ভগবতী দর্শন দিয়েছিলেন। মা ভগবতীর রূপটি কালো ছিল বলে ওনার নাম কালী রাখা হয়েছে। মা কালীর উপাসনা করলে ওই ব্যক্তির সব সমস্যা দূর হয়ে যাবে। প্রদীপের সামনে পতঙ্গরা এলে যেমন জ্বলে পুড়ে ছাই হয়ে যায়। সুতরাং আপনিও এই প্রয়োগের দ্বারা আপনার যে কোনো শত্রুকে নাশ করতে পারবেন। এই প্রয়োগটি অমাবস্যায় করলে আপনি ভালো ফল পাবেন। অমাবস্যায় স্নান করে শুদ্ধ বস্ত্রে একটা মা কালীর ছবি আপনার ঠাকুরের সামনে রাখবেন। এরপর একটা জবার মালা ছবিতে পড়িয়ে দিন। ধূপ, ধুনো দিয়ে প্রণাম করে আপনার মনের কথা জানাবেন। এরপর

আসনে বলে সিন্দুর ও লাল চন্দনের টিপ কপালে পড়বেন। এবার একটা করে জবা ফুল চন্দনে মাখিয়ে নিয়ে নীচে মন্ত্রটা বলতে বলতে মায়ের পায়ে নিজেকে সমর্পণ করুন। এইভাবে ১০৮ টা জবা দেবেন। এক মনে অমাবস্যায় বেশ কয়েকদিন করার পর দেখবেন যে শত্রু যত বড়ই হোক সে আপনার কোনো ক্ষতি করতে পারবে না। এমনকি সে সাহস ও পাবে না। এই প্রয়োগের দ্বারা আপনার পরিবার সমস্ত বিপদ থেকে রক্ষা পাবে।

মন্ত্র -"ক্রীং ক্রীং ক্রীং হুং হ্রীং"।

আপনার এমন কোনো পরিস্থিতির সৃষ্টি হয় একে ভাগ্যের মার তার উপর শত্রুর উপদ্রব্য আপনার জীবনকে ক্রমশ অতিষ্ঠ করে তুলছে সে ক্ষেত্রে এই প্রয়োগটি আপনি করতে পারেন। যে কোনো অমাবস্যায় বা শনিবার একটা লাল কাপড় নিজের পেটের উপর ঢিলে করে বেঁধে নিন এরপর হাতে গঙ্গা মাটি মেখে দুহাতে ঘি ও সিন্দুর নিয়ে মা কালীর কাছে প্রার্থনা করুন। এবং মনে মনে বলুন যে, আমি এক এমন অপরাধ করেছি যার জন্য এত দুর্ভোগ হচ্ছে। হে মা কালী এই দুর্ভোগ থেকে তুমি আমাকে মুক্তি দাও। এরপর ধূপ, ধুনো এবং মাটির প্রদীপ জ্বালিয়ে নিজের মনের কথা বলে প্রার্থনা করুন। এই মন্ত্র উচ্চারণ করুন। -

"ওঁ শ্রীং শ্রীং ক্লীং মম"।

বশী করণ করার উপায়

বটগাছের মূল রোহিনী নক্ষত্রে ধারন করে "ওং হ্রীং ক্ষোং ফট্ স্বাহা" এই মন্ত্র উচ্চারণ করলে আপনার বশীকরণ করার ক্ষমতা বৃদ্ধি পায়। সব শেষে একটা কথা বলি যে, আপনি অবশ্যই একটু পঞ্জিকা অনসরণ করবে নক্ষত্র বোঝার জন্য। স্নান

করে শুদ্ধ বস্ত্রে এই মূল ধারন করলে আপনার মনের বাসনা অতি অবশ্যই পূর্ণ হবে।

গরুর গোবর এবং কলা পাতার রস, একসঙ্গে মিশিয়ে নিজের কপালে টিপ পড়লে আপনি রোজ করলে যে কোনো ব্যক্তিকে বশ করতে পারবেন। এই টিকা লাগিয়ে আপনি যে ব্যক্তিকে বশ করতে চান তার সামনে গেলে আপনি ঐ ব্যক্তিকে অতি সহজে বশ করতে পারবেন।

আপনি কাউকে বশ করতে চাইলে মালতী ফুলের রস যে কোনো ভালো ঠাণ্ডা তেলের সঙ্গে লাগিয়ে গায়ে স্নানের আগে মাখবেন। এই প্রয়োগটি রোজ করতে পারলে আপনি যে ব্যক্তিকে বশ করতে চান, সেই ব্যক্তি আপনার বশীভূত হবে এই ব্যাপারে নিশ্চিন্ত থাকবেন।

আপনি যদি আপনার সৌন্দর্য এবং ভালোবাসা নিজের স্বামীকে দেখাতে চান তা হলে আপনি রোজ স্নান করে শুদ্ধ বস্ত্রে আপনার গৃহ দেবতাকে ধূপ, ধুনো এবং ফুল ও সামান্য ফল দিয়ে এক মনে ঈশ্বরকে ডাকবেন। এই পুজোপাঠ যখন আপনি করবেন সেই সময় অন্য কোনো দিকে আপনি দৃষ্টি দেবার চেষ্টা করবেন না।

আপনার বিয়ের পর স্বামী যাতে আপনার শত্রু না হয়ে ওঠে সেই কারণে আপনি রোজ স্নান করে শুদ্ধ বস্ত্রে আপনার গৃহদেবতাকে ধূপ, ধুনো এবং সামান্য ফুল ও ফল দিয়ে পুজো করবেন। পুজো করার সময় অন্য কোনো দিকে দৃষ্টি নিক্ষেপ করবেন না। পুজো শেষ করে সিন্দুর এবং দইয়ের ফোঁটা স্বামীর কপালে পড়াবেন, দেখবেন স্বামী আপনার বশ হবে। আর কোনো নারীর প্রতি আকর্ষণ বোধ করবে না।

আপনি যদি কাউকে বশ করতে চান তাহলে অমাবস্যা বাদীপাবলির রাত্রে এই প্রয়োগটি করতে পারেন। বশ করার পক্ষে এই দিনটা বিশেষ উপযুক্ত বলে আমি মনে করি। এই দিন গভীর রাত্রে, অর্থাৎ অমাবস্যা যে সময় শুরু হচ্ছে, স্ফটিকের মালা হাতে নিয়ে উক্ত ব্যক্তির নাম জপ করবেন। এই প্রয়োগ যথাযথ করতে পারলে আপনি দেখবেন ঐ ব্যক্তি আপনার বশীভূত হবে।

প্রত্যেক বাবা এবং মায়েরা একটা চিন্তা করেন যে, তাদের মেয়ে বা ছেলে বিবাহের পর যাতে করে সুখী ও সুস্থ সবল ভাবে জীবন যাপন করতে পারে এবং মেয়েরা বিয়ের পর শশুড় বাড়িতে গেলে তাদের যেন কোনো শত্রু না থাকে।

এই সমস্যা থেকে রক্ষা পাবার জন্য পানিফল এবং মধু একসঙ্গে মিশিয়ে কোনো নিরাপদ স্থানে রেখে দিয়ে আসবেন। এই প্রয়োগ সঠিক ভাবে করতে পারলে আপনাদের কেউ শত্রু হতে ভয় পাবে।

আপনি আপনার শত্রুকে বশ করতে চাইলে গরুর গোবর, লবঙ্গ এবং লাল কুচফুল একসঙ্গে মিশিয়ে কাগজে শত্রুর নাম লিখে কাগজটা যে কোনো জায়গায় রেখে দিয়ে আসবেন। কাগজটা রেখে আসবার সময় আপনি পেছনে ফিরে তাকাবেন না। বাড়ি এসে হাত পা ধুয়ে নেবেন এবং মুখে এই মিষ্টি জল দেবেন। এই প্রয়োগ যথাযথ করতে পারলে শত্রুকে আপনি বশ করতে পারবেন।

আপনি স্বামীকে বশ করতে চাইলে কুমকুম এবং লাল চন্দন একসঙ্গে মিশিয়ে রোজ স্নান করে শুদ্ধ বস্ত্রে টিপ এবং একটা লাল সালুর আসনে বসে আপনার গৃহ দেবতাকে ধূপ, ধুনো ফুল ও সামান্য ফল দিয়ে পুজো করবেন এবং আপনার মনের বাসনার কথা জানাবেন দুহাত জোড় করে। এই পুজা শেষ করে ঐ টিকা নিজের কপালে পরবেন এবং স্বামীকে পরাবেন। আপনার স্বামী আর অন্য কোনো মেয়ে প্রতি আকর্ষণ বোধ করবে না এবং স্বামী আপনার বশ হবে। এই প্রয়োগটি শুক্রবার করলে ভালো ফল পাবেন।

স্বামী এবং স্ত্রী যদি অপর কোনো ব্যক্তির চক্রান্তে পড়েন তাহলে সেক্ষেত্রে এই প্রয়োগটি করতে পারেন। কিংবা স্বামী ও স্ত্রীর সংসার ভেঙে যায়, তাহলে একটা পেঁচা পালক নিজের করতে পারলে দেখবেন কোনো অশুভ শক্তি আপনাকে স্পর্শ করতে পারবে না। ঐ ব্যক্তি আপনার কোনো ক্ষতি করতে পারবে না।

একটি গ্লাসে জল ভরে তাতে নিজের তর্জনী ডুবিয়ে রেখে নিজের মনের কথা বলে শত্রুর নাম উচ্চারণ করবেন। এই প্রয়োগ যথাযথ করতে পারলে আপনার মনের বাসনা অতি অবশ্যই পূর্ণ হবে এবং শত্রু আপনার বশীভূত হবে। কোনো ব্যক্তি আপনার ক্ষতি করার কথা ভাবতে পারবে না।

আপনার সন্তান যদি অবাধ্য কিংবা চঞ্চল প্রকৃতির হয়, তাহলে সে ক্ষেত্রে আপনি আপনার সন্তানকে বশ করার জন্য এই প্রয়োগটি করতে পারেন। এই প্রয়োগটির কথা আমি উল্লেখ করছি। গরুর গোবর, ৫টি কুচফুল, ৫টি লবঙ্গ একসঙ্গে পায়ের তলায় লাগিয়ে দিলে সহজেই আপনি তাকে বশ করতে পারবেন।

আপনার জনপ্রিয়তা বাড়িয়ে তোলার জন্য এই প্রয়োগটির কথা আমি উল্লেখ করছি, যথা প্রত্যেক মঙ্গলবার ক্লীং মন্ত্রটি উচ্চারণ করবেন। অবশ্যই স্নান করে শুদ্ধ বস্ত্রে এবং এর পর আপনি নিজের মনের কথা বলে প্রার্থনা করবেন। এই প্রয়োগটি করলে আপনার মনের বাসনা পূর্ণ হবে এবং এর দ্বারা আপনি বিশেষ উপকার পাবেন।

আপনাকে শশুরবাড়ির লোকেরা যদি বিশেষ সম্মান না করে, এমন চাপ সৃষ্টি করে যাতে করে আপনি বাড়ি চলে যেতে বাধ্য হন। আপনি এই প্রয়োগটি করতে পারেন। এই ক্রিয়ার দ্বারা আপনার শশুরবাড়ির সমস্ত লোকেরা আপনার বশীভূত হবে। যে কোনো শুক্রবার সাদা কাগজের উপর লাল কালি দিয়ে যে ব্যক্তিকে বশ করতে চান তার নাম লিখবেন এবং স্নান করে শুদ্ধ বস্ত্রে আপনার গৃহ দেবতার পুজো করবেন উত্তরদিকে মুখ করে। পুজো শেষে ঈশ্বরকে প্রণাম করে নিজের মনের কথা জানাবেন এবং তারপর রূপর মাদুলিটি ধারন করবেন। এই প্রয়োগের দ্বারা আপনার মনের বাসনা পূর্ণ হবে এবং ঐ ব্যক্তি আপনার কোনো ক্ষতি করার সাহস পাবে না।

অনেক সময় যদি দেখেন যে, আপনার জীবন সাথীর কাছে আপনার মূল্য কমে যাচ্ছে, তাহলে সে ক্ষেত্রে এই প্রয়োগটি আপনি করতে পারেন। আপনাদের মধ্যে দূরত্ব বেড়ে যাচ্ছে। তবে সে ক্ষেত্রে প্রতি বৃহস্পতিবার এই প্রয়োগটি করতে পারেন। স্নান করে শুদ্ধ বস্ত্রে আপনার গৃহ দেবতাকে ধূপ, ধুনো, ফুল এবং সামান্য ফল দিয়ে পুজো করবেন। পুজো শেষে প্রণাম করে আপনার মনের কথা জানাবেন। এই প্রয়োগ যথাযথ করতে পারলে আপনার মনের বাসনা পূর্ণ হবে।

আপনি নিজের আকর্ষণ ক্ষমতা বাড়াতে চাইলে পূর্ণিমার রাত্রে এই প্রয়োগটি করতে পারেন। এই প্রয়োগটির কথা আমি উল্লেখ করছি । একটি লবঙ্গ, এলাচ, ঘি এবং আতর নিয়ে মাদুলিতে ভরে গলায় বা বাহুতে ধারন করবেন। প্রতিদিন এই প্রয়োগ করলে আপনার মনের বাসনা পূর্ণ হবে। শত্রু আপনার কোনো ক্ষতি করতে পারবে না।

কোনো অসৎ ব্যক্তিকে জব্দ করতে হলে যে কোনো শনিবার এই প্রয়োগটি করতে পারেন। এই প্রয়োগের দ্বারা আপনার মনের বাসনা পূর্ণ হবে । প্রয়োগটির কথা আমি উল্লেখ করছি। ধুনুচিতে কর্পূর দিয়ে পুড়িয়ে লবঙ্গ ফেলে দেবেন এবং

লবঙ্গগুলো পুড়ে গেলে ঐ ব্যক্তির নাম উচ্চারণ করবেন। ধনুচিতে যে ছাই পড়ে থাকবে সেই ছাইয়ের টিপ নিজের কপালে লাগিয়ে বেরোবেন। প্রয়োগ যথাযথ করতে পারলে আপনার মনের বাসনা পূর্ণ হবে এবং ঐ ব্যক্তিকে আপনি অতি সহজেই জব্দ করতে পারবেন।

অনেক সময় আপনি যদি দেখেন আপনার বাড়ির কোনো লোকের উপর কেউ তান্ত্রিক নিয়ে তুকতাক করে তাকে বশ করে রেখেছে তাহলে সেক্ষত্রে এই প্রয়োগটি করতে পারেন। কিংবা অনেক সময় লক্ষ্য করে দেখবেন যে ব্যক্তি আপনার বাড়ির লোকেদের ক্ষতি করেছে সেই ব্যক্তি আপনারও ক্ষতি করার জন্য সিদ্ধহস্ত। তাহলেও এই প্রয়োগটির দ্বারা বিশেষ উপকার পাবেন। এই প্রয়োগটির কথা আমি উল্লেখ করছি, স্নান করে শুদ্ধ বস্ত্রে লাল চন্দনের টিপ কপালে পরবেন এবং আপনার মনের কথা বলবেন। এরপর দুহাত জোড় করে প্রণাম করবেন।

আপনার স্বামী ও স্ত্রীর মধ্যে কারও প্ররোচনায় বিবাদ বিচ্ছেদ অবশ্যম্ভাবী হয়ে পড়লে সে ক্ষেত্রে এই প্রয়োগটি করতে পারেন। এই ক্রিয়ার দ্বারা স্বামী স্ত্রীর মধ্যে দূরত্ব দূর হয়ে যাবে এবং স্বামী স্ত্রীর মধ্যে ভুল বোঝাবুঝি থেকে মুক্তি পাবেন। এই প্রয়োগের কথা আমি উল্লেখ করছি। একটি কাঠের চৌকির উপর লাল কাপড় রেখে একটি মাটির ডেলা রাখুন মাটির ডেলাটিকে সিঁদুর ও চন্দনের ফোঁটা দিন। এই প্রয়োগ যথাযথ করতে পারলে আপনি শত্রুকে বশ করতে পারবেন।

কোনো স্বামী যদি স্ত্রী কথা না শোনেন তবে সেক্ষেত্রে স্বামী স্ত্রীকে বশ করার জন্য এই প্রয়োগটি করতে পারেন। এই প্রয়োগটির স্ত্রীর নাম লিখে আপনার গৃহদেবতার সামনে কাগজটি রাখবেন। আপনার গৃহদেবতাকে ধূপ, ধুনো দিয়ে পুজো করে নিজের মনের কথা জানাবেন। এই প্রয়োগ যথাযথ করতে পারলে আপনার মনের বাসনা পূর্ণ হবে।

অনেক সময় আপনি যদি দেখেন দুজন মহিলা একজন পুরুষের প্রেমে পড়ে যায় তাহলে সেক্ষেত্রে এই প্রয়োগটি আপনি করতে পারেন। একটা সাদা কাগজের উপর ঘি ও কাজল মিশিয়ে একটি পাত্রে রাখবেন। এরপর স্নান করে শুদ্ধ বস্ত্রে ঐ ব্যক্তির নাম মনে মনে উচ্চারণ করে ওই টিপ কপালে পড়বেন। আপনার গৃহদেবতাকে ধুপ ধুনো দিয়েপুজো করে নিজের মনের কথার বলে প্রার্থনা করবেন। এই প্রয়োগ যথাযথ ভাবে করতে পারলে আপনার মনের বাসনা পূর্ণ হবে।

আপনি কোনো কাজের সঙ্গে যুক্ত আছেন, সেখানে সবাইকে আপনার কথা মেনে চলতে হয় সেক্ষেত্রে এই প্রয়োগটি আপনি করতে পারেন। যে কোনো সোমবার একটি সাদা কাগজে লাল কালিতে ওই ব্যক্তির নাম লিখবেন। ওই কাগজে নিজের মাথা ঠেকিয়েই আপনার মনের কথা বলবেন। এরপর আপনার গৃহদেবতাকে ধূপ, ধুনো, ফুল ও ফল দিয়ে পুজো করবেন। পুজো শেষে আপনার গৃহদেবতাকে প্রণাম করে নিজের মনের কথা বলবেন। এই প্রয়োগের দ্বারা আক্ষ্ম পনার মনস্কামনা পূর্ণ হবে এবং ওই ব্যক্তি আপনার বশীভূত হবে। শেষে একটা কথা বলি যে, এই প্রয়োগের দ্বারা কাজের জায়গায় আপনার মূল্য আগের চেয়ে অনেক বেশি বেড়ে যাবে। এই প্রয়োগের দ্বারা আপনি কাজে নিজের পারদর্শিতা বজায় রাখতে পারবেন।

সতর্কীকরণ

আপনি বিশেষ কতগুলো ক্ষেত্রে সর্তক থাকবেন। আমি কয়েকটা টোটকার কথা উল্লেখ করলাম আমার বইতে। যথা - আপনার ঘরের সামনে সিঁদুর মাখানো কালো তিলের দানা পড়ে থাকলে আপনি এটা মারাবেন না। আপনি এই অবস্থায় বেরোবার সময় জল দিয়ে ডেলাটি সরিয়ে তারপর ঘরের বাইরে পা রাখবেন। এই প্রয়োগের দ্বারা আপনার অশুভ কোনো শক্তির বিনাশ ঘটবে।

আপনি বিশেষ কতগুলো ক্ষেত্রে সতর্ক থাকবেন। এ ক্ষেত্রে আমি কতগুলো টোটকার কথা উল্লেখ করছি। যথা - আপনার ঘরের সামনে বা ফ্ল্যাটে বাইরে কোনো জবা ফুল পাওয়া গেলে সেটা আপনি ডিঙিয়ে যাবার চেষ্টা করবেন।

আপনি যদি দেখেন যে, আপনার বালিশের তলায় লবঙ্গ বা এলাচ পড়ে থাকে তাহলে সেক্ষেত্রে আপনি ঐ বালিশ ঘরের বাইরে বের করে দেবেন। গঙ্গাজল ছিটিয়ে দেবেন ঘরে এবং নিজের গায়েও গঙ্গাজল ছেটাবেন। এই প্রয়োগ যথাযথ করতে পারলে সমস্ত অশুভ শক্তির প্রয়োগ কেটে যাবে।

আপনি রক্তমাখা কোনো কাপড়ের টুকরো পেলে তা অবশ্যই স্পর্শ করবেন না। এক্ষেত্রে আপনি লাঠি দিয়ে কাপড়টা সরিয়ে দেবেন এবং এরপর নিজের গায়ে এবং ঘরের গঙ্গাজল ছিটাবেন। এই প্রয়োগের দ্বারা আপনার কোনো অশুভ দুর্ভোগ থেকে রক্ষা পাবেন।

আপনার ঘরের সামনে কোনো মোড়া কাগজ পেলে আপনি কাগজটি স্পর্শ

করবেন না। এক্ষেত্রে আপনি লাঠি দিয়ে কাগজটা সরিয়ে স্নান করে গঙ্গাজল ছিটাবেন আপনার ঘরের আশে পাশে এবং আপনার মাথায় গঙ্গাজল দেবেন । এই প্রয়োগের যথাযথ করতে পারলে সমস্ত অশুভ শক্তির ক্রিয়া থেকে আপনি মুক্তি পাবেন।

কোনো অচেনা লোক আপনাকে দোকান থেকে পান, সুপারি, লবঙ্গ কিনে খাওয়াতে চাইলে তবেই তা নেবেন। নিজের পকেট থেকে আপনার কিছু দিতে চাইলে আপনি ভদ্রতার খাতিরে হাতে নেবেন। কিন্তু ভুলেও তা মুখে দেবেন না। নিজের কাছে রেখে দেবেন। পরে বাড়ি ফিরে জলে ফেলে দেবেন। এই প্রয়োগের দ্বারা অশুভ শক্তির সমস্ত দোষ কেটে যাবে।

আপনি যদি দেখেন আপনার জামা কাপড় থেকে কেউ কিছুটা কেটে নিচ্ছে তাহলে সেই জামা, কাপড় ব্যবহার করবেন না। ওই বস্ত্র গঙ্গায় ফেলে দেবেন বা কোনো গরীব মানুষকে দান করবেন। এই প্রয়োগের দ্বারা সমস্ত অশুভ শক্তির দোষ কেটে যাবে।

গৃহস্থের টোটকা

যেকোনো সোমবার ধুতরার মূল ২ ইঞ্চি মত সাদা সুতো দিয়ে গলায় ধারন করলে কোনো শত্রু ক্ষতি করতে পারবে না। এই প্রয়োগ যথাযথ করতে পারলে আপনার সংসারে সুখ শান্তি বিরাজ করবে এবং শত্রু কুনজর আপনার থেকে দূ র হবে।

রাত্রে আপনি যদি বিশেষ কারণে ভোগেন তাহলে অথবা কোনো ধারনা থাকে যে আপনার ক্ষতি করতে পারে, তবে ২ ইঞ্চি মাপের একটি অশ্বত্থ ডালের টুকরো এবং এর সঙ্গে একই মাপের কাঠের টুকরো লাল সুতো বার করে দিয়ে একসঙ্গে বেঁধে রাত্রে শোবার সময় মাথার বালিশের নীচে রেখে শুলে চিন্তা থেকে আপনি মুক্তি পেতে পারেন এবং এই প্রয়োগ যথাযথ করতে পারলে আপনি যে কোনো কাজ নিশ্চিন্তে করতে পারবেন। আপনি যদি কোনো কারণে ঋণগ্রস্ত হয়ে থাকেন এবং ঋণদাতা যদি আপনার সঙ্গে খারাপ ব্যবহার করে সেক্ষেত্রে আপনি হস্তানক্ষত্রে দিন তুলসীপাতা ও গাছের মূল একটি গোলমরিচের সঙ্গে মিশিয়ে মাদুলিতে ভরে পুরুষরা ডানহাতে এবং মহিলারা বামহাতে ধারন করেন তবে ঋণদাতা আপনার সঙ্গে শত্রুর মতো ব্যবহার করবে।

যদি আপনি দেখেন যে আপনার জীবনে এমন কোনো ঘটনা ঘটে যাচ্ছে যার কোনো ধারনা আপনি করতে পারছেন না। বা কে করছে সেটা আপনি বুঝতে পারছেন না তাহলে সেক্ষেত্রে দীপাবলির রাত্রে বা যে কোনো অমাবস্যার রাত্রে ৫টা অশ্বত্থ গাছের পাতা নিয়ে একটা থালার উপর রেখে প্রত্যেক পাতায় সিঁদুর ছিটিয়ে দেবেন এরপর প্রত্যেক পাতার উপর ৫টা করে গোটা সুপারী দিন। এরপর ধূপ ধুনো দিয়ে নিচের মন্ত্রটি জপ করুন।

মন্ত্র - "ওং ক্রীং ক্লীং গুপ্ত শত্রু বাধা নিবারনায় ফট্"

এরপর গঙ্গাজল নিয়ে পাতার উপর ছিটিয়ে দিন। এই প্রয়োগটি প্রত্যেক অমাবস্যায় পর পর ৫দিন করবেন। এই প্রয়োগটি করার পর সব জিনিস একসঙ্গে করে কোনো পুকুর বা জলাশয়ে বিসর্জন দিয়ে দেবেন। এর ফলে কোনো ব্যক্তি আপনার ক্ষতি করতে পারবে না।

আপনার জমিজমা বা সম্পত্তি যদি কোনো ব্যক্তি শত্রু গ্রাস করে থাকে তাহলে সেক্ষেত্রে এই প্রয়োগটি আপনি করতে পারেন। যে কোনো শনিবার ৫টা গোলমরিচ সিদ্ধ করে নিন। এবং ৫টা আলপিন নিয়ে রাখুন। এরপর ৫টা হলুদ রঙের পাতিলেবু নিয়ে তার গায়ে কালো কালিতে আপনি যে ব্যক্তির দ্বারা ক্ষতিগ্রস্ত হচ্ছেন সেই ব্যক্তির নাম লিখবেন। এরপর লেখার উপর আলপিনটা গেঁথে দেবেন। এরপর সব একসঙ্গে করে জলে বিসর্জন দিয়ে দিন। এই প্রয়োগটি প্রত্যেক শনিবার করবেন। প্রত্যেক শত্রুর জন্য আলাদা আলাদা প্রয়োগ রয়েছে।

আপনি শত্রুকে পরাভূত করতে চাইলে গঙ্গামাটি নিয়ে এসে মেঝেতে গোলাকার করুন। এরপর একটা লোহার আংটির উপর গেঁথে রাখুন। মাটির প্রদীপকে ঘি বা তেল দিয়ে জ্বালিয়ে পূর্বদিকে মুখ করে মাটির উপর রেখে দিন। এই প্রয়োগটি প্রত্যেক শনিবার করবেন।

সেইসঙ্গে আর একটা কথা এই প্রয়োগটি এমন ভাবে করবেন যাতে কেউ এটা দেখতে না পায় প্রত্যেক শনিবার স্নান করে শুদ্ধ বস্ত্রে এই প্রয়োগটি করবেন। যার উপর এই প্রয়োগটি করবেন তার ঘর কিছুক্ষণের জন্য বন্ধ করে রাখতে হবে। শনিবার এই প্রয়োগটি শেষ হবার পর মাটি থেকে আংটি বের করে নিজের মধ্যমা আঙুলে পড়বেন। এই প্রয়োগ যথাযথ ভাবে করতে পারলে আপনার কোনো শত্রুর থেকে আঘাত পাবার সম্ভাবনা থাকবে না। সব সমস্যা দূরীভূত হবে।

আপনারদের যদি নক্ষত্র বুঝতে কোনো অসুবিধে না হয় তাহলে চামেলী গাছের মূল নিজের মাথায় ৭ বার ঘুরিয়ে দক্ষিণ দিকে বাড়ির বাইরে ফেলে দেবেন। এই প্রয়োগের দ্বারা শত্রু মিত্র হয় যাবে।

আপনি শত্রুকে পরাজিত করতে চাইলে স্নান করে শুদ্ধ বস্ত্রে শিবলিঙ্গের সামনে ধূপ, ধুনো, বাতি জ্বালিয়ে দিন। এরপর ধূপ জ্বেলে যে ছাই অবশিষ্ট পড়ে থাকবে সেই ছাই কাঠকয়লার গুঁড়োর সঙ্গে মিশিয়ে রেখে দেবেন। রোজ স্নান করে এই মন্ত্রটি জপ করবেন। "ওঁ ভং জং ওঁ", এর ফলে আপনার উপরে শত্রুতা বশত বান মারলে তার কোনো লাভ হবে না। এই প্রয়োগটি প্রত্যেক সোমবার করবেন। এর দ্বারা আপনার প্রতি যে কোনো ব্যক্তির কুনজরও দূরীভূত হবে।

আপনার এমন কোনো শত্রু আছে যে আপনাকে কোনো ভাবে শান্তিতে থাকতে দিতে চায় না। এরূপ অবস্থায় আপনি কর্পূর জ্বালিয়ে সেই কালির মধ্যে চন্দন ও আতর মিশিয়ে নিন। এই কালি দিয়ে কাগজে শত্রুর নাম লিখুন এরপর কাগজে লেখা নামটা পুড়িয়ে ফেলুন। ওই পোড়া ছাই জলে ফেলে দিতে হবে। প্রত্যেক শনিবার এই প্রয়োগ করতে পারলে শত্রুর থেকে আপনি মুক্তি পাবেন। এবং শান্তিতে থাকতে পারবেন।

একটি কালো কাপড়ে তিল এবং গোলমরিচ বেঁধে নিয়ে একটা পুঁটলির মতো করুন। যদি আপনি শত্রুর নাম জানেন তাহলে সাদা কাগজে ওই ব্যক্তির নাম লিখে পুঁটলির মধ্যে দিয়ে দেবেন। এরপর রোজ স্নান করে শুদ্ধ বস্ত্রে ওই মন্ত্র জপ করবেন।

মন্ত্র - "অনিষ্ট নিবারম্ কার্যসিদ্ধি দেহী দেহী কুরু কুরু স্বহা"

প্রত্যেক শনিবার এই প্রয়োগটি করবেন। এই প্রয়োগটি করার পর ওই সকল দ্রব্যসহ পুঁটলি ঘরে রাখবেন না। পুকুর বা নদিতে বিসর্জন দিয়ে দেবেন। এই প্রয়োগ যথাযথ করতে পারলে গৃহে এবং কর্মস্থলে কেউ আপনার কোনো ক্ষতি করতে পারবে না। তার সমস্ত চেষ্টা বিফলে যাবে।

জীবনে অনেক সময় জেনে হোক বা না যেনে হোক শত্রুতার সৃষ্টি হয় এই শত্রুকে দমন করার জন্য এই প্রয়োগটি আপনি করতে পারেন এবং স্নান করে শুদ্ধ বস্ত্রে রুদ্রাক্ষের মালা নিয়ে মন্ত্র পাঠ করুন।

"ওঁ ক্রীং ক্রীং কাত্যাল্যে ক্রীং ক্রী ফট্"।।

এই মন্ত্র রোজ ১০৮ বার জপ করবেন। আপনার অজান্তে কোনো শত্রু হলেও সে আপনার কোনো ক্ষতি করতে পারবে না।

অনেক সময় দেখা যায় যে, স্বামী - স্ত্রীর দাম্পত্য জীবনে কোনো লোকের শত্রুতার কোনো অশান্তি ঘনিয়ে এল। এইসব ক্ষেত্রে দাম্পত্য জীবনে সুখ শান্তি ফিরিয়ে আনার জন্য প্রত্যেক মঙ্গলবার সকালে মা ভগবতীর মহাগৌরী রূপকে স্মরণ করে এই মন্ত্র জপ করবেন। "ওঁ মহাগৌরী দেব্যৈ নমঃ।" এই মন্ত্র জপ করবেন রোজ। এই প্রয়োগটি যথাযথ করতে পারলে গৃহে শান্তি বিরাজ করবে। এবং আপনার কেউ কোনো ক্ষতি করতে পারবে না।

আপনি বা অন্য কোনো ব্যক্তি দেখেন যে আপনার সঙ্গে কেউ খুবই শত্রুতা করছে সেক্ষেত্রে এই প্রয়োগটি করতে পারেন। এই প্রয়োগের দ্বারা আপনি যে কাউকে দমন করতে পারবেন। যে কোনো সোমবার সাদা কাগজে লাল পেন দিয়ে নিজে লিখবেন। নাম লিখে একটা টিনের কৌটোয় বন্ধ করে রেখে দেবেন। এরপর কৌটটি সবার আড়ালে শ্মশানে নিয়ে গিয়ে রেখে আসবেন। আসার সময় আর পিছনে তাকাবেন না। কেউ আর কোনো ক্ষতি করতে পারবে না। আপনি নিশ্চিন্তে জীবন কাটাতে পারবেন।

আপনি যদি কখনও দেখেন যে কোনো ব্যক্তি আপনার বাড়িতে এসেছেন এবং তিনি চলে গেলে আপনার সংসারে অশান্তি শুরু হচ্ছে, তবে সেক্ষেত্রে আপনি কোনো ভাবেই সেই ব্যক্তিকে আসতে বারণ করতে পারবেন না। আপনি এটা উপলব্ধি করছেন, অশান্তি শুরু হয়ে যাচ্ছে তার গুপ্ত শত্রুতার জন্য। তবে সেক্ষেত্রে আপনি এই প্রয়োগটি করতে পারেন। এর দ্বারা আপনি সাফল্য লাভ করবেন এ ব্যাপারে আপনি নিশ্চিত থাকবেন। আপনি যখন দেখবেন ওই ব্যক্তি আপনার বাড়িতে এসেছে তখন শুকনো লঙ্কার বীজ ওই ব্যক্তির যাবার পথে ছড়িয়ে রাখবেন যাতে ওই ব্যক্তি বীজ মাড়িয়ে যায়। অথচ সে যেন কিছু বুঝতে না পারে। এরপর ওই ব্যক্তি চলে গেলে শুকনো লঙ্কার বীজগুলো কুড়িয়ে এনে কাগজে মুড়ে রেখে দেবেন। রাত্রে ওই বীজ পুড়িয়ে দেবেন, যখন বীজ ছড়াবেন তখন ওই ব্যক্তির নাম করে ছড়াবেন। যাতে অন্য কোনো ব্যক্তি মাড়ালে কোনো ক্ষতি না হয় সেই দিকে বিশেষ লক্ষ্য রাখবেন। এই প্রয়োগ যথাযথ ভাবে করলে দেখবেন আপনাদের বাড়িতে ধীরে ধীরে ওই ব্যক্তির আসা যাওয়া কমে যাচ্ছে। সংসারে আর কোনো ক্ষতি করতে পারবে না।

যে ব্যক্তির শত্রু নেই তিনি সবচেয়ে বেশি সুখী। অকারণে শত্রু হয়ে গেলে এবং সেই শত্রু যদি বেশি বলশালী হয় তাহলে সে সবসময় আপনার ক্ষতি করতে চাইবে, এর ফলে আপনার মনে সবসময় ভয় লেগেই থাকবে এবং আপনার জীবনে সুখের চেয়ে দুঃখ দেখা দেবে বেশি। বেশি শত্রু হয়ে গেলে আপনার সংসার ও জীবনে নরকে পরিণত হবে। আপনি শত্রুকে দুর্বল করতে চাইলে এই প্রয়োগটি করবেন। এই প্রয়োগের দ্বারা শত্রুর বিনাশ ঘটবে। যে কোনো শনিবার এই ক্রিয়া করবেন। ৪টে গোলমরিচ ঘরের মেঝেতে ফেলে ভালো করে ঘষে দেবেন ওই জায়গা ওই শত্রুর নাম করে কাগজ দিয়ে মুছে ফেলবেন। পুরুষরা বাঁ পা এবং মহিলা ডান পা দিয়ে ঘষবেন। এই প্রয়োগের দ্বারা আপনার হঠাৎ হঠাৎ কোনো শত্রুর আবির্ভাব ঘটবে না।

যদি আপনি উপলব্ধি করেন যে আপনার বিদ্যা বা পড়াশোনার ক্ষতি ঘটাচ্ছে তা হলে সেক্ষেত্রে আপনি এই প্রয়োগটি করতে পারেন। এই প্রয়োগের দ্বারা আপনি শত্রুর থেকে মুক্তি পাবেন। প্রয়োগটি করার উপায় আমি উল্লেখ করছি একটি নারকেল বৃহস্পতিবার মাটিতে ঠুকে ফাটিয়ে দিন, এমনভাবে ফাটাবেন যাতে নারকেলটি দু-টুকরো হয়। এবার নারকেলের টুকরোয় লাল সিঁদুর দিন এবং গুড়ো হলুদ ছিটিয়ে দিন। নারকেল টুকরো দুটি অশ্বত্থ গাছের নীচে গিয়ে রেখে আসুন। এই প্রয়োগটি নিয়ম করে প্রত্যেক বৃহস্পতিবার করতে পারলে শত্রু আপনার কোনো ক্ষতি করতে পারবে না।

আপনার জমিতে শত্রু ব্যক্তি কালো বিড়ালের হাড় পুঁতে দিয়ে থাকলে ফলস্বরূপ আপনি বা আপনার বাড়ির লোকেরা কিছুতেই সুখে বা শান্তিতে থাকতে পারছেন না। আবার বাড়ি ঘর ছেড়ে চলে যাওয়াও সম্ভব নয়। এইরকম অবস্থার সৃষ্টি হলে একটি কাঠের পেরেক ছোটো ছোটো করে ঠুকুন। এরকম ৪টে সেট তৈরি করে এতে তামার তার দিয়ে চারিদিকে বেঁধে দিন। এরপর ওই কাঠের সেট ৪টে আক্ষ্ম পনার বাড়ির চারিদিকে মাটি খুঁড়ে পুঁতে দিন। এছাড়া আপনার ঘরে গৃহদেবতার সামনে একটা পেরেক ঠুকে দিন। সবসময় গঙ্গাজল রাখবেন। প্রতি অমাবস্যায় হোম যজ্ঞ করবেন। যজ্ঞ বড় করে না করলেও হবে। নিজে যজ্ঞ করতে পারেন। আসন পেতে বসে পুজোর জায়গায় যজ্ঞ করার জায়গায় বালি নিয়ে আশেপাশে ছড়িয়ে দিন। এবার বালির মাঝখানে মধ্যমা আঙুল দিয়ে 'ওঁ' এই অক্ষরটি লিখুন। এরপর অক্ষরটির উপর আম কাঠ যজ্ঞ কুণ্ড সাজিয়ে নিন। একটি প্রদীপ সরষের

তেল দিয়ে সাজিয়ে নিন। এরপর তামা পাত্রে ঘি এবং অন্য একটি পাত্রে সরষের তেল দেবেন। এরপর পাঠকাঠি দিয়ে যজ্ঞ কুণ্ডটিতে আগুন জ্বালান।

এবার এই মন্ত্র উচ্চারণ করবেন "**মং মন্দায় বিদ্রহে সূর্যপুত্রায় ধীমহী, তন্মো মন্দঃ প্রচোদয়াৎ**" এবার কুশি দিয়ে ঘি এবং সরষের তেল নিয়ে যজ্ঞ কুণ্ডে দেবেন। এই মন্ত্র পাঠ শেষ হয়ে গেলে শেষে একটা পান পাতা এবং সুপারি কাঁঠালি কলায় মুড়ে যজ্ঞ কুণ্ডে ফেলে দেবেন এবং মনে মনে বলবেন 'হে দেব আমি আমার জ্ঞান মতো যজ্ঞ করলাম, যদি কোনো ত্রুটি হয় আমাকে ক্ষমা করে দিও।" এরপর কুশিতে গঙ্গাজল নিয়ে যজ্ঞ কুণ্ডে দিয়ে প্রণাম করে নিজের মনবাসনার কথা জানাবেন। এই প্রয়োগ প্রত্যেক অমাবস্যায় করলে মাটির কিছু পোঁতা থাকলে দোষ দূর হবে। আপনার জীবনে সুখ শান্তি ফিরে আসবে।

অল্প শুকনো কাঁচা ছোলা ২টি কাঠের টুকরো একটি লাল কাপড়ে বেঁধে রাখুন। কাপড়ে বাঁধা হয়ে গেলে একটি বাঁশ বা কঞ্চি দিয়ে ১৯ বার মন্ত্রটি জপ করবেন। প্রতিদিন এই মন্ত্র পাঠ করলে আপনার বিশেষ উপকার হবে বলে আমার বিশ্বাস।

মন্ত্র "সব উপদ্রব নাশায় কুরু কুরু স্বাহা।"

এই প্রয়োগের দ্বারা অতি সহজে শত্রুকে আপনি বধ করতে পারবেন। এই মন্ত্র প্রত্যেক মঙ্গলবার পাঠ করবেন। পুজো হয়ে গেলে গাছের গোড়ায় গিয়ে ফেলে দিয়ে আসবেন।

এমন কোনো ব্যক্তি আপনার যদি থেকে থাকে যিনি আগে খুব ঘনিষ্ঠ ছিল এবং তার চালচলন স্বভাব দেখে আপনার ভালো লাগছে না তাই আপনি ওই ব্যক্তিকে এড়িয়ে চলতে চান। সেই ব্যক্তি সময় বুঝে আপনার সঙ্গে শত্রুতা করছে। সেক্ষেত্রে আপনি এই প্রয়োগটি করতে পারেন। একটি কলা পাতার টুকরোয় এক টুকরো কাজল দিয়ে সেই ব্যক্তির নাম লিখুন। এবার সেটাকে মেঝেতে ফেলে মাড়িয়ে কলাপাতাটিকে ছিঁড়ে ফেলুন। এইভাবে যতদিন সেই ব্যক্তির সঙ্গে আপনার বিচ্ছেদ না হয় ততদিন এই প্রয়োগটি আপনি করে চলুন। এই প্রয়োগটি প্রত্যেক মঙ্গলবার করবেন। পুরুষ হলে ডান পা এবং মহিলা হলে বাঁ পায়ে মাড়িয়ে দেবেন।

তন্ত্রমতে বাস্তুবিচার

আমরা যখন কোন জমি বা বাস্তু পরিদর্শন করতে যাই তখন সেই জমি বা তার ওপর নির্মিত ফ্ল্যাটের জ্যোতিষ কিংবা ফেংশুই অথবা বাস্তুশাস্ত্র অনুযায়ী নানারকম তথ্যের সম্ভার মাথাকে ভারাক্রান্ত করে তোলে কিন্তু আমরা এই সরল সত্যটা ভুলে যাই যে আমাদের নিজস্ব সত্তার যে শক্তি বর্তমান তার সাথে জমি বা বাড়ির তরঙ্গ তথা ভাইব্রেশন নির্ধারণ করতে পারে একমাত্র মহাজাগতিক শক্তি অর্থাৎ তন্ত্র। এই তন্ত্র সারা বিশ্বে প্রত্যেক মানুষের তনুর সাথে মহাকাশের শক্তির এক অবিচ্ছেদ্য যোগাযোগ। জ্যোতিষী বললেন হয়তো উত্তর দিকে সমস্যা, ফেংশুই বিশেষজ্ঞ বললেন ইন্-য়্যান্ ভারসাম্য ঠিক নেই, বাস্তুবিদ বললেন বাস্তুদেবতার পূজন করতে হবে কিন্তু আপনার পক্ষে জমি-বাড়ি কেনা ঠিক হবে কি না তা একমাত্র একজন প্রকৃত সৎ তান্ত্রিকই বলতে পারেন কারণ সেই জমি বা বাড়ির ভাইব্রেশন আপনার শরীরের মধ্যে কিভাবে প্রবেশ করছে, কি প্রভাব ফেলছে, আগামী দিনে তা আপনার পক্ষে শুভকর হবে কি না তার গতিপ্রকৃতি তৎক্ষণাৎ নির্ধারণ তিনিই করতে পারেন। তাই আমি সাধারণ মানুষের জন্য তুলে ধরলাম রাশি অনুযায়ী জল-অগ্নি-পৃথ্বী-বায়ু-আকাশ-ব্যোম পঞ্চতত্ত্ব অনুযায়ী মোটামুটি কিভাবে তিনি নিজেই তার বাস্তু নির্বাচনের দিকে সঠিক পদক্ষেপ নিতে পারেন

— **ভৈরবী পূর্বশ্রী**

কোন রাশির জাতকে কোন জমি কিনবে

মেষ ১ — মেষরাশির প্রথম অংশে যদি জাতকের জন্ম হয় তবে তার বাড়ি গ!লর মধ্যে হবে এবং গলিটি দক্ষিণ থেকে উত্তর দিকে প্রসারিত। গৃহের খোলা অংশ (ব হ্মস্থান) পশ্চিমে হবে, মেষরাশির প্রথম অংশের জন্ম নেওয়া ব্যক্তির গৃহের পড়শী ধ্বংসাত্মক স্থিতিতে থাকবে। গৃহের দক্ষিণে মন্দির বা পূজার্চনার জায়গা হবে যেখানে নিত্যপূজা হবে। এটাও সম্ভব যে গৃহের উত্তর মন্দির / পূজাস্থল থাকবে কিন্তু সেখানে নিয়মিত পূজার্চনা হবে না। এই গলিতে একটি গণপতির মূর্তি উঁচু জায়গায় বা খোলা জায়গায় হবে যার আশেপাশে কুঁয়া বা জল সংগ্রহের স্থান থাকবে।

মেষ ২ — যদি মেষরাশির দ্বিতীয় অংশে জন্ম হয় তবে এমন বাড়িতে জন্ম হবে যেখানে গলি পশ্চিম থেকে পূর্ব হয়ে উত্তরে চলে যাবে। গলির দক্ষিণ-পশ্চিম-এ (নৈঋত্বে) একটি মন্দির বা পুকুর থাকবে, উত্তরদিকে বড় জলসংগ্রহ জায়গা থাকবে যেটা শীঘ ই খণ্ডহরে পরিণত হবে।

মেষ ৩ — যদি মেষরাশির তৃতীয় অংশে জন্ম হয় তবে বাড়ি এমনই গলিতে হবে যেটা উত্তর থেকে দক্ষিণে বিস্তৃত। বাড়ির খোলা অংশ (ব হ্মস্থান) পশ্চিমে হবে। বাড়ির দুপাশে খোলা জায়গা থাকবে অর্থাৎ দেওয়ালের সঙ্গে যুক্ত কোনো বাড়ি থাকবে না। বাড়ির কাছেই শিবমন্দির থাকবে। সিংহ, বৃশ্চিক রাশির দিশায় এরকম মন্দির হবে যেখানে ছোট (শুদ্র) দেবতার পূজা হবে, একটি কুঁয়া বা জলসংগ্রহের স্থানের অবস্থানও থাকতে পারে।

মেষ ৪ — যদি এই রাশির চতুর্থ অংশে জন্ম হয় তবে জাতকের জন্ম এরকম বাড়িতে হবে যেখানে গলি পূর্ব থেকে পশ্চিমে বিস্তৃত হবে এবং বাড়ি দক্ষিণাভীমুখী হবে। বাড়ির দক্ষিণে পুকুর থাকবে। বাড়িতে সিংহ রাশি ও মকর রাশির প্রভাবে একটি মন্দিরের বাগান থাকবে। তুলা এবং মেষের স্থানে ছোটো পূজার্চনার স্থান হবে যেখানে শিবের আরাধনা হবে।

বৃষ ১ — যদি বৃষরাশির প্রথম অংশে জাতকের জন্ম হয় তবে জাতকের গৃহ পূর্বাভিমুখী হবে এবং বাড়ির সামনে দক্ষিণে উত্তরের অংশে গলি থাকবে। জাতকের গৃহের পরবর্তী তৃতীয় গৃহ ভাঙ্গাচোরা ও ত্রুটিপূর্ণ হবে। ঐ গৃহে কোনো জায়গা থেকে জল চুঁইয়ে পড়বে। গৃহের অগ্নিকোণে জল সংগ্রহের স্থান হবে এবং বৃষ ও বৃশ্চিক রাশির প্রভাবে দেবীর পূজাস্থল থাকবে।

বৃষ ২ — যদি ব্যক্তির জন্ম বৃষরাশির দ্বিতীয় অংশে হয় তবে গৃহ দক্ষিণাভিমুখী হবে এবং গৃহের সামনে পশ্চিম থেকে পূর্বদিকে রাস্তা বিস্তৃত হবে। গৃহের পশ্চিমভাগে গণপতির মন্দির থাকবে। তুলা, মিথুন এবং কুম্ভের প্রভাবে দুর্গা দেবীর মন্দির হবে যেখানে বিভিন্ন দেবতার পূজার্চনা হবে। গৃহের পেছনের অংশে গৃহদেবতার উপস্থিতি থাকবে যিনি গৃহকে রক্ষা করবেন।

বৃষ ৩ — যদি জাতকের জন্ম তৃতীয় অংশে হয় তবে গৃহ পশ্চিমাভীমুখী হবে এবং গৃহের সামনে দক্ষিণ থেকে উত্তরের দিকে রাস্তা থাকবে। গৃহের রাস্তায় গণপতির মন্দির হবে। গৃহ দেবতাদের দ্বারা সুরক্ষিত থাকবে। ধনু এবং মেষ রাশির স্থানে পূজাস্থল হবে যেখানে শিব এবং দেবীমূর্তির পূজার্চনা হবে।

বৃষ ৪ — যদি ব্যক্তির জন্ম বৃষরাশির চতুর্থ অংশে হয় তবে গৃহ উত্তরাভিমুখী হবে এবং গৃহের সামনের রাস্তা পশ্চিম থেকে পূর্বমুখী হবে। গৃহে দুইটি পরিবারের সহাবস্থান হবে। উত্তরে মন্দির হবে যেখানে কালি এবং শক্তির উপাসনা হবে। পূর্বে গণপতির মন্দির থাকবে।

মিথুন ১ — যদি ব্যক্তির জন্ম মিথুন রাশির প্রথম অংশে হয় তবে তার জন্ম এরকম গৃহে হবে যার সামনের রাস্তা দক্ষিণ থেকে উত্তরে বিস্তৃত। গৃহের খালি স্থান পূর্বে থাকবে। রাস্তায় গণপতির মন্দির থাকবে। গৃহের বাইরে গাড়ি রাখার জায়গা থাকবে। গৃহে পুরুষ দেবতার পূজা হবে।

মিথুন ২ — যদি জাতকের জন্ম মিথুন রাশির দ্বিতীয়াংশে হয় তবে সে এইরকম গৃহে জন্মাবে যার সামনের রাস্তা পূর্ব থেকে পশ্চিমে বিস্তৃত। দক্ষিণে কোণে অবস্থান থাকবে, ঈশাণে দুর্গা মন্দির থাকবে। গৃহে শক্তিরুপী দেবীর পূজা হবে।

মিথুন ৩ — যদি জাতকের জন্ম মিথুন রাশির তৃতীয় অংশে হয় তবে জাতকের গৃহের সামনে দক্ষিণ থেকে উত্তরে রাস্তা হবে। গৃহের খোলা জায়গা পশ্চিমে হবে, জাতকের গৃহ তাঁর বা পিতামহের দ্বারা তৈরী। বৃষরাশির স্থানে শিবমন্দির হবে। অগ্নিকোণে দেবীর মন্দির থাকবে। দক্ষিণে কোনোরকম জলের উৎস থাকবে।

মিথুন ৪ — মিথুন রাশির চতুর্থ অংশে জন্মগ্রহণকারির গৃহের সামনের রাস্তা পূর্ব থেকে পশ্চিমে বিস্তৃত। গৃহের ব হ্মস্থান উত্তরে থাকবে। জাতকের গৃহ পিতামহের তৈরী। জাতকের জন্মের জন্য পরিবারে অধিক খরচের সমস্যা হবে। গৃহে বিভিন্ন ছোটো দেবতার পূজা হবে।

কর্কট ১ — কর্কট রাশির প্রথমভাগে জন্ম হলে ব্যক্তির গৃহের সামনের রাস্তা দক্ষিণ থেকে উত্তরে প্রসারিত। গৃহের ব হ্মস্থান পশ্চিমে থাকবে। গৃহের সামনে বাগান, গাছপালা থাকবে। সামনে গণপতির মন্দির থাকবে। তুলা, কুম্ভ ও মেষ রাশির প্রভাবে জল-স্থান বা দুর্গা মন্দির থাকবে।

কর্কট ২ — কর্কট রাশির দ্বিতীয় ভাগে জন্ম নিলে ব্যক্তির গৃহের সামনে রাস্তা পূর্ব থেকে পশ্চিমে বিস্তৃত হবে। গৃহের ব হ্মস্থান দক্ষিণে হবে। সেখানে মোড় থাকবে। গৃহের সামনে কোনো গৃহ থাকবে না। গৃহে একটি অন্য পরিবারও থাকবে। গৃহে মেষ ও তুলা রাশির প্রভাবে মন্দির থাকবে। কুম্ভ রাশির প্রভাবে মন্দির ও গৃহের কাছেই প্রতিষ্ঠিত সাধু-সন্তদের স্থান থাকবে।

কর্কট ৩ — কর্কটের তৃতীয় ভাগে জন্ম নেওয়া জাতকের গৃহের সামনের রাস্তা দক্ষিণ থেকে উত্তরে প্রসারিত হবে। গৃহের খোলা জায়গা পূর্বদিকে হবে। গৃহে মেষ, তুলা ও মীন রাশির প্রভাবে মন্দির থাকবে। গৃহের সামনে কর্কট ও বৃশ্চিকের প্রভাবে বাজার থাকবে। গৃহে শুদ্র দেবতার পূজা হবে।

কর্কট ৪ — কর্কট রাশির চতুর্থ ভাগে জন্ম নেওয়া ব্যক্তির গৃহের সামনের রাস্তা পূর্ব থেকে পশ্চিমে বিস্তৃত হবে। গৃহের খোলা জায়গা উত্তরে থাকবে। গৃহের নৈঋত্ব কোণে বিষ্ণুমন্দির, পূর্বে শিবমন্দির, উত্তরে দুর্গামন্দির বা পুকুর থাকবে।

সিংহ ১ — সিংহ রাশির প্রথম ভাগে জন্ম নেওয়া ব্যক্তির গৃহের সামনের

রাস্তা পূর্ব থেকে পশ্চিমে হবে। গৃহের খোলা জায়গা দক্ষিণে থাকবে। গৃহে তিনটি পরিবারের আবাস হবে। গৃহের সামনে দুটি মোড় থাকবে। এই গৃহে বসবাসকারি সুখী, সম্পন্ন ও কীর্তিমান হবে।

সিংহ ২ — সিংহ রাশির দ্বিতীয় ভাগে জন্ম নেওয়া ব্যক্তির গৃহের সামনের রাস্তা দক্ষিণ থেকে উত্তরে বিস্তৃত। খোলা জায়গা পূর্বে থাকবে। বৃষ, কন্যা ও মকড়ের প্রভাবে শিব দেবতার স্থান হবে। এই গৃহস্বামীরর পাঁচ ভাইবোন থাকবে। পিতার দুই ভাই হবে।

সিংহ ৩ — সিংহ রাশির তৃতীয় ভাগে জন্ম নেওয়া জাতকের গৃহের সামনের রাস্তা পূর্ব থেকে পশ্চিমে হবে। গৃহের সামনে উত্তর দিকে খোলা জায়গা থাকবে। এই গৃহের সংলগ্ন গৃহ ধ্বংস হবে। গৃহে মেষ, ধনু, মীন ও মকরের প্রভাবে দেবী মন্দির থাকবে। গৃহস্বামী দেবী উপাসক হবে।

সিংহ ৪ — সিংহ রাশির চতুর্থভাগে জন্ম নেওয়া জাতকের গৃহের সামনের রাস্তা দক্ষিণ-উত্তর হবে। খোলা জায়গা পশ্চিমে হবে। গৃহ দুভাগে বিভক্ত হবে। গৃহে মেষ, তুলা ও মকরের প্রভাবে পুকুর, কুঁয়া বা মন্দির থাকবে। গৃহস্বামী শিবের উপাসক হবে।

কন্যা ১ — কন্যারাশির প্রথম ভাগে জন্ম নিলে গৃহের সামনের রাস্তা দক্ষিণ-উত্তর হবে। গৃহের খোলা জায়গা পশ্চিমে হবে। পাশে নারিকেল বৃক্ষ বা মন্দির থাকবে। পূর্বদিকে কোনো জলাশয় থাকবে, সেখানে ছোাট ঝোপঝাড় ও অনেক রকমের গাছপালা থাকবে।

কন্যা ২ — কন্যা রাশির দ্বিতীয় ভাগে জন্ম নিলে ব্যক্তির গৃহের সামনের রাস্তা দক্ষিণ-উত্তর হবে। খোলা জায়গা পূর্বে থাকবে। গৃহে কন্যারাশি স্থানে বিষ্ণু মন্দির; মিথুন, ধনু বা মকরের স্থানে কালি মন্দির থাকবে।

কন্যা ৩ — কন্যারাশির তৃতীয় ভাগে জন্ম নিলে ব্যক্তির গৃহের সামনের রাস্তা পূর্ব-পশ্চিম হবে। খোলা জায়গা উত্তরে হবে। গৃহে মেষ ও মিথুন রাশি স্থানে নটরাজের মন্দির ও গৃহে পুরুষ দেবতার পূজা হবে।

কন্যা ৪ — কন্যা রাশির চতুর্থভাগে জন্ম নিলে গৃহের সামনের রাস্তা দক্ষিণ-উত্তর হবে। খোলা জায়গা পূর্বে থাকবে, রাস্তায় মোড় থাকবে। গৃহস্বামীর মাতার তিন কাকা ও দুই কাকিমা হবে। গৃহের চারিপাশে সবজীক্ষেত ও গাছপালা থাকবে। গৃহদেবতার রূপে শক্তি প্রধান দেবীর পূজন হবে।

তুলা ১ — তুলারাশির প্রথম ভাগে জন্ম নিলে গৃহের সামনের রাস্তা পূর্ব-পশ্চিম হবে। খোলা জায়গা উত্তরে থাকবে। পশ্চিমে গভীর জলের স্থান হবে। দক্ষিণে সুন্দর বাগান গাছপ্যালা সহ গৃহ হবে এবং পূর্বে খোলা পুকুর থাকবে। গৃহের খোলা অংশে বৃক্ষ এবং গামলা থাকবে ও উত্তরে শিবের মন্দির হবে।

তুলা ২ — তুলা রাশির দ্বিতীয় ভাগে জন্ম হলে গৃহের সামনের রাস্তা দক্ষিণ-উত্তর হবে। গৃহের খোলা অংশ পূর্বে থাকবে। গৃহের দুপাশে সুন্দর বাড়ি থাকবে, পশ্চিমে পুকুর থাকবে। গৃহে মেষ, কর্কট ও ধনু রাশিস্থলে মন্দির (মারিয়াম্মা) থাকবে। গৃহস্বামী পুরুষ দেবতার উপাসক হবে।

তুলা ৩ — তুলা রাশির তৃতীয় জন্ম হলে জাতকের গৃহের সামনের রাস্তা পূর্ব-পশ্চিমে হবে। খোলা জায়গা দক্ষিণে হবে এবং বৃশ্চিক, মীন ও মিথুনের প্রভাবে শিব মন্দির থাকবে। খোলা অংশে গাছপালা বা গামলা থাকবে। মেষ, তুলা ও মকর রাশির প্রভাবে পুকুর বা কুঁয়া থাকবে। জাতক গৃহদেবতা হিসাবে নারী শক্তির পূজারী হবে।

তুলা ৪ — তুলা রাশির চতুর্থ ভাগের জাতকের গৃহের সামনের রাস্তা দক্ষিণ-উত্তর দিকে হবে। খেলা অংশ পশ্চিমে এবং পূর্বে বাগান বা কুঁয়া থাকবে। গৃহের কাছেই একটি মোড় থাকবে। গলিতেও একটি মন্দির থাকবে। গৃহদেবতা হিসাবে জাতক পুরুষ দেবতার পূজন করবে।

বৃশ্চিক ১ — বৃশ্চিক রাশির প্রথম ভাগ জাতকের গৃহের সামনের রাস্তা পূর্ব-পশ্চিম দিকে হবে। গৃহের খোলা অংশ দক্ষিণে হবে। পশ্চিমে পুকুর থাকবে। পূর্বে জলস্থান থাকবে। উত্তরে মন্দির বা রাজপথ থাকবে।

বৃশ্চিক ২ — বৃশ্চিক রাশির দ্বিতীয় ভাগে জন্মালে জাতকের গৃহের সামনের রাস্তা দক্ষিণ-উত্তর দিকে হবে। খোলা জায়গা পশ্চিমে হবে। গৃহের

পেছনে গৃহদেবতার স্থান হবে। কর্কট, বৃশ্চিক ও মীন রাশির স্থানে ফুলের গাছ, ঝোপঝাড় বা মন্দির থাকবে। মেষ ও কন্যা রাশিস্থানে শুভ্র দেবতার পূজা হবে এবং সন্নিকটে পুকুর থাকার সম্ভাবনা আছে।

বৃশ্চিক ৩ — বৃশ্চিক রাশির তৃতীয় ভাগে জন্ম নিলে গৃহ গলিতে হবে। গলি পূর্ব-পশ্চিম দিশায় হবে। খোলা জায়গা উত্তরে হবে এবং গৃহ গলির মোড়ে হবে। মেষ ও কন্যা রাশিস্থানে জলস্থান বা মন্দির থাকবে। গৃহের পেছনে গৃহদেবতার স্থান হবে।

বৃশ্চিক ৪ — বৃশ্চিক রাশির চতুর্থ ভাগে জন্ম হলে জাতকের গৃহের সামনের রাস্তা উত্তর-দক্ষিণ দিশায় হবে। খোলা জায়গা পূর্বে এবং গৃহে দুটি পরিবার থাকবে। মেষ ও ধনু রাশির স্থানে জলপ্রবাহের জায়গা হবে। কর্কট ও কুম্ভ রাশিস্থানে শিব বা দুর্গা মন্দির হবে। গৃহস্বামী পুরুষ দেবতার উপাসক হবে।

ধনু ১ — ধনু রাশির প্রথম বা দ্বিতীয় ভাগে জন্ম নিলে গৃহের সামনের রাস্তা উত্তর-দক্ষিণ দিশায় হবে এবং খোলা জায়গা পশ্চিম দিকে হবে। পূর্বদিকে পূজাস্থল (শিব মন্দির) থাকবে। মিথুন বা ধনু রাশিস্থানে জলস্থান থাকবে। জাতক শিব বা শক্তির উপাসক হবে।

ধনু ৩ — ধনুরাশির তৃতীয় অংশে জন্ম নিলে জাতকের গৃহ গলিতে হবে যেটা পশ্চিম থেকে পূর্বে বিস্তৃত। খোলা জায়গা উত্তরে থাকবে। গৃহের দুপাশে রাস্তা থাকবে। মেষ, কন্যা বা ধনুরাশিস্থানে বিবিধ দেবীদেবতাদের পূজা হবে। গৃহ দেবতা হিসাবে শাক্ষদা পূজিত হবে।

ধনু ৪ — ধনুরাশির চতুর্থ অংশে জন্মালে ব্যক্তির গৃহ পূর্বাভিমুখী হবে। গৃহের সামনের গলি উত্তর থেকে দক্ষিণে বিস্তৃত হবে। গৃহের সামনের বাড়ি সূচনা করবে। মেষ, কন্যা, মীন বা তুলা রাশিস্থলে মন্দির, জল, পুকুর বা জল সংগ্রহের স্থান হবে। গৃহস্বামী পুরুষ দেবতার উপাসক হবে।

মকর ১ — মকর রাশির প্রথম ভাগে জন্মালে জাতকের গৃহ দক্ষিণাভিমুখী হবে এবং সামনের গলি পূর্ব-পশ্চিম দিশায় হবে। ঘরের সামনে জলস্থান বা মন্দির থাকবে। গৃহের বাইরে বৃক্ষাদি থাকবে। গৃহপ্রবেশের পর গৃহস্বামীর শ্যালক বা জামাইবাবুর মৃত্যু শীঘ হবে।

মকর ২ — মকর রাশির দ্বিতীয় ভাগে জন্ম হলে ব্যক্তির গৃহ এমন রাস্তায় হবে যেটা দক্ষিণ থেকে উত্তরে প্রসারিত। গৃহ পূর্বাভিমুখী হবে। গৃহে তিনটি পরিবারের বসবাস হবে। মেষ, কর্কট, তুলা ও মকর রাশিস্থলে অগ্নির স্থান হবে। গৃহস্বামী পুরুষ দেবতার উপাসক হবে।

মকর ৩ — মকর রাশির তৃতীয় ভাগে জন্মালে জাতকের গৃহ গলিতে হবে। গৃহ উত্তরাভিমুখী হবে। সামনের গলি পূর্ব-পশ্চিমে প্রসারিত হবে। গৃহের নিকট বাগান গাছপালা থাকবে।

মকর ৪ — মকর রাশির চতুর্থ ভাগে জন্মালে ব্যক্তির গৃহ গলিতে হবে। গৃহের প্রবেশ পশ্চিম দিক দিয়ে ঢুকে পূর্বাভিমুখী হবে। সামনের গলি উত্তর থেকে দক্ষিণে প্রসারিত হবে। গৃহস্বামীর দুজন কাকা ও মামা থাকবে। কোনো শ্যালক থাকবে না। গৃহের ঈশাণ কোণে বা অগ্নিকোণে মন্দির বা জল সংগ্রহের স্থান হবে। গৃহস্বামী পুরুষ দেবতার উপাসক হবে। সম্ভবত জাতকের গৃহ পৈতৃক হবে।

 কুম্ভ ১ — যে জাতকের জন্ম কুম্ভরাশির প্রথম অংশে হবে তার গৃহ উত্তরাভিমুখী হবে। গৃহের সামনের গলি পূর্ব থেকে পশ্চিমে বিস্তারিত হবে। পশ্চিম দিকে গণপতির মূর্তি হবে। দক্ষিণে বিষ্ণু মন্দির হবে। গৃহস্বামীর পাঁচ কাকা ও কাকিমা এবং তিন মামা ও মামি হবে।

কুম্ভ ২ — যে জাতকের জন্ম কুম্ভরাশির দ্বিতীয় ভাগে হবে তার গৃহ দক্ষিণ থেকে উত্তরে প্রসারিত গলিতে হবে। খোলা জায়গা পশ্চিমে থাকবে। গলির সামনের মোড়ে কিছু দোকান থাকবে। গৃহের উত্তরে ঝিল, নদী বা নালা হবে। পশ্চিমে মন্দির থাকবে।

কুম্ভ ৩ — কুম্ভরাশির তৃতীয় ভাগে যার জন্ম তার গৃহ দক্ষিণামুখী হবে। গৃহের সামনে মোড় থাকবে। দক্ষিণ দিশা মন্দির বা দেবস্থান থাকবে যেটা গৃহকে রক্ষা করতে সাহায্য করবে।

কুম্ভ ৪ — কুম্ভ রাশির চতুর্থ লগ্নে যার জন্ম তার গৃহ পূর্বমুখী হবে ও গৃহের সামনের গলি দক্ষিণ থেকে উত্তরে প্রসারিত হবে। গৃহের উত্তর ও দক্ষিণ

দুদিকেই পুকুর বা কুঁয়া থাকবে। পশ্চিমে জলপ্রবাহ স্থান হবে। গৃহের বায়ুকোণে (উত্তর-পশ্চিম) মন্দির হবে।

মীন ১ — মীন রাশির প্রথম ভাগে জন্ম হলে ব্যক্তির গৃহ উত্তরমুখী হবে এবং গলি পশ্চিম থেকে পূর্বে প্রসারিত হবে। গৃহের পাশেই পুকুরের নালা থাকবে। গৃহের পূর্ব ও পশ্চিমে সুন্দর বাড়ি থাকবে। গৃহের উত্তরে বাগান, গাছ ও মন্দির থাকবে।

মীন ২ — মীন রাশির দ্বিতীয় অংশে জন্মালে জাতকের গৃহের আকার অন্যান্য গৃহের আকারের থেকে পৃথক হবে। গৃহের দক্ষিণ-পশ্চিম নৈঋত্ব কোণে মন্দির থাকবে। গৃহে শিবের পূজা হবে। গৃহ মালিকের নাম মালিকানায় সম্ভবত থাকবে না।

মীন ৩ — মীন রাশির তৃতীয় অংশে জন্ম হলে ব্যক্তির গৃহ গলিতে হবে। গলি পশ্চিম থেকে পূর্বে প্রসারিত থাকবে। গৃহ দক্ষিণমুখী হবে। কর্কট, তুলা ও মকর রাশির স্থানে গাছের ঝাড়, কুঁয়া বা জলপ্রবাহ থাকবে। মেষ, সিরহ ও মীন রাশিস্থলে মন্দির হবে। গৃহের নিকটে একটি মোড় থাকবে। গৃহস্বামী পুরুষ দেবতার উপাসক হবে।

মীন ৪ — মীন রাশির চতুর্থ ভাগে যার জন্ম তার গৃহ পশ্চিমদিকে হবে। সামনের গলি দক্ষিণ থেকে উত্তরে যাবে। গৃহের পূর্ব, পশ্চিম, নৈঋত্ব বা অগ্নিকোণে মন্দির বা পুকুর থাকবে।

প্রকাশকের প্রতি শ্রদ্ধাজ্ঞাপন

শ্রদ্ধেয় নরেন্দ্র কুমার ভার্মাজী শুধু ডায়মন্ড বুকস্-এর প্রতিষ্ঠাতাই নন একজন সৎ নির্ভীক এবং নিষ্ঠাবান ব্যাক্তিত্ব। তাঁর সংস্পর্শে এসে আমি উপলব্ধি করি তিনি প্রকাশনা কথাটিতে দেবী সরস্বতীর উপাসনা এবং মঙ্গলমূর্তি গণেশজীর তীক্ষ্ণধার বুদ্ধি এই দুই-এর সম্মিলন ঘটিয়েছেন।একজন তান্ত্রিক সাধিকারূপে আমার মর্মস্পর্শ করেছে তাঁর simple living, high thinking attitude. *তিনি যখন আমাকে সরাসরি বলেন "আমি সামান্য বই চাই না, চাই অসামান্য জ্ঞানচর্চা, যা সাধারণ মানুষকে আরও বিদগ্ধ করে তুলতে পারে", আমি অভিভূত হই।*

ইতিপূর্বে "দশমহাবিদ্যা" বইটিও তাঁর প্রেরণাতেই রচিত। তাঁর ক্রমাগত সমর্থনে এবং উৎসাহদানে এই "যন্ত্র মন্ত্র তন্ত্র ও টোট্‌কা" বইটিও সেই আদর্শেই সংকলিত এবং আপনাদের কাছে পরিবেশিত। ভার্মাজীকে অজস্র অভিনন্দন ও ধন্যবাদ জানিয়ে আগামী দিনে ওনার আরও অনুরোধ **"কালীতন্ত্র"** *নিয়ে আসতে চলেছি। আপনাদের শুভেচ্ছা কামনা করি।*

বাংলা বই

DIAMOND BOOKS X-30, Okhla Industrial Area, Phase-II New Delhi-110020
Tel : 91+11-40712100, 40716600 Fax : 011-41611866

বাংলা বই

DIAMOND BOOKS   X-30, Okhla Industrial Area, Phase-II New Delhi-110020
Tel : 91+11-40712100, 40716600 Fax : 011-41611866

বাংলা বই

Lightning Source UK Ltd.
Milton Keynes UK
UKHW041142010323
417802UK00021B/261